多元宇宙：

PLURALITY:

協作技術與民主的未來

THE FUTURE OF COLLABORATIVE TECHNOLOGY AND DEMOCRACY

作者

Audrey Tang   Glen Weyl
唐鳳   衛谷倫

目次

關於作者群

衛谷倫是 RadicalxChange 的創始人、微軟研究院多元協作中心研究總監、Plurality Institute 共同創辦人，也是《激進市場》的共同作者。唐鳳是 🇹🇼 首任數位發展部長，也是 🌐 首位 🏳️‍🌈 閣員。

這本書是開源的，其內容可以自由複製，無論是否註明出處。除了主要列名的作者外，來自全球各地的數十位 🔲 社群成員，也為本書做出了貢獻，完成了大部分的工作。這些貢獻者列在下一頁，並以他們的個人照片拼貼而成的機器生成混合圖像來代表。 本書在 https://www.plurality.net/ 的自由線上版本將持續演進，並根據本書所描述的原則，由社群來治理。

特別感謝

Writing
Gisele Chou
Judith Amores
Puja Ohlhaver
Nick Pyati
Jeremy Lauer
Noah Yeh
JJ Reynolds-Strange
Kinney Zalesne
Tantum Collins
Geordan Shannon
Matt Prewitt
Holly Herndon
Mat Dryhurst
Michele Zanini
Jonas Kgomo

Editing
Vitalik Buterin
NISHIO Hirokazu
Greg Wang
Christian Paquin
Omoaholo Omakhalen
Evan David Paul
Kaliya Young
Teddy Lee
Wes Chow
Zoë Hitzig
Isaiah Kuhle
Ko Ju-Chun
Billy Zhe-Wei Lin
Michael Zhuang
Guang-Hua Tang
Wendy Hsueh

Technical
Akinori Oyama
Petar Maymounkov
Kasia Sitkiewicz
Derek Worthen
John Hadaway
Tyler Flajole
Julia Metcalf

Translation
Jacky (taipeicity.eth)
Andreas Fauler
Daniel Alsterholm
Max Semenchuk
Michal
Vassilis Tziokas
Haju Chang
Leon Erichsen
Mashbean

Visuals
Tofus Wang
Lillian Wang
Andrea Bonaceto
Kevin Owocki

Data
Carl Cervone
Jordan Usdan
Jeffrey Fossett

Management
Jason Entenmann

Public relations
Shaurya Dubey
Malik Lakoubay
Andreas Fauler
Gideon Litchfield

Research
Nick Vincent
Mateo Patel
James Allen Evans
Junsol Kim
Joshua Yang
Shrey Jain
Peter E. Hart
Jamie Joyce
Dan Silver

找到你的道路

正如我們在書中所討論的，線性的書籍敘事有個顯著的缺點，就是強迫每個讀者走上單一的學習道路。雖然本書的線上版本通過大量使用超連結來避免這個問題，但實體版比較不容易為讀者導航。為了部分緩解這個問題，我們以「循環」的方式構建文本，讀者可以從各種起點開始閱讀，之後再回到「更早」的材料。

我們特別建議：

主要對時事、政治或當前議題感興趣的讀者，從書的開頭、前言開始，然後一直讀下去。

對概念性、理論性或廣泛知識內容更感興趣的讀者，可以考慮跳過第 1 和第 2 部分，從第 3 部分開始。

更關注技術、科技或工程的讀者，可以考慮從第 4 部分開始。

對具體技術及其應用感興趣的人，可以考慮從第 5 部分開始。

對在特定社會領域中產生真實世界影響感興趣的人，可以考慮從第 6 部分開始。

那些專注於公共政策、政府和社會動員的人，可以考慮從第 7 部分開始。

無論起始點在哪裡，我們期望大多數在某處開始發現價值的讀者，會發現繼續閱讀是值得的，再循環回到書中「更晚」部分的理論框架，並用更早出現的材料來補足。

這本書是活動文件。如果你正在閱讀印刷版，它幾乎肯定已經過時了，你可以在 https://www.plurality.net/ 上免費閱讀或下載最新版本。

更重要的是，我們希望你不僅僅把自己視為讀者，而是這個專案的協作者。在 https://github.com/pluralitybook/plurality 網站上，你可以隨時提交問題或修訂（「pull request」），供社群優先考慮或審議。所有貢獻都會被註明，並獲得如下所述的貢獻者認可和治理權。

如果你看到筆誤，請把它當作邀請。如果你覺得我們錯了，就請糾正我們。如果我們沒有用你所在社群的語言說話，請創造一個版本。如果你不想與社群打交道，那麼這些素材沒有版權，你可以留下你想要的，把其餘的捨棄。不要問「為何沒有人做這個？」你就是「沒有人」。

「為了積極行動，我們必須在此描繪積極的願景……
在最大逆境下，存在為自己和他人行善的最大潛力。」

——第十四世達賴喇嘛

序章：
數位觀照

網際網路揭開了世界的面紗，像是光引導著前行的道路。理想與變革的 1960 年代見證了跨文化技術的萌芽，催生了超越地理和時間限制的數位社群。通過這座數位橋樑，知識得以在不同語文間綻放。

然而，全球化浪潮也帶來社會階層分化、貧富差距擴大。技術驅動無止境的進步，孕育出龐大的數位巨頭，卻將人們誘導至兩極化的孤島。於是，民主日漸退潮。如今，專制政權操控全球近半 GDP，將人籠罩在不安的陰影下，民主體系的保護傘下只有 10 億人安居，卻有 22 億人在專制政權下生存。

每種文化都如同河流，蜿蜒述說著自己的故事，而民主的長河，承載著我們的希望。當它漸形乾涸之際，我們必須開源造雨，展現出雅典娜工藝般編織的集體智慧，以期延續。

本書彙集了全球數位民主的深刻洞見，旨在提昇認知多樣性的能耐和優點，並且跨越國界緊密合作，就如同本書作者和貢獻者之間的團結那般。

在華語裡，「數位」既是「digital」，也有「plural」的意涵，由共融共創的傳統所滋養。臺灣的民主創新，以數位人權鞏固、多元精神共鳴、全民協力的做法，讓導向未來的意識取代上對下的命令，打造出既安全又能自由參與的網路空間。

2022 年，臺灣與 60 多國夥伴並肩簽署《未來網際網路宣言》（*Declaration on the Future of the Internet*），確立民主的共同理念。隨後，丹麥與歐盟在 2023 年啟動了「數位民主倡議」。公民社會的橋樑就此開展，跨越了社會的鴻溝，在民主長河啟航，向多元未來前進。這次的集體旅程並不是殖民的故事，而是協力的傳奇。

「多元宇宙」的理想是民主與協作技術的共生。民主數位化的挑戰雖然艱鉅，但並非無法克服。我們將技術與民主融合，如同用多樣性重塑科學，交織出全民珍惜的互信基礎，為民主長河注入新的生命。

生命，是原子的漣漪、宇宙的星塵，在無窮多樣的無盡組合裡繁榮昌盛，在文化交融的每個時代裡迴響。古希臘哲人畢達哥拉斯倡議的和弦、英國作家托爾金（J. R. R. Tolkien）的《埃努大樂章》（*Ainulindalë*）裡改變規則的力量 —— 正是我們自己。

原子微觀的世界中，振動著「弦」的交響曲。多元宇宙裡共振的我們，透過共同在場、攜碼互通，來促成多元協力。這本書誠摯地邀請閱讀中的你，一起了解多元宇宙，進一步抵制極權、避免滅絕，攜手開展無限未來。

看見「萬物聯網」，我們將**智慧聯網**。
看見「虛擬實境」，我們將**實境共享**。
看見「機器學習」，我們將**協力學習**。
看見「用戶體驗」，我們將**體驗人際**。

聽說「奇點即將接近」——**多元宇宙**，已經來臨。

婆娑之洋，美麗之島；
公民之國，在花之中。[1]

CHAPTER 1
玉山視野

站在東亞最高峰玉山的山頂，不僅能俯瞰臺灣的樣貌，還能深刻感受到這座多山的小島國如何成為全球的交會點。臺灣，位於歐亞板塊和太平洋板塊的交匯處，地質斷層不僅年年推升著玉山，也時常引發地震，然而嚴格的建築規範保護了居民的安全。同時，臺灣的多元文化、歷史和價值觀的融合碰撞造就了一個繁榮、創新的社會，與臺灣社會緊密相連的數位創新更是成功地保護這片土地，使其免於兩極分化。如今，臺灣的選民投票率超過 70%，[2] 宗教多樣性位居世界第二，[3] 先進晶片供應能力占全球 90%。臺灣成功突破了地理限制，展現了民主社會與地區和世界合作的韌性。在沒有任何封城措施的情況下，臺灣躋身 Covid-19 全球死亡率最低的國家之列，並在疫情期間實現高速的經濟成長，顯示了臺灣資訊社會多元精神的成果。無論是口罩地圖還是社交距離 APP，都是促進多元協力的技術，並深植於人們的日常生活之中。[4]

臺灣的選民投票率
超過

70%

宗教多樣性
世界

2 nd

先進晶片供應能力
占全球

90%

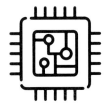

Covid-19

全球死亡率最低國家之一

2000 BC

交會之地

臺灣被認為是西元前兩千年玻里尼西亞航海家千里之行的起點,可謂是地球上任何地方都無法比擬的遠距離合作的發源地。

17世紀

臺灣的歷史脈絡

臺灣的歷史是一個關於爭議空間的故事,在每個轉折處都有戰爭、叛亂、殖民者、去殖民化,以及國家獨立的敘事。

1905

三民主義與民主理想

共產黨人和國民黨人都把絕大多數精力集中在爭取民族解放和相互對立的鬥爭上,對臺灣問題考慮不多。

交會之地

臺灣名稱的起源之一來自原住民族西拉雅語「Tavoan」,意即「交會之地」。臺灣被認為是西元前兩千年玻里尼西亞航海家千里之行的起點,可謂是地球上任何地方都無法比擬的遠距離合作的發源地。這個島嶼的故事受到原民文化、殖民勢力以及來自該地區和世界的政治意識形態的影響,故事的核心是關於在「這個地方是什麼」以及「它能成為什麼」的不同概念之間,持續不斷地衝突和共同創造。在不斷動盪的歷史中,這種喧鬧而豐富的衝突形成了獨特的民主形式。

本書的主要作者之一有過兩次戲劇性的個人經歷,這些經歷說明了這個獨特的文化和政治背景。2014 年 3 月 18 日,受到全球「占領」運動的啟發,臺灣一群對於與北京達成服務貿易協定的內容與程序感到不滿的學生,最終翻越了立法院大樓周圍的圍欄。在將近七年之後,美國國會大廈也被示威者占領,雖然僅持續數個小時,但已是美國歷史上最具爭議性的事件之一。相比之下,臺灣的「318」占領運動(又稱太陽花運動)

持續的時間是前者的一百倍(逾三週),而且抗議者的要求最終在很大程度上被接受,進而達成共識,這場運動也導致了政權的更迭和新興政黨的崛起。或許最重要的是,這場運動促使政治發生了更深刻、更持久的轉變。這場運動贏得了當時政府的尊重,閣員紛紛開始招募青年顧問、向年輕世代和公民社會學習。其中一位特別積極主動的政務委員名叫蔡玉玲,她也是世界上首批致力於數位參與的閣員,她推薦了本書作者之一,使其開始了公共服務之旅。本書作者之一隨後在 2016 年擔任政務委員,並於 2022 年成為首任數位發展部部長。

在這些事件發生近十年後,本書的另一位主要作者訪臺,見證了 2024 年 1 月 13 日舉行的臺灣大選。作為世界「選舉年」的開端,全球投票人數將超過以往任何一年,而這一年緊隨在「AI 年」之後,GPT 等生成式模型突然進入了公眾視野,許多人認為這些模型將放大資訊操弄與境外威權勢力的干預。這次大選似乎就是一個試驗案例,

1949

二戰後的臺灣

憲法與歷史上對貿易的重視，以及對支持出口的基礎設施的公共投資，也推動了臺灣的崛起。到了 1970 年代，臺灣已成爲西方先進技術零組件的主要供應者。

1960

民主的到來

臺灣在國際上的弱勢地位也使得在白色恐怖期間流亡的政見異議者，對蔣介石的兒子和繼任者蔣經國施加了越來越大的壓力。

1984

充滿活力的民主世代

作為全球技術密集型的出口經濟體之一，網際網路浪潮同樣以和民主化相同的力量席捲了臺灣的經濟和社會。

對手比世界上任何地方都更加協調一致、資金更加充足，而且只針對一小部分人。[5] 臺灣大選當日晚上，他走在臺北街頭，看到不少這種攻擊可以利用的分歧。在執政的民進黨集會上，他發現沒有任何官方旗幟，只有島嶼、政黨標誌性的綠色標語牌和偶爾出現的彩虹旗 🏳️‍🌈；在野的國民黨集會上，只看到了中華民國國旗 🇹🇼。這讓他開始想像，如果美國民主黨人揮舞的是歷史悠久的英國國旗，而共和黨人揮舞的是星條旗，那麼美國國內的分裂會變得多麼極端。

然而，儘管存在這些極端分歧，運用部分因占領運動而發展起來的技術，2024 年的選舉已成為全球的積極典範。遭到境外威權勢力反對的政黨候選人表現優於民意調查，選舉結束後社會氛圍平靜，顯示社會基本達成了共識。這種利用技術和社會組織將大相徑庭的態度引向共同進步的能力，在太陽花運動後的十年工作中體現得淋漓盡致。然而，它卻有著更深遠的歷史淵源，這些淵源來自不同的起點，又匯聚到數位民主的關鍵十年。

臺灣的歷史脈絡

民進黨和國民黨所強調的各異身分，對應著「這個地方是什麼」的不同面向和想像。這與臺灣島名的另一種詞源產生了共鳴，即西拉雅語「taywan」，意指「人－土地」。對於國民黨（常被稱為「藍營」）來說，臺灣的特色在於大部分人都使用漢語，包括華語、台語和客語。有些人甚至認為，相較於中华人民共和国（以下簡稱中國），臺灣在民族史上更具「華」的特色，因為 80%以上的人以華語為主要語言（中国為 70%），40% 以上的人信奉道教等傳統宗教（中國不到20%），憲法基於三民主義（下文將介紹）而非外來的馬克思主義。然而，對於那些受民進黨（通常被稱為「綠營」）觀點影響的人來說，臺灣是歷史多元、跨文化的島嶼，在清朝統治下作為邊疆只經過兩個世紀，如今應該成為自主決定未來的中心。因此，要理解這些分歧，我們必須簡要追溯這座島嶼和民國政府的歷史。

臺灣的歷史是一個關於爭議空間的故事，在每個轉折處都有戰爭、叛亂、殖民者、去殖民化，以及國家獨立的敘事。如同南海許多島嶼一樣，臺灣原住民族在殖民擴張中遭遇諸如西班牙、日本和荷蘭等帝國的勢力。到了十七世紀，荷蘭人在島嶼的南部定居，而西班牙人則定居在北部。這兩處定居點均為貿易港口，但由於地形險峻，加上原住民對殖民統治的激烈抵抗，島上大部分地區仍然難以深入。[6]

南海商人（或海盜，取決於當時遭遇他們的狀況）來自日本、中國及東南亞，也在島上定居或使用港口。1662 年，鄭成功（又名國姓爺）公開反抗新建立的清朝（1644-1911），強行將荷蘭人從南部的權力中心驅離，並在臺灣持續發起反抗清朝的運動。[7]1683 年，清朝擊敗鄭氏領導的叛亂，自此臺灣名義上歸於清朝控制。兩百多年後的1895 年，清朝在甲午戰爭中戰敗，引發了兩起決定臺灣現代歷史的事件。首先，清朝將臺灣及其

662

周邊島嶼割讓給日本，標誌著日本開始對臺灣長達半個世紀的殖民統治。其次，這次失敗推動了創建中華民國的民族主義興起。[8] 我們必須分別追蹤每一線索的分歧。

在臺灣，日本占領標誌著民主運動的開始。臺灣巡撫唐景崧利用領導層更迭時期建立了一個獨立的「臺灣民主國」，然而遭到鎮壓，造成在這個面積 3.6 萬平方公里的島嶼上導致 12,000 人喪生。在日本殖民統治期間，他們實行了「同化」政策，試圖將臺灣人納入日本的文化和語言體系中。日本帝國的政策旨在將語言、政府結構、城市建設，以及臺灣菁英和知識分子的教育與日本徹底融合，甚至包括讓許多臺灣人到日本接受教育。

儘管日本帝國投入了大量努力和資金，臺灣的抵抗意識和身分認同仍然存在。不同族群被視為「文明」的程度有所差別，日本政府對待他們的態度也各有不同。一個族群被認為越不文明，日本政府對其治理就越嚴厲和暴力，對於受其控制的原住民、閩南人和客家人來說，經歷截然不同。[9] 二十世紀初，全球反殖民運動的興起、日本國內的大正民主改革，為臺灣的知識分子和活動家提供了自決的思想基礎。這對臺灣菁英來說首次嘗到民主參與的滋味，也鼓勵了他們追求更大的自主權和表達權。[10]

三民主義與民主理想

在臺灣海峽對岸，年輕、接受過美國教育的基督徒醫師和社運人士孫中山，同樣受到清朝敗於日本之手的影響，走上了革命民主的道路，但動機卻截然不同。孫中山和他的「興中會」認為清朝無法改革，領導了一系列起義但都沒有成功，他因此流亡日本。在那裡，他也像被派往日本接受教育的臺灣菁英一樣，吸收了新興的民主改革思潮。孫中山受到日本、基督教、美國影響，並奠基於儒家傳統，在 1905 年提出了「三民主義」，

1905

1912

成為後來民國官方思想（與國歌）的基礎。

其中，第一個原則是民族主義。然而，更值得注意的是，它強調了民族多元性（五族共和），這反映在民國最初的國旗設計上，[11] 其中包括當時各主要民族的顏色。第二個原則是民權主義，表述為選舉權、罷免權、創制權和複決權的組合，以及五權（歐洲傳統的立法權、行政權和司法權，加上儒家傳統的監察權和考試權）的分立。第三個原則是民生主義，借鑑了多種經濟哲學，包括美國政治經濟學家亨利・喬治（Henry George）的思想，他以倡導地權平等、反壟斷立場和支持合作事業而著稱。我們將在本書的下一部分更廣泛地討論這些概念。

運用這些思想，孫中山獲得了外國盟友和世界各地僑民的國際支持，他與盟友最終在 1911 年推翻了清朝，並於 1912 年建立了中華民國。儘管取得了初步成功，但內部衝突很快地迫使他再次流亡，隨後又捲入內戰。1919 年，他成功集結力量，創建了中國國民黨。

這一年，孫中山還遇到了另一位對中華民國思想產生重要影響的人，亨利・喬治的弟子約翰・杜威（John Dewey）。他當時到中國訪問，部分原因是想了解喬治的思想如何在社會範圍內得以實現。杜威可能是最受人尊敬的美國哲學家，也是全球最受尊敬的民主教育家和哲學家之一，他的「實用主義」民主理論（"pragmatic" theory of democracy，他的學生胡適譯為「實驗主義」）與民國早期不確定和探索性的氛圍產生了共鳴，我們將在本書的下一部分詳細討論這一理論。

一方面，杜威這種流動、實驗性和新興的方法與反對清朝和軍閥統治的民主派中流行的道家傳統有許多共同之處。[12] 然而，與許多更具帝國主義色彩的外國觀察家不同，杜威主張中華民國應該走自己的路，以「合作解決問題」作為現代實驗示範學校的軸心。這促使杜威成為中華民國與西方（尤其是美國）之間的橋樑，他在中國舉辦

了兩百多場講座，同時每月為《新共和》（The New Republic）等新興媒體撰寫專欄介紹自己的經驗。在這個過程中，他協助建立了民國與美國之間深厚而持久的聯繫。

與此同時，俄國革命的成功也為此前處於邊緣地位的中國共產黨帶來了財政支持和軍事訓練。雖然啟發孫中山的社會主義觀點與馬克思主義不同，但他還是與共產黨結盟以統一中國。這項努力在孫中山於 1925 年逝世時幾乎成功了，他也因此成為國民黨的「國父」和共產黨人心中的「革命先行者」。

然而，團結的時刻是短暫的，在接下來的二十年裡，共產黨（在毛澤東領導下）和國民黨（在蔣介石領導下）交替進行內戰，並結盟對抗軍閥和日本占領者，直到 1945 年日本最終戰敗。共產黨人和國民黨人都把絕大多數精力集中在爭取民族解放和相互對立的鬥爭上，對臺灣問題考慮不多。不過，毛澤東曾經支持臺灣成為一個獨立的共產主義國家，就像他希望朝鮮和越南成為獨立的共產主義國家一樣，而蔣介石（幾乎是事後才想到的）則要求在戰後將臺灣連同以前被日本占領的其他領土（包括滿洲）一起歸還。

二戰後的臺灣

抗戰結束後，蔣介石名義上擔任「中華民國國民政府主席」，因此在日本戰敗後從盟國手中接收了臺灣。這一變化最初得到臺灣人民的歡迎，他們受到了孫中山民主理想的鼓舞。[13] 然而，雖然報紙和期刊上關於民主的思想討論十分活躍，中華民國統治下的現實卻並非如此。二戰結束後，內戰隨即爆發，在此期間，腐敗叢生的民國政府日益將戰敗的怒火發洩到其牢牢控制的臺灣地區，最終導致了 1947 年 2 月 28 日的事件，數萬人因此喪生。[14]

1949 年，共產黨勝利，蔣介石帶著中華民國兩百

1949

1951

萬軍民遷往臺灣，宣布臺灣成為「自由中國」的家園，同時對臺灣地區實施戒嚴，也就是後來的「白色恐怖」。作為獨裁者，蔣介石將中華民國對外定位為中國的真正合法代表。在島內，臺灣人民經歷了外來政權的暴力，這個政府迅速控制了臺灣島，並開始系統性地、無情地鎮壓任何臺灣身分的跡象。[15]

與此同時，以三民主義為官方意識形態的政府開始播下許多社會改革的種子，這些種子最終在臺灣的民主運動中萌芽。由於蔣介石與臺灣島內及其地方菁英缺乏聯繫，因此得以實施農村土地改革，包括在 1949 年減租至 37.5%、在 1951 年釋放公有土地，以及在 1953 年的「耕者有其田」政策中拆分私有土地。1977 年，這一政策擴大到徵收喬治主義土地增值稅，具體細節我們將在下文介紹。正如許多學者認為的，這些改革共同奠定了平等主義的經濟基礎，對臺灣後來的社會和經濟發展至關重要。[16]

而三民主義的另一個特點是對合作事業的重視，這一點明載於《中華民國憲法》第 145 條規定：「國家對於私人財富及私營事業，認為有妨害國計民生之平衡發展者，應以法律限制之。合作事業應受國家之獎勵與扶助。國民生產事業及對外貿易，應受國家之獎勵、指導及保護。」這種對產業合作社和參與式生產的支持雖然受喬治主義思想影響，但也在很大程度上借鑑了日本殖民統治時期發展起來的農業和工業合作傳統，並進一步受到愛德華·戴明（Edward Deming）等美國思想家的影響，他在任職於美國占領日本期間強調賦予一線工人權力以提供生產。[17]

上述因素共同促進了臺灣民間和合作部門（統稱為第三部門）的蓬勃發展，對臺灣產業和政治的未來至關重要。此外，憲法與歷史上對貿易的重視，以及對支持出口的基礎設施的公共投資，也推動了臺灣的崛起。到了 1970 年代，臺灣已成爲西方先進技術零組件的主要供應者。協助臺灣建立令世界羨慕的教育制度，如今在一系列的世界排行榜上名列前茅。[18]

民主的到來

1960 年代，反對國民黨和蔣介石的民主訴求與美國民權運動同時發生，要求臺灣獨立和建立真正民主政府的呼聲高漲。出生臺灣的國立臺灣大學教授彭明敏（1921-2022）和他的兩名學生謝聰敏、魏廷朝發表了《臺灣自救宣言》，呼籲建立自由、獨立的臺灣，並譴責蔣介石是非法政權。[19] 儘管彭明敏最終被捕並逃往瑞典，隨後在美國流亡了 22 年，但這份宣言引發了全國性的討論，進一步激勵了民主倡議者要參加全國選舉的聲音。

聯合國對中華民國在白色恐怖時期的早期身分認同至關重要，因為中華民國不僅是聯合國的創始國之一，也是安理會中唯一的亞洲常任理事國。這個顯著的國際角色成為主要刺激中國政權的因素，使中共無法參與國際事務並導致其改變立場，從支持臺灣獨立轉向以征服臺灣為意識形態的重點。然而，由於美國試圖遏制自身在越戰中的失敗，理查·尼克森（Richard Nixon）總統祕密尋求與中國和解，包括支持阿爾巴尼亞在 1971 年 10 月 25 日聯合國大會上提出的第 2758 號決議，該決議將對中華民國的承認轉移給中华人民共和國，促成了尼克森於 1972 年訪問中國。最終，中華民國「退出」了聯合國，其身分和國際地位就此改變。

一方面，退出國際組織極大地限制了臺灣的國際活動範圍，也削弱了臺灣參與經濟和貿易活動的能力。這同樣導致美國和大部分非共產主義國家的立場，從無條件與中華民國結盟轉為謹慎的利益平衡和模稜兩可的態度，他們既要防止中國對臺灣採取暴力行動，但又採取認識到其「一個中國」立場的政策。

從內部來看，這種身分的轉變削弱了白色恐怖的大部分理由，因為全球支援「動員勘亂」戰爭的前景黯淡，也破壞了「自由中國」令人嚮往的理想身分。因此，一方面是日益平等、第三部門蓬勃發展、教育程度不斷提高的民眾，另一方面是

1960

1972

1979

1984

專制鎮壓的國家,這兩者間的矛盾變得日益難以克服,尤其伴隨著 1970 年代工會和民間政治團體的發展以及蔣介石的去世。本書作者之一的父母的生活經歷清楚展現了這些趨勢,他們作為社區大學和消費者合作運動的先驅,受益於《中華民國憲法》中對合作事業的支持。然而,作為新聞工作者,他們報導並幫助支援那些受到國家鎮壓的人,例如在 1979 年高雄事件中遭到監禁的政治反對派領導人,為民主化奠定了基礎。

臺灣在國際上的弱勢地位也使得在白色恐怖期間流亡的政見異議者,對蔣介石的兒子和繼任者蔣經國施加了越來越大的壓力。1980 年代,年輕的蔣經國領導下的臺灣自由化創造了一個環境,讓民主行動、抗議、文學、歌曲和藝術反映了人們對大選日益增長的信念。那些呼籲民主的人仍被流放或監禁,但他們的親友也開始競選地方和國家政治職位。[20]

充滿活力的民主世代

1984 年,蔣經國選擇李登輝(1923-2020)擔任首位在臺灣出生的副總統。這一選擇標誌著臺灣政治格局的轉變,並開始針對中華民國政府的民主改革進行認真的談判。[21] 李登輝於 1988 年就任總統後,迅速推行了一系列民主改革,包括呼籲總統直選,並將國家主權賦予中華民國的「自由地區人民」(居住在臺灣諸島上的人)。這使他在 1996 年成為第一位人民直選產生的總統,而這就在比爾·蓋茲(Bill Gates)的「網際網路浪潮」備忘錄預示著網際網路時代主流到來的幾個月後。

作為全球技術密集型的出口經濟體之一,網際網路浪潮同樣以和民主化相同的力量席捲了臺灣的經濟和社會。因此,網際網路和民主在臺灣就像是連體嬰般相互連結。四年後,隨著國民黨內部的分裂,民進黨首任總統陳水扁以微弱的優勢贏得選舉。八年後的 2008 年,國民黨重返執政,

藍營的「自由中國」願景和綠營的「島國」願景交替出現，塑造了臺灣政治的面貌。

然而，儘管這種深刻而持久的分歧促成了太陽花運動的發生，但兩黨立場間卻有著顯著的重疊之處：

1. **多元主義**：藍綠兩派的故事都相當強調多元主義。藍營強調當代文化與傳統文化（例如故宮文物）的兼容，以及中華民國作為文化傳承者和領導者的角色；綠營則關注定居在臺灣的各族群，並關注其衍伸的自主發展路徑，包括原住民、日本人、閩南人、客家人、西方人和新移民的多元脈絡。

2. **外交策略**：為了應對與中國之間充滿挑戰的關係，兩黨都必須圍繞美國和其他盟國的安全態勢、中華民國與臺灣的涵義以及「獨立」的概念，採取複雜而微妙的公開立場。

3. **民主自由**：「民主」與「自由」是兩種意識形態的核心。綠營認為這些理念是臺灣戰勝白色恐怖和中华人民共和国威權的核心號召，藍營則將這些理念視為三民主義的核心，認為中華民國領導階層必須對此重視關注。

4. **反對專制**：兩黨都對中國日益增長的專制主義深感憂慮，尤其是過去十年「一國兩制」在香港的失敗。

5. **出口導向**：兩黨都慶祝臺灣作為商業出口國所取得的成功，並將輸出思想和文化的能力視為未來的核心。藍營更側重於影響中國，使其更像臺灣；而綠營則強調在「自由世界」中贏得尊重，臺灣需要這種尊重來保衛自己。

除了意識形態的重合，雙方都受益於臺灣在全球電子產業中的核心地位。作為半導體和智慧手機供應鏈的中心，並且擁有世界上最快的網際網路，[22] 因此沒有哪個國家比臺灣更徹底融入於數位世界。這些重疊共識的結合，包括多元主義、複雜、自由、面向世界的民主，可以透過易取得

2008

的數位工具來協助解決由此產生的歧異，讓臺灣
成為全球數位民主的典範。

CHAPTER 2
資訊技術與民主

「西方的科技冠軍，美國，已經轉向自我鞭撻，兩大政黨與其民選代表正忙於用一切可能的手段破壞美國的科技產業。」
——馬克・安德里森（Marc Andreessen），2021 年接受諾亞・史密斯（Noah Smith）訪問時的內容

「技術可以是民主的動力，但事實證明，它也可以是對民主的威脅。」
——肖莎娜・祖博夫（Shoshana Zuboff），《監控資本主義時代》，2018 年

2-1
日益擴大的鴻溝

今日，對於科技和地緣政治的焦慮無處不在。然而，一場相較於強國間爭奪技術霸權的爭端更為根本的衝突正在發生，其影響更為深遠。更深入觀察，會看見科技和民主發展的道路漸行漸遠，日益增大的鴻溝將使它們走向對立，由此引發的爭鬥讓雙方都蒙受損失。

近十幾年來，AI 與區塊鏈是科技的主導趨勢。AI 賦予了由上而下的集中控制權，區塊鏈則加速了個人主義的極端化與金融資本主義，二者都侵蝕了民主多元化的價值觀。因此，技術被視為對民主最大的威脅，以及作為外部專制主義者和想從內部顛覆民主者所持的有力工具，這也就不足為奇了。

曾經，民主是一場激進的實驗，它將單一城邦的治理規模擴大到遍及許多大陸，取代了封建制度，讓數百萬公民參與。時至今日，在世界上的大部分地區，民主卻成了維護僵化、過時、兩極化、停滯，以及日益失去正當性的政府，在絕望中持續努力的同義詞。這也是為什麼，對於現代技術專家蔑視民主、視它為進步的障礙，以及民主擁護者憂心科技進步帶來專制獨裁或內部崩潰的種種態度，我們不需要感到訝異。

在這本書中，我們希望能告訴讀者，這種悲劇性衝突是可以避免的。正確構想的科技和民主互相可以成為強力而自然的盟友。雖然這些論點在某些時候確實會引來些輕蔑的目光，這也其來有自，畢竟在過去十年裡，這兩者之間的分歧發展、衝突怨恨與不信任早已形成，未必能輕易弭平，卻也並非不可能化解。唯有充分承認二者的存在價值，接受這場衝突中來自雙方的合理關切和批評，我們才有機會看清楚根本的差異性，繼而尋求如何跨越這些差異。因此，讓我們先以寬宏的態度提出這些不滿，接受引起廣泛關注的批評（即使現有的證據並不完全支持這些批評）。讓我們試圖調和這些極端衝突的框架，開創一個提升民主技術雄心的機會。

技術對民主的威脅

過去十年的資訊技術以兩種相關但又相反的方式威脅著民主。正如戴倫·艾塞默魯（Daron Acemoglu）和詹姆斯·羅賓森（James Robinson）提出的著名論點：「自由民主社會」存在於社會崩潰和專制主義之間的「窄廊」中[1]。從這兩方面來看，資訊技術正在不斷地使這條走廊變得更為窄小，擠壓自由社會的可能性。

一方面來看，技術（如社群媒體、密碼學和其他金融科技）正在打破社會結構，加劇兩極分化，侵蝕傳統規範並破壞執法力度。在技術的助力下，金融商業得以快速擴張其影響範圍，導致了它們對民主政體不負責任。我們將這些威脅稱為「**反社會**」。另一方面，技術（如機器學習、基礎模型、物聯網）的發展正在提高集中監視的能力，透過一小群工程師操控系統的能力，就可以為數十億公民和顧客塑造出社會生活的規則模式，進而限縮人們有意義地參與發展自己生活和社群的範圍。我們稱這樣的威脅為「**集中化**」。

這兩種威脅都打擊了民主的核心，正如阿列克西·德·托克維爾（Alexei de Tocqueville）在《民主在美國》（*De la démocratie en Amérique*）中強調的那樣，民主的繁榮有賴於深層且多樣化的、非市場性且分散式的社會與公民關係。[2]

反社會威脅

讓我們先觀察這些來自最新技術的反社會威脅，在下列各方面產生的影響：社會、經濟、法律、政治與生存。

SOCIETY

社會方面

越來越多證據指出，雖然社交平台的出現為那些從前在社會中被孤立的人（如在保守地區的性少數群體）提供了建立聯繫的強大平台，但放大到整體平均來看，這些平台反而加劇了社會孤立和排斥感。[3] 另外，資訊技術最持續的影響也許是擴大資料獲取的範圍，以及加速了資訊的傳播。這些行動也擴張到了民眾生活與私領域範疇，使越來越多的資料可以被公開取得。當然，這種透明度的原則可能會引發一系列的社會效應與公眾討論，但實際上處理和分析這些資料可用價值的權力早已落入資本的手中，這些企業有獲取資訊內容的特權，也有投資於大規模統計模型（即 AI）的資本，而這些資料價值還可以再被繼續應用。此外，由於這些模型在獲得更多的訓練資料和資本支持下得到極大改善，因此，如果社會的核心參與者能夠獲得大量的數據和資本，他們往往會在所謂的「AI 競賽」中取得領先，這也給所有的社會帶來了壓力。種種因素相加，迫使社會為了競爭的需要而接受資訊權力集中的狀態，[4] 甚至走向監控，使前所未見的**監控和對資訊的控制成為常態**。

ECONOMY
經濟方面

網際網路和日益流行的遠距工作模式,在地理、時間和多家雇主方面提供的彈性,為發展中國家的工作者或部分不適合傳統勞雇市場的人提供了更多機會。不過,廣泛觀察新模式的出現之後發現,現行的發展機制並沒有做好完全的準備,可提供支持的機構與制度條件並沒有隨之出現(如工會與勞動法規等)。如此看來,這雖然可以是共享創新模式中的潛在利益,卻也增加了許多已開發國家的工作場所與機會的不穩定性和風險,造成中產階級「空心化」。[5]

LAW
法律方面

過去幾十年來在金融創新的高速發展下,實際消費者的利益未必增加(減少風險、資本分配或信貸方面)。相反地,金融服務激增反而替金融體系帶來了更大的治理挑戰,甚至繞過了旨在緩解這些潛在傷害的現行監管制度。[7] 雖然住房融資的創新導致 2008 年金融危機來臨,是部分最具影響力的例子,但最極端(雖然影響有限)的案例也許是最近圍繞數位「加密」資產和貨幣的活動。鑒於它們與現有監管制度不符,所以為投機、賭博、欺詐、逃避監管、納稅,以及其他反社會活動提供了普遍的機會。[8]

POLITICS
政治方面

極端化和偏激政黨的影響力,在許多先進民主國家中正逐步上升。雖然網路社交平台在社會中扮演的角色,早已是學術界十分重要的辯論與研究議題,但最近的調查報告中顯示,這些平台與工具遠遠未實現它們當初所承諾的內容,例如:幫助跨越差異分化的社會和政治紐帶,反過來還很可能助長了自 2000 年以來持續上升的極端化,尤其是在美國。[6]

SURVIVAL
生存方面

人們越來越擔心該如何面對日益先進的大規模毀滅性技術,從環境破壞(如氣候變化、生物多樣性喪失、海洋酸化),到更直接的武器發展(如錯位的 AI 與生物武器等)[9],社會認知和群體行動能力的碎片化相當危險。

集中化威脅

即使科技被認為正在破壞民主社會的凝聚力，也有越來越多人認同，如果為了加強政府的控制而將權力集中在一小部分私定決策者手中，對民主同樣會構成威脅。

SOCIETY
社會方面

資訊科技最一致的效果，可能是擴大了資訊的可獲得性並加速了資訊的傳播。這顯著地侵蝕了私人生活的範疇，讓越來越多的資訊公開可見。儘管這種透明度在原則上可能帶來一系列的社會效應，但處理和理解這些資訊的能力日益集中在具有獲取資訊特權的公司和企業手中，他們同時擁有大量資本以投資於大型統計模型（即「AI」）來使這些數據可行。此外，由於這些模型在獲取更多數據和資本的支持下能大大提升性能，因此擁有龐大數據庫和資本的社會往往在所謂的「AI競賽」中處於領先地位，這對所有社會構成了壓力，迫使它們允許這種資訊權力的集中來保持競爭力。這些力量共同促使了前所未有的監控系統和訊息流的集中控制。

LAW
法律方面

AI 最新的發展速度和變革衝擊了許多民主社會的核心權利，然而，掌控這些至關重要選擇的關鍵權力卻由少數背景相似的工程師把持。由此可知，大型 AI 模型在「重新混製」內容的能力可以在很大程度上迴避智慧財產權法律和其他創意活動保護措施，現行的隱私制度也不一定跟得上資訊爆炸性地擴散發展。不幸的是，反歧視法在處理黑箱 AI 系統與隨之而來的潛在新興偏見和引導作用等方面，並不是那麼合適。另一方面，有可能解決這些問題的工程師，往往都替追求利潤的公司或國防部門工作，他們的教育和人口背景特定且高度一致（通常是白人或亞洲人、男性、無神論者、受過高等教育等），這也挑戰了民主法律制度的核心原則，因為這些原則理應該代表廣大社會的意向才對。[10]

ECONOMY

經濟方面

越來越多的調查顯示，自 1980 年代中期以來，AI 和相關資訊技術的廣泛趨勢，是取代而非補足人類勞動力（尤其是低教育程度的族群），這正是過去幾十年來資本（而非勞動）所得占比劇增的核心因素，從而導致先進國家的收入不平等加劇。[11] 伴隨著勞動占比的下降，市場力量、利潤率和產業集中度（不太一致地）在全球各地攀升，特別是那些最依賴資訊技術的國家和行業。[12]

POLITICS

政治方面

上述因素，都加強了專制政體和政治運動反對民主國家的力量。大規模監控、AI 和其他大規模資訊處理機制創造的工具平台與誘因手段，也讓政府更容易直接進行審查制度和社會控制。透過逐漸將經濟力量和社會控制的槓桿集中於一小部分（通常是企業）的巧妙手法、資本收入和市場力量的增加，以及工程師小團體日益增強的權力，使得威權主義政體更容易在需要時操縱或奪取經濟和社會的制高點。[13]

此外，這兩種威脅相互交錯：專制政體越來越善於利用社群媒體和虛擬通貨的「混亂」，在民主國家撒下種子製造分裂和衝突。集中化社交平台利用 AI 極大化用戶對服務的熱度，往往造成爭議資訊和意見分群，導致了離心傾向。然而，即使在這兩種威脅並未積極互補，並且在意識形態多方面衝突的情況下，這兩股力量都對民主社會施加了壓力，並破壞了人們對民主的信心。這種不信任的發展，讓現在許多先進民主世界的信任指數已經降至有史以來的最低點。

民主國家
對技術的敵意

這種敵意遠非單向的。整體來說，民主國家已經對這種敵意進行回擊，他們日益將技術視為一種整體的威脅，而不是曾經看見的機會。民主國家的公共部門曾經作為全球資訊技術發展的推動力（例如第一台電腦、網際網路、全球定位衛星），時至今日，大多數民主國家的政府卻轉向限制資訊技術的發展，更無法對資訊技術創造的關鍵發展和挑戰做出有力的回應。中強調的那樣，民主的繁榮有賴於深層且多樣化的、非市場性且分散式的社會與公民關係。

這種倒退表現在四個方面：

Open Forum Europe 對 於 Open Tech Community 發表了一份關於開放程式碼（OSS）影響的研究報告。幾年前，歐盟對資料嚴格控制的恐懼導致缺乏競爭和創新，同時也增加了市場的風險。現在我們可以看到對 OSS 的更多投資。這也得益於許多東歐國家的創新步伐，如果民主政府不能維持針對資訊技術的投資，來保持數位公共性之於社會、人們與公共部門之間的關聯，這將在未來造成巨大損失，包括民主多元化。在烏克蘭與俄羅斯的戰爭中，我們就看到了數位技術與 OSS 的重要性。

科技反感（techlash）

民主國家的公眾輿論與政策制定者對大型科技公司，甚至式許多技術專家懷著敵意，這種趨勢通常被稱為「科技反感」。

減少投資

民主國家已大幅減少對資訊技術發展的直接投資。

發展遲緩

民主國家在公共部門的應用，或是需要公共部門大量參與的資訊技術進展相對遲緩。

未能支持技術持續發展

與此相關的是，大多數科技專家都認為，公眾參與、監管、支持對於技術的永續發展至關重要，然而民主政府在很大程度上未能解決這些因素遇到的問題，反而把重點放在根深柢固的社會和政治問題。

2010 年代，公眾和政策制定者對技術的態度明顯轉向負面。雖然社群媒體和網際網路在 2000 年末和 2010 年初被視為促進開放和參與的力量，但是到了 2010 年末，它們開始被社會輿論撻伐，並在某些民意調查中被歸咎為上述許多弊端的罪魁禍首。[14] 這種態度的轉變也許在在菁英階層的態度上看的最清楚，關於技術的暢銷書占據了主導地位，例如凱西·歐尼爾（Cathy O'Neil）的《大數據的傲慢與偏見：一個「圈內數學家」對演算法霸權的警告與揭發》和肖莎娜·祖博夫（Shoshanna Zuboff）的《監控資本主義時代》，以及《智能社會：進退兩難》（*The Social Dilemma*）等電影。這些作品左右了公眾輿論與各階層的政治領導人，例如左派的傑雷米·科爾賓（Jeremy Corbyn）和右派的喬許·霍利（Josh Hawley），讓他們對科技行業採取了愈趨悲觀和激進的基調。「科技反感」的興起正擴寫了這些擔憂的存在，而「取消文化」（cancel culture）的興起進一步強化了這個現象，透過利用社群媒體、社交平台攻擊或降低知名人士的文化價值，並且特別針對科技行業的領袖人士。

歐洲和美國的監管機構都採取了一系列行動，包括大幅增加對領先技術公司的反壟斷審查、歐盟的一系列監管措施，如《一般資料保護規則》（General Data Protection Regulation, GDPR）以及《資料治理法案》（Data Governance Act）、《數位市場法案》（Digital Markets Act）和《數位服務法案》（Digital Services Act）。這些行動都有明確的政策依據，未來很可能被採用為積極技術議程的一部分。然而，由於消極的語調、與價值同盟的科技發展相對脫節的現象，以及已發展民主國家的評論家和政策制定者普遍不願意闡述正面的科技願景，這些因素相結合而導致產業受到圍攻的印象。

或許最顯著反映出公共部門對資訊技術關注下降的量化標記，就是公共研發支出占國內生產總值（GDP）的比例下降，特別在於資訊技術的範疇。這也反映出在大多數的民主進步國家中，即使企業的研發支出不斷增大，圍繞在公共相關的研發占 GDP 的比例卻在近幾十年呈現出下降趨勢。然而，中華人民共和國的政府研發支出占 GDP 的比例卻大幅增加，並且更是以資訊技術領域為重點。[15]

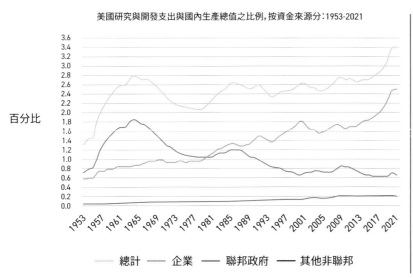

美國研究與開發支出與國內生產總值之比例，按資金來源分：1953-2021

百分比

總計　　企業　　聯邦政府　　其他非聯邦

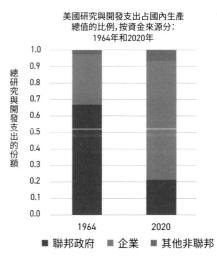

美國研究與開發支出占國內生產總值的比例，按資金來源分：1964年和2020年

總研究與開發支出的份額

聯邦政府　企業　其他非聯邦

資料來源：國家科學與工程統計中心（National Center for Science and Engineering Statistics），資料截至 2023 年 8 月

圖 2-1-1 ｜ 政府資助的研究與開發在國內生產總值和總研究與開發支出中的比例下降

除了這個量化的故事外，公共部門在「支持」資訊技術發展上的衰退表現的同樣戲劇性。公共部門曾引領了網際網路的出現（美國）、個人電腦的基礎，以及其他類似專案於民主國家的發展（如法國的 Minitel）。過去的公共部門扮演了至關重要且帶頭推動的角色，今時今日，資訊技術發展上的重要突破卻幾乎都由私部門推動。

儘管最初的網際網路幾乎完全由公共部門和學術界開發，並且以開放標準為基礎，但 Web 2.0 以及近期圍繞「web3」和分散式社交技術的運動，卻幾乎沒有得到公眾的支持，因為民主國家的政府仍埋頭努力評估數位貨幣、支付和身分系統方面的可行性。儘管電腦最基礎的進步源於二戰和冷戰期間的民主國家政府，但政府現今在「基礎模型」這些革命性的電腦科學突破中幾乎完全沒有發揮作用。事實上，OpenAI 創始人山姆・阿特曼（Sam Altman）和伊隆・馬斯克（Elon Musk）都曾表示，他們最初是向公共資金尋求支持，屢次遭拒之後才轉向尋求資本盈利導向的私人資助。OpenAI 後來開發提出生成式預訓練模型（Generative pre-trained transformers, GPT），這使公眾可以對 AI 的潛力產生越來越多的想像。這再次與中國等專制政權形成了鮮明對比，後者除了積極制定公共資訊技術戰略，還野心勃勃地推動它。

OpenAI 創始人山姆・阿特曼和伊隆・馬斯克都曾表示，他們最初是向公共資金尋求支持，屢次遭拒之後才轉向尋求資本盈利導向的私人資助。

公共部門對於科技參與的重要性並不僅限於研發，還涉及部署、應用和促進便利化，最容易衡量這部分的領域正是「數位上網」和「教育的品質與實用性」。這方面的數據有些複雜，因為許多高效運作的民主國家（如斯堪地那維亞國家等）擁有品質高、可用性也高的網際網路。但值得注意的是，領先的專制政權在最新連接技術方面的表現遠超過同等發展水平的民主國家，尤其是中國和沙烏地阿拉伯。例如，根據 Speedtest.net 的數據，中國的網際網路速度在全球排名居第 16 位，但人均收入僅排名在第 72 位；沙烏地阿拉伯和其他波斯灣君主制國家在這方面表現也同樣出色。 在新一代移動連接 5G 的技術方面，他們的表現更為突出，經過一系列調查顯示，沙烏地阿拉伯和中國在 5G 覆蓋最佳排名中始終位列前 10 名，遠高於其收入水平。

對於民主國家政府的核心責任而言，**公共服務的數位化**更為重要。聯合國數位政府發展指數中，有些相關的數據顯示它支持了這個論述，但我們仍需要更多數據和分析來進一步瞭解。

關於傳統公共服務的數位化，或許是人們覺得民主政府最理所當然可以善用技術之處。在這些新興領域，技術已經重新定義了哪些服務才能滿足現代人的使用習慣，但民主國家卻完全無法跟上時代的步伐。過去，政府提供的郵政服務和公共圖書館是民主交流與知識傳播的重要支柱；而現在，大部分的溝通與資訊傳播都透過社群媒體和網路搜尋進行。過去，大多數的公眾聚會都在公園和「真正的」公共廣場進行；而現在，公共廣場已經轉往線上的狀況早已是老生常談了。

然而，民主國家幾乎完全忽視了支持數位公共服務的重要性。雖然私營的推特（Twitter，現已改名為 X）不斷被公眾人物濫用，但它最重要的競爭對手，也就是非營利的 Mastodon 和它運作所基於的開放標準 Activity Pub，卻僅僅獲得了幾萬美元的公眾支持，它的營運資金反而主要仰賴於 Patreon 平台上的捐款。更廣泛地說，開源軟體和維基百科這些具有公地性的公共產品，已

然成為數位浪潮下至關重要的公共資源，卻未見各國政府支持它們，它們得到的支持甚至無法與其他慈善組織相提並論。（例如，開源軟體供應商通常不能成為享有免稅的慈善機構。）與此同時，專制政體正持續積極推進中央銀行數位貨幣計畫，而大多數民主政府卻才剛開始探索。

一個積極大膽的想法是，民主國家可以像那些專制國家一樣，推動以技術重塑社會結構的激進實驗。然而，民主制度在這方面似乎更常成為阻礙，而不是促進這些實驗的發生。中國政府建設了城市，重新制定了法規，提供環境來促進無人車的發展（如深圳），更進一步廣泛制定了國家科技策略來發展，幾乎涵蓋了政策、法規和投資方面等各方面。[16] 而沙烏地阿拉伯正忙於在沙漠中建立一個新的智慧城市 Neom，展示一系列綠色和智慧城市科技。反觀在民主國家，即使是溫和的區域專案（如 Google 的 Sidewalk Labs），也遭到當地人的激烈反對。

即使是在技術專家一致認為需要被監管或謹慎以待的領域，民主國家也越來越落後於產業的需求，無法找到這些新興社會挑戰需要的解決方案。這些技術專家日益明確的共識是，一系列的新興技術可能會帶來災難性、甚至是所謂的生存風險，而這些風險一旦出現之後將很難防範。例如，可能會迅速升高自身能力的 AI 系統，或是可能造成系統性金融風險的加密貨幣，以及高傳染性的生物武器的研發。這些專家的擔心主要在於民主國家的政府可能根本無法想像，更別說是如何制定這些風險的應對計畫與配套措施了。不過，除了這些糟糕透頂的可能性外，各式各樣的新興技術也都需要監管機制變革才能夠永續的發展。勞動法規無法符合資訊技術賦予地理和時間靈活的新型態工作模式，著作權法規對於大型 AI 模型中數據輸入的價值歸屬判斷顯得有些不合時宜，區塊鏈正在為新形態的公司治理賦權，而證券法規很難理解這些形態，並且經常陷入法律危險之中。

雖然對公共部門來說，嶄新願景的大膽實驗在專制國家中更為常見，但就民主本身而言，卻有一個更為根本的要素遠遠落後於時代：公眾同意、參與和合法化的機制。這個機制包括投票、請願與徵求公民反饋等，與民主社會的其他方面相比，甚至更加守舊。幾乎所有民主國家的多數重要職位每隔幾年就需要投票選舉，但規則和技術在過去一個世紀基本上沒有任何改變。儘管公民如今可以在全球無國界地即時交流，但所謂的民意代表還是從固定的地理選區產生，以低保真、高成本的方式進行。現代通訊和資料分析工具，鮮少成為公民民主生活的固定配備。

與此同時，專制政權卻越來越頻繁地使用新穎的數位創新機制，來強化監控力道（無論好壞）和社會控制。例如，中國政府廣泛使用臉部識別技術來監控人口流動，採用數位人民幣和其他可受監控的數位支付工具（同時也打擊更隱密的替代品）來進行金融監管，甚而開發了一個全面的「社會信用評分制度」系統，該系統將追蹤大範圍的公民活動，並將其梳整為一個具有影響力的「評級」。[17]

這幾年，俄羅斯政府一直在使用臉部辨識技術來確定哪些人參加了抗議活動，並在事後拘留他們，如此便能大規模驅逐持不同政見者，這對政權或其警察部隊造成的風險要低得多。[18] 自 2022 年 2 月全面入侵烏克蘭以來，這些技術得到了強化，並用於執行戰爭徵兵。[19]

從某種意義上來看，與許多專制國家為了自身的目的熱衷於擁抱技術相比，民主正被技術拋在後面，不僅是民主對技術的忽視，也包含技術本身的反民主傾向，使得二者漸行漸遠。

你得到你所付出的

我們是怎麼走到這一步的？這些衝突是科技和民主社會的必然發展嗎？有可能出現不同的未來嗎？

一系列的研究表明，技術與民主的發展可以齊頭並進、共融演化，但我們目前所走的路只是通過政策、意見、期盼和文化做出的集體選擇結果。從科幻作品到現實世界中的案例，提供了更多元的視角，讓我們能一窺各式各樣的可能性。

科幻作品展現了人類思維所能想像的驚人未來。在許多情況下，這些故事裡的想像正是研究者和創業者最終開發新科技的技術基礎，而其中有些故事與我們最近看到的科技發展相呼應。尼爾・史蒂文森（Neal Stephenson）在 1992 年的科幻小說《潰雪》（Snow Crash）中，描繪了一個未來世界：多數人的大部分時間都生活在沉浸式虛擬世界「元宇宙」（metaverse）中。這個過程削弱了真實世界中的社群和政府必要的參與，讓黑手黨和邪教領袖能乘虛而入，進而發展出大規模的毀滅性武器。這個未來與我們在上文討論的內容密切相關，也就是科技對民主的「反社會」威脅。史蒂文森的其他作品進一步擴展了這些可能性，對科技發展產生了深遠的影響，例如：Meta 的平台就是以尼爾・史蒂文森的元宇宙命名的。科技透過創造「超級智慧」導致權力集中的趨勢也有類似的例子，著名的案例包

尼爾・史蒂文森的科幻小說《潰雪》，1992 年。

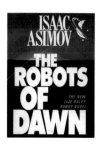

以撒・艾西莫夫著名的科幻小說「機器人系列」定下「機器人三原則」。

括以撒・艾西莫夫（Isaac Asimov）和伊恩・班克斯（Iain Banks）的小說、雷・庫茲威爾（Ray Kurzweil）的預測未來主義（Predictive Futurism），以及《魔鬼終結者》（Terminator）和《雲端情人》（Her）等電影。

不過這些可能性彼此大相逕庭，也不是科幻小說中唯一的科技未來願景。實際上，一些最著名的科幻作品中便展示了非常不同的可能性，譬如《傑森一家》（The Jetsons）和《星艦迷航記》（Star Trek）這兩部有史以來最受歡迎的科幻電視劇，分別描繪了非常不一樣的未來輪廓。前者展現了科技在很大程度上如何強化了 1950 年代美國的文化和制度，後者則展示了科技如何推動一個後資本主義世界走向多元交織與異星交融的智慧樣貌。而這兩者也僅是成千上萬個想像中的其中兩個例子，其他作品也創造了各自獨特的未來世界，譬如從科幻作家烏蘇拉・勒瑰恩（Ursula LeGuin）的後性別、後國家想像，到奧克塔維婭・巴特勒（Octavia Butler）的後殖民的未來。這些作品都顯示了科技和社會共融演化的可能性。[20]

科幻作家並不孤單。在科學與技術研究（Science and Technology Studies, STS）領域，包括哲學、社會學和科學史的重點主題，一直都是科技發展中固有的偶然性和可能性，以及技術發展過

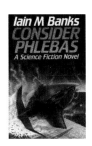

伊恩・班克斯的科幻系列
作「文化系列」，首部出
版於 1987 年。

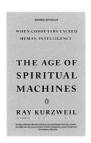

雷・庫茲威爾著作談論
人工智慧與人類未來，
1999 年。

電影《魔鬼終結者》
講述人工智慧消滅
人類後的故事。

電影《雲端情人》
演繹人類與人工智
慧戀愛的故事。

程中缺乏單一必要的發展方向。這些結論在政治
科學和經濟學等社會科學領域越來越被普遍接
受，而這些領域在傳統上將科技進步視為固定和
既定的。

兩位世界領先的經濟學家戴倫・艾塞默魯（Daron
Acemoglu）和賽門・強森（Simon Johnson）
最近出版了一本書，主張技術發展的方向是社會
政策和改革的關鍵目標，並揭示我們過去所經歷
的技術發展其實充滿了偶然性。[21]

或許最引人注目的例證，正是來自現在各國技術
發展趨向的比較。雖然往昔的思想家曾預測科技
的力量可以消弭社會差異，但如今無論是大國或
小國，技術系統都定義了它們相互競爭的社會制
度，這與它們陳述的意識形態一樣重要：中國的
監控制度看起來像是一種技術未來；而俄羅斯的
駭客網絡似乎又是另一種未來；由 web3 驅動的
社群空間是第三種；我們關注的主流西方資本主
義國家則是第四種。印度、愛沙尼亞和臺灣等多
元異質的數位民主國家則完全是另外一種，我們
將在下文深入探討。這些發展不但沒有使未來趨
於一致，甚至可以說，技術正在不斷擴大未來的
可能性。

那麼，如果西方自由民主世界當前的技術軌跡，

以及社會與技術的關係，都並非必然的走向，那
為什麼我們會選擇走上這條衝突之路？又有什麼
辦法可以避免這種情況呢？

儘管有很多方法可以描述民主社會對技術所做的
選擇，但最具體、最容易量化的可能是實際投資
的程度。這些投資清楚顯示出，西方自由民主國
家（以及世界上的大部分金融資本）對未來技術
投資的技術路徑做出了明確的選擇，其中許多是
最近才開始的。雖然這些投資看起來主要由私部
門推動，但它們也反映了政府早先確立的優先順
序，而這些過去的決定在許多面向才剛開始滲
透到私部門的應用裡。從近年越來越受到關切的
創投產業趨勢中來看，過去十年，高科技產業
的創投資金，已經明顯且大幅集中在 AI，以及
虛擬通貨相關的「web3」技術上。圖 2-1-2 為
NetBase Quid 收集的 AI 私人投資數據，並由史
丹佛大學人本 AI 中心（Stanford's Center for
Human-Centered Artificial Intelligence）繪製
的《2022 年 AI 指數報告》，顯示了在 2010 年
代的爆炸式成長，已經主導了私部門的技術投資。
圖 2-1-3 則根據 Pitchbook 提供的數據，顯示了
由 Galaxy Digital Research 繪製的（不同時間
段和季度）web3 領域的相同情況。

2022年人工智慧指數報告

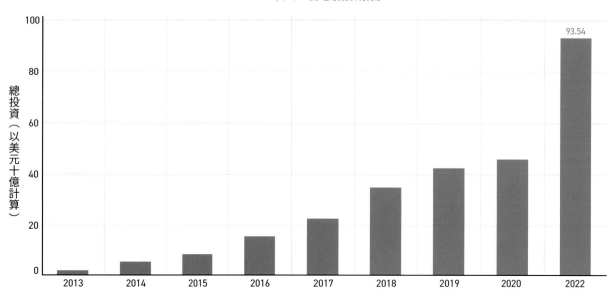

資料來源：NetBase Quid，2021 年／史丹佛人工智慧實驗室　　　　　圖 2-1-2 ｜私人投資於人工智慧，2013 年至 2021 年

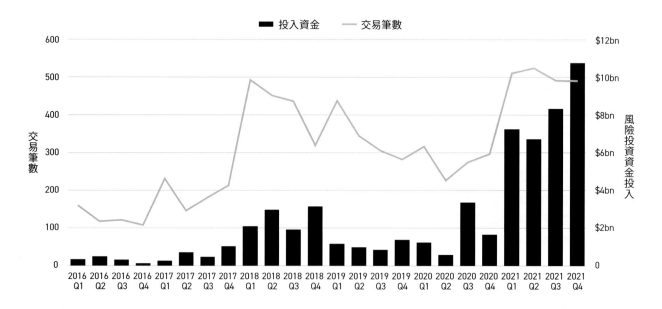

資料來源：Pitchbook、Galaxy Digital Research　　　　　圖 2-1-3 ｜加密貨幣／區塊鏈風險投資交易：投入資金與交易筆數

然而，儘管這些優先排序相對較新，而且似乎是從「市場」的邏輯中產生的，但它們反映了一系列更長期且由群體產生的選擇結果，而這些選擇源自於民主國家政府決定的投資策略。[22]

這些投資不僅僅可以做出「不同的選擇」；這些選擇是相當近期才出現的，而且在此之前的選擇方式非常不同，這些投資反映在過去幾十年的標誌性技術發展中。在 1980 年代的大部分時間裡，AI 都被預言為「即將到來的革命」，一如 Google nGrams 追蹤的圖表中，顯示了這個詞組在應與書籍中出現的相對頻率。然而，1980 年代的技術里程碑卻恰恰相反：個人電腦使「運算」成為個人創意的擴展。1990 年代，史蒂文森的科幻小說想像了逃避現實的虛擬世界和原子化加密的可能性，網際網路將世界連結在一起，開創了前所未有的資訊和合作時代。2000 年代的手機、2010 年代的社群網絡，以及 2020 年代的遠距工作基礎設施……這些都不是專注於加密超資本主義或超級 AI 的發展。

這反映出了公共部門發展研究路徑的轉變，雖然這部分存有相當大的時間落差，而且數據並不完美，不過沃德羅普（W. Mitchell Waldrop）在他的經典之作《夢想機器》（*The Dream Machine*，暫譯）中清楚地記錄了此一轉變：美國高等研究計劃署（Advanced Research Projects Agency, ARPA）資助了演變成網際網路的阿帕網（ARPANET），隨著它更名為國防高等研究計劃署（Defense Advanced Research Projects Agency, DARPA）的同時，投資重點也改變了。該機構大幅降低了對復原通訊（resilient communications）和社會技術系統的重視，轉為更直接地支持與軍事目標相關系統的發展，包括自主武器和加密技術。到了 1979 年，資助了阿帕網和世界上第一個電腦科學部門的首任 ARPA 專案官員約瑟夫·利克萊德（JCR Licklider），已經開始感嘆公共資金不再支持他的網路社會願景的關鍵基礎建設。[23]1980 年代，隨著人們對於軍用國防的關注日益減少，此一趨勢更為明顯。

1980s
個人電腦

1990s
網際網路

2000s
手機

2010s
社群網絡

2020s
遠距工作

二十一世紀的
意識形態

如果技術的發展路徑不是預先決定的，而是可以透過市場投資所呈現的集體選擇來形塑，那麼我們又該如何思考一個社會在發展方向上的靈活性？選擇的範圍可以多大？這些選擇又會如何表現？

在思考社會可能選擇的路徑上，一種可用的類比是「意識形態」。我們都知道，不同的社會在發展上已經或可能會選擇不同的意識形態（組合）來組織自己，比如共產主義、資本主義、民主主義、法西斯主義、神權政治等等。每種意識形態都各有利弊，對不同群體也有不同的吸引力，並在不同程度上具一致性和規定性。這些意識形態在某些時候也需要特定的歷史和社會條件，否則無法組織起來。

我們也可以採取類似的方式來觀察技術不同的發展軌跡。未來的範疇並不是漫無止境或無限可塑的：有些事可能更容易，有些事情更困難，有些事情完全不可能。重點是，它並不是預先決定的。未來有許多看似合理的願景，以及可以達成這些願景的技術，而我們可以透過集體技術投資，來幫助我們在這些可能性中做出選擇。

或許與今日常見的關於技術的線性和進步的敘事相比，這種觀點略顯陌生，不過這不是它首次被提出，而且早已是文學、學術研究與娛樂文化中反覆出現的主題。電玩《文明帝國》（*Civilization*）系列正是一個鮮明的例子：在遊戲中，玩家可以自行替一個民族量身打造他們從史前到未來的路線圖。這款遊戲的關鍵特徵就是技術路徑的多樣性，以及這些路徑和社會可能採納的社會系統之間的互動方式。

這款遊戲系列的最新作品《文明帝國 VI》（*Civilization VI*）非常優雅地詮釋了上述概念，尤其是其中的「風雲際會」（"Gathering Storm"）資料片。在遊戲裡，「未來時代」有三種意識形態可供選擇：「**合成專家統治**」（Synthetic Technocracy）、「**法人自由意志主義**」（Corporate Libertarianism）和「**數位民主**」（Digital Democracy），它們各有優缺點以及與技術發展的脈絡。乍聽之下，這些名稱似乎顯得有些異想天開，但接下來我們將在下文中論證，它們何以就像二十世紀的共產主義、法西斯主義和民主主義一般，在很大程度上概括了我們這個時代下的技術的意識形態大辯論。就讓我們將其稱為「二十一世紀的意識形態」。

AI 與專家統治

第一個也是最直接的表示出技術未來願景是圍繞著 AI 與社會系統將如何相互適應而展開的。這樣的情境在《文明帝國 VI》中稱為「合成專家統治」，以下我們簡稱為「專家統治」（technocracy）。

專家統治專注於 AI 創造出的未來潛力，這也正是 OpenAI 創辦人山姆·阿特曼所說的「適用於一切的摩爾定律」：AI 讓所有物質商品變得便宜且充足，看起來在原則上解決了物質稀缺的問題。然而，這種潛在的豐盛可能不會平均分配，它的價值將可能只會集中於控制和領導 AI 系統的一小群人手中。因此，專家統治社會願景的關鍵要素即是資源再分配，通常是透過「無條件基本收入」（universal basic income, UBI）來進行。另一個關注重點則是在於 AI 可能會失去控制，並且危及人類的生存，因此需要對誰有權使用這些技術採取強制且通常是集中式的管理，以確保它們能夠忠實地執行人類的意志。此一觀點的確切輪廓在其支持者間雖然各有表述，但核心概念是「通用人工智慧」（Artificial General Intelligence, AGI）：機器在某種通用性能上超越了人類的能力，也讓人類個人或集體認知功能變得幾乎毫無價值。

這個觀點主要倡導者是在矽谷的山姆·阿特曼、他的導師雷德·霍夫曼（Reid Hoffman）與伊隆·馬斯克。這樣的觀點在中國也十分受到歡迎，馬雲、經濟學者余永定，甚至中國政府的「新一代人工智能發展規劃」（基於馬克思主義的「中央計劃」思想）都在推動專家統治。它也出現在科幻小說中，尤其是以撒·艾西莫夫和伊恩·班克斯等作者的作品中，以及雷蒙·庫茲威爾和尼克·伯斯特隆姆（Nicholas Bostrom）等未來主義學家的著作裡。符合這個觀點的組織包括 OpenAI、DeepMind，以及一些先進的人工智慧專案。在美國，楊安澤（Andrew Yang）的政治運動也將這個觀點帶入了主流政治中，而專家統治的觀點在某種程度上也以較為溫和的形式出現在「科技左派」的許多思想中，包括埃茲拉·克萊因（Ezra Klein）、馬修·伊格萊西亞斯（Matthew Yglesias）和諾亞·史密斯（Noah Smith）等評論者。

加密貨幣與
超資本主義

第二種觀點其實在主流媒體中較不常見，但在比特幣、其他加密貨幣社群或相關網路社群中，一直是一個重要且具主導性的主題。其可見於《文明帝國 VI》的「法人自由意志主義」類別，以下我們簡稱為「放任主義」（libertarianism）。

放任主義關注加密技術和網路協定取代人類團體組織和政治發展角色的潛力（或某種情況下的必然性），進而使個人能夠參與不受政府和其他組織團體「強制」和規範的自由市場。

而小說一直是放任主義思想的重要繆思，包括艾茵·蘭德（Ayn Rand）和尼爾·史蒂文森的作品。史蒂文森的書籍，特別是《潰雪》（1992）和《Cryptonomicon》（1999），即使看似明確地提出反烏托邦的警示，但早已被放任主義的支持者奉為藍圖加以採用。這些作品中出現的示範

技術隨後成為放任主義社群的核心，包括史蒂文森稱之為「元宇宙」的沉浸式虛擬世界、獨立於政府體系外的數位貨幣、不受監管的私人主權，如漂浮城市（floating cities）和海洋據點（seasteads），以及可迴避集體控制／法律的強大加密技術等。比特幣、web3、4chan 和其他「外圍」但有影響力的線上社群一直是放任主義觀點的社會基礎核心。

或許正因為「放任主義」不如「專家統治」主流，因此擁有更清晰的知識準則和領導者。詹姆斯·戴爾·戴維森（James Dale Davidson）和威廉·里斯－莫格（William Rees-Mogg）的《主權個人》（The Sovereign Individual，暫譯）、筆名為孟子·莫爾德巴格（Mencius Moldbug）的柯蒂斯·雅文（Curtis Yarvin）的著作，以及巴拉吉·斯里尼瓦桑（Balaji Srinavasan）的《網

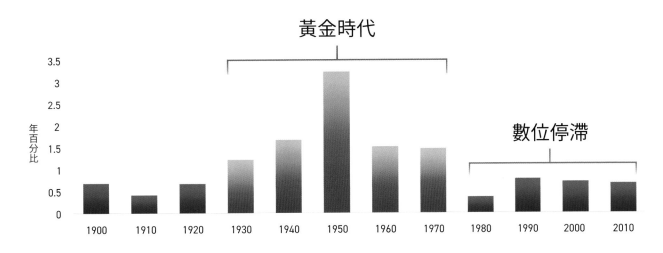

黃金時代

數位停滯

資料來源：Roger Gordon，《美國經濟增長的興衰》。

圖 2-1-4

路國家》（*The Network State*，暫譯），都在社群中被廣泛閱讀和引用。創投家彼得·提爾（Peter Thiel）和他資助進行或推廣的其他作者（如前所述）普遍被認為是放任主義的核心知識領袖。

放任主義與民主國家的民族主義者和極右派有著既密切又些許複雜的關係。一方面，許多放任主義的參與者認同這個群體，並在一定程度上支持它，提爾成為唐納·川普（Donald Trump）及其支持者的主要財政支持者便說明了這一點。事實上，幾位主要的強硬右派政治家都與放任主義世界觀密切相關，例如：著名的英國保守黨下議院議員雅各布·里斯－莫格（Jacob Rees-Mogg）是威廉·里斯·莫格勳爵的兒子；彼得·提爾曾經僱用前奧地利總理塞巴斯蒂安·庫爾茲（Sebastian Kurz）；而提爾的門徒布雷克·

馬斯特（Blake Masters）和傑德·凡斯（J. D. Vance）分別在 2022 年競選參議員，後者成功當選。

另一方面，放任主義意識形態一向對民族主義（或任何其他形式的集體主義或結黨形式）抱持敵意，放任主義追隨者經常嘲笑和否定右派相關的核心價值觀，例如宗教、民族和文化。這個問題可以透過對他們所認為的主導的左派文化價值觀的共同反感，或是雅文、戴維森和里斯－莫格倡導的「加速主義」（accelerationist）態度來解決，他們將「民族主義反抗」（nationalist backlash）視為在民族國家解體的過程中，未來必然的技術趨勢的催化劑和潛在盟友。

停滯與不平等

這兩種意識形態雖然往往以溫和的形式呈現，但在很大程度上形塑了多數自由民主國家對未來科技的想像，進而影響了民主在過去半世紀對於科技投資的方向。雖然專家統治的故事聽起來很新穎，也與最近的 AI 發展緊密相關，但圍繞 AI 的討論早在 1980 年代開始就已如火如荼了。儘管最近圍繞著 web3 的討論同樣提高了放任主義的知名度，但其實放任主義在 1990 年代就已到達聲勢高峰，當時約翰・佩里・巴洛（John Perry Barlow）發表了〈網絡空間獨立宣言〉（A Declaration of the Independence of Cyberspace），尼爾・史蒂文森的小說以及《主權個人》也出版了。

隨著這些願景帶來的激進承諾，許多人開始期待可以從資訊技術中獲得顯著的經濟效益和生產力成長；約莫半個世紀前開始，大多數自由民主國家相繼實施私有化、放鬆管制和削減稅收。然而，這些承諾距離實現還很遙遠，經濟分析也越來越頻繁地指出，這些技術方向可能正是其失敗的關鍵要因。

過去半個世紀，經濟並不如預先承諾與期待的爆炸式表現，尤其是生產率增長急劇放緩。圖 2-1-4 顯示了美國「總要素生產力」（TEP）自二十世紀初至今的幾十年平均值成長，總要素生產力是經濟學家衡量技術進步最全面的指標。二十世紀中葉「黃金時代」的比率大概是我們稱為「數位化停滯期」前後的兩倍，這個現象在歐洲其他自由民主國家和多數民主亞洲國家更為明顯，僅有韓國和臺灣是明顯的例外。

更糟糕的是，這段停滯期也正是不平等急遽上升的時期，尤其是在美國。圖 2-1-5 分別顯示了在黃金時代和數位化停滯期間，美國各收入百分位的平均收入成長。在黃金時代，各階層的收入成長大致保持不變，但高收入者的收入成長卻放緩。在數位化停滯期間，高收入者的收入成長更高，只有前 1% 人的收入超過了黃金時代的平均，而整體收入增長遠低於黃金時代，簡單來說，微小的群體卻獲得了大部分收入。

與之前相比，過去半個世紀到底發生了什麼問題？經濟學者研究了一系列可能的原因，從市場力量的崛起和工會的衰弱，到在已經有這麼多發明的情況下，創新面臨得日益嚴峻的挑戰。然而，越來越多的證據集中在兩個分別與專家統治和放任主義影響密切的因素上，就是「**技術進步的方向從勞動力轉向自動化**」和「**政策方向從主動塑造產業發展走向『自由市場最懂』（free markets know best）的假說**」。

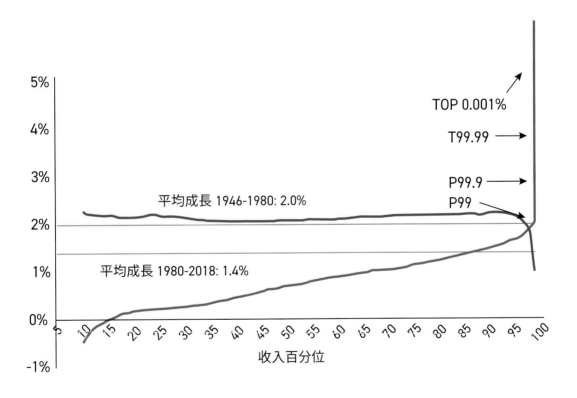

資料來源： Emmanuel Saez and Gabriel Zucman. 2020.〈美國收入與財富不平等的上升：來自分配性宏觀經濟帳戶的證據〉（The Rise of Income and Wealth Inequality in America: Evidence from Distributional Macroeconomic Accounts.），《經濟觀點期刊》（Journal of Economic Perspectives）。

圖 2-1-5 │政府資助的研究與開發在國內生產總值和總研究與開發支出中的比例下降

1947 - 1987	1987 - 2017

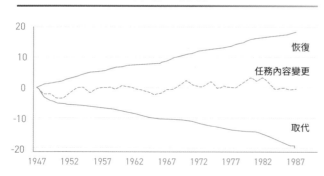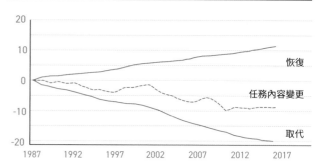

資料來源：Acemoglu, D. and P. Restrepo (2019), "Automation and New Tasks: How Technology Displaces and Reinstates Labor," *Journal of Economic Perspectives*, 33:2, 3-30.

圖 2-1-6

關於第一點：在最近的一系列論文中，艾塞默魯、帕斯夸爾·雷斯特雷波（Pascual Restrepo）以及他們的合作者記錄了技術進步方向從黃金時代到數位化停滯期的變化。圖 2-1-6 總結了他們的結果，顯示了**勞動力自動化**（他們稱為「取代」）和**勞動力增強**（他們稱為「恢復」）[24] 隨時間推移的累積生產力變化。在黃金時代，恢復大致與取代相平衡，使勞動者收入的占比基本保持不變。然而，在數位化停滯期間，取代略有加速，恢復卻明顯減慢，導致整體生產力增長放緩，勞動者收入占比顯著減少。此外，他們的分析顯示，因為取代作用主要影響低技能的勞工，導致這種失衡的不平等效果加劇。

第二點，「新自由主義」（Neoliberalism）政策在這個時期對於停滯和不平等方面的影響引起了廣大爭議，因此我們懷疑大多數的讀者對這個現象已經有了自己的見解。本書的作者之一也是《激進市場》的合著者，這本書包含了對約莫十年前證據的回顧。[25] 因此，我們在這裡並不會再詳細介紹，而是建議讀者可參考該著作或相關資訊。[26] 然而，顯然這個時期的主流意識形態和政策方向擁抱了資本主義市場經濟，而這與一種主張密切相關，即「技術全球化的浪潮」導致社會對於集體治理、集體行動可能性的否定，而這樣的否定正是放任主義意識形態的核心。因此，技術和政策發展在過去半世紀基本上是失效的，因為專家統治主導了技術領域，而放任主義主導了政策領域。

當然，過去半個世紀不乏技術的突破，這些突破確實帶來了積極的變革，儘管這種變革並不均衡，有時後甚至令人擔憂。1980 年代，個人電腦賦予了人類前所未有的創造力；1990 年代，網際網路連結了通訊和社群，跨越了往昔難以想像的距離；2000 年代，智慧型手機將這兩種革新融合在一起，並且變得無所不在。但是令人驚訝的是，這些現代最為典範的創新，卻都與專家統治或放任主義的敘事格格不入。這些典範顯然都是增強人類創造力的技術，通常被稱為「擴增智慧」或 IA（intelligence augmentation），而不是 AI。它們也不是主要被設計為逃避現有社會制度的工具；它們促進的是豐富的社交溝通和聯絡，而不僅止於市場交易、私有財產和祕密通訊。正如我們將看到的，這些技術源自於與專家統治或放任主義截然不同的的傳統。因此，即使是這個時代少數且重大的技術躍升，在很大程度上也獨立於上述兩種願景之外，甚至與這二者分庭抗禮。

我們磨損的社會契約

這兩種意識形態雖然往往以溫和的形式呈現，但在圍繞著專家統治和放任主義的相關發展中，因為經濟條件最容易量化，所以也最容易引起關注。然而，在其他更深層、更隱蔽且最破壞性的是對信賴、信心和信任的侵蝕，而社會對民主與技術的支持正是奠基於信賴、信心和信任。

對民主制度的信心一直在下降，所有的民主國家在過去十五年裡都是如此，尤其是美國和發展中的民主國家。在美國，對民主的不滿已經從過去三十年的邊緣意見（低於 25%）轉變為主流意見。[27] 儘管沒有一致的衡量標準，但對於科技、特別是領先科技公司的信任度也同樣在下降。在美國，科技行業在 2010 年代初期和中期都曾被視為在經濟範疇中最重要的產業。時至今日，公共事務委員會（Public Affairs Council）、美國晨間諮詢公司（Morning Consult）、Pew 研究中心（Pew Research）和愛德曼全球信任度調查（Edelman Trust Barometer）等組織的調查報告卻都顯示出，科技業已經成為最不受信任的產業之一。

這些擔憂與不信任已經蔓延到更廣泛的領域，導致人們對一系列社會制度普遍喪失信心。美國民眾對一些主要機構（包括宗教組織、聯邦政府、公立學校、媒體和執法機構）表示高度信任的比例，已經降至這些調查剛開始時的一半，大多數是在黃金時代末期。[28] 歐洲的趨勢則較為溫和，全球形勢不一，但對民主國家制度的信任下降的趨勢已然普遍出現。[29]

據 2021 年愛德曼全球信任度調查，全球只有 57% 的受訪者相信科技是可靠的資訊來源。這相較前一年的調查下降了 4 個百分點。Pew 研究中心 2020 年的調查發現，72% 的美國人認為社交平台對人們看到的新聞擁有過多的權力和影響力。

此外，51% 的受訪者表示，它們非常或稍微擔憂科技在政治兩極化中的角色。牛津大學 AI 治理中心（The Center for the Governance of AI at the University of Oxford）於 2019 年的調查發現，只有 33% 的美國人認為科技公司值得信賴。市調公司益普索莫里（Ipsos MORI）於 2020 年對九個國家的 9000 人進行了一項調查，只有 30% 的受訪者表示相信社交平台會負責任地處理他們的資料數據。這些數據表明，人們對於科技在社會中的角色以及對民主的影響抱持日益增加的懷疑和關切態度。

（1）Pew 研究中心於 2022 年 12 月 6 日進行的調查涉及 19 個國家。許多國家認為社交平台對民主大多有益，但美國是個明顯的例外。

Pew 研究中心的調查顯示，普通公民認為社群媒體在政治生活中既有建設性，也有破壞性的部分，整體而言，大多數人認為它實際上對民主產生了積極的影響。在接受調查的國家中，有 57% 的人認為社群媒體對他們的民主制度更有益，有 35% 的人認為它對民主有害。然而，不同國家在這個問題上存在顯著的跨國差異，而美國則是個明顯的例外：只有 34% 的美國成年人認為社交平台對民主有益，有 64% 的人認為它對民主產生了不好的影響。實際上，美國在許多方面都是例外，有更多的美國人認為社交平台造成了分裂。

（2）澳洲私隱專員公署（Office of the Australian Information Commissioner, OAIC）於 2020 年在澳洲的調查顯示，許多受訪的消費者（58%）承認，他們不了解企業如何處理他們收集的資料，49% 的人因為缺乏知識或時間以及涉及的過程的複雜性而無法保護自己的資料。（OAIC, 2020）

（3）世界衛生組織（WTO）於 2022 年 9 月 1 日的一項系統性回顧解釋說：「Twitter、Facebook、YouTube 和 Instagram 在迅速和廣泛傳播資訊有著至關重要的作用。」社交平台上錯誤訊息的影響包括「對科學知識的錯誤解讀增加、意見極化、恐慌或對醫療保健的減少」。

（4）根據 Pew 研究中心的研究，這是數位時代的民主擔憂。

重塑我們的未來

技術與民主被困在日益擴大的鴻溝兩側。這場戰爭正在傷害相互衝突的雙方,更削弱了民主信心、減緩科技發展。附加損害的是,它減緩了經濟增長,破壞了對社會制度的信任,加劇了不平等。然而,這場衝突並非不可避免,它是自由民主國家集體選擇下而發展的技術路徑,曾經受到與民主理想背道而馳的意識形態所推動。因為政治制度要靠技術才能興盛,如果我們繼續沿著這條道路前行,民主將無法繁榮茂盛。

另一條道路是可行的。技術和民主可以作為彼此最宏大的盟友。事實上,正如我們將要論證的那樣,大規模的「數位民主」是我們正在開始描繪輪廓的夢想,一個需要前所未有的技術才可能造出的願景。透過重新構想我們的未來,改變公共投資、研究方向和私部門發展,我們可以構築我們所期盼的未來世界。在本書接下來的章節,我們希望能向讀者們展示實踐的具體方法。

2-2
數位民主的日常

看見「萬物聯網」，我們將**智慧聯網**。
看見「虛擬實境」，我們將**實境共享**。
看見「機器學習」，我們將**協力學習**。
看見「用戶體驗」，我們將**體驗人際**。
聽說「奇點即將接近」──**多元宇宙**，已經來臨。

如果沒有生活在臺灣並經常體驗這裡的風土人情，便很難理解這些成就意味著什麼。對於居住在臺灣的人來說，這些許多特色往往被視為理所當然。因此，這個章節的目的便是要提供具體的例證和量化分析，說明臺灣的數位公民基礎建設與世界其他多數國家的不同之處。由於實例眾多且篇幅有限，我們挑選了六個不同的範例，大致涵蓋 2012 年起的相關行動。

臺灣數位民主的六種範例

零時政府

零時政府（g0v，發音為 gov-zero）成立於 2012 年，為全球前三的知名公民黑客社群。

太陽花運動

g0v 社群中數百名貢獻者協助廣播、記錄和傳達公民行動。直播引發了公眾的熱烈討論，動員五十萬人走上街頭。

vTaiwan 與 Join

公共數位創新空間（PDIS）平台「Join」，協助 vTaiwan 及徵求更廣泛公眾的意見、建議和倡議，政府官員必須做出回應。

黑客松、聯盟與平方信號

將社交媒體衝突上的一小部分轉用於解決公共問題，而將政府力量投入 g0v 舉辦的「總統盃黑客松」比賽，則提昇為層級更高的協作模式來實踐社會創新。

疫情

臺灣是少數能夠普遍採用基於手機的社交距離和追蹤系統的地方，能嚴格的檢測、追蹤和支持性隔離，以避免病毒的社區傳播。

資訊透明

數位技術在臺灣的防疫對策中最重要的貢獻，其實是全民協力迅速且有效地對應錯誤資訊以及刻意散布的假訊息。

零時政府

與其他機構相比，零時政府（g0v，發音為 gov-zero）更能象徵臺灣數位民主的公民社會基礎。g0v 成立於 2012 年，由公民黑客（hacker）高嘉良等人發起，源於對政府數位服務品質和資料透明度的不滿，於是運用「松」（馬拉松）、「坑」（挖坑、堆坑、跳坑）、「人」三個概念，決心透過科技與協作改善臺灣的公民環境。[1] g0v 的「公民黑客」精神濃厚，強調「放碼過來」，意即直接用程式來溝通的行動力，讓它迅速躍升為全球前三的知名公民黑客社群。g0v 的命名方式相當獨特，是將政府（government）的「o」換成「0」，象徵從零開始重新思考政府的角色，以及對數位原生世代的認同。

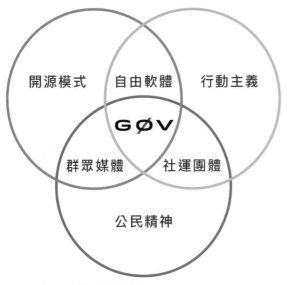

圖 2-2-1｜g0v 運動意圖示意圖
來源：g0v GitHub

公民黑客會抓取政府網站（網址後綴為 gov.tw），並建立更方便、更鼓勵全民參與的版本，發表在 g0v.tw 上。這些政府網站的「分支」版本（例如下文將提到的口罩地圖）通常更受民眾歡迎，因此在 318 運動之後，部分政府官員如張善政便開始將這些設計「合併」回政府服務裡。[2]

公民黑客與非技術性民間團體的定期互動被稱為「jothon」（join-athon，揪松，意指加入馬拉松）。

雖然黑客松在世界許多地方都很常見，但 g0v 實踐具有一些獨特之處，包括參與者的多樣性（多數為非技術人員，男女比例幾乎完全平等）、處理民間問題而非商業成果，以及與許多公民組織的密切協作。「不要問為何沒有人做這個，先承認你就是『沒有人』！」這句口號使 g0v 社群被稱為「沒有人運動」。這些特點除了能以此口號概括，也反映在上方用來解釋該運動意圖的示意圖中。我們將在下文中指出，本章提及的許多公民倡議都從 g0v 出發或是與其緊密關聯。

318 運動
（太陽花運動）

儘管 g0v 在最初幾年已獲得相當程度的關注和支持，但在上述的太陽花運動中更為大眾所知。在占領立法院期間，g0v 社群中數百名貢獻者協助廣播、記錄和傳達公民行動。直播引發了公眾的熱烈討論，促使攤販、律師、教師和設計師紛紛捲起袖子，參與各種線上和線下的行動，[3] 透過數位工具整合群眾募資、遊行和國際聲援的資源。[4]

2014 年 3 月 30 日，五十萬人走上街頭，這是臺灣規模最大的示威遊行之一。他們提出了在通過海峽兩岸服務貿易協議之前進行審查程序的要求，這個要求在占領開始約三週後的 4 月 6 日獲得立法院長王金平同意，而占領就此結束。g0v 對雙方以及解決矛盾的貢獻使當時的政府看到了 g0v 方法的優點，促使閣員蔡玉玲邀請作者之一協助政務，並開始參加和支持 g0v 專案，藉此主動公開越來越多的政府資料。

許多太陽花運動參與者致力於開放政府運動，隨後 2014 年的地方選舉與 2016 年的總統選舉結果，出現了泛綠支持率大幅上升約十個百分點的轉變。太陽花運動領袖成立了新興政黨「時代力量」，包括臺灣著名的搖滾明星林昶佐。這些事件增加了 g0v 的動力，並促成作者之一擔任負責開放政府、社會創新和青年參與的政務委員。

vTaiwan 與 Join

在將 g0v 模式制度化的過程中，人們將這些解決爭議的方法應用於更廣泛政策問題的需求日益增加，這促使了 vTaiwan 的成立。這是一個由 g0v 發起的專案，旨在產生符合各利益相關方期待並貼近實際需求的法規內容。這個過程包括許多步驟（提案、意見徵集、審議和研擬草案），每個步驟都運用了各種開源軟體，而當時（2015 年）最新穎、基於機器學習的 Polis 共筆調查技術相當為人所知，也運用於這個過程中。我們將在〈5-4 擴增審議〉章節進一步討論。簡而言之，Polis 的運作方式類似於 Twitter（現已更名為 X）等線上交流工具，但它採用了降維技術將意見進行分類，如下方圖 2-2-2 所示。Polis 不是顯示最大程度提高點擊率的內容，而是展示現存的意見集群並強調、橋接它們的陳述。這種方法有助於形成共識，並更好地理解分歧的界線。

圖 2-2-2 ｜ Polis 在 vTaiwan 上產生的一系列共識。資料來源：vTaiwan.tw，CC0 授權。

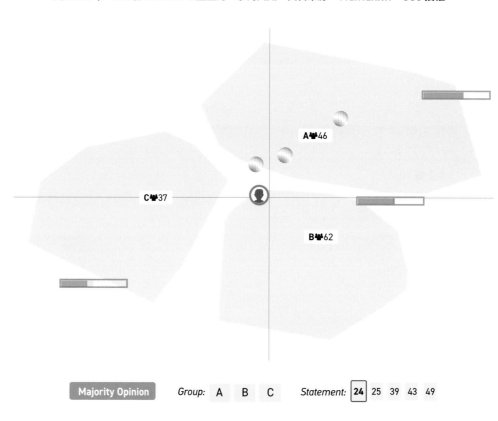

#24　我覺得作為一名律師，如果我使用 ChatGPT 撰寫投訴書，並且引用的內容不存在或是錯誤的，那麼我應該負責，而不是 OpenAI。

92% 的投票者同意第 24 條聲明。

vTaiwan 被特意設計成一個實現性高、互動性強、參與者投入度高的平台。在其高峰期約有 20 萬用戶，占臺灣人口的 1％，並就 28 個問題進行了詳細的討論，而其中 80％ 促使了法規的調整與立法行動。這些議題主要集中在科技監管方面，例如共乘服務的監管、非自願親密圖像的反應、金融科技和針對 AI 人工智慧的監督、治理等問題。

作為一個分散式、由公民主導的社群，vTaiwan 也是一個自然演變並隨著公民志願者的參與，以各種方式進行適應的生命體。在 Covid-19 疫情爆發後，面對面會議、聚會的中斷和參與度下降，社區的參與也經歷了低谷。該平台面臨許多挑戰，包括需要大量的志工、缺少政府回應的授權，以及其相對狹隘的關注。為應對這些挑戰，vTaiwan 社群近年來試圖在公眾和政府間找到一個新的角色，並將其影響力擴展到臺灣之外。振興 vTaiwan 的其中一項重要努力，便是其在 2023 年與 OpenAI 的民主投入 AI 計畫的合作。透過與查塔姆研究所的合作，以及組織圍繞 AI 倫理和本地化主題的實體和線上審議活動，vTaiwan 成功將當地觀點融入全球關於 AI 和技術監管的討論中。展望 2024 年，vTaiwan 計劃參與臺灣及各國 AI 相關法規的審議。除了 Polis 之外，vTaiwan 不斷嘗試新的審議和投票工具，並整合大型語言模型進行摘要，致力於民主實驗並在政策制定中尋求公眾的共識。vTaiwan 在政府之外的早期經驗也啟發了官方 Join 平台的設計，該平台目前活躍地被使用中，作為公民積極向政府提出議題和想法的途徑。

本書作者之一在 2016 年創辦了公共數位創新空間（PDIS），目的在於協助 vTaiwan 及下方即將討論的各項專案，因此在作為政府官員中支援了第二個相關平台「Join」。雖然 Join 有時也會使用 Polis，但它本身的使用者介面更為輕量，主要專注於徵求更廣泛公眾的意見、建議和倡議，並且具有執行機制來確保如果提案獲得足夠的支持，政府官員必須做出回應。此外，與 vTaiwan 不同的是，Join 處理了一系列政策問題，包括爭議性的非技術問題（例如「國高中上課時間改為 9:30」連署案）。目前該平台的持續使用率相當活躍，約有一半的人口曾經用過並持續使用，平均每天有 11,000 人造訪。

黑客松、聯盟與
平方投票

儘管對許多西方人來說，這種程度的數位公民參與可能令人驚訝，但它其實只是將通常虛擲在（反）社交媒體衝突上的一小部分，轉用於解決公共問題而已。而將政府力量投入 g0v 舉辦的「總統盃黑客松」比賽，則是將這個概念提昇為更制度化、層級更高的協作模式，用以實踐社會創新。黑客松聚集了由公務員、第三部門、學者和技術專家等組成的混合團隊，從問題的結構、跨利益關係人的溝通、新資訊技術的互接、開放政府資料的應用，在長達數月的黑客松過程裡共創共學，並在 PDIS 支持下組成資料聯盟，透過集體協商來處理海洋污染、空氣品質監測、野火預警系統，和一系列不平等議題。

總統盃黑客松的參與者和公民可以使用「平方投票」來支持某個專案的獲勝者，這種投票法允許人們表達對於專案的支持程度，我們將在後面章節〈5-6 █投票〉討論。這種模式讓每個人都可以支援某個獲勝者，如果有人非常強烈地支援某項專案，也能替該專案帶來巨大的推動力，進而使眾多參與者也成為了部分獲勝者。獲獎的專案會由總統向卓越團隊頒發一座投影機獎座，這也對開放社群帶來了相當程度的政治授權。

近年來，這種做法已經擴展到技術解決方案範疇之外，進一步構思替代未來和支持這些願景的媒體內容。「點子松」（ideathon）便是站在 2040 未來視角，將上述內容結合群眾參與促使各界投入推測設計的實踐。而這也不僅只是象徵意義上的支持，「公益創新・徵案 100」採用平方募資的方法，對有助公共價值的專案提供真正的資金，對此的相關討論詳見〈5-7 社會市場〉。

總統盃黑客松

團隊
公務員、第三部門、
學者和技術專家

目的
透過集體協商
來處理公共議題

方法
☞ 透過共學共創過程
☞ 並在 PDIS 支持下
　組成資料聯盟
☞ 參與者和公民可使用
　「平方投票」
　來支持某個專案

了解總統盃黑客松

疫情

這些多元化的方式使政府更靈活利用公民參與的能力，與民間協力的方法在新冠肺炎疫情期最為顯著。根據下文將提到的統計數據，臺灣是全球應對疫情最有效的國家之一。值得注意的是，臺灣在沒有採取封城措施的情況下，疫情死亡率是全球最低，經濟增長率也維持名列全球前列。臺灣作為島國，而副總統是能做出即時反應的流行病學家，針對境外旅客也發布了限制政策，這些因素顯然很是關鍵，另一方面，一系列的技術介入措施也發揮了重要作用。

最為人知且與上述提及的公民黑客文化案例便是「口罩地圖」應用程式。鑒於過去 SARS 防疫的經驗，臺灣的口罩在一月下旬開始出現短缺，當時世界上幾乎沒有人聽說過 Covid-19。由吳展瑋等公民黑客們著手撰寫程式，同時在 g0v 上號召「眾包」開放資料如超商和藥局的口罩存量，開發出「超商口罩地圖」。隨後口罩實名制政策上路，行政院主動邀集 g0v 加入開發「藥局口罩地圖」，緩解了社會的緊張氛圍，並在 2 月中旬就實現全面的口罩配給。

臺灣應對疫情的另一個關鍵則是嚴格的檢測、追蹤和支持性隔離，以避免病毒的社區傳播。雖然多數追蹤是透過傳統疫調方式進行，但臺灣是少數能夠普遍採用基於手機的社交距離和追蹤系統的地方，因此成為應對疫情的重要和必要的系統。這在很大程度上是因為 PDIS 促進了衛生官員和深切關注隱私的 g0v 社群成員間的緊密協作，尤其是考慮到臺灣缺乏獨立的隱私保護制度（這點我們將在下面討論），這促使具有強大匿名性和分散式功能的系統設計得到實踐，並被廣泛接受。

資訊透明

數位技術在臺灣的防疫對策中最重要的貢獻，其實是全民協力迅速且有效地對應錯誤資訊以及刻意散布的假訊息。這項「超能力」不僅在疫情期間發揮重要作用，在近年的選舉中也扮演了關鍵角色。相較之下，許多其他國家則因為資訊不實而在選舉過程中面臨挑戰。

眾多努力中最重要的核心便是從 g0v 衍生出的專案「Cofacts」。在這個專案中，參與的公民會快速地回應社群媒體上的熱門內容，以及從私人管道轉發到公開留言區的訊息，並提供回應與解答。最新的研究顯示，與量能有限的專業事實查核機構相比，這些系統通常能夠以同等的準確性、更快的速度且更具吸引力的方式來回應謠言。

臺灣公民社會的技術成熟度以及來自公部門的支持，也以其他方式提供了助益。在公部門的支持下，像是 MyGoPen 這樣的組織以及 Gogolook 這種私營企業，得以為 LINE 等私人通訊服務開發聊天機器人，讓民眾能夠匿名、快速地獲得對可能誤導訊息的回覆。政府與公民團體的密切合作讓他們能夠以「以幽默對抗謠言」和「迅速、有趣、公平」的方式作為典範，進而鼓勵這樣的政策。例如，疫情期間有謠言稱大量生產口罩會導致衛生紙短缺，當時的行政院長蘇貞昌就以「咱只有一粒卡臣」（我們只有一個屁股）等梗圖回應用衛生紙做口罩的不實訊息，更吸引了外媒大幅報導。

總的來說，這些政策幫助臺灣在不需要下架資訊的情況下成功對抗「資訊疫情」，就如同臺灣不需要封鎖也能成功抗疫一樣。這一切都在我們前面提到的 2024 年 1 月 13 日大選中達到了高峰，中國在這次選舉中發動了史無前例、由 AI 驅動的精密介入選舉的宣傳洗腦，卻未能成功地在臺灣製造對立或對選舉結果產生顯著的影響。

相關專案

除了上述臺灣數位民主創新中最突出的例子之外，還有許多其他案例，由於沒有足夠的篇幅詳細討論，在此僅簡要列出：

- **對齊大會**：臺灣率先召開，廣納公民共同參與 AI 基礎模型的監管和指導，這個模式已逐漸推廣到全球。

- **資安**：臺灣在運用分散式儲存、防止惡意干擾，以及確保民眾帳戶安全的「零信任」原則方面，已成為世界領導者。

- **金卡**：臺灣透過「就業金卡」制度，提供最多元的永久居留途徑，包括透過「數位領域」授予開源和公益軟體的貢獻者。

- **透明度**：在擴展政府數據透明政策的基礎上，本書作者之一通過公開其官方會議的影音、逐字記錄，無版權限制，以此作為這樣理念的示範。

- **數位素養教育**：2019 年以來，臺灣推行具開創性的十二年國民基本教育課程，將「科技、資訊與媒體素養」列為核心素養，賦予學生成為媒體的積極共創者、具有洞察力的仲裁者等角色，而非只是被動的消費者。

- **土地與頻譜**：基於亨利・喬治的理念，臺灣擁有全球最創新的政策，透過包含強制出售權的稅收，確保土地和電磁頻譜等自然資源的充分利用（我們在〈4-4 財產與合約〉、〈5-7 社會市場〉兩章將進一步討論）。

- **開放政府聯絡人**：PDIS 協助創建的跨部會公務員網絡，致力於公民參與、跨政府部門的合作，成為相關數位實踐的支持者和橋樑。

- **寬頻接取**：臺灣擁有最普及的網際網路接取率之一，並連續兩年被評為全球平均網速最快的國家。

- **開放國會**：臺灣已成為全球「開放國會」運動的領先者，嘗試各種方式使議會程序對公眾透明，並試驗創新的投票方法。

- **數位外交**：基於這些經驗，臺灣已經成為全球民主國家的顧問與導師，幫助各國應對類似的挑戰，並且實現利用數位工具提升參與和韌性的願景。此外，這項工作贏得了公眾和政府的充分信任，因此臺灣於 2022 年 8 月成立了數位發展部，本書作者之一也從政務委員轉為首任數位部長。

十年有成

上面闡述了一系列樂觀的計畫，大家自然會好奇上述活動的實際數字為何？追蹤眾多創新且交織的專案的精確因果顯然是一項艱鉅的任務，超出了我們的研究範圍。但至少我們有理由詢問，臺灣過去幾十年中在一系列困擾多數自由民主國家的挑戰方面的總體表現如何？我們將依次討論每個類別的挑戰。遺憾的是，由於臺灣的國際地位涉及複雜的地緣政治，許多標準的國際比較機構選擇不將臺灣納入其資料中，因此分析和比較的品質無法盡如人意。

雖然臺灣的經濟表現可能不是最關鍵的，但卻最容易量化，也為我們理解其他方面提供了有用的參考。從某種意義上說，臺灣與歐洲大部分國家一樣，屬於中上收入國家。根據國際貨幣基金組織（IMF）的資料，臺灣 2024 年的人均國內生產總值（GDP）將達到 34,000 美元，[5] 但是臺灣的平均物價遠低於幾乎所有其他富裕國家。進行調整（經濟學家稱之為「購買力平價」）後，臺灣成為除美國之外世界上平均人口超過 1000 萬的第二富裕國家。此外，正如我們將在後文討論的，大多數資料顯示臺灣比美國更平等，這意味臺灣可能是世界上同等規模國家之中生活水準最高的國家。因此，我們應將臺灣視為世界上絕對最發達的經濟體之一，而不是中等收入國家。

ECONOMY

經濟

臺灣的經濟產業結構也相對突出。雖然很難找到完全可比的資料，但臺灣幾乎可以肯定是世界上數位出口最密集的經濟體，電子產品和資訊通訊產品的出口約占經濟總量的 31%，而像以色列和韓國等其他主要技術出口國的此項比例還不到其一半。[6] 這一事實最為世人所知，因為它反映出世界上大多數半導體，尤其是最先進的半導體，都在臺灣製造，而臺灣也是富士康等智慧型手機主要製造商的廠區與總部所在地。

根據亞洲開發銀行（Asia Development Bank）的資料，臺灣的稅收僅占 GDP 的 11%，這使臺灣在富裕國家中非常不同尋常，而 OECD（經濟合作暨發展組織）富裕國家俱樂部的平均水準為 34%。[7] 根據美國傳統基金會公布的全球經濟自由度指數，臺灣名列全球第四。[8]

在這樣的背景下，臺灣近十年的經濟表現有以下幾個特點：

1. **成長**：過去十年，臺灣的實際 GDP 平均增長率為 3%，而 OECD 國家的增長率不到 2%，美國略高於 2%，全球總體增長率為 2.7%。[9]

2. **失業率**：臺灣過去十年的平均失業率穩定在 4% 以下，而 OECD 國家的平均失業率為 6%，美國為 5%，世界平均失業率約為 6%。

臺灣近十年 GDP 平均增長率

3[%]

全球總體增長率為 2.7%

臺灣近十年平均失業率

4^{% 以下}

世界平均失業率約為 6%

臺灣近十年通膨率

0-2[%]

全球平均通膨率為 1.3%

臺灣近十年不平等吉尼係數

0.28

遠低於美國的 0.4 左右

---

3. **通貨膨脹**：根據國際貨幣基金組織的資料，全球平均通膨率為 1.3%。儘管包括幾乎所有富裕國家在內的全球通膨率急劇上升且劇烈波動，但臺灣的通膨率在過去十年來一直保持在 0-2% 之間。

4. **不平等**：過去十年，關於不平等統計資料的計算方法持續存在激烈的爭論。臺灣的《家庭收支調查》採用較傳統的方法，發現臺灣的不平等吉尼係數（從 0 到 1，0 代表完全平等，1 代表完全不平等）在過去十年中一直穩定在 0.28 左右，與全球不平等程度較低的奧地利相當，遠低於美國的 0.4 左右。其他分析採用了伊曼紐爾·賽斯（Emmanuel Saez）、托瑪·皮凱提（Thomas Piketty）和加柏列·祖克曼（Gabriel Zucman）等經濟學家開創的創新但有爭議的行政方法，結果顯示臺灣收入最高的 1% 占 19%，與美國的 21% 相差無幾，遠高於法國的 13%。然而，即使在這些資料中，臺灣收入最高的 1% 所占比例在過去十年中也下降了約十分之一，而法國和美國的這一比例都有類似程度的上升。最近的一些研究認為這些方法往往會在稅率較低、累進度較低的國家和時期發現更高的不平等，因為它們依賴稅收管理資料，難以充分考慮誘導性避稅的狀況。[10] 鑒於臺灣稅率遠低於美國或法國，若這些問題確實存在，它們很可能會導致臺灣不平等程度被大幅高估。[11]

綜合這些事實，值得注意的是，**儘管臺灣富裕且科技密集度極高**，但其經濟表現保持強勁且相當平等，或者至少沒有變得更加不平等。如上文所述，經濟學家普遍將近期的許多經濟困境歸咎於科技的作用，包括成長緩慢、失業和不平等加劇。但在這個世界上資訊科技最密集的經濟體中，情況似乎並非如此。

SOCIETY

社會

由於臺灣被世界衛生組織（WHO）排除在外，使得與國際社會指標的比較變得更加困難。然而，我們還是找到了兩個常用的社會指標來進行大致的比較：孤獨感和自我報告的資訊成癮。根據資料顯示，臺灣老年人（65 歲以上）的孤獨感約為10%，與世界上受影響最小的國家（主要在北歐）相近，遠低於北美（約 20%），並顯著低於中國（超過 30%）。[12] 另一方面，臺灣的自我報告的手機成癮率相當高（約為 28%），但遠低於美國（58%）。[13] 此外，對受控物質成癮的比率差異甚至更明顯，報告顯示美國每月至少使用非法藥物的人述是嘗試過非法藥物的臺灣人的十倍。[14]

在宗教方面，臺灣的經驗相較於富裕國家也有獨特之處，幾乎其他富裕國家（尤其是美國）主要由單一宗教團體（如基督教）主導，而且過去幾十年中宗教信仰的指標（包括歸屬感和參與度）急劇下降[15]。相比之下，臺灣的宗教更加多樣化，民間宗教、道教、佛教、西方宗教和少數民族宗教等四個不同宗教傳統的信徒比例大致相同，不信教者的比例也大致相同。[16] 雖然這些群體之間有些變化，但在過去幾十年中，臺灣不信教或不修行的人幾乎沒有顯著增加。[17]

POLITICS
政治

臺灣在民主品質以及抵禦技術驅動的境外訊息操弄能力獲得了廣泛的認可。自由之家[18]、經濟學人資訊社[19]、貝塔斯曼基金會（Bertelsmann Foundation）和 V-Dem 等機構釋出的多項指數均將臺灣列為全球最自由、最有效的民主國家之一。[20]儘管臺灣在這些指數中的排名各有相同（從第一到僅在前 15% 之間），但整體評價顯示臺灣幾乎是亞洲最優秀的多元民主政體之一，也是最引人注目的年輕民主國家（實行民主制度未滿三十年）。因此，臺灣至少被認為是亞洲最強大的民主政體，也是規模合理的最強大的年輕民主政體，甚至有人認為是世界上最強大的民主政體。此外，根據這些指數，世界各個地區的民主程度在過去十年普遍下降，而臺灣的民主得分卻大幅上升。

除了整體實力之外，臺灣還以抵抗兩極化、資訊戰和網路攻擊而著稱。根據各種資料進行的研究，臺灣是世界上政治、社會和宗教兩極分化程度最低的發達國家之一。儘管自太陽花運動以來政治兩極分化略有上升趨勢，但現已趨於和緩。[21]在**情感兩極分化**（對政治對手持有負面或敵意的個人態度）方面尤其如此，儘管民族認同的問題在臺灣許多選舉中依然是關鍵議題，但臺灣在情感極化程度上一直保持在全球最低的五個國家之列，政治菁英戲劇化且尖銳的表現並沒有完全反映在社會中。然而，分析一致認為臺灣是全球虛假訊息攻勢量最大的區域。[22]造成這個矛盾結果的主因之一可能是由政治學家鮑爾（Fin Bauer）和威爾遜（Kimberly Wilson）發現的，與許多其他情況不同，境外資訊操弄並未加劇臺灣內部的黨派分歧，相反地，它往往會激發臺灣人反對境外勢力干涉的一致立場。[23]

LAW
法律

臺灣在許多調查中被評為全球最安全的國家之一，甚至是全球人口超過十萬的國家中最安全的民主國家之一。[24]不過需要指出的是，這類型報告僅能說明一個國家或城市的相互概況，而臺灣宜居的風土文化一直是在國際上引以為傲的特色。[25]

臺灣的法律制度也以其適應性和包容解決長期存在的社會衝突而聞名。2017 年，憲法法院裁定政府必須在兩年內通過同性婚姻合法化的法律。2018 年，在直接修訂《民法》的公投失敗後，政府找到一種創造性的方式來回應各方利益。許多反對同性婚姻的人擔心，由於家庭關係經常以姻親為紐帶，使反對同婚的家庭成員可能會被迫參與其中。同時，大多數年輕人更傾向於將結婚視為個人關係，並希望以伴侶為基礎，不願將家人綁在一起。因此，政府通過了一項合法化法案，將親屬關係排除在同婚關係之外。

SURVIVAL

生存

危機發生的機率通常很低，因此很難評估臺灣在危機預防和應對方面的表現如何。然而，也許最具代表性的例子便是最近發生過的 Covid-19 大流行。在這次事件中，臺灣被全球公認為表現最出色的國家之一，以下我們將從數據上討論這種評價的原因。

在病毒大流行早期階段，臺灣的優異表現已經贏得國際讚譽。在疫苗上市之前，全球大部分地區都實施了滾動封鎖。我們將此階段稱為大流行的「危機」階段，一直持續到 2021 年 4 月，直到疫苗在美國廣泛供應為止。從疫情爆發到 2021 年 4 月，臺灣僅有 12 人死於疫情，是當時全球準確記錄區域裡最低的。此外，臺灣在沒有封城的情況下實現了這一成就，並在 2020 年取得僅次於愛爾蘭的經濟增長，在所有富裕國家中名列前茅。更廣泛地說，臺灣的醫療系統在過去十年裡持續被 Numbeo 評為全球效率最高，雖然臺灣的預期壽命（life expectancy）僅僅是世界上最高之一。[26]

然而，值得注意的是，臺灣在 2021 年中之後的「後危機」階段的表現就不那麼引人注目了。在此階段，疫苗的供應和接種率是應對挑戰最關鍵的結構部分。儘管臺灣已做了一系列準備，包含運用口罩外交來打破疫苗採購的困境，但面臨中國的打壓與疫苗生產分發等問題時，仍引發了廣泛的社會抱怨。儘管當時臺灣仍是在可靠數據的大型富裕地區中，死亡率最低、經濟表現最佳的領先群，但在疫情前期的卓越領導並沒有完全持續到後危機階段。這或許表明，危機（如太陽花運動和 Covid-19 疫情）所培養的凝聚力和公民參與能讓臺灣做出比世界任何地方都更有效的應對，但若要將這些成果制度化並持續下去，還需要額外的關注和努力。這是未來的重要方向，我們在下文中會進一步討論。

另一個正在逐步醞釀之中的挑戰和危機是氣候變化。雖然臺灣與許多其他國家一樣，已將 2050 年實現淨零排放的目標納入法律，並因其實現這一目標的計畫贏得了讚譽，但迄今為止，臺灣的淨零[27]等環境相關表現並不特別顯著。[28]

儘管如此，臺灣的參與度和對制度的信任度，尤其是對民主制度的參與度和信任度卻極高。臺灣的投票率在沒有強制投票的國家中位列世界最高之一。[29] 有 91% 的人認為民主至少「相當好」，這與近年來許多歷史悠久的民主國家民主支持率急劇下降形成鮮明對比。[30] 作為經濟自由、充滿活力的參與式自由民主國家，臺灣不僅能為西方政治光譜上的各種觀點提供參考，也是那些希望超越日益衰落的西方民主實踐的最佳範例。特別值得一提的是，這還必須考慮到臺灣沒有豐富的自然資源或戰略地位、地緣政治環境脆弱，以及人口嚴重分化、非同質化且規模龐大，更是在幾十年前才實現民主化，並在不到一世紀的時間裡從赤貧中崛起。

要深入了解臺灣獨特而戲劇性的數位民主實踐，以及在應對當今最具挑戰性的問題時所取得的一系列成功之間的確切因果關係，無疑需要數十年的研究。然而，考慮到這一點，在此期間，類似於人們對北歐國家和新加坡進行的分析，闡明世界上最受推崇的數位民主國家策略背後的普遍哲學似乎是至關重要的。本書的其餘部分將致力於探索這一任務。

CHAPTER 3
何謂
多元宇宙？

「行動，人們彼此之間唯一不假事物之中介而進行的活動，則是對應於人的多元性（plurality）條件，也就是說，住在地球上、棲身於世界裡的是人們，而不是單一的人。」
——漢娜‧鄂蘭（Hannah Arendt），1958[1]

「理想的一種『社會相連度』……意味著一種可迅速形成跨越差異橋樑的社會紐帶。」
——丹妮爾‧艾倫（Danielle Allen），2016[2]

「民主是一種技術。和任何社會技術一樣，當更多的人努力改進它時，它就會變得更好。」
——唐鳳，2020[3]

民主與科技之間的緊張日益加劇，而臺灣似乎正是從這樣的極端分歧之中，找出一條自然而然克服了這種緊張關係的方式，這也促使我們思考：在面對科技與民主如何互動的問題時，是否有一種更為廣泛且通用的經驗可以借鑑？

我們通常認為科技是一種不可阻擋的進步，而民主和政治則是在不同的競爭性社會組織形式之間，進行相對靜態的選擇。但臺灣的經驗顯示，技術的發展仍有更多的選擇與可能性，使其更接近政治，而其中的可能性之一，是關於從根本上改善我們共同生活和合作的方式，讓民主如同技術一般推進。臺灣經驗也告訴我們，雖然社會差異可能造成衝突，但只要適當地利用技術，它們也可能成為進步的根基。

這種技術方向的可能性並非新鮮事，經典的科幻作品《星艦迷航記》（Star Trek）也同樣具有對美好未來的憧憬。在原著系列中，瓦肯英雄堅信「無限組合中的無限多樣性……此一信念，即美、成長、進步，都源自異質間的相互結合」的哲學。也基於此，我們將本書的主題「數位多元宇宙」簡明定義為「跨越社會差異的協作技術」。這樣的概念與放任主義和專家統治形成了對比：這兩者都認為世界是由原子（即個人）和一個社會整體構成的，我們稱為「一元原子論」。雖然這兩種觀點在應該賦予每一方多少權力的問題上有不同的立場，但它們都忽略了「數位多元宇宙」的核心理念，也就是多元交織的社會群體，以及由這些交叉點構成身分的多元協作人們，才是社會世界的核心結構。

更準確地說，我們可以將多元宇宙分成三個組成部分——描述性、規範性和指示性，如下圖所示：

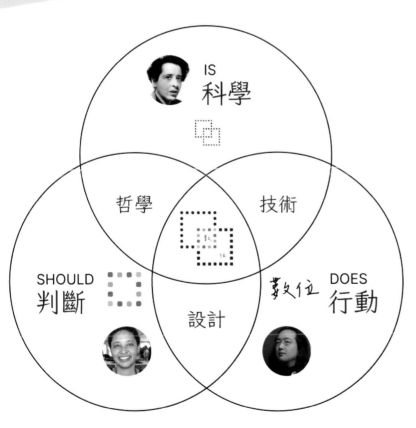

圖 3-1｜多元宇宙的組成示意圖

每個組成部分都與三位思想家（漢娜·鄂蘭、丹妮爾·艾倫、唐鳳）中的一位相關聯，他們以三種截然不同但又緊密相連的方式使用這個術語。

描述性

社會既不是孤立個體的無組織集合，也不是鐵板一塊的整體。相反地，它是一個由多元、交叉的複雜關係構成的結構，這些關係定義了我們的個人身分和集體組織 。我們將此概念與漢娜·鄂蘭（Hannah Arendt）特別是她的著作《人的條件》（*The Human Condition*）相聯繫，她認為多元性是人的最基本條件。我們特別將這項描述性要素與萬國碼符號聯繫，來捕捉多元宇宙對群體和個人身分的交叉性、重疊性的強調。下一節「活在多元世界」會進一步說明，這個描述不僅適用於人類社會，而且根據現代（複雜性）科學，基本上也適用於自然界所有的複雜現象。

規範性

多元性是社會進步的燃料，雖然它可能會像燃料一樣爆炸（引發衝突），但社會的成功在很大程度上，是取決於它們利用其潛在能量促進生長的程度。我們將此一概念與哲學家丹妮爾·艾倫（Danielle Allen）的「相連社會」理想相提並論，並將其與本書封面和上圖中精細的 圖像裡方格交匯處的彩虹元素聯繫起來，艾倫對這些觀點做出極為精采的闡述。在本章後面〈我們遺忘的道〉這一節，我們會說明它深深根植於一個哲學脈絡，包括亨利·喬治、約翰·杜威等對臺灣影響深遠的美國思想家。

指示性

數位科技應該立志於建立引擎，運用多元性並避免災難，就像工業科技建立引擎，利用實體燃料並控制其爆炸一樣。我們認同這個概念，從 2016 年開始，唐鳳便以「Plurality」一詞作為一種科技議程的示範。我們將這個詞與其職銜（數位部長）中使用的正體字「數位」（英文發音為「shuwei」）更緊密地聯繫在一起。「數位」同時具有「plural」和「digital」的含義，它同時捕捉到了鄂蘭和艾倫的哲學，與數位技術變革潛力的融合。儘管這個理念一開始並不那麼明確，但它推動了後來被稱為「網際網路」的許多發展，可惜因為沒有得到充分闡述，這一理念在某種程度上被遺忘了。本書的主要目標之一就是清楚地闡述這個理念，嘗試以它代替現今仍占據主導地位的放任主義、專家統治主義和停滯不前的民主敘事。

鑒於如此豐富的定義，以及它將華語和各種英語傳統的元素融合在一起的方式，在本書的其餘部分，我們使用以名詞形式（即代表「多元宇宙」）和形容詞形式（即代表「多元／數位」）來表示此一理念。在華語中，根據上下文的不同，可以有多種解讀方式：

- 作名詞使用時，通常讀作「多元宇宙」（Plurality）。
- 作形容詞使用時，可作為「數位」、「多元」，甚至「交織」、「協力」或「聯網」等一系列其他意思。

這些現有詞彙中，沒有哪個能完美地捕捉到這組概念，因此在某些情況下，可能會簡單地用「重疊」或「交疊」來描述它。接下來我們將更深入描述的內容、願景和雄心。

3-1
活在□世界

「直到不久前，我對文明最大的讚美……是認為它使藝術家、詩人、哲學家和科學家的存在成為可能。但我現在認為這並非最偉大的事情。現在我相信，最偉大的發生是我們所有人都能理解的事情。當有人說我們過於關注謀生而遺忘了生活時，我回答：文明的主要價值就是使生活方式變得複雜；它要求巨大、共同合作的智力付出，而不僅僅是簡單的、不協調的努力，以讓群眾得以吃飽穿暖、安居樂業，從一個地方移動到另一個地方。因為更複雜更熱切的智力付出，意味著更充實、更豐富的生活，也就是生生不息。生活的意義就是生活本身，而判斷生活是否值得的唯一標準就是：你是否充分地活著。」
── 奧利弗‧溫德爾‧霍姆斯（Oliver Wendell Holmes），1900 年 [1]

「原子是現實中獨立的元素嗎？不……就像量子理論顯示的：原子的定義是來自於它們的……與這個世界其他部分的交互作用。量子物理學或許只是讓我們意識到，現實中這種無處不在的關係結構，正是一直延續到最基本的層次。現實不是事物的集合，而是由眾多過程組成的網絡。」
── 卡洛‧羅韋利（Carlo Rovelli），2022 年 [2]

技術追隨科學。因此，如果我們想要理解□作為關於我們的世界可能變成什麼樣子的願景，我們需要先理解□作為關於世界本來面貌的看法。專家統治和放任主義的觀點植根於一門科學，即我們在上一章描述的單一原子論，它相信一套作用於一組基本粒子的普遍規律，是用來理解世界的最佳方式。

如果我們想要提供一種不同於專家統治和放任主義的技術未來願景，我們就需要理解它們對科學的理解的根源為何、可能遺漏了什麼，以及如何糾正這一點來開闢新的視野。為此，在這一章，我們要探索這些方法背後的科學哲學觀，探尋過去一個世紀中自然科學和社會科學是如何進步，由此超越這些觀點的局限性，而走向多元、網絡式、關聯式、集體智慧的理解，即我們生活的當下現實。

長期以來，專家統治一直被科學和理性視為是合理的。二十世紀初流行的「科學管理」（又稱泰勒主義，Taylorism）理念，將社會系統和簡單的數學模型，以及邏輯和理性之間進行類比，以此作為一種思考方式。在建築學中的高度現代主義，同樣受到幾何學之美的啟發。放任主義也大量借鑑了物理學和其他科學：正如粒子會「走最小作用量的路徑」、進化會使適應性最大化一樣，經濟主體會「使效用最大化」。在單一原子論看來，世界上的每一個現象，從人類社會到天體運動，最終都可以被簡化為這些規律。

這些方法取得了不容忽視的巨大成就。牛頓力學解釋了一系列現象，幫助啟發了工業革命的技術；達爾文主義是現代生物學的基礎；經濟學一直是影響公共政策最大的社會科學；邱奇－圖靈（Church-Turing）關於「可計算理論」的願景，也啟發了當今廣泛使用的通用電腦的概念。

不過，正如我們對上個世紀的理解，如果我們超越單一原子論的局限，就有可能取得更大的進步。哥德爾定理（Gödel's Theorem）打破了數學的統一性和完備性，一系列非歐幾里得幾何現在對科學至關重要。交互共生、生態學和擴展的演化綜論（extended evolutionary synthesis）削弱了「適者生存」的生物學核心典範。神經科學圍繞著網路和新興能力進行了重新構想，並催生了現代神經網絡。所有這些的共同點，是關注複雜性、湧現、多層次組織網絡和多向的因果關係（集體智慧），而不只是將一套普遍規律應用於單一類型的單個實體。

用相似的方式看待社會系統。一間公司是全球競爭這場遊戲的參與者，但同時公司本身也是一場由員工、股東、管理層和客户共同參與的遊戲。你無法期待由此產生的結果，它看起來往往不像一個連貫的效用函數。更重要的是，許多其他的遊戲會不斷交叉：公司員工個人經常更受到與外界的其他關係（例如政治、社會、宗教、民族）的影響，而不是透過公司本身。國家也是這樣，既是遊戲也是玩家，與企業、宗教等多方面交織在一起，我們也無法將國家之間的行動與國家內部的行動清晰地一刀切開。同樣地，本書的撰寫正是以開源開放的方式，多面向、複雜性的結合在一起。

因此，與上個世紀的自然科學有許多相似之處。理解這些相似點，可以讓我們一窺種種靈感與組合形成前的過程。而儘管放任主義和專家統治可以被視為一種意識形態上的誇張諷刺，但從科學的角度來看，它們也可以被理解為對複雜性始終存在的威脅。

從流體的流動到生態系統的發展，再到大腦的運作，幾乎每一個複雜系統都會表現「混沌」（活動基本上是隨機的）和「有序」（模式是靜態和僵化的）兩種狀態。在很大程度上，某些參數（如熱量或突變率）決定了哪些狀態會出現。當參數值高時，系統呈現混沌；當參數值低時，則呈現秩序。當參數值接近這些狀態之間過渡的「臨界值」，也就是複雜性理論家所謂的「混沌邊緣」時，複雜行為將會湧現，形成不可預測、不斷發展、類似生命的結構。這種結構既不是純粹的混沌，也不是完全有序，而是複雜的。這與前述強調在集權威脅和反社會威脅、專家統治官僚主義和放任主義威脅之間的「窄廊」的觀點密切相關。因此，可以自科學中汲取養分，對轉向和拓寬這條狹長走廊來說就至關重要。複雜性科學家將這一過程稱為「自組織臨界性」（self-organized criticality）。在這個過程中，我們可以借鑑許多科學的智慧，確保我們不會過度被任何一組類比所束縛。

MATHEMATICS

數學

在十九世紀，數學界興起了形式主義，對我們所使用的數學結構進行精確且嚴謹的定義和性質規定，以避免不一致和錯誤出現。到了二十世紀初，人們曾希望數學可以被「處理」，甚至可能提供精確的演算法，以確定任何數學主張的真偽。然而另一方面，二十世紀的數學則以更多的不確定性為特徵。

哥德爾定理：二十世紀初的一些數學主張，尤其是哥德爾定理，揭示了數學的關鍵部分存在一些基本且不可化約的方式，使其無法被完全解決。同樣地，邱奇的研究也已證實某些數學問題在計算過程中是「不可判定」的，這也打破了將所有數學在經過計算後可以簡化為基本公理計算的夢想。

計算複雜性：即使還原主義在原則上或理論上可行，然而基於其組件來預測高層次現象所需的計算量極為巨大，以至於執行它的實質意義不大。事實上，在某些情況下，可以證明它需要耗費的計算資源價值，遠遠超過可透過解答獲得的資源價值（這種情況常常使得還原理論的可能性變得不再重要，甚至因此樹立了還原的一個巨大障礙）。在許多真實世界案例中，這種情況通常可以被描述為一個經過充分研究的計算問題，其中找到「最優解」的演算法需花費指數級的大量時間，因此在實際應用中往往會選擇使用足夠好的「啟發式」演算法。

敏感性、混沌和不可化約的不確定性：許多甚至相對簡單的系統已經被證明會表現出「混沌」行為。如果初始條件的微小變化在經過一段時間後轉變為最終行為的極端變化，則該系統被視為混沌的。最著名的例子是「天氣系統」，人們時常描述：一隻蝴蝶拍動翅膀，可能幾週後在世界的另一端引發颶風。在這種混沌效應的情形下，透過還原主義進行預測需要無法實現的精確度。更困難的是，對於量測的精確度往往也有十分嚴格

的限制，精密儀器的測量方式可能因為前述的靈敏度預測引起重大變化，測量系統也會受到干擾。

分形：許多數學結構已被證明在非常不同的尺度上具有相似的模式。一個很好的例子是曼德博集合（Mandelbrot set），它是通過重複平方然後將相同的偏移量加到複數上生成的。

正如同幾何學和拓樸學，一度被視為屬於歐幾里得確定性的範疇，現在卻轉而承認無盡的變化，就像扁平地球的確定性隨著環球航行而逝去無蹤。公理系統（axiomatic system）曾經也被視作為單一完整數學系統的希望，但庫爾特·哥德爾（Kurt Gödel）、保羅·科恩（Paul Cohen）與其他研究，則揭示了某些數學問題在本質上是無法解決，且必然是不完整的。邱奇也提出一些數學問題是任何運算過程都無法解決的。事實證明，即使是純粹的邏輯與數學運算，也幾乎與我們上述討論的領域同樣多元。

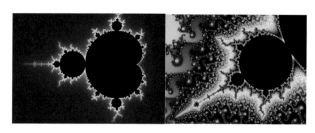

圖 3-1-1 | 曼德博集合（根據函數中的參數值描述簡單二次函數的混沌行為）在兩種尺度下的顯示來源：維基百科（左）和 Stack Overflow（右）。

數學中的相關性：在數學中，不同的分支往往是互相關聯的，一個領域的洞見也可以應用於另一個領域。例如，代數結構在許多數學分支中無所不在，它們也可以做為一種語言來表示和探索數學中主題間的關係。此外，拓樸學的研究是基於理解形狀和其性質之間的關係。多元性與交互關聯性的混合也許是現代數學的決定性特徵。在十九世紀末時，克耳文動爵（Lord Kelvin）大發厥詞地宣稱：「現在物理學沒有新的東西可以發現了。」然而事實恰好相反，二十世紀被證明是為物理學歷史上最豐富、也最具革命性的時代。

PHYSICS

物理學

愛因斯坦的相對論推翻了將歐幾里得空間幾何、牛頓宇宙觀「撞球檯模型」作為理解大尺度的物理世界的簡單性。當物體以接近光速的速度運動時,描述它們行為的規則開始變得非常不同。

量子力學(Quantum mechanics)**和弦理論**(string theory)同樣表明,在非常小的尺度下,僅依賴經典物理學是不夠的。貝爾定理(Bell's Theorem)清楚證明,量子物理學甚至不能完全被描述為概率論和隱蔽訊息的結果:相反,一個粒子可以同時處於兩種狀態的組合(或「疊加態」)中,其中這兩種狀態相互抵消。

海森堡不確定性原理(Heisenberg's Uncertainty Principle)對粒子的速度和可被測量的定位精確度,設定了嚴格的上限。

三體問題在劉慈欣的科幻系列中扮演核心角色後現已聞名,這說明即便在簡單的牛頓物理學中,儘管只有三個物體的相互作用也足夠混沌,以至於其未來行為無法用簡單的數學問題預測。然而,通過使用「溫度」和「壓力」等十七世紀的抽象概念,我們仍然可以解決萬億體問題,足以滿足日常使用。

BIOLOGY

生物學

如果說十九世紀宏觀生物學(關於高級生物與其互動)的定義思想是「自然選擇」(natural selection),那麼二十世紀相比擬的定義思想則是「生態系統」。自然選擇強調面對稀缺資源時的「達爾文式」的競爭觀點(其與「擴展的演化綜論」思想密切相關)強調:

模型可預測性的限制:人們不斷發現我們建立有效動物行為模型的能力的限制,這些模型基於還原論的概念,例如行為主義、神經科學等,展示了計算的複雜性。

生物體和生態系統之間的相似之處:我們發現,由多種相異生物組成的系統(即「生態系統」)也顯現出與多細胞生物體相似的特徵(如恆定性、對內部成分的破壞或過度繁殖的脆弱性等),這些揭示了敏感性和混沌性。

透過較簡單生物體的合作而運作的高層次生物體:更高層次的生物體是可以透過較為簡單的生物體合作湧現的(例如,多細胞生物是單細胞生物之間的合作,或像「Eusocial」〔真社會性〕生物體源自螞蟻等昆蟲個體之間的合作),以及在這些層次中可能發生的突變性和選擇性,展現了多層次組織的概念。

不同物種之間相互作用的多樣性:包括傳統的競爭或捕獵關係,也包括一系列「互利共生」,其中生物依賴其他生物提供的服務,也會反過來協助維持對方,說明了糾纏性與關聯性。

表觀遺傳學:我們發現遺傳學僅只編碼這些行為中的某一部分,而「表觀遺傳學」(epigenetics)或其他環境特徵在演化和適應中發揮著重要作用,闡釋了內嵌的因果關係。

這樣的轉變,不僅僅是簡單的科學理論,亦導致了二十世紀人類行為與自然互動的一些最重要的關係轉變。尤其在環境運動與其創建的一系列如保護生態系統、生態多樣性、臭氧層與氣候行動,都源於「生態學」且十分依賴這門科學,甚至常常被稱為「生態」運動。

NEUROSCIENCE

神經科學

現代神經科學，源於兩項大腦功能的關鍵發現。首先是十九世紀後期由卡米洛・高基（Camillo Golgi）、桑地牙哥・拉蒙卡哈（Santiago Ramóny Cajal）和協力者們分離出神經元、電活化神經元網路，且將之定義為大腦的基本功能單位。艾倫・霍奇金（Alan Hodgkin）和安德魯・赫胥黎（Andrew Huxley）的研究（即霍奇金－赫胥黎模型〔Hodgkin-Huxley model〕）則進一步將這種分析更精確地完善為清晰的物理模型，他們在動物身上測試並建立了神經通訊的電學理論。然而最近，一系列發現更將混沌和複雜性理論置於大腦功能的核心：

大腦功能的分布：數學建模、大腦成像和單神經元活化實驗等在內的其他證據也表明，許多（如果不是大多數）大腦功能分布在大腦的不同區域，是在相互作用的模式中產生，而不是主要的物理定位產生的。

赫布理論（Hebbian theory）模型：透過反覆地共同激發來強化這些功能，這可能是科學中「關聯性」概念最優雅的例證了，這與我們經常想像的人際關係發展的方式十分相似。

人工神經網路的研究：早在 1950 年代末，以弗蘭克・羅森布拉特（Frank Rosenblatt）為首的研究學者，建立了第一個大腦的「人工神經網路」模型。神經網絡已成為了最近「人工智慧」前行的基底。數萬億個節點組成的網路，每一個節點都依循著相當簡單的原則運轉，這些原則受到活化神經元的靈感而設計；當輸入的線性組合超過一定的閾值時就會觸發活化，是 BERT 和 GPT 模型等「基礎模型」的骨幹。

從科學到社會

人類的多樣性

人類創造的社會群體

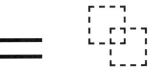
多元社會科學的本質

「多元宇宙」在科學上，指的是應用上述觀點理解人類社會；而在技術上，則是試圖建立資訊和治理的形式系統，既能解釋這類結構，又與這類結構近似，就像建立在多元科學基礎上的物理技術一樣。網路社會學領導人物馬克‧格蘭諾維特（Mark Granovetter）的作品或許是此一願景的最佳表述。在這個概念中，沒有基本的單一原子；社會群體確實存在，而且必須不斷地持續變換、重組。這種雙向平衡，來自於人類的多樣性與其所創造的社會群體，而這正是多元社會科學的本質。

此外，這些社會群體存在於各種交織、非階級式的層次之間，包括家庭、會所、城鎮、洲際、各種規模的宗教組織，領域各異的企業、人口特徵（性別、性向認同、種族、民族等）、教育和學術培訓，以及更多共存與交織的層次。例如從全球天主教的角度來看，美國是一個重要但「少數」的國家，只有大約 6% 的天主教徒生活在美國；但從美國的角度出發，也可以如此形容：大約 23% 的美國人是天主教徒。

雖然我們強調了多元社會科學（「網路社會」）的積極觀點，但必須提醒的是，除了其固有的合理性外，採用這種觀點的一個關鍵原因是：鑑於複雜性和混沌，運用一元原子論來解釋大多數社會問題，根本就不可行。同樣的，在社會科學領域中，即使最貫徹「方法論個人主義」的經濟學界，也普遍認為，試圖將複雜的組織做為個人行為的衍生品來建模，註定是徒勞無功的。

舉例來說，產業領域將公司而非個人視作主要的行動者，而多數宏觀經濟模型也假設有足夠的同質性以允許建置一個「代表性主體」（representative agent），而不是將行為化約成實際上各式各樣的個體選擇。事實上，經濟模型的一個迷人特質，就是它們傾向於用一系列不同形式的組織作為「中央計畫者」（例如技術平台營運商或是上級政府），或者是「個體參與者」（例如地方政府或製造商）。這並不令人驚訝，因為賽局理論（game theory，將群體行為還原為個人行為的最經典的經濟方式）的一個重要結果正是「無名氏定理」（folk theorem），它是關於「混沌」和「不可化約的不確定性」的一個變形，指出只要不斷重複互動的過程，分布極廣的各種結果狀態，都可以收斂到均衡點。

然而，不論選擇在何種層次做出解釋，行動者幾乎總是被模擬為原子式的利己主義者，而規劃者則作為連貫、客觀的最大化者，而非在社會中內嵌的交互群體隸屬關係。將社會現象理解為源自「網路社會」的精髓，正是為了要擁抱其豐富性，並建立可善加利用它的社會系統、技術和政策，而不是將其視為一種分散注意力的混亂干擾。這類系統的需求包括（但不限於）：明確的社會動機、賦權予多樣的社會群體、預測且支持社會動態與演化，將個人身分確立於社會隸屬關係中、將群體選擇確立於集體民主參與的基礎上、引導建設與維護社會脈絡，以促進社群關係。

儘管我們沒有足夠的篇幅來展開細節，然而豐富的文獻已經提供了量化與社會科學的證據，[3] 來確立觀點的解釋力。在產業動態、社會和行為心理學、經濟發展、組織凝聚力等方面的研究揭示，社會關係在創造與運用多樣性方面，起著核心作用。[4] 在此，我們只舉出一個例子，而它或許是最令人驚艷、亦與上述科學主題關聯性最高的例子：科學知識本身的進化。

多元未來？

「元科學」（Metascience）這一成長中的跨學科學術領域，正是為了探索作為複雜系統而湧現出的科學知識網絡。[5] 元科學研究者描繪了各個科學領域的湧現與增生、科學的新穎性與進步的出處、科學家選擇的探索策略，社會結構對知識擴散的影響等。他們發現科學探索偏向在一個領域內經常討論的主題，並受到科學家之間的社會和制度聯繫的限制，這降低了科學知識發現過程的效率。[6] 此外，他們也發現一個分散的科學社群是由大多數獨立的、非重疊的團隊組成，這些團隊使用各種方法，並參考廣泛的早期出版刊物，這樣往往會產生更可靠的科學知識。相比之下，集中社群的特質是反覆合作，並局限於前人研究的有限方法，可能會產生不太可靠的結果。[7] 他們也發現，研究團隊的規模、多樣性，與其研究成果的類型（高風險、革命性，或是常規科學研究）息息相關。此外，團隊研究（相對於個人研究）在現代科學日漸成為主流。[8] 最大的創新，往往來自於將現有學科的堅實基礎，[9] 以不尋常又令人詫異的組合方式部署。這也揭示了在科學中常見的激勵手段（例如論文品質和引用次數等）也會產生不當誘因，反而限制了科學的創造力。這些發現，有助於發展補足與抵消這些偏見的新指標，形成了▨特性的誘因組合。[10]

當更多不同的社群及其方法致力於驗證現有的主張時，這些獨立的觀點確保他們的發現更容易得到反駁和修改。此外，當透過模擬我們在最重要的科學事業中看到的多樣性，來建構基於▨原則的人工智慧模式時，人工智慧驅動的發現，也超過了正常人類科學所產生的發現。[11]

因此，即使是對科學實踐本身的理解，也必須考慮多元主義的觀點，也就是立基於社會組織中許多層次的相互交織。因此，無論要推動哪種科學與技術，「多元宇宙」的展望都是重中之重。

然而，現存的多數形式化社會系統，以及前述專家統治和放任主義的未來願景，它們依據的假說都與多元基礎大相徑庭。

在上一章提及的專家統治願景中，現有行政系統的「混亂」，將被大規模、統一、理性、科學、人工智慧所規劃的系統取代。這個想像中的大一統代理人，跨越了地理和社會的多樣性，可以對任何經濟和社會問題提出「不帶偏見」的答案，以超越社會分歧和差異。因此，它企圖掩蓋（在最好的情況下）或抹去（在最壞的情況下），而非培植和運用社會多樣性與異質性，而這些正是多元社會科學認為值得用來定義興趣和價值的要素。

在放任主義的願景中，原子個體（或在某些說法中，同質且緊密對齊的個體群體）的主權，則是主要的渴望。社會關係最好用「顧客模式」、「出場機制」等資本主義動力的角度來理解。民主制度和其他應對多樣性的方法，都被視為未能實現足夠一致與自由的系統失靈。

但我們並非只有這兩條路可選。多元主義的科學，已經向我們展示了如何運用對世界的多元理解，來建構物理技術的力量。我們必須要問：運用這樣的理解，建構出的人類社會與資訊技術，將會是什麼樣子？幸運的是，二十世紀見證了上述願景的系統發展，從哲學和社會科學的基礎，到技術表現的開端。雖然這樣的「道」（Dao）如今已被遺忘，但我們將在下一章中重新發現它。

3-2
相連的社會

「工業和科技發明，創造了改變相關行為模式的手段，並從根本上改變了其間接後果的數量、特性和地點。這些變化是政治形式的外在體現，政治形式一旦確立，就會依循自身的動力持續運作。由這些變化帶來的新興公眾，長期以來一直處於初創和未組織化的狀態，因為它無法套用在既有的政治機構。後者如果是精心設計的且制度化良好，則會阻礙新興公眾的組織。這些因素阻礙了國家新形式的發展，但如果社會生活更具流動性，更少受制於既定的政治和法律模式，這種形式可能會迅速發展。公眾必須打破現有的政治局面來發展自身。這很難做到，因為這些形式本身就是實施變革的常規手段。產生政治形式的公眾正在消失，但權力和佔有的渴望仍掌握在即將消失的公眾所建立的官員和機構制度手中。這就是為什麼國家形式的改變往往只能透過革命來實現。」
—— 約翰‧杜威（John Dewey），《公眾及其問題》（*The Public and Its Problems*），1927 年[1]

在二十世紀，自然科學經歷了巨大的變革，發現了世界的多元和多尺度特性。在社會科學領域也出現了類似的進展。亨利‧喬治是美國乃至全球最暢銷和最具影響力的經濟學作者，他以對私有財產的尖銳批判而聞名於世。格奧爾格‧齊美爾（Georg Simmel）是社會學的創始倡議者之一，他提出了「網絡」（web）概念，並以此批判個人主義的身分概念。約翰‧杜威被公認為美國最偉大的民主哲學家，他認為，標準化的國家與國家機構，只觸及了民主真實訴求的最表面。諾伯特‧維納（Norbert Wiener）創造了「模控學」（cybernetics）一詞，用於研究此類豐富的交互系統。透過感知其所突顯的邊框局限性，我們可以想像超越在這些框架之外的社會世界。

現代性的局限

私人財產、個人身分和權利、民族國家民主。這些是大多數現代的自由民主國家存在的基礎。然而，它們的根基建立在一元原子論的基礎上。個人被視為原子，民族國家則是這些原子所組成的整體。綜觀來看，每個公民都是平等且可替換的。而不是被視為構成社會結構的關係網絡的一部分，每個國家都只是社會群體的一個組成部分。儘管在某些情形下，政府機構和其他的關聯機構（如城市、宗教或家庭）會介入其中，但政府機構大體被認為與自由的個人建立直接、無中介的關係。

現代社會的三個基本制度最鮮明的體現了這一結構：財產、身分和投票。我們將說明在每個情景中是如何作用的，再進一步探討多元社會科學如何挑戰一元原子論的局限，並找尋其可能的出路。

PROPERTY

財產

簡單又廣為人知的私有財產形式，是全世界民主國家最普遍的所有權形式，這種形式的限制和規範主要都是由政府實施的。多數房屋歸屬個人或家庭所有、或由出租給他人或家庭的房東所有。非政府的集體所有制大多採取標準股份公司的形式，遵循著一股一票和股東價值最大化的原則。儘管基於社區利益，對私有財產所有者的權利進行了嚴格的限制，但這些限制絕大多數採取國家、省／州和地方／市等少數政府層面進行監管的形式。

這些做法，與歷史上大多數人類社會的財產制度形成了鮮明對比。[2]

IDENTITY

身分

在過去的漫長歲月裡，個人出生在以親屬制度為基礎的家庭中。這種制度提供了一切生計、寄託和意義，對大多數人來說是不可避免的。「官方文件」並不需要，也沒有任何意義，因為人們很少離開自己熟悉的地方，並在那裡與認識的人互動一生。約莫五百年前，這種以親屬關係為基礎的制度在歐洲大陸開始被打破，天主教會強制推行禁止表親婚姻的婚姻制度與家庭習俗。這就是約瑟夫·亨里奇（Joseph Henrich）在《西方文化的特立獨行如何形成繁榮世界》（*The WEIRDest People in the World : How the West Became Psychologically Peculiar and Particularly Prosperous*）[3] 中所闡述的，也是今日大眾所認識的西方的萌芽。

直到 1100 年，新型的自願結社機構開始出現，包括修道院、大學、特許市鎮和行會，填補了以親屬關係為基礎的機構所留下的空白。瘟疫造成了總人口三分之一的損失，對社會秩序造成巨大的影響。這些新的社會形態也催生了一種新的心理狀態，即人們將自己視為「個人」，他們可以完全離開家庭，去一個遙遠的小城鎮或加入一個修道院。因人們主要與非親屬交往，非個人的社會性也開始出現且成為常態。這些新的制度和非親屬的廣泛交往也形塑了前資本主義市場、早期契約法，以及以契約規則為基礎的治理方式的出現。

一個人在哪裡、一個人適合在哪裡，不再「順從」於親屬關係。隨著人們開始四處流動，新的機構形成了以書面紀錄為基礎的系統，以確定個人的身分，例如誰接受了教會的洗禮、誰是城鎮居民、誰是行會成員、誰是軍隊士兵、誰是醫院病人等等。自由民主國家的身分系統，起源於教會在日誌中記錄洗禮的慣例。從十五世紀開始，這個制度經過了幾個世紀的演變，逐漸轉變為由國家管理的制度，一個人的出生被登記並發放出生證明給父母。出生證明成為了所有其他國家頒發的身分證件（如：駕駛執照、國民身分證、稅號／退休金號、護照）的基礎文件。

值得注意的是，普遍的出生登記是近期才出現的現象。美國直到 1940 年才落實全國性的出生登記制度。1987 年，美國聯邦政府開始與縣級政府（county）合作，實施全國性的出生人口統計，同時推行普遍的政府安全號碼登記制度。這也與一項新的稅收制度相互配合，要求父母申報納稅的子女必須擁有社會安全號碼。然而，世界上仍有許多國家尚未普及出生登記制度。

這些制度的實施，意味著身分的某些方面可以從個人直接關係中分離出來，與國家建立新的正式關係。這種關係的基礎是出生時的初次登記，以及成年早期簽發文件的二次登記。這些由國家簽發的文件也成為許多其他機構的信任依據，這些機構在人們登記／註冊時會要求提供相關文件。例如：兒童運動隊（確定年齡）、宗教機構（在與兒童一起工作之前進行背景調查）、雇主（確認姓名、稅號和工作資格）、教育機構（確認姓名和出生日期）、醫療保健提供者（確認姓名和出生日期）、邊境檢查官員（確認姓名、出生日期和公民身分）。這些證件是對個人的抽象描述，但具有普遍性，使人們能夠在世界上自如地行動。相較於基於「他們認識誰」或「他們適合哪裡」的狹隘親屬社會關係，這些證件代表了相對於國家的抽象的普遍意義上的人的身分。

觀察這些結構，它們與大多數人類歷史和多數地方的結構大相徑庭。在人類歷史上的大部分地區，人們出生在一個大家庭中，基本上無法脫離這個家庭和他所處的環境。然而，在「WEIRD」（Western Educated Industrialized Rich Democratic，即：西方、教育、工業化、富裕、民主）社會中的創新，意味著人們首次可以脫離自己所處的情景，從一所大學轉到另一所大學，從一個城鎮搬到另一個城鎮，或者離開一個行會並在新的行會接受培訓，這成為了生活的正常部分。

在自由民主國家中，最常見的身分識別與驗證機制包括護照、身分證或其他由政府頒發、具有類似用途的證件（如駕照或社會安全卡），即使這些證件最初是用於其他目的。另外，一小部分由政府頒發的重要證件（如出生登記和結婚證書），以及對鑰匙或智慧手機等實體物品的控制，也越來越常見。姓名通常遵循著一種標準結構，即父系姓氏加上父母為孩子取的名字。另一個重要的證書——教育證書——則更加多樣化，因為有大量的培訓課和教育機構提供證書。然而，即使是學歷認證，也幾乎都符合某種限制性的結構，意味著它是少數「學位」之一，源於具有特定「Carnegie unit」結構的課程（即與教師一起學習 120 個小時）。

我們有機會將這些國家機構與其他正式機構的文件，拓展到相近機構與網路機構。目前，我們正在致力開發共同的方法，以支持在「開放認可」社群中開展這項工作的社群。

靈活的分類法跨越廣泛的認可範疇

圖 3-2-1

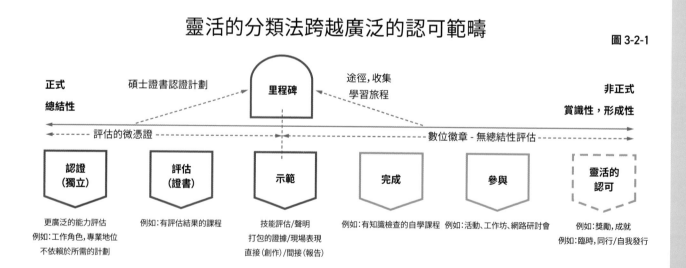

VOTING

投票

大部分自由民主國家將「一人一票」原則視為民主進程的神聖核心。當然,代表制(包括比例代表制與單一選區制)、制衡機制(兩院制與一院制、議會制與總統制)以及聯邦制的程度都以多種方式變化和組合。憑著多數決或絕對多數決,就可以無視於組織的社會組成而做成決策的想法,是人們通常理解民主的核心。

當然,也存在一些有限的例外情況,在許多方面證明了這一規則的例外性。最明顯的兩個例子是「遞減比例」(degressive proportionality)和「協商民主」(consociationalism)。許多聯邦制國家(如美國)採用了比例遞減原則:即相對於人口而言,較小的次單位(例如全國投票中的省份)在代表其人口時被過度表示。我們稍後將再次討論這個原則。

一些國家還有聯合結構,其中特定的社會群體(如宗教或政黨)同意以某種特定的方式分享權力,從而確保即使某個群體的投票占比下降,他們也能保留一些歷史權利。然而,這些例子很少,且通常帶有爭議,面臨很大的政治壓力要求朝向一人一票的標準方向進行「改革」。同時這也與世界上大部分地區和歷史上的決策結構形成了鮮明對比,包括那些涉及廣泛和多樣化的代表。

因此,與人類歷史和經驗相比,多數自由民主國家的公共行政標準形式期望財產主要由個人(或家庭)持有,另一部分則是由追求利潤的商業企業擁有,而政府負責大部分的監管與檢控。這種制度在文藝復興和啟蒙運動期間開始發展,當時,傳統的、以公地為基礎的財產制度、以社區為基礎的身分和多部門代表制度被淘汰,取而代之的是現代國家的「理性」和「現代性」。這個系統在十九世紀的工業和殖民時期得到鞏固並真正征服了世界,並在馬克斯·韋伯(Max Weber)那裡被封為典範。在二十世紀中期的「極端現代主義」中,這一制度達到了顛峰,財產被進一步合理化為一切事物的尺度與規格,身分文件則透過生物識別技術加以強化,一人一票的制度也被廣泛應用到各個組織中。

世界各地的政府和組織採用這些系統有一些很好的理由。首先,它們簡單易行,具有可擴展性;其次,這些系統讓不同背景的人能夠迅速了解對方,讓互動更有成效。另外,公有財產的制度會抑止創新,而私有財產則透過減少可能阻礙變革的人,替發展和貿易掃清了道路。如果沒有一個單一、統一、清晰的權利資料庫,社會福利計畫的管理者很難提供廣泛的養老金和失業救濟,更不用說那些為了跟上現代世界複雜性的妥協,很可能會對民主政府擴展的可能性造成破壞。

事實上,這些制度是現代富裕的自由民主國家崛起、繁榮和統治的核心,就像牛頓力學和歐幾里得幾何學的見解,為這些文明席捲地球提供了物理力量。然而,正如歐幾里得–牛頓的世界觀被證明是嚴重有限和幼稚的一樣,多元社會科學也是透過強調一元化原子主義社會體系的局限而誕生的。

亨利‧喬治與
網絡價值

Henry George 亨利‧喬治
美國社會思想家

比起亨利‧喬治，我們對卡爾‧馬克思（Karl Marx）和亞當‧斯密（Adam Smith）的印象可能更為深刻，然而綜觀其一生與身後，亨利‧喬治可說是影響近代最深遠的社會思想家。他的著作《進步與貧困》（*Progress and Poverty*）有許多年是除了《聖經》以外最暢銷的英文書籍，他啟發了、也可以說創立了二十世紀初許多最成功的政治運動，甚至擴及到文化藝術，包括：

- 作為幾乎成功當選紐約市長的聯合工黨候選人，他對美國左翼政治產生了深遠的影響。
- 進步運動（progressive movements）和社會福音運動（social gospel movements）這兩個名稱的起源都可追溯到亨利‧喬治的貢獻。
- 就像列寧和毛澤東從馬克思那裡汲取了靈感一樣，國民革命的創立者孫逸仙的「三民主義」受到了亨利‧喬治的影響，這導致了今天臺灣持續崇敬亨利‧喬治的思想。
- 「大富翁」遊戲的起源可以追溯到「地主遊戲」，這是一種教育工具，旨在說明一套替代規則如何能夠避免壟斷並實現共同繁榮。

亨利‧喬治撰寫了許多專題作品，**促進了無記名投票**等理念的提倡。而他最著名的是主張對土地徵收「單一稅」，因為他認為土地的價值永遠不可能屬於個人所有。他最具代表性的描述之一，是讓讀者想像一片廣袤的草原，上面遍布美麗但同質的土地。當定居者來到這裡後，為他的家庭隨意挑選了一塊寬闊的土地。當未來的定居者到

來時，他們會選擇在第一位定居者附近安家，以便享受陪伴、分工並且共享學校和水井等設施資源。隨著更多的定居者的到來，他們繼續採取群居的方式，土地的價值也隨之攀升。在幾代人之後，第一批定居者的後代發現自己是繁華都市中心大部分地區的地主，他們幾乎不費吹灰之力就變得極為富有，僅僅因為一座大城市就建立在他們周圍。

亨利‧喬治堅持認為，這些土地的價值無法如此簡單地劃分給該家族：這是一種集體產品，應該被徵稅，而這種稅收不僅只是劃分，且對於經濟發展極其重要，這一點尤其被後來的經濟學家強調，包括本書作者之一在內。這類稅收，特別是像臺灣那樣經過精確設計的稅收，可以確保土地資產所有者必須將他們的資產用於生產性用途，或讓其他人這麼做。這些收入可以支持共享基礎設施（如學校和水井），也有助於土地增值，這一觀念被稱為「亨利‧喬治定理」。

儘管這樣的論點對托爾斯泰（Leo Tolstoy）到愛因斯坦（Albert Einstein）等人具有吸引力，但在實踐中提出的問題遠比它能回答的要多得多。我們可以說土地不屬於個人所有，但無法清楚說明土地究竟屬於誰、或是屬於何者。城市？民族國家？整個世界？

考慮到這是一本關於資訊技術的書，舊金山灣區本身就是一個極好的例證。本書的兩位作者和亨利‧喬治本人都曾在這裡生活過一段時間，這裡

擁有世界上最昂貴的土地。然而，這片土地的巨大價值究竟屬於誰呢？

- 當然，這些價值不會直接歸屬於那些因僅僅為運氣好、有幸目睹電腦產業在周圍發展起來，並恰好擁有這些房產的屋主。那麼，也許應該將價值分配給附近的各城鎮？許多改革者主張，這些城鎮本來就是分散的，且經常阻礙發展，因此這些土地價值倍增的奇蹟很難就這麼歸功於它們的貢獻。

- 或許應該歸功於史丹佛大學和加州大學柏克萊分校？許多學者將矽谷的活力歸因於這兩所大學。當然，這兩所大學發揮了一定的作用，但將整個灣區土地的價值都歸功於兩所大學似乎有點奇怪，特別是考慮到它們是在美國政府的財政支持以及全國其他大學的合作下取得成功的。

- 也許是加利福尼亞州？但是國防工業、創造網際網路的學研複合體和政治機構等等的作用，可以說都遠遠超過了州級政府的影響。

- 那麼是美國嗎？不過當然，軟體產業和網際網路是全球現象。

- 那是屬於全世界嗎？除了根本不存在可以有意義的接受和分配這些土地價值的世界政府之外，將所有土地的價值抽象化到這樣的高度，也等於放棄了討論。顯然，上述選項都比「全世界」與軟體產業的價值更相關；如果不斷採取這種抽象討論，結果總是全球政府管理一切。

而讓問題變得更複雜的是，財產上獲得的收益僅僅是其所有權的一部分。法律學者通常將財產描述為一系列權利的組合：「使用權」（進入／存取土地的權利）、「所有權」（建置或處理土地的權利）、「收益權」（從中獲利的權利）。誰有權進入灣區的土地？誰應該被允許在灣區土地上建設或出售這樣的獨家權利？在亨利‧喬治的著作中並未考慮到這些問題，更不用說解決了。從這個角度來看，他的作品更像是一份邀請，讓我們超越私有財產制度提供的簡單答案，這也或許是他的思想極具影響力，但只在愛沙尼亞和臺灣等少數國家（誠然非常成功）部分實施的原因。

- 亨利‧喬治邀請我們思考和想像設計的世界，是一個「網絡化價值」的世界，在這個世界裡，不同規模的實體（大學、城市、民族國家等）都在不同層次上為價值創造做出了貢獻。就像電波和神經元網絡在不同程度上影響了粒子在不同位置和思想在頭腦中出現的機率一樣，從正義和生產力上來說，財產和價值都應該在不同程度上屬於這些網絡。由此意義而言，亨利‧喬治可說是多元社會科學的創始者。

齊美爾，多元交織的個體／分身

Georg Simmel 格奧格・齊美爾
德國社會學家

（社會學是）人與人之間關係形式的科學。
Wissenschaft von den Beziehungsformen
der Menschen untereinander.

如果說亨利・喬治的著作中隱含著網絡思想，那麼大西洋彼岸的另一位思想家則更明確且出乎意料地證明了這一點。這位思想家就是德國社會學家格奧格・齊美爾，他是二十世紀初社會網絡思想的先驅者，開創了關於社會網絡（Social Networks）的概念。他的作品被誤譯為「web」，最後又成為成為「worldwide」。1955 年，賴因哈德・班迪克（Reinhard Bendix）翻譯齊美爾的經典著作《社會學》（Soziologie）一書時，他選擇將齊美爾的想法描述為「社交關係網」（web of group-affiliations），而不是他所謂「幾乎毫無意義」的直譯「社交圈的交集」（intersection of social circles）。[4] 如果他做出不同的翻譯選擇，也許當代的尖端技術概念「全球資訊網」（world wide web），會和代表性的社會運動概念「多元交織性」（intersectionality）名稱互換：人們會談論交織的「資訊圈」，以及社會的「壓迫網」。[5]

齊美爾的「多元交織」身分理論提供了一種替代方案，可以取代傳統的個人主義／原子論，也可以取代集體主義。（「個人主義／原子論」在當時的社會學中，以馬克斯・韋伯的研究為代表，對「放任主義」影響很大；「集體主義」則出現在涂爾幹〔Émile Durkheim〕的思想中，並對「專家統治」產生深遠影響）。他認為這兩者都代表了對更複雜基礎理論的極度簡化／投射。

在他看來，人類是天生的社會性動物，沒有原始、獨立的個體身分。人類必須透過參與社會、語言、團結的群體，才能獲得自我意識、目標和意義。在簡單社會中（比如孤立的農村或部落），人類一生中絕大部分時間內都與同一群人互動，或者如他所描述的，與同一個「社交圈」互動。這個圈子定義了他們的（主要）集體身分，這也是為

什麼大多數研究簡單社會的學者（例如人類學家馬歇爾・薩林〔Marshall Sahlins〕）在方法論上傾向於集體主義觀點。

然而，在更為複雜／城市／現代化的社會中，社交圈顯得更加多樣。人們可能在某個圈子裡工作，在另一個圈子裡信仰敬神，在第三個圈子裡關心政治，在第四個圈子與朋友一同消遣，在第五個圈子裡為球隊加油，同時可能感到被第六個圈子歧視排擠。這些多樣的認同構成了一個人的身分。隨著隸屬關係的增加和多樣化，其他人要恰好位於相同隸屬關係的交織處就變得越來越不可能。隨著這種情況的發展，人們與周遭人群的共同點，平均而言都越來越少。從積極的角度來看，個人開始認知到自我的「獨特性」，但從消極的角度來看，則可能感到「孤立／不被理解」。這也形成了一種「質得到發展的個體」（qualitative individuality）的意識感受，這有助於解釋為何專注於複雜城市環境的社會科學家（例如：經濟學家）在方法論上傾向於個人主義觀點。然而，諷刺的是，正如齊美爾所指出的，這種「個體化」（individuation）的形成，正是因為「個體」（individual）分裂成了多個「分身」（dividua），效忠於各自不同的面向。因此，當方法論的個人主義將「個體／分身」（(in)dividual）視為社會分析中不可簡化的要素時，齊美爾反而認為，或許必須先有現代城市社會的複雜和動態性，才有可能出現這樣的「個體」（individuals）元素。

因此，在國家身分制度試圖從社群束縛中解放出來的個人，實際上是源於社群的擴散和交叉。正如一個真正公正有效的財產制度會承認並且考慮這種網絡化的相互依存關係一樣，真正賦予並支持現代生活的身分制度，也需要反映其相互交織的網絡化結構。

約翰‧杜威的新興公眾

John Dewey 約翰‧杜威
美國哲學家、心理學家

單一事物各自行動，卻一起作用。
Singular things act,
but they act together.

若「個體／分身」是如此流動和動態，那麼構成它的社交圈肯定也是如此。正如齊美爾所強調的，新的社會群體不斷形成，而舊的社會群體則在衰落。他舉出的三個例子是在他所處的時代形成的，包括代表勞工普遍利益的跨部門「工會組織」（working men's associations）、剛開始冒出頭的女權主義組織，以及跨產業的雇主利益團體。創建這些新圈子的關鍵是建立一些場所（例如工會堂）或出版物（例如工人報紙），透過這些方式讓這些新興團體可以相互認識和理解，進而出現一些普遍性的共同之處，這是他們原本在更廣泛社會中與其他人並不存在的交集。這樣的紐帶透過保密得到了強化，共享的秘密造就了獨特的身分和文化，運用外人無法識別的方式協調共同利益。[6]

約翰‧杜威在 1927 年的《公眾及其問題》（The Public and its Problems）一書中，探討了他稱之為「新興公眾」（emergent publics）的政治影響和動態。[7] 杜威是十進制的發明者、「進步主義教育」之父，可能也是最著名的美國哲學家和民主哲學家。他領導且推動了政治進步中的「民主派」，並與左翼技術官僚沃爾特‧李普曼（Walter Lippmann）展開了一系列著名的辯論，李普曼在 1922 年出版的《公眾輿論》（The Public Opinion）一書被杜威視作「對目前所設想的民主最強力的控訴」。在辯論中，杜威試圖挽救民主，同時全面接受李普曼對現有體制的批判，認為這些體制根本無法適應日益複雜且變化多端的世界。

儘管杜威承認社會動力的多重力量，但他特別關注技術在創造新形式的相互依賴（forms of interdependence）方面的作用，這些形式創造了新興公眾範疇的必要性。鐵路連接了原本在商業與社會上無從謀面的人群。電台促成了跨越千里的共同政治理解和行動。工業污染影響了河流和都市的空氣。這些技術都是研究的成果，其利益超越了地域與國境的限制，這些形式的相互依賴帶來了各種社會挑戰（例如治理鐵路關稅、安全標準和疾病傳播；獲取稀有無線電的公平性等）。無論是資本主義市場，或是既存的「民主」治理結構，都難以對此善加管理。

市場經濟的失敗，是因為這些技術創造了市場力量、全面的外部性，以及廣泛的「超模」（supermodularity）性質（有時稱為「報酬遞增」）：整體（例如鐵路網）的價值高於其部分的總和。在技術行業中，最著名的例子是所謂的「網絡效應」，即系統的價值隨著使用人數增加而提高對其他人的價值。資本企業無法全面考量所有的「溢出效應」（spillovers），即使試圖這樣做，它們也會積累市場力量、抬高價格、排除參與者，從而破壞「報酬遞增」所創造的價值。

因此，將這些相互依存形式「交給市場」，只會加重風險與傷害，無法充分發揮其潛力。

杜威將民主視為其一生中最基本的原則；他的文字幾乎每個段落都會回歸到這個主題，他堅信民主行動可以解決市場的缺陷。然而，他也看見了既存「民主式」機構的種種限制，就像資本主義的局限一樣嚴重。杜威認為，問題在於在面對技術所帶來的新興挑戰時，既存的民主機構並非真正的民主。

尤其，機構被稱為「民主」的意思不僅僅在於形式化的參與和投票。許多寡頭政治都採用這些形式，但並未包含大多數公民，因此並非民主。在杜威看來，一個全球性的「民主」機構直接管理某個村落的事務，也不能算是民主。真正的民主核心在於「相關公眾」（relevant public）的概念，即那些生活在問題現象中且受到影響的人們來管理這一挑戰。因為技術不斷產生新的相互依存形式，這些形式幾乎永遠無法完全對應現有的政治界線，因此真正的民主需要不斷湧現新的公眾，並重新塑造現有的管轄範圍。

此外，由於大多數人在日常生活中不容易察覺到新形式的相互依存，杜威認為所謂的「社會科學專家」，或者我們不妨更廣泛地稱之為「企業家」、「領導者」、「創始人」、「先驅」，甚至我們更喜歡稱之為「鏡子」，在其中扮演了至關重要的角色。正如喬治·華盛頓的領導幫助美國意識到自己是一個國家，並且必須在他的任期結束後以民主方式選擇自己的命運一樣，這些「鏡子」的角色是去理解新形式的相互依存（例如工人之間的團結、碳排放對全球暖化的影響），通過言論和行動向相關人士解釋，從而賦予新興公眾的存在。歷史上的例子包括工會領袖、農村電力合作社的創辦人，以及聯合國的創建者。一旦這樣的新興公眾被理解、承認，並被賦予治理新形式相互依存的權力，「鏡子」的作用將逐漸消失，就像華盛頓回到了維農山莊一樣。

因此，杜威對民主與新興公眾的構想可視為齊美爾「個體／分身」哲學的鏡像，既深刻體現了民主的內涵，又挑戰甚至顛覆了我們對民主的傳統理解。在如此構想下，「民主政體」並非民族國家固有疆域內的靜態系統，而是活化與重新想像社會機構的動態過程，比市場經濟更為活躍。這一過程由多樣化的「鏡子」創業家引領，他們本身就是未解決的社會張力的交匯點，用以重塑與重新想像社會制度的輪廓。與傳統民族國家的投票制度相比，這一過程就像牛頓力學對比於更基本的量子和相對論現實一樣，只是一抹蒼白的影子。真正的民主必須是網絡化、多元化和不斷發展的。

諾伯特‧維納的模控社會

Norbert Wiener 諾伯特‧維納
美國電腦科學家、數學家與哲學家

把屬於人的東西交給人，
把屬於電腦的東西交給電腦。
Render unto man the things
which are man's and unto the
computer the things which are
the computer's.

所有這些批評和思考方向都具有啟示性，但似乎都無法提供明確的行動路徑和進一步的科學發展。社會組織性質的多樣化和網絡化是否能轉化為一種新的社會組織形式的科學動力？這個假設激發了諾伯特‧維納發展現代控制論（cybernetics）領域的種子，也延伸出了對數位技術描述中的「cyber」一詞的使用。許多人認為後來的「電腦科學」（computer science）也被賦予了類似的含義。維納將控制論定義為「動物和機器（如複雜系統）中的控制和資訊科學」，但更被廣泛接受的意義可能類似於「研究網路內部通訊與網有、網治、網享的治理學門」。這個詞源自希臘的比喻，即一艘船的方向由眾多槳手的動作來決定。

維納的科學工作幾乎完全專注於物理、生物和資訊系統，探討器官和機器如何達到並保持平穩的狀態，以及量化資訊傳輸通道及其在實現這種平衡中的作用等。在個人和在政治上，**他是一位和平主義者，他嚴厲批評資本主義違反了控制論穩定和平衡的基本原則**，主張以更加負責的方式使用與部署技術。他甚至絕望地認為，如果不進行深刻的社會改革，他的科學工作將一無所獲。在《控制論》（Cybernetics）的序言中，他寫道：「一些人希望，這個新領域的工作所提供的，可以更好地促進對人類和社會的理解，並超越我們對權力集中所做的偶然貢獻（權力因其存在條件，

總是集中在最不道德的人手中）。我寫於 1947 年，我不得不說這是一個極其微弱的希望。」因此，維納結識了許多社會科學家與改革家。他們「對本書可能包含的任何新思維模式的社會效力寄予了……相當大的希望」。

儘管他和這些信念有所共鳴，但他認為這些期望大多是「虛幻的」。雖然他認為這些計畫是「必要的」，但他卻無法「相信它是可能的」。他認為，量子物理學已經證明了粒子層面的精確性是不可能的，因此，科學的成功源於我們生活在遠高於粒子層面的事實，但我們在社會中的存在也暗示著同樣的原則，使得社會科學在本質上是不可行的。因此，儘管他希望為齊美爾和杜威的工作提供科學基礎，但他對「如此過高的可行性期待」抱持著懷疑的態度。

我們在這些作者身上看到許多共同之處。我們看到了對社會的綜合性和分層性的認識，這往往比自然科學中的其他現象更加複雜：一個電子通常只環繞某個原子或分子，一個細胞是某個有機體的一部分，一顆行星環繞某顆恆星；而在人類社會中，每個人，甚至每個組織，都是多個相互交織的、更大實體的一部分，幾乎沒有哪個實體完全處於其他實體的內部。但是，社會科學的這些進展，如何才能轉化為同樣先進的社會技術呢？這是我們下一章將要探討的問題。

3-3
我們遺忘的道

「關於電腦技術的發展和利用的決定，不僅要『符合公眾利益』，而且要讓公眾自己有辦法參與到塑造他們未來的決策過程中。」
── 約 瑟 夫 · 利 克 萊 德（J. C. R. Licklider）,《電腦與政府》（*Computers and Government*）,1980 年 [1]

對社會的多元理解能否為社會轉型奠定基礎，就像量子力學和生態學等領域為自然科學、物理技術，以及我們與自然的關係所帶來的巨大變化？自由民主國家經常自詡為多元社會，似乎表明了它們已從多元社會科學中汲取可用的經驗。然而，儘管對多元主義和民主的正式承諾，幾乎每個國家都被迫在現有資訊系統的限制下，將社會機構同質化和簡化為一個一元化的原子主義模式，這與它的價值觀直接衝突。建立在它之上的多元社會科學和多元技術（合稱「⊞」）最大的希望，是利用資訊技術的潛力開始克服這些限制。

⊡啟航

這是由跟隨諾伯特‧維納的腳步但擁有更多人文／社會科學背景的年輕一代所追求的使命。這一代人包括一系列應用控制論的先驅,如人類學家瑪格麗特‧米德[2](Margaret Mead,美國人類學家,她深刻影響了網際網路的美學)、愛德華茲‧戴明[3](我們在前面的章節中看見他對亞洲地區如日本、在較小程度上對臺灣包容性工業品質實踐的影響)以及斯塔福德‧比爾[4](Stafford Beer,他開創了商業控制論,並成為維納思想在社會應用方面的大師,包括在 1970 年代初智利短暫的控制論社會主義政權中)。他們以更務實的方式在願景之上築巢,也因此擁有更多人文／社會科學背景的年輕世代,就有責任嘗試它的願景,並建立起定義資訊時代的技術。1957 年 10月,一個小點劃過天際,證明了他們所需要的機會。[5]

人造衛星和 ARPA

蘇聯發射了第一顆軌道衛星,一個月後,蓋瑟委員會(Gaither Committee)發布報告,聲稱美國在導彈生產領域已經落後於蘇聯。隨之而來的大眾恐慌迫使艾森豪政府採取緊急行動,向公眾保證美國的戰略優勢。而儘管(可能正因為)他具備源自軍方的深厚背景,艾森豪對他所標榜的美國「軍事工業複合體」深感不信任,同時對科學家有著無限的敬佩。因此,他旨在將冷戰的激情轉化成為改善科學研究和教育的國家戰略。

該戰略有許多方面,其中核心之一是在國防部內建立一個半獨立性、且由科學家管理的 ARPA(Advanced Research Project Agency,高等研究計劃署),這個單位利用大學的專業知識,加速推進具有潛在國防應用價值的變革性與野心專案。

雖然 ARPA 在開始時有許多目標,不過其中一些很快被分配給其他新成立的機構,如 NASA(美國國家航空暨太空總署),在其第二任局長傑克‧魯納(Jack Ruina)的領導下,NASA 迅速找到了定位,成為政府執行大膽的「超前行動」計劃雄心勃勃的支持者。某個領域被證明是這種冒險風格的特別代表——由約瑟夫‧利克萊德領導的資訊處理技術辦公室(Information Processing Techniques Office, IPTO)。

不同於亨利‧喬治的政治經濟學;齊美爾的社會學;杜威的政治哲學;和維納的數學相比,利克萊德來自另一個截然不同的領域:通常被稱為「利

克」的他在 1942 年獲得心理聲學的博士學位。在早期的職涯中，他一直致力於開發人類與科技（尤其是航空科技）進行高風險互動時的應用。其後，他的注意力逐漸轉向人類與發展最快的機械形式——電腦——進行互動的可能性。他加入了麻省理工學院（MIT），協助創建了林肯實驗室和心理學專案。之後，他轉到私部門，擔任 BBN（Bolt, Beranek and Newman）科技公司副總裁，該公司是麻省理工學院最早衍生的研究型新創公司之一。

在說服 BBN 的領導階層將注意力轉移到電腦設備上之後，利克開始發揮自己在心理學的背景，提出了替當時正在興起的人工智慧領域開發另一種技術願景，提出「人機共生」（Man-Computer Symbiosis）的觀點，這正是他在 1960 年發表的開創性論文的標題。利克假設，雖然「在適當的時候……『機器』將在我們現在認為完全屬於人腦的大部分功能方面超過人腦……（這裡）將……有一個相當長的過渡期，在此期間，主要的進步將由人和電腦共同達成……而那段時間應該是人類歷史上最具創造性和令人興奮的智力階段。」[6]

這個願景對 ARPA 可說是恰逢其時，因為 ARPA 正在尋找大膽的任務，以確保它在迅速匯集的國家科學管理格局中可占有一席之地。魯納任命利克領導新成立的資訊處理技術辦公室。利克利用這個機會，建立並形塑了後來電腦科學領域的大致結構。

星際電腦網路

雖然利克只在 ARPA 待了兩年，卻替該領域今後四十年的發展奠定了基礎。他在美國各地發起了一個「時間共享」網路專案，使多位個人用戶能夠直接與從前的單體式大型電腦互動，等同朝向個人電腦時代邁出了第一步。由此專案獲得支助的五所大學（史丹佛大學、麻省理工學院、加州大學柏克萊分校、加州大學洛杉磯分校和卡內基梅隆大學），日後成為學術新興領域「電腦科學」的核心。

除了建立現代計算的計算性與科學骨幹外，利克還特別關注自身專注領域的「人性因素」。他希望讓網路以兩種方式代表這些理想，這兩種方式與人性的社會和個人方面互相平行。一方面，他特別關注且支持他認為可以使運算接近更多人生活的專案，與人類的思維運作融合。最典型的例子是道格拉斯·恩格爾巴特（Douglas Engelbart）在史丹佛所建立的擴增研究中心（Augmentation Research Center）。他將這些中心之間的協作網路，以他一貫的半開玩笑口吻取為「星際電腦網路」（Intergalactic Computer Network），並期望它能提供一個以電腦為媒介的合作和共同治理的模式。

由網路組成的網路

這個專案以各種方式取得了成果,不論是立即的還是長期的。恩格爾巴特非常迅速的發明了許多個人計算的基礎元素,包括:滑鼠、點陣螢幕(它是圖形化使用者介面和超文本的核心先驅)。他在利克最初資助的短短六年後將這項工作演示為「oN-Line 系統」(NLS),被人們稱為「所有演示之母」,是個人電腦發展脈絡的關鍵時刻。這次演示,說服了全錄公司(Xerox Corporation)建立帕羅奧多企業研究中心(Palo Alto Research Center, PARC),該中心繼而開創了許多現代個人運算的先河。《美國新聞與世界報導》將利克資助的五個對象中的四個,列位於全國頂尖的電腦科學系所。最重要的是,在利克轉至私部門後,星際電腦網路在合作者羅伯特‧W‧泰勒(Robert W. Taylor)的領導下,續而開展成一個不那麼夢幻,但更加深刻的成就。

泰勒和利克自然而然成為了同事。雖然泰勒沒有完成博士學位,但他的研究領域正好也是心理聲學,在利克領導 IPTO 期間,他曾在 NASA 做為利克的對應窗口,當時 NASA 剛剛從 ARPA 拆分出來。隨著利克離開後不久(1965),泰勒來到 IPTO,在伊凡‧蘇澤蘭(Ivan Sutherland)的領導下協助發展利克的網路願景,蘇澤蘭爾後返回學界,留下泰勒負責 IPTO 和他更謙虛地稱為 ARPANET(通稱「阿帕網」)的網路。憑藉如此的角色,他委託利克的前東家 BBN 建立了 ARPANET 骨幹的第一個運作原型。隨著恩格爾巴特對個人計算的演示和 ARPANET 的首次成功試驗,利克和泰勒在 1968 年發表的〈作為通訊設備的電腦〉("The Computer as a Communication Device")中闡述了他們對個人和社會計算未來可能性的願景,描述了幾十年後個人計算、網際網路甚至智慧型手機文化的大部分內容。

到了 1969 年,泰勒認為 ARPANET 的使命已經步上成功的軌道,並且轉至了全錄的帕羅奧多研究中心。在那裡,他領導電腦科學實驗室將這一願景的大部分發展為工作原型。這些原型轉而成為了現代個人電腦的核心;如眾所知,史蒂夫‧賈伯斯(Steve Jobs)「竊取」了全錄的成果進而開發出麥金塔系統,而 ARPANET 則演變成了現代化網際網路。簡而言之,1980 年代和 1990 年代的技術革命可以清楚地追溯回在 1960 年代的這一小批創新者。雖然我們即將討論這些較為人知的後續發展,但這些核心研究計劃的價值仍然值得關注,因為正是它們使一切成為可能。

網際網路發展的核心,是用網絡化的關係和治理取代集中式的、線性的和原子化的結構。這發生在三個層面,最終在 1990 年代初融合為全球資訊網(WWW):

1. 以「封包」交換取代集中式交換機;

2. 以「超文本」取代線性文本；

3. 以「開放標準」的制定流程，取代政府和企
   業自上而下的決策形式。

所有這三個想法，都是在利克形成的早期社群的邊
緣萌生，並逐步成為 ARPANET 社群的核心特徵。

雖然網路、系統冗餘和共享的概念貫穿了利克
的最初設想，但保羅‧巴蘭（Paul Baran）
1964 年的報告〈論分散式通訊系統〉（"On
Distributed Communications"）明確闡述了通
訊網路如何、為何要努力實現多元式而非集中式
的結構。[7]

巴蘭認為，雖然集中式交換機在正常情況下以低
成本實現了高度可靠性，但它們受到干擾時非常
脆弱。另一方面，可以使用價格低、不那麼可靠
的組件來構建多個中心的網路，通過「繞過損害

的路由」（根據可用性而不是預先指定的規劃，
在網路中採取動態路徑），來抵禦甚至具高度破
壞性的攻擊，反而是可行的。雖然巴蘭得到了貝
爾實驗室科學家們的支持和鼓勵，但他的想法卻
受到美國 AT&T 強烈反對，該公司的高品質集中
式專用機文化根深柢固。

不過，儘管「封包交換」對私人利益構成了顯著
衝突，這樣的概念卻引起了另一個組織：ARPA
的青睞，它的起源正是來自於破壞性攻擊的威脅。
1967 年的一次會議上，ARPANET 的第一位專
案經理勞倫斯‧G‧羅伯茨（Lawrence Gilman
Roberts）因唐納德‧戴維斯（Donald Davies）
的報告認識到了封包交換，他與巴蘭同時又各自
發展出了同樣的想法，羅伯茨借鑑了後來他理解
的巴蘭觀點來向團隊推薦。

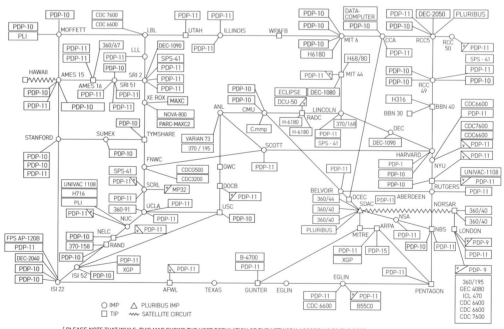

ARPANET LOGICAL MAP, MARCH 1977

資料來源：Wikipedia, public domain.　　　　圖 3-3-1 ｜ ARPANET 的早期邏輯結構。來源：維基百科，公共領域。

如果說技術韌性的路徑驅動了網狀思維，那麼另一個路徑則是由創造性表現來驅動。作為一名社會學家、同時也是一名藝術家，泰德．尼爾森（Ted Nelson）從二十多歲起就致力於「仙那度計畫」（Project Xanadu）的發展，其旨在為電腦網路創建一個以人為本、革命性的介面。雖然「仙那度」有許多尼爾森認為不可或缺的組成元件，以至於直到 2010 年代才完全發布，但其核心觀念正是尼爾森與恩格爾巴特共同開發的──尼爾森稱之為「超文本」（hypertext）。

尼爾森將超文本視為一種解放通訊的方式，打破原作者所強加的線性解讀的束縛，並透過建立各種順序連結的（雙向）連結網，為資料開創多種路徑的「多元主義」（這是他的用詞）。這種「多重結局冒險」的特質是當今網際網路使用者最熟悉的瀏覽體驗，這早在 1980 年代就已經出現在商業產品中（如基於 HyperCard 的電腦遊戲）。尼爾森想像，這種輕鬆瀏覽和重新組合的便利性將誕生新的文化和敘事且以前所未有的速度和範圍來形成。1990 年代，當提姆．柏內茲－李（Tim Berners-Lee）將這種方法作為其「全球資訊網」（WWW） 導航模式的核心時，這種模式的影響力對更廣泛的世界顯而易見，迎來了一個開創時刻：網際網路的廣泛應用世代。

雖然恩格爾巴特和尼爾森是一生的朋友，並且有許多相似的願景，但兩位在實現這些願景的道路上採用了截然不同的路徑。兩條路徑（正如我們將看到的）都包含了重要的真理種子。恩格爾巴特是一位有遠見的人，但他也是一個完美的實用主義者和圓滑的政治操作者，後來被公認為是個人電腦的先驅。尼爾森是一位藝術純粹主義者，其幾十年來對單一軟體系統 「仙那度計畫」的不懈追求也葬送了職業生涯，而「仙那度」則實現了他所列舉的所有十七項原則。

作為利克網路的積極參與者，恩格爾巴特在實現自己抱負的同時，還需要說服其他網路節點者的支持、採用或至少與他的方法互通。隨著不同的使用者介面和網路協定的不斷湧現，他在追求完美的過程中退縮了。恩格爾巴特，甚至整個專案的同事們，反而開始發展一種同僚共治文化來推動他們所建立的通訊網絡，不過他們在工作中的環境常常正是相互競爭的大學。物理上的分離使得網絡的緊密協調窒礙難行，但確保最小限度的相互操作、傳播明確的最佳實踐的工作成為 ARPANET 社群的核心特徵。

這種文化體現在史蒂芬．克羅克（Steve Crocker）開發的「意見徵求」（Request for Comments, RFC）過程中，這可以說是第一個類似於「共筆」（wiki）的非正式協作過程，而且，大多是分散在不同的地區和部門（政府、企業、大學）的協作者之間的疊加協作。這反過來又促成了共同的網路控制協定，並最終促成了傳輸控制和網際網路協定（TCP/IP）。

在文頓．瑟夫（Vint Cerf）和羅伯特．卡恩（常稱為 Bob Kahn）著名的任務驅動下，從 1974 年 TCP 首次作為 RFC 675 分發到 1983 年它們成為 ARPANET 的官方協定。該方法的核心是設想「由網路組成的網路」，「網際網路」因此而得名：許多不同的本地網路（在大學、公司和政府機構）可以充分地互相協作，實現了幾乎無差異的遠距通訊，而這也與政府自上而下的集中式網路（如法國同時存在的 Minitel）形成鮮明對比。三個面向（技術通訊協定、通訊內容和標準管理）融匯為一，創造了今日我們所熟知的網際網路。

勝利和悲歌

在這個專案的大部分成果都是大家已經聽過的，不需要在這裡重複。在 1970 年代，泰勒在當時的全錄帕羅奧多研究中心生產了一系列所費不貲、因昂貴而在商業上不成功的、但具有革命性的「個人工作站」，其中包含了 1990 年代個人電腦的大部分內容。與此同時，隨著電腦零組件被更多人使用，像蘋果和微軟這樣的企業開始廣泛提供更便宜、但不易使用的機器。帕羅奧多研究中心在努力將發明商業化的過程中，允許史蒂夫・賈伯斯用他的股份換取技術，結果麥金塔電腦迎來了引領現代個人電腦的時代，且也使得微軟透過 Windows 作業系統推進了大規模的擴展。到了 2000 年，大多數美國人的家中都有一台個人電腦。網際網路的使用穩定擴展，如下圖：

圖 3-3-2｜隨著時間的推移，世界和各個地區的人口使用網路的比例不斷增加
資料來源：Our World in Data

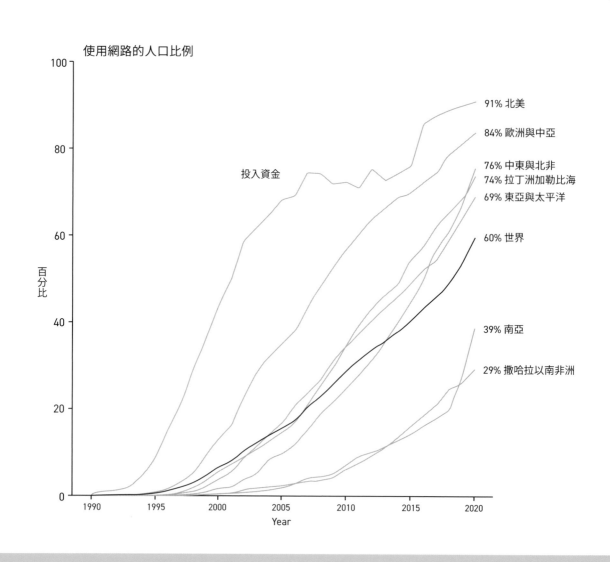

網際網路及其不滿

雖然個人電腦和網際網路初期平行發展，但網際網路的發展正是為了連接這些個人電腦。在 1960 年代末和 1970 年代初，各種網路並行於最大的 ARPANET 共同發展，包括了在大學、美國以外的政府、國際標準機構以及 BBN 和全錄等公司內部。在卡恩和瑟夫的領導下，在 ARPA（現改名為 DARPA 以強調其「國防」重點）的支援下，這些網路開始利用 TCP/IP 協定進行相互作業。隨著這個網路規模的擴大，鑒於其先進技術任務的限制，DARPA 尋找另一個機構來維護它。雖然許多美國政府機構聯手，但國家科學基金會（National Science Foundation）擁有最廣泛的科學參與者，他們的 NSFNET（國家科學基金會網路）迅速發展成為最大的網路，導致 ARPANET 在 1990 年退役。同時，NSFNET 開始與其他富裕國家的網路相互連接。

其中之一是英國，研究人員提姆·柏內茲－李在 1989 年提出了「網頁瀏覽器」、「網站伺服器」和「超文本標記語言」（Hypertext Mark-Up Language, HTML），將超文本與封包交換完全連接起來，使網際網路內容更容易被廣大終端使用者使用。從 1991 年柏內茲－李的「全球資訊網」（WWW）推出，網際網路的使用從大約 400 萬人（主要在北美）增長到千禧年末的 4 億多人（主要在世界各地）。隨著網際網路創業公司在矽谷的蓬勃發展，許多人的生活開始通過許多人現在家裡的電腦移動至網上，網路化的個人計算（〈作為通訊設備的電腦〉）的時代已經到來。

預知混亂紀事

在千禧年大起大落的狂喜中，科技界很少有人注意到縈繞在這個行業中的幽靈：早已被遺忘的泰德·尼爾森。尼爾森堅持他幾十年來對理想的網路和通訊系統的追求，不斷地警告新興的 WWW 設計的不安全、剝削性結構和不人道的特點。如果沒有安全的身分系統（仙那度原則 1 和 3），民族國家和企業行為者的無政府狀態與巧取豪奪，將不可避免地發生。如果沒有嵌入式的商業協定（仙那度原則 9 和 15），線上工作要嘛失去價值，要嘛是金融系統被壟斷者控制。如果沒有更好的安全資訊共用和控制結構（仙那度原則 8 和 16），監控和數據孤島將無處不在。無論它表面上多麼成功，WWW、網際網路都註定會有糟糕的結局。

雖然尼爾森特立獨行，但他的擔憂甚至在主流網際網路先驅中也得到了廣泛的認同，他們似乎有理由慶祝他們的成功。早在 1979 年，當 TCP/IP 正在凝聚的時刻，利克就為運算的未來寫下了「兩種情況」（一種是好的，另一種是壞的）的預言：它可能被壟斷的公司控制、潛力被扼殺，或者可能出現全面的社會動員，使運算服務於民主並支援民主。在前一種情況下，利克預測了各種社會弊病，可能讓資訊時代的到來，反而成為民主社會繁榮的阻礙。這些問題包括：

1. 普遍性的監控，以及公眾對政府失去信任。

2. 政府落後於公民使用的主流技術，導致制訂規範或執法能力癱瘓。

3. 創造性職業被貶低。

4. 壟斷和企業剝削。

5. 普遍存在的數位不實資訊。

6. 資訊的分艙化，破壞了網路的大部分潛力。

7. 政府資料和統計數據越來越不準確和無關緊要。

8. 私營企業控制了言論和公共討論的基礎平台。

隨著網際網路的普及，這些異議就越發顯得無關緊要。當然，政府最終並沒有扮演他們想像中的重要角色那般發揮核心作用，但可以肯定的是，在 2000 年，我們其實已經走上了利克的第二情境路徑，意識到他的警告的少數評論家多數都如此認為。然而，在少數地方，在千禧世代的第一個十年末，人們的擔憂與日俱增。虛擬實境先驅賈隆・拉尼爾（Jaron Lanier）在兩本書《別讓科技統治你》（*You are Not a Gadget*，天下文化，2011）和《誰掌控了未來？》（*Who Owns The Future?*）中敲響了警鐘，強調了尼爾森和他自己對於利克關於網際網路和資訊技術未來的擔憂版本。雖然這些最初看起來只是尼爾森非主流思想的放大，但我們在第二章中討論的一系列全球事件，最終使世界上許多人看到了已經發展起來的網際網路經濟和社會的限制。這些模式與利克和尼爾森的預警，有著驚人的相似之處。網際網路的勝利可能比最初看起來，要來得更為慘烈、得不償失。

我們遺忘的道

我們是如何掉進超文本和網際網路創始人所明確描述的陷阱的？在領導了網際網路的發展之後，為什麼政府和大學沒有在 1970 年代之後迎接資訊時代的挑戰？

1979 年，當 ARPA 的工作重心從支援網路協定轉向更直接的武器導向研究時，正是這些警告訊號促使利克提筆寫下了這篇論文。利克認為，這是政治光譜兩端的兩股力量造成的。一方面，隨著後來被稱為「新自由主義」（neo-liberalism）的「小政府保守主義」的興起，政府正在從主動資助和塑造工業與技術中撤退。另一方面，越戰使許多左翼人士反對國防機構在影響研究方面的作用，從而催生 1973 年的〈曼斯菲爾德修正案〉，該修正案禁止 ARPA 資助任何與「國防職能」無直接關係的研究。這些措施共同將 DARPA 的重點轉向密碼學和人工智慧等被視為直接支援軍事目標的技術。

然而，即使美國政府的注意力沒有轉移，網際網路也很快脫離了其許可權和控制。隨著網際網路日益成為一個全球性網路，（正如杜威所預言的）沒有明確的公共權力機構來進行必要的投資，以應對網路社會取得更大成功所需的社會技術挑戰。引用利克的話：

「從電腦技術本身的角度來看，出口……促進了電腦的研究和發展」，但「從人類的角度來看……重要的是……明智而非快速的……發展在得出電腦化和程式化對個人和社會有益的結論之前，必須妥善解決安全、隱私、準備、參與和脆性等關鍵問題……雖然我對美國明智解決這些問題的能力沒有十足的信心，但我認為它比任何其他國家都更有可能做到這一點。這使我懷疑，電腦技術的出口對人類的貢獻，是否會像美國積極努力弄清楚自己真正想要什麼樣的未來，然後開發實現它所需的技術那樣大。」

公部門和社會部門投資的作用不斷下降，使得利克和尼爾森等領導人所看到的網際網路的核心功能／層次（如身分、隱私／安全、資產共享、商業）逐漸缺失了。雖然在網際網路上執行的應用程式和 WWW 都取得了巨大進步，但在利克撰寫本文時，對協定的基本投資已接近尾聲。公部門和社會部門在定義和創新網路方面的作用很快就黯然失色。

隨著個人電腦的成功，以及雷根和柴契爾激動人心的慶祝活動的推動，私營企業步入了這個巨大的空洞。雖然利克擔心 IBM 會主宰和阻礙網際網路的發展，但事實證明，IBM 無法跟上技術變革的步伐，它找到了許多有意願和能力的繼任者。一小群電信公司接管了國家科學基金會隨意放棄的網際網路骨幹網。美國線上和 Prodigy 等入口網站主導了大多數美國人與網路的互動，而網景公司（Netscape Communications）和微軟公司則爭奪網路瀏覽的主導權。被忽視的身分識別功能由 Google 和 Facebook 的崛起填補。PayPal 和 Stripe 填補了數位支付的空白。由於缺乏最初推動星際電腦網路工作的資料、計算能力和儲存共享協定，支援這種共享的私有基礎設施（通常稱為「雲端服務供應商」，如 Amazon 網路服務和微軟 Azure）成為構建應用程式的平台。

雖然網際網路的骨幹，在有限的範圍內不斷改進，增加了安全層和一些加密功能，但利克和尼爾森認為必不可少的基本功能卻從未整合。對網路協定的公共財政支援基本枯竭，剩下的開源開發主要由志願者工作或私營企業支援的工作組成。隨著網際網路時代的到來，創始人的夢想逐漸破滅。

往事重現

然而，褪色的夢想會頑固地堅持下去，念念不忘必有迴響。雖然利克已於 1990 離開我們，但許多早期的網際網路先驅者走到了現在，親眼見證了屬於自己的勝利和悲歌。尼爾森和其他許多「仙那度計畫」的先驅者們，至今仍在持續促進「提高集體智商」（boosting Collective IQ）的願景、演說、組織活動和撰寫文章。這些活動包括了與特里・維諾格拉德（Terrence Winograd，Google 創辦人的博士指導教授）一起，在史丹佛大學組織了致力於線上審議的社群。儘管這些努力都沒有取得早期的直接性成功，卻發揮著至關重要的激勵作用，他們可說是孵化了新一代的多元創新者，幫助復興、闡述了多元夢想。

圖 3-3-3 ｜ Ted Nelson，1999 年於日本慶應大學
資料來源：Wikipedia, used under CC 4.0 BY-SA.

光明的節點

正如我們在第二章強調的那般，技術發展的主流方向讓其與民主相互衝突，而新一代的領導者們卻形成了一種相反的形式，成為了零星且清晰可辨的光點，這些光點給人們帶來了希望，只要重新採取共同行動，多元化終有一日會給整個技術帶來活力。對於大眾網際網路用戶來說，維基百科也許是最生動的例子。

這個開放的、非盈利性的協作專案，已經成為全球領先的參考知識和廣泛共享的事實資訊資源。我們在第二章中強調，在數位領域裡占多數的資訊碎片化和衝突中，它可做為顯著對比。維基百科已經成為了被普遍接受、共同理解的數位公地／來源。它通過大規模、開放、協作、自治來取得現在的成功（這也是定量研究的主題，例如 Sohyeon Hwang 和 AaronShaw 使用二十年的追蹤資料研究了維基百科的規則制定[8]）。直接性的推動下，如此的模式取得了不同層次且多向的成功，讓它在許多方面都顯得獨一無二。而且，這種成功的規模是相當驚人的。一些最近的分析中可以看見，大多數搜尋結果都突出的包含了維基百科的條目（一個關鍵的搜尋指標）提高了 80%[9]。受這項工作的啟發，一項審計研究也發現，在所有「常見」和「熱度」查詢的搜尋結果頁面中，維基百科出現的比例大約為 70% 至80%[10]，儘管商業網際網路備受讚譽，但這樣一個公共、審議、協作性與多數協商一致的資源，可能是其最通用的終極型態。

「Wiki」不僅代表維基百科名稱的由來，這個概念也代表了協作知識創造和共享的一個關鍵創新。「Wiki」是夏威夷語，意為「快速」，由沃德·坎寧安（Ward Cunningham）在 1995 年創造了第一個 wiki 軟體 WikiWikiWeb 時提出。坎寧安的理想是促進網頁的簡單快速創建和編輯，形塑出一個協作的環境。Wiki 概念的本質，正如坎寧安與博·勒夫（Bo Leuf）在 2001 年的著作《Wiki 之道：網上快捷合作》（*The Wiki Way:*

Quick Collaboration on the Web）中所詳述，強調了包容性和不間斷協作。Wiki 邀請所有使用者，而不僅僅是專家，使用標準網頁瀏覽器編輯或創建新頁面。鼓勵他們通過直觀連結創建在頁面之間且建立聯繫，傳統的訪問者參與則發展為持續的創作和協作過程，促進一個動態和不斷演變的「網絡」景觀。這種內容創作的民主化體現了□和積極參與的概念，共同貢獻為維基百科等平台所現的多樣化知識存儲和社群參與。

除了維基百科之外，知識共享和群體工作也已被協作軟體（collaborative software）或群組軟體（groupware）徹底改變了。群組軟體包括各種旨在幫助人們協作的應用程式，無論他們身在天涯何處。協作軟體的概念則可以追溯到 1951 年恩格爾巴特的早期願景，其旨在通過計算來增強集體工作。第一個可操作的協作計算原型，出現在 1960 年代中期恩格爾巴特的研究團隊中，引發了 1968 年具有里程碑意義的公開演示，即著名的「所有演示之母」。「群組軟體」一詞由彼得和特魯迪·約翰遜 - 倫茲（Peter and Trudy Johnson-Lenz）於 1978 年提出，早期的商業產品如 Lotus Notes 出現在 1990 年代，實現了遠距群組協作。這些軟體皆在透過支援各種組織環境中發生的各式各樣協作任務，幫助群體達成共同目標。

隨著 WebSocket 協議在 2011 年的標準化，恩格爾巴特演示的協作式即時編輯器的概念現在可以在網頁系統上使用。協作式即時編輯器允許多個使用者同時編輯一個文件。它代表了我們線上交換文件和彼此知識交叉的一大飛躍。源自 2005 年推出的 Writely 的 Google 文件，已經廣泛普及了協作式即時編輯的概念。HackMD 是一個協作式即時 Markdown 編輯器，在臺灣的公民社會中被廣泛使用（如 g0v 大量應用於文件的協作編輯和公開性的分享會議紀錄）。Scrapbox 是即時編輯器與 wiki 系統的結合，被□書的日本論壇用來建立共享的理解基礎。造訪論壇的用戶可以一邊閱讀文稿，添加問題、解釋或相關主題的連結來增加資訊理解的豐富度。上述的種種互動方

式,也都可支持像是讀書會此類知識交流的活動,參與者可以實時記錄、分享討論條目、線上線下討論,在通過不斷增強協作的互動親密感與滿足不同社群的使用風格下創造更多元的知識網絡發展。

儘管維基百科作為此一精神的最常態的表現,這種精神它正是網絡世界的基礎。開源軟體(open source software)是維基百科的精神源泉,顯示了參與式、網絡化、跨國自治的重要影響。最著名的開源軟體是 Linux 作業系統,它是多數公共雲端基礎設施(public cloud infrastructures)的基底,通過 GitHub 等平台與許多人們的數位生活層面產生交集,GitHub 的貢獻者超過 1 億人,為超過 70% 的智慧型手機提供動能的 Android 系統也是開源專案,儘管其主要是由 Google 掌控營運。學術界關注「協作生產」(peer production)和自由軟體的成功╱影響早已經有一段時間了──例如,尤查·班科(Yochai Benkler)在 2002 年關於該主題的研究,引起人們對此「謎團」的關注方面有重大影響力,即為什麼程式設計師「參與自由軟體項目而不遵循由市場驅動、公司驅動或混合模式產生的正常信號」。[11]

開源軟體的出現,是對於 1970 年代軟體產業商業化、營業祕密化的一種反擊。ARPANET 早期的自由、開放的開發方式,在公共資金撤出後仍得以維持,這必須要歸功於全球的志工隊伍。理查·史托曼(Richard Stallman)反對 Unix 作業系統的封閉性,領導了「自由軟體運動」,推廣 GNU 通用公共許可證(GNU General Public License, GNU GPL),允許使用者運行、研究、共享和修改源碼。這一運動最終被重新命名為開源軟體,其目標是在林納斯·托瓦茲(Linus Torvalds)的領導下,用開源的 Linux 取代 Unix。

開源軟體,已經開展到各個網際網路和電腦資訊領域,甚至贏得了微軟(現為 GitHub 的所有者)等曾經敵對公司的支持。這代表大規模的多元化

實踐;共享全球資源的新興集體共創。這些社群是圍繞著共同的興趣而形成,在彼此的工作基礎上自由構建,通過無償維護者審核貢獻,並在出現不可調和的分歧時,將專案「分叉」為平行版本。GitHub 和 GitLab 等平台為數百萬開發人員的參與提供了便利。這本書就是這種協作模式下的產物。

不過,開源軟體也面臨了一些挑戰,比如公共資金的撤離導致長期的資金支持短缺,娜蒂亞·埃格巴爾(Nadia Eghbal)在《*Working in Public*》一書中對此做出了探究。維護者往往得不到回報,而社群的發展又加重了他們的負擔。儘管如此,這些挑戰都是可以應對的,開源軟體儘管在商業模式上有局限性,但也真實展示出了開放合作精神(即「我們遺忘的道」),而這正是「多元宇宙」致力支持的。因此,開源軟體將成為本書的核心實例。

我們在前面提到的拉尼爾的著作,正是另一個公共投資撤出通訊網路後,可做為明確對比的例子,它更多的是在追隨恩格爾巴特和尼爾森等文化設計師的腳步,而不是瑟夫和史蒂芬·克羅克(Stephen Crocker)等組織領導者的腳步。作為人工智慧先驅馬文·明斯基(Marvin Minsky)的學生和評論家,拉尼爾試圖開發一種與人工智慧具有同樣遠大抱負的技術方案,其核心是人類體驗和交流。在他看來,現有的交流機制受困於那些可以像文字和圖片一樣由耳朵、眼睛處理的符號,因此,他希望通過觸覺和本體感受(內在感官),讓人們能夠深入地分享體驗並且產生共鳴。透過他在 1980 年代的研究和創業經歷,這一個理念發展為虛擬現實領域,從 GLOVE[12] 到蘋果公司發布的 Vision Pro[13],這個領域一直是用戶相互創新的泉源。

然而,正如我們在上文所強調的,拉尼爾不僅傳承了將電腦作為通訊裝置的文化視角,他也支持尼爾森對後來的網際網路差距和缺陷的批評。在《別讓科技統治你》和《誰掌控了未來?》兩本書中,他特別強調缺乏支持支付、安全數據共享

和來源證明的基礎層協定，以及對開源軟體的財務協助。他這些主張激發了 web3 社群內部和周遭關於這些主題的推進、產生了關鍵作用，web3 社群使用加密技術和區塊鏈創建對「來源」和「價值」的共同理解。儘管在這個領域的許多專案受到「放任主義」和超級金融化的影響，但與網際網路最初願景仍然持久連接，特別是在維塔利克·布特林（Vitalik Buterin，最大的智慧合約平台以太坊的創始人）的領導下，啟發了許多專案，如 GitCoin 和去中心化身分，這些都是現今███的核心靈感來源。

在這些關注點上，其他先驅者更多的著眼於通訊和關係層，而不是來源和價值。他們將自己的工作稱為「去中心化網路」（Decentralized Web）或「聯邦宇宙」（Fediverse），建立了 Christine Lemmer-Webber 的 ActivityPub 協定，這些協定成為非商業性、以社群為主的主流社交媒體替代方案的基礎，包括從 Mastodon 到 Twitter 現在獨立的 BlueSky 計畫。這個領域還產生了許多極具創意的想法，以社會和社群關係為基礎，重新構想身分和隱私。

最後，或許與我們通往███之路最切身相關的是，藉由加強政府和民主公民社會的數位參與，進而復興早期網際網路的公共和多元精神與理想的運動。這些「政府科技」（GovTech）與「公民科技」（Civic Tech）運動，利用開源軟體式的開發實踐來改善政府服務的提供，並以更為多樣化的方式將公眾帶入此一過程。美國的領導者包括政府科技先驅 Code4America 的創始人珍妮佛·波卡（Jennifer Pahlka）和 GovLab 的創始人貝絲·西蒙尼·諾維克（Beth Simone Noveck）。然而，儘管這些運動產生了重要影響，但最能體現這些運動的，還是那些成功改變了全民素質的國家，因此我們可以看到它們在國際舞台上發揮的驚人潛力。

山巔之城

儘管上述每個國際案例都相當激勵人心，但大多數人仍然認為社會的例子就是民族國家的例子，因此將國家視為典範。雖然世界上許多社會都體現了「多元宇宙」的理想並運用其工具，其中有兩個典範最為突出：愛沙尼亞和臺灣。兩國政府都受到多元政治思想，特別是亨利·喬治思想的影響，都面臨著來自專制鄰國嚴峻而持久的侵略威脅。在歷史借鏡、當前挑戰的推動下，它們率先應用多元技術，來塑造民主與公部門的制度。

愛沙尼亞率先使用多元技術改造國家政府，但其規模和早期發展都限制了它所能取得的成就。臺灣雖然用了更長的時間才完全發展起來，但在過去的十年中，這個小小多山的島國，成為全世界最明顯的另一種道路的典範。它的故事，為本書注入了活力。

CHAPTER 4
自由：權利、作業系統與數位自由

網際網路創始人利克萊德認為，與迄今為止在網際網路協定中表現出來的相比，基礎網際網路協議的範圍要更加廣泛許多，對於建構一個網路社會具有基礎性的意義。然而，他的分析更像是一個清單，而不是哲學性的分析。為了闡明■社會基礎的清晰願景，在這裡我們將先借鑑■的定義概念，概述這些協定應包含的內容，以及它們在社會中應該扮演的角色；然後再系統性的探討這些協定、它們如今在實施上的局限性，以及如何更全面地實現它們。

我們認為，■社會必須建立在形式和結構上都符合■原則的基礎建設之上。形式上，它們必須無縫結合政治上相關的權利系統和技術概念中的作業系統。實質上，它們必須允許以■所理解的形式來數位化地呈現社會，即多元交織的社會團體和人們，協力進行宏偉、共融的合作。

權利作為民主的基礎

民主（democracy，「人民做主」）最簡單的想像，是一種政府制度，來達成集體決議，而非指政府對公民採取的某些特定行動。然而在實踐上，所謂「民主」政府的最基本特徵，就是公民享有的一系列基本自由。雖然這些「權利」（right）在不同民主政體中因時因地而異，但總體來說其運作模式一望即知，已成為如《聯合國世界人權宣言》（*United Nations Universal Declaration of Human Rights*, UDHR）等宣言的基礎，包括平等、生命、自由、人身安全、言論、思想、良心、財產、結社權等。雖然我們有充分的理由相信，這些權利是人類根本而普世的價值，但在此需要關注的是，為什麼人權對民主這種政府制度的完整性如此重要，以至於許多人與組織都主張：如果無法保障人權，則民主無法存在。

當代最偉大的民主哲學家之一，丹妮爾·艾倫（Danielle Allen）在她最近出版的《透過民主實現正義》（*Justice by Means of Democracy*）一書中，清楚地表明了民主於這些權利的依屬。她的基本論點是，若「人民意志」無法安全、自由的傾訴，就無法獲得政府對「人民意志」的回應。如果投票是出於脅迫，或是直接地參與公民行動會對自身帶來危險，那結果反映的不過是脅迫者的意向而已；這些都是騙局。假若公民無法結社為社會和政治團體，他們就無法協商、對當權者的決定提出異議。如果人們不能透過多樣化的經濟互動來謀求生計（例如，因為他們受到國家或私雇者的奴役），我們就不該期待他們表達的政治信念能反映內心的聲音，只因他們只是順服主人的政治服從。若是沒有權利，選舉將只會是虛假的。

對於「社會的不自由會破壞民主運作」的擔憂，絕非只是抽象或推測而已。在現實中，許多著名的民主國家，都曾因廢除他們所仰賴的自由而「自取滅亡」。最著名的例子也許是威瑪共和國（the Weimar Republic），它在兩次世界大戰之間的

三十年間統治著德國，並因國家社會主義德國工人黨（納粹黨）在國會中取得多數席位而結束。這導致阿道夫·希特勒（Adolf Hitler）被任命為總理，[1] 從而建立了人類歷史上最惡名昭彰的獨裁政權之一。然而，即使不對各國當代政治抱持太強烈的立場，也能很輕易地發現許多由民主社會選出的領導者和政府，卻選擇以削減自由的方式，將它們從民主國家轉化為政治學家史蒂文·李維茲基（Steven Levitsky）所稱的「競爭式威權」（competitive authoritarian）政體。[2]

為何先有人權才有民主制度？有一種觀點是，某些權利是組成民主政府的基本要素，包括：公民是有能力可作為能夠形塑、渴望塑造所參與的民主社區集體生活的主體。他們有能力組織起來，促進共通利益，進而讓這些利益在政治層面上被聽見。這些依存關係並不是絕對的，且往往是辯論的主題。舉例來說，在一些被廣泛視作民主國家的社會（如北歐）強調了所謂「積極言論自由」的重要性，即每個公民不管為何，都有發表意見且被傾聽的可行途徑；其他社會（如美國）則偏向「消極言論自由」，即任何人不得透過政府干預，來妨礙觀點的表達。有些（如歐洲）則傾向於強調隱私權，作為公民社會獨立於國家而存在的基本權利，也是政治行動的必要條件；而另一些社會（如亞洲）則傾向於「集會與結社權」，認為這些權利對民主來說更加重要。但幾乎所有民主國家都同樣期盼的是：這一系列大幅重疊的權利，作為民主運作的基本前提，應該由全球民主國家共同維護。

國家（和地方）政府，特別是司法系統，往往在確保權利可得到尊重的面向，發揮關鍵作用；對這些權利進行裁決，往往是國家高等法院的核心職能，這也是我們在上面提到「社會」（與民族國家相關）的部分原因。然而，僅僅從國家法律體制的角度來思考權利問題，是有誤導性的。權利是一種信仰體系，根深柢固於各種文化（民族、次民族、跨境等等），且透過對共同價值觀和合法性的盼望，來影響生活。例如保障言論自由，通常並非對工作場所或網路平台的法律要求。然而，在對言論自由的期望下，大幅限縮了員工和顧客對言論管制政策的接受程度。這樣的期盼，還激發了對非營利組織的支持，促成組織在國內外支持人權。像《世界人權宣言》這樣難以用國際執法貫徹的宣言文件，依然對各國法律制度產生了影響、發揮了重大作用。各種機構（法院、企業、民間社團等）在確保這些共同文化期望得到維護方面，顯得至關重要，而這些機構中沒有一個可單獨作為權利的「執法者」或「源頭」。在這個意義上，即使國家是這些權利的關鍵捍衛者，人權的存在可說超越了國家。

權利往往也是一種志向和目標，而非固定可行的現實。美國大部分的歷史敘事，都演述著從建國開始，就長期受剝奪的平等願望。[3] 許多社會權（如優質教育）和經濟權（如合適居所）往往超出了政府能力範圍，無法立即實現（特別在開發中國家更是如此），但卻見證了人民最深切的期望。[4]

作業系統作為應用程式的基礎

作業系統（operating system, OS）在數位生活中無所不在。作者之一任職的微軟公司發行的 Windows，可能是地球上最知名的軟體之一。iOS 和 Android 為大多數的智慧手機提供動力。Linux 是有史以來最雄心壯志、最成功的開源軟體專案，人們每次的數位互動都依賴於底層的作業系統。

作業系統大致上定義了運行在其上的應用程式的可行範疇。在性能、外觀、速度、機器記憶體使用等方面，在特定作業系統上運行的應用程式，必須共享且遵循某些基本特性。舉個簡單的例子，iOS 和 Android 允許觸控界面，而早期的智慧型手機（如 BlackBerry 或 Palm）則依賴觸控筆或鍵盤輸入。即使在今天，iOS 和 Android 兩者的

應用程式，在外觀設計、操作感受和性能特色上仍有差異。應用程式是為這些平台中的一個（或多個）進行程式編寫，藉由作業系統中內建的運作程序，來確認他們的應用程式可以做什麼、不能做什麼；哪些需要從頭建構，哪些可以依賴底層的程序。

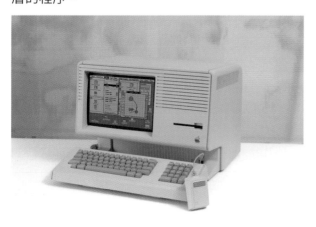

圖 4-1　蘋果 LISA II Macintosh-XL
這是最早採用圖形用戶界面的商業可用個人電腦之一。
來源：Gerhard »GeWalt« Walter，取自維基百科。CC0。

這些界線往往並非黑白分明。雖然麥金塔是第一台採用圖形使用者介面（Graphical User Interface, GUI）作業系統的大眾市場電腦，但早期採用命令列界面的電腦，有時會有包含類似 GUI 等元素的程式。今天，雖然虛擬實境（virtual reality, VR）和擴增實境（augmented reality, AR）頭戴顯示器的效果更好，但有些 VR 和 AR 體驗也可以在手機上運行，只要把手機戴到眼前即可。此外，雖然作業系統設計師試圖加入安全協定，來抵禦違背或威脅底層作業系統完整性的應用程式行為，但這些問題總是難以完全杜絕。[5] 許多，也許是大多數，電腦「病毒」正是這種違反行為的例子。因此，作業系統定義了其上應用程式的正常行為、提供應用程式可以運用的工具，以及對其他應用程式的合理期待，決定了哪些功能比較容易實現。

對於應用程式出乎意料的行為，作業系統必須不斷適應。有些行為值得鼓勵（支援新的應用情境）、有些行為則必須防堵（例如病毒入侵）。這樣的適應可能是微小、表層的：舉例，我們經常收到智慧手機的系統更新通知，抵禦安全威脅，或是與時俱進地將「表情符號」、「顏文字」等輸入法，納入作業系統的基礎。[6] 也有更戲劇性的變化：例如 Google 推出與汽車和電視相容的 Android 版本。

作業系統以各種方式捍衛其完整性，其中安全修補程式是最敏捷、最具攻防性質的，但也包括開發者教育、創建廣泛的開發者支持生態、逐步開展顧客的使用和期待等。一般來說，建立在作業系統上的應用程式，既支持作業系統本身的開發，也支援更新和開發新的作業系統，來協助作業系統不斷適應，甚至與原本的版本競爭。儘管在不同的作業系統之間，存在差異和競爭關係，但它們都擁有許多共同的直觀功能，至少部分試圖允許跨平台開發、新舊版本相容（也就是說，為先前版本設計的應用程式仍然可以繼續使用，並且應用程式可以對新一代作業系統「向未來相容」），以確保使用者能存取各式各樣的應用程式。

作業系統的發展日新月異，目的是為了支援尚未完全實現的功能。通常來說，從這些嘗試中學到的經驗，使它們在未來的某一天，可以更全面的支援這些功能。例如，最早發布的著名語音「智慧助理」（如 Apple 的 Siri 和 Amazon 的 Alexa）品質有點可笑；隨著時間的推移、結合系統本身的使用者參與，品質得到了改善，使得它們具備了更廣泛的口語互動功能。

基礎

權利系統和作業系統，具有許多共同特徵：它們分別作為民主社會和在其之上運行的程式開發的基礎；擔任這些程序預設的背景條件；在系統運行中扮演比在其上運行的應用程式更為根本的重要角色，因此需要特別捍衛以確保其完整性；然

而至少在某種程度上，它們是理想化、未完全實現的，事實上有時在內部甚至處於緊張關係；儘管它們往往有強大的執行機制作為擔保，但在明確定義的制度和程式之外，它們也瀰漫在文化之中。[7] 除了這些共通的相似之處，權利和作業系統還有兩個方面，對□觀點來說尤為重要獨特，我們以下將會詳述，並與放任主義和專家統治進行對比。

動態性

如上所述，作業系統顯然是動態的，而仔細想想，權利系統也具有高度動態性。這點對權利（和作業系統）的多元觀點，尤為關鍵。權利是民主制度的支持基礎；作業系統支持著在其上運行的應用程式。但權利的制定者和作業系統的設計者，只能「猶在鏡中」瞥見這些基礎制度和設計將如何被使用、濫用和重新想像，這正是二者為這種實驗、創新提供的空間。

舉例來說，中國的防火長城（Great Firewall）限制和網際網路內容審查，將威權主義程式化。然而，今天在民主國家中流行的全球社交媒體平台，卻將客戶的注意力開放競價，供專制對手進行選舉干預和傳播爭議訊息。[8] 如果民主國家想持續促進公眾對社會願景的對話，就需要不斷發展基本能力來支持公眾對話，以及權利在其中的表達方式。

資訊技術已經向我們對言論自由的理解提出了挑戰。言論自由曾被視為一種合理表達的權利，它確保公民能夠在不受干擾下，形成與建立對政治立場的支持。不過，這樣的觀點形成於資訊相對匱乏的環境，當時對言論的壓制，是一種阻止意見被聽到的有效方法。

現在的情況早已大相徑庭，我們身處於資訊豐富而注意力匱乏的環境。正如蓋瑞·金（Gary King）、詹妮佛·潘（Jennifer Pan）和莫莉·羅伯茨（Molly Roberts）的研究中所明確揭示的，在這樣的環境下，抑制言論最有效的方法通常是將訊息空間淹沒於分散注意力的干擾和垃圾訊息中，而非試圖壓制不想看到的內容。[9]

在這樣的情形下，確保多樣化、相關性和真實的內容能保有一席之地，通常比確保它們不受到文字審查制度更重要。我們在思考人們對言論自由的理解，我們要相應的演變，事實上，我們將在下文中討論、確保如此發生的途徑。

然而，動態性只是手段而非目的，它無法在多元觀點裡歸納出全體結構、追求某種整體化的終極目標。相反的，它的作用是明確支援運行在系統上的應用程式或民主制度，支持它們持續創新，在不斷更新和改進的能力範圍內探索、發現未來，才能在日後持續開展。作業系統可以、且應該隨著應用程式的需求變化而持續進化，支持應用生態，但如果它為了某些更大的、外在的目的而自我毀滅，那無論是公司的利潤還是國家的利益，都會失敗。

權利和關係

對權利的多元理解來說，另一個核心要素是，雖然權利系統的某些元素可能屬於個人，但權利並非必然出於個人主義。作業系統向個人化應用和使用者提供某些保證和能力，而權利系統顯然也向個人提供重要的保護，並使用這些來捍衛自己最重要的價值觀和利益。然而，權利不僅僅影響個人，也涉及系統與群體。結社和宗教信仰自由，既保護社團組織和宗教本身，同時也保護了它們的組成者。像美國憲法這樣的聯邦制度，承認各州和地方的權利，不僅僅是個人的權利。作業系統保護了涵蓋整體的系統功能、應用程式與使用者之間的互動，同時也保護了應用程式和使用者。無論在作業系統還是「公共空間」的交流，總是涉及至少兩個參與者，而且「公共空間」或社交網絡的存在，取決於集體行動的參與和安全性。商業自由，雖然經常地被認為是個人選擇和雙邊交換，但一般來說，至少也以同樣的力度，保護

企業的實體權利，以及企業簽訂的特定形式契約。此外，保護和捍衛這些自由的實體，遠遠不只於民族國家及其相關機構。商事法是典型的例子。正如安·瑪麗·斯勞特（Anne-Marie Slaughter）和卡塔琳娜·皮斯特（Katharina Pistor）等學者所強調的，法律規則、貿易協議以及對先例相互尊重的國際網絡，是定義智慧財產權、反壟斷和金融機構資本要求等主題的核心。[10] 此處的每一項議題，都由各式各樣的專業網絡、具影響力的群體，以及國際機構所管轄。因此，權利不僅僅由構築互動網絡的群體所擁有；它們也是由類似文化、機構和代理人形成的互動網絡來界定。因此，權利是一組相互交織的社會圈，捍衛保護著人們和社會群體的互動網絡。

與放任主義、
專家統治的對比

權利和作業系統，作為動態、網絡式和具適應性的基礎，支持著民主的集體自我探索與應用環境進化。這個觀點與放任主義、專家統治所體現的政治、技術願景，形成了鮮明對比。放任主義的基礎，是一套僵化、「永恆不變」、明確定義於歷史中的權利（側重於個人私有財產，以及防止任何與這些私產衝突的「暴力」活動），並主張應盡可能徹底、完全地將這些權利，從其他權利及各種社會文化脈絡、執法方式與意義抽離，透過技術系統使其不受更動，並防止社會力量干預。專家統治的基礎是設計符合「客觀」、「效用」或「社會福利」功能理想的技術系統，用來「對齊」和優化這些價值。放任主義的願景下看到的權利，是絕對式、易定義、靜態和普世的；專家統治的觀點則認為它們是實現可定義的社會利益過程中，無關緊要的障礙。

自由

無論人們如何看待未來在模擬世界（「元宇宙」）裡度日的構想，很少有人會否認現在多數人生活中，大部分的時間都在線上度過。在這種情況下，我們能做什麼、說什麼和成為什麼，都取決於技術所能提供的可能性，特別是那些將我們聯繫在一起、從而形成社會結構的技術。從這個意義上來說，在這些網絡中將我們相互連接的協定，定義了數位時代的權利，從而構成了社會運行所依賴的作業系統。

從智識和哲學上來說，我們在〈3-2 相連的社會〉中描述的傳統，著重於需要超越自由民主主義建立的，基於財產、身分和民主的簡單框架，轉向更細緻的替代方案，以符合社會生活的豐富性。從技術上來說，提供電腦之間通訊治理框架的早期網路協定，試圖精確地實現這一點。它將權利體系和作業系統，這兩個平行卻又截然不同的概念，完全融合在一起，將創建人際網絡的作業系統，視為參與並支持權利概念所需要的基本能力。

因為技術系統是在形式化的數學關係中實作的，所以有個簡單的方法來看它需要什麼，就是使用與社會描述直接對應的典型數學模型：如右圖所示的「超圖」（hypergraph）。超圖是「節點」（nodes，即人，由點表示）和「邊」（edges，即群體，由區塊表示）的集合，它擴展了更常見的網路或圖的概念，允許群體關係而不僅僅是雙邊關係。每個邊／群體的陰影，代表所涉及關係的強度（即數學上的「權重」和「方向」），而「邊」中包含的數位資產代表了這些群體的協作基礎。當然，任何這樣的數位模型，都不是字面上的社會世界，而是對它的抽象化。對於真實的人類來說，要存取它需要一系列數位工具，我們用進入圖表的箭頭表示。這些元素共同構成了權利／作業系統屬性的清單，將在接下來的每一節都更全面地闡述：身分與人格、結社、商業與信任、財產與合約、存取權。

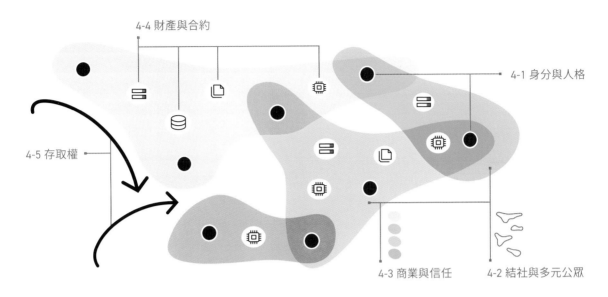

圖 4-2 ｜多元社會的超圖

然而，正如〈3-3 我們遺忘的道〉強調的，這項計畫可說才剛剛開始。[11] 即使是富裕國家，也無法將上述自然的網路功能，視為線上體驗的基本成分，提供給大多數人。我們缺乏廣泛採用的、非專有的身分識別協定，來守護線上的生命權和人格權；[12] 缺乏廣泛採用的、非專有的通訊協定，來允許自由結社、線上溝通與組織團體 [13]；缺乏廣泛採用的、非專有的支付協定，來支持真實世界資產的商業行為；也沒有用於安全共享運算、記憶體 [14] 和資料 [15] 等數位資產的協議，來允許數位世界中的財產權和契約權。大多數解決這些挑戰的方法，背後的基本網路概念也過於有限，忽略了相互交織社群的核心作用。如果我們想要權利在數位世界中具有任何意義，就必須改變這種狀況。

幸運的是，這樣的情形已經逐漸改變。過去十年的發展，已經適時的承擔起網際網路「缺失層」的重任。這些工作包括「web3」和「decentralized web」生態、歐洲的 Gaia-X 資料共享框架、各式數位原生貨幣和支付系統的開發，以及最突出的，是對「數位公共建設」不斷增長的投資──印度在過去十年中開發的「India stack」就是一個例子。這些努力往往資金不足，在不同國家和意識形態間顯得支離破碎、野心不足，或是受到放任主義和專家統治意識型態的誤導。但它們已經從概念上證明了，更系統地追求▦是可行的。接下來，我們將展示如何在這些專案的基礎上建設、為它們的未來投資，加速我們邁向▦的腳步。

4-1
身分與人格權

在快速移動的隊伍中，希望與焦慮交織。上方的大螢幕重申了疏散憑證的重要性。姆魯（Mulu）在她那瓦解中的社區裡備受尊敬，正處於人生中的轉折點。氣候變遷使得她的家鄉支離破碎，她寄望在新的土地上，為女兒們找到慰藉和晴朗的天空。

當姆魯隨著隊伍向前，她豐富而充滿活力的過去出現在她腦海中。她擔心不確定的未來，主要為了她的女兒們可能面臨停滯不前的局面。忖度之間，一位親切的政府職員請她掃碼，進入歐洲共同庇護系統的程序。

她用幾乎失靈的手機載入了頁面，上面有幾個簡單明瞭的問題。

```
                              − □ ✕

「您是否同意授權共同庇護系統，
確認您是否…」

  1.  … 符合我們支援專案的資格？

  2.  … 對我們的社群造成威脅？

  3.  … 能運用過去的經歷，來幫助
       我們的社群？
```

她迅速在螢幕上簽名。隨後，她的手機開始顯示相關資訊，來協助她準確回答問題。

```
                              − □ ✕

  ·  在飽受戰爭蹂躪的村莊裡，您建造了
     臨時學校，為孩子們帶來了笑容。這
     座希望的燈塔得到了 76 個可信賴來
     源的迴響，這些讚美刻印在數位帳本
     上，得到了受歐盟認可機構的背書。

  ·  在一次記者會上，您堅決反對與對社
     區有害的人物聯繫，得到了 41 份證
     詞的認證，紀錄在安全的區塊鏈上，
     認證您是社會不屈不撓的保護者。

  ·  您努力在社區和 34 個政府機構之間
     建立對話的橋樑，為您周圍建立了
     安全可信的護盾，每一枚認證都證
     明了您的奉獻，永久銘刻在數位護
     盾憑證上。

  ·  您的創新專案，改善了許多人的生
     活，通過充滿活力的數位敘事，
     78% 的同儕讚賞你的成就，為你在
     工程領域的重要貢獻，編成一幅動
     態的織錦。

  ·  您支持的……
                                  ▼
```

這份清單越來越長。她回憶起孩子們在校園裡嬉戲的熱鬧場景，回憶起激勵她自信地登上舞台的導師們，回憶起無數個與認真負責的同事們一起合作的深夜。

職員的桌子亮起綠燈，根據這些彙集的肯定、對她相關經歷的證明，核准了她的申請。

同一份核准也庇護她的女兒們，歡迎她們邁向全新的開始。職員由衷地歡迎她們進入新世界。這個準備好真正瞭解和欣賞她們、充滿希望的世界，為姆魯和她的女兒們提供了再次茁壯成長的新起點。

正如最基本的權利是生命權、人格權和公民權一般，對於網路社會來說，建立和保護參與者的身分，也構成最基本的協定。如果不界定誰、何者具有身分資格，也就無法確保任何權利、提供任何服務。

舉例來說，如果沒有合理安全的身分基礎，任何投票系統都可被提供最多虛假憑證的人所捕獲，而淪為金權政治。有句英文諺語：「在網際網路上，沒有人知道你是一條狗。」（"On the Internet, nobody knows you're a dog"）這句話非常有名，甚至有自己的維基百科頁面；但若果真如此，我們應該能夠預期，所謂線上民主實驗終將走向失敗。[1] 類似的悲劇常常發生在「web3」社群，因為它們很大程度上依賴於假名、甚至匿名，因此往往受到擁有物質、金融資源者的利益所俘虜。[2]

因此，身分系統是數位生活的核心，也是存取大部分線上活動的通行證，如社群媒體帳號、電商平台、政府服務、就業和訂閱。每個系統能夠提供多深入的服務，完全取決於它能夠勾勒出使用者身分到多詳細的程度。比如說，如果某系統無法確定使用者是誰，那就無法提供任何優惠或福利，因為難以確保對方是否已經申請過了。而如果系統只能確認特定使用者，而不能確定其他任何相關資訊，那它就只能提供普遍性的服務，在法律和實質上都和地球上所有人一樣。[3] 鑒於現今網路攻擊如此頻繁，只有能夠確定一個人的資訊，才可以確保他在網路上的安全存在。

與此同時，如果建立身分的方式過度簡化，往往會破壞身分系統本身，在網路上尤其如此。「密碼」通常被用來識別身分，但除非進行嚴格的身分驗證，否則密碼很容易洩露出去，使身分驗證無效化，因為攻擊者一旦取得密碼，就能夠冒充身分。「隱私」通常被視為「有的話很好，沒有也沒關係」，甚至被認為只對「有所隱瞞」的人來說才有意義。但在身分系統中，保護個人資料是核心功能。任何有用的身分系統，都必須同時基於「建立」與「保護」身分的能力來做評判。要瞭解此一挑戰是如何展開，最重要的就是牢記在身分系統中一些環環相扣的要素：

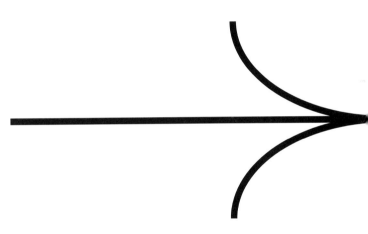

身分系統的登記過程，包括建立帳號並分配識別符（Identifier）。不同類型的系統，對登記有不同的要求，這與系統擁有者對於使用者個人所提供的識別資料產生的信心程度有關（所謂的保證等級）。舉例來說，國際民航組織（ICAO）甚至為此制定了一份《身分證明指南》（Evidence of Identity）。

為了持續登入帳戶使用服務，參與者使用比較簡單的程序，比如：出示密碼、金鑰或多重身分驗證。

存取

創建

就像創建帳號時，參與者可以使用來自外部來源的資訊（通常經過查證），大多數帳號也允許其中至少某部分的資訊，用於在其他系統中建立帳號。[4]

聯盟

身分

關聯

當參與者使用其帳戶所能造訪的系統時，許多用戶的互動行為都會被系統記錄下來，這些可作為系統理解的、參與者身分記錄的一部分，這些資訊隨後可用於發展其他帳戶功能。

復原

密碼和金鑰會遺失，兩步驟驗證系統也可能失靈。大多數身分系統都有某種辦法復原遺失、或被盜取的憑證，比如說透過保密機敏資訊、存取外部身分符記，或社交關係資訊驗證來復原。

圖譜

在日積月累的使用者資料中，許多是與其他帳戶連動的。例如，兩個用戶可以藉由系統交換資訊或共同參與活動。這些都會生成多個帳戶的關聯數據，從而形成一個連接的「社交圖譜」（social graph）。

在本文中，我們將討論現今數位身分系統的運行狀況，以及這些系統實行「識別」和「保護」這兩項要務時的限制。之後，我們將討論世界各地為了解決這些問題，而正在開展的一些相當重要、但成效有限的行動。接下來，我們將說明如何在這些重要工作的基礎上，進行更大膽、積極的拓展，以實現一個更加多元的未來。最後，我們思考由於身分的基本作用，它是如何和其他基礎協定、權利——特別是我們在下一節中重點討論的「結社權」，相互密切聯繫在一起。

現今的數位身分

當大多數公民提到他們的正式「身分」時，通常指的是政府簽發的證件。雖然這些因國家制度而有所不同，但常見的例子包括：

- 出生證明
- 公共性質專案的註冊證明，通常帶有相關的證號（如美國的社會安全福利、臺灣的全民健保）
- 汽車或槍枝等潛在危害工具的許可證
- 部分國家有統一國家身分證／號碼／資料庫
- 用於國際旅行的護照，因其國際聯盟的特質，或許是最廣泛的身分識別系統

雖然這些系統因國家而異，不過它們都共同呈現出幾種特徵：

1. 它們都是正統、高度受信任的，在各種場合都被視為「法定」甚至是「正式」的身分，所有其他形式的身分要不是「假名」，就是通過參照正式系統而獲得正當性。

2. 部分由於前項的原因，它們被廣泛應用在各式各樣的情境下（比如說在酒吧核對年齡、銀行開戶、納稅等），即使它們原本是基於對特定目的、特定計畫而設計的。一個聲名狼藉的例子是美國的社會安全號碼（Social Security Number, SSN），它最初是在1930年代為了方便管理新的退休金制度而創建的。[5] 到了1960年代，許多不同的政府和私營部門機構都經常要求使用該技術。這種廣泛的使用，意味著人們在許多不同場合的活動都可以被記錄下來。1960年代末和1970年代初，人們開始關注這些做法，[6] 並制定了一系列法律，限制聯邦政府機構之間共享數據的能力，同時也限制私營部門使用SSN。[7] 此後，聯邦政府一直在努力減少SSN的使用，並積極尋找替代方案[8]。

3. 這些證件一般來說，是根據非常狹隘且有限的身分資訊簽發的。它們通常可追溯至政府簽發的文件，一般常見的、最基本的是出生證明，而出生證明依賴單一醫生的簽名，偶爾有面對面出現的補充。然而，如果在身分問題上持續存在爭議，往往需要透過繁複的法律程序來解決。

這些特徵組合在一起，讓「身分」成了不太穩定的混合物。一方面，政府簽發的身分是現代生活的基礎，通常旨在避免侵害隱私。但另一方面，卻又在保護身分方面效益不彰，因為正式身分被廣泛應用在各種場合且難以保密，更是建立在一些單薄的訊號基礎上。除此之外，正如我們在下面將探討的，這些問題，目前正因為如生成式基礎模型（generative foundation model, GFM）等技術進步而更為加劇，它們可以輕鬆地模仿、修改內容，也可以從公開訊號中導出複雜的推論。此外，創建社交身分證明的數位版本進度相當緩慢，各司法管轄區也並不一致。由於上述種種原因，現有政府所頒發的身分證件，地位越來越不穩定且危險，在識別和保護的二者權衡，相當缺乏可信度。

第二組被廣泛使用的身分系統是由 Meta、Alphabet 和 Apple 等領先技術平台管理的「單一登錄」（single sign-on, SSO）系統。這些系統允許使用者，可使用自己在平台建立的身分，來登錄平台的各項服務。這些服務也正是「使用 Amazon 登錄」（或類似）按鈕的基礎，這些按鈕經常出現在線上驗證的介面。

正如政府所發放的各種身分具有共同特徵一樣，單一登錄系統也是形式各異，但有著重要的共同特徵：

1. 它們多數掌控在私人企業的手上。它們提供的便利程序或其重度仰賴的資料（很快會談到），被最大化的利用在留住顧客，以及提高服務價值的功能開發上。

2. 它們藉由關聯至使用者的各種訊號和屬性，來維護使用者身分的完整度，並汲取使用者身分的價值。雖然資料類型（如購買紀錄、社交網絡連結、電子郵件往來、GPS 定位等）具體情況各自不同，但大體來說，系統維護者都能廣泛、詳細、深入地瞭解主體，即使用者的整體行為特徵，有時候甚至是跨多個領域的親密行為特徵。[9]

3. 也由於前項，這些身分被同盟廣泛地聚合起來，並可被一系列線上認證服務所接受，包括與 SSO 提供商有部分關聯的線上服務。

這裡還有兩種重要的身分提供者，具有上述大部分特徵，但不是數位平台 SSO 系統：信用評分和國家安全機構（用於發放安全許可和更廣泛的監控）。

它們同樣依賴於巨量、豐富樣態的訊號，具有較高程度的完整性、相當廣泛的使用範圍，但卻沒有更制式標準的政府身分的公共合法性。因此，這樣的身分系統，與政府身分系統在權衡利弊方面正好相反。它們在「識別」方面做得更好，而且在某一情形下更能保護身分不受攻擊者的惡意侵害，不過由於其「無所不知」的特性在社會上並不正當、且將大量權力賦予少數人手中，因此它們大部分都在暗處運作。

在多數國家，位於上述兩個極端的中間點的，是關鍵／基礎服務的帳戶，例如銀行帳戶和手機號碼。這些帳戶通常被私人企業管理、與用戶資料緊密關聯、亦可用於安全保護，也因此往往成為其他身分系統（如 SSO 系統）的關鍵輸入要素，更受到比 SSO 系統更嚴格的監管。因此，他們在私人供應商之間，往往具有更大的合法性和可攜性。許多時候，這些系統被視作既安全也合法的有用組合，通過多重要素驗證（multi-factor authentication, MFA），為許多服務提供最終安全保障。然而，這些系統同時也受到企業監控、安全性的許多缺陷困擾，種種原因讓它們通常容易被盜，一旦被盜也很難追回，而且缺乏如同政府簽發的身分證般強而有力的法律依據。

與此完全不同的是，不論在數位原生系統或是較為傳統的脈絡下，都有一些規模較小、更為多樣、偏重在地性的身分系統，這些包括了：

- 教育機構與證書
- 與就業工作相關的證書和所屬機構
- 工會、專業協會和其他不由雇主驅動的工作相關活動的會員資格
- 政黨、慈善組織和其他集體行動組織
- 參與社區、宗教、興趣和社會性公民組織

- 與各種規模的產業領域建立的忠誠關係
- 醫療和保險關係
- 各種從線上社交和政治互動中使用的假名身分，比如暗網、論壇（4chan 或 Reddit）、連網遊戲和虛擬世界互動（如 Steam）。
- 用於 web3 金融交易、分散式自治組織（distributed autonomous organizations, DAO，在下文將詳細介紹）和其相關的互動討論。
- 以機器或生物（心智）為基礎，記錄共同的個人／社交關係、通信來往等的個人數位和現實生活通訊／聯繫。

這些身分形式，正是我們討論中最為多樣化、卻也是共同特徵最少的一組。不過它們也有一些共同特質，這些特質恰好與分散性、異質性緊密關聯：

1. 這些系統高度碎片化、互通性相對有限，很少形成同盟或彼此相互連接，因此應用範圍往往非常受局限。

2. 與此同時，這些身分來源往往被認為是最自然、恰當、非侵入性的。它們似乎生成於人際互動的自然過程，而不是上對下的命令或權力結構。它們被視為高度合理，但又不是明確的「合法」身分或外部來源，因此往往被視為假名或私人身分。

3. 它們傾向於記錄細緻又詳盡的個人資訊，但其脈絡或生活片段範圍較窄，也明確與其他脈絡分離。因此，作為基於人際關係的復原方式，它們具有較強的潛力。

4. 它們的數位體驗往往不太好；要不沒有數位化、又或是數位化介面的流程與管理，對於非技術背景的用戶十分不友善。

雖然這些例子，可能是數位身分中最邊緣化的一群，不過它們或許最能顯示數位身分的系統狀態。數位身分系統是異質的，通常相當不安全，互通性弱且功能受限，同時允許權力集中的實體對其進行普遍監控，在許多情況下都破壞了它們本應該保護的隱私常規。這些問題，現在已經越來越被關注，也讓許多技術專案，將重點放在如何克服這些問題上。

公共和分散式身分

在身分工具領域最具影響力的發展，往往出現在開發中國家，並打著「數位公共建設」的旗號，這一點與技術領域的顯著趨勢形成了鮮明的對比。這也是因為這些國家的身分系統特別不發達，因此對此類系統有強烈的需求。然而，或許正是因為這樣的出發點，這些系統選擇了基於生物識別技術、高度一致性和集中化的結構，雖然令人印象深刻地展示了數位原生身分基礎設施可以實現的目標，但卻難以用來細緻地識別身分，和有力地保護它。

> 最突出的例子是印度政府主導的 Aadhaar 身分系統，該系統是「India Stack」計劃的一部分。Aadhaar 是一個多因素生物中心資料庫，以照片、指紋和虹膜掃描為基礎，並與身分識別管理局（Unique Identification Authority of India, UIDAI）簽發的單一身分號碼和身分證相連。即使印度最高法院在很大程度上，限制了該系統對於獲取公共服務和權利的強制性，但印度政府已實現讓持有 Aadhaar 的人能夠方便地獲取各種公共和商務服務，因此取得了令人驚訝的 99% 公民使用率。

此專案的成功，部分影響了包括 OpenAI 聯合創始人山姆・阿特曼（Sam Altman）在內的一群

技術專家，於 2019 年推出了 Worldcoin 專案，目標是成為首個通用生物識別身分系統。[10] 迄今為止，他們使用專利虹膜掃描儀「the Orb」掃描了數百萬人，這些人幾乎都生活在開發中國家。他們利用密碼學對這些掃描結果進行「雜湊」，這樣就無法查看或復原，但今後的任何掃描結果都可以與之比對，確保其獨特性。他們以此初始化一個帳戶，並將虛擬通貨存入其中。他們的任務是「確保」隨著生成基礎模型模仿人類的能力越來越強，身分的安全基礎仍然存在，例如：可以用來向地球上的每個人分配平等的「全民基本收入」，或允許參與投票和其他通用權利。

許多評論都指出，這些系統在規模化、納入邊緣化社群、安全性的方面，達到了世界上所有身分系統中最令人印象深刻的組合。因此，它們開始被廣泛地效仿。例如，亞洲（如菲律賓）和非洲（如烏干達），一些國家在印度發展的經驗基礎上，採用了開源模組化身分機制平台（The Modular Open Source Identity Platform, MOSIP），迄今已創建了近一億個身分。

與此同時，這些系統在識別和保護身分的能力方面，也面臨很大的局限性。將如此廣泛的互動，與單一的生物識別基礎聯繫起來，就必須進行極為嚴格的權衡考量。一方面，如果（比如：Aadhaar 系統中）程式管理員不斷驗證生物識別技術，並將相關的活動與它聯繫起來，他們就有可能獲得前所未有的能耐，來監視公民在廣泛領域參加的活動，並且也可能向身分為弱勢的群體，進行破壞或具有針對性的活動。[11] 一些社運人士曾多次就印度穆斯林少數民族的地位問題，提出過對此類問題的憂慮。

另一方面來看，如果像 Worldcoin 那般，只在初始化帳戶時使用生物識別技術來保護隱私，也容易讓系統弱化，以致帳戶被竊取或出售。[12] 人們想要獲得的大多數服務，都不僅僅需要證明他們是一個獨一無二的人（例如，他們是某個國家的公民、某家企業的員工等）。極端保護隱私的做法，也削弱了系統大部分功效。再者，生物識別

系統的技術性能，在這樣的系統裡承受非常大的負擔。如果說，在未來的某個時候，AI 可結合先進的列印技術來欺騙這些系統，那麼將可能出現極端的「單點故障」（single point of failure, SPOF）。[13] 總而言之，儘管生物識別系統具備了包容和便利性，但其功能過於單一，無法建立和保護支持宇宙所需的身分細緻樣態與安全性。

從一個截然不同的角度上看，另一項關於身分的進程，也遇到了相似的權衡問題。「去中心化身分」（decentralized identifier, DID）的推展，源於我們前述文章中所強調的對數位身分的許多擔憂：碎片化、缺乏自生的數位基礎建設、隱私問題、監控和資本控制。金‧卡麥隆（Kim Cameron，微軟身分研究員）的「身分法則」[14] 是一份核心的奠基文件，其中強調了使用者控制／同意、向適當方披露最少資訊、多種使用方式、多元參與、與人類使用者整合，以及跨脈絡體驗一致性的重要性等[15]。為了實現、符合這些原則的系統，DID 倡議者制定了協定和開放標準，賦予個人對身分的「所有權」，將其根植於區塊鏈等「公開」資料儲存庫，並建立標準化格式，讓各種實體可向這些帳戶發放憑證。

這些系統通常都規劃一個人擁有多個帳戶／假名。它們還面臨著一個共通的實際挑戰，即是，如果要使個人真正的「擁有」自己的身分，他們必須控制一些最終的密鑰，使其能夠存取它，並可靠地復原密鑰，且不需要求助於更高一級的控制機構。除了可能的生物識別技術（我們在上面已經討論過其中的問題）之外，目前還沒有哪種受到廣泛認可的模式，能在沒有可信單位下復原身分，也沒有例子表明個人能夠在大規模、多樣化的社會中，可靠地自我管理密鑰。

儘管存在著共通挑戰，不過這些計劃的細節卻大相徑庭。一個極端是「可驗憑證」（verifiable credentials, VC）的倡議者，首先考慮隱私以及用戶可以控制在任何時候顯示關於他們的聲明的能耐。另一個極端是「靈魂綁定憑證」（soulbound token, SBT），或其他以區塊鏈為

中心的身分系統的倡議者強調的：公開憑證的重要性。這些憑證是對於準時償還貸款，或承諾不再複製藝術品等行為的公開紀錄，要求這些權利主張與身分公開綁定。在這裡，我們又一次從復原方面的挑戰、DID-SBT 的辯論中看見，在識別和保護身分時，那些令人左右為難的權衡。

近期許多圍繞在身分的倡議，從為疫苗接種身分創建的「智慧健康卡」（Smart Health Cards），及歐盟所創建跨越全歐洲、彼此互通的數位身分等，這些都努力的在身分議題上發展。鑒於識別和保護身分二者的核心重要性，許多關於此類倡議的進展緩慢，也就不那麼奇怪了。

多元交織的身分

是否有一種方法，可以克服這些看似無法調和的衝突，確保在不被集中監控的情況下，安全識別且有力的保護身分？此問題的答案，自然可以依循〈3-3 我們遺忘的道〉裡描繪的■宇宙思想：重視身分的多樣性、相互交織性和網路架構的潛質。正如封包交換可將分散性與效用調和並實際連結、超文本將速度與文本路徑的多樣性調和起來一樣，通過合適的實驗和標準建設，「交織式身分識別方法」似乎越來越有可能調和身分識別與保護並重的目標。

我們的基本概念，和生物識別技術相比較，也許最容易理解。生物識別技術（如虹膜掃描、指紋、基因資訊）是一套詳細的物理資訊，可以單一地識別某個人，原則上任何人只要能接觸到這個人，掌握適當的技術，就可以查明身分。然而，人不僅是生物，也是社會人。比生物特徵更為豐富的，是他們與其他人和社會群體的共同歷程和交織互動。這些也包括了生物特徵；畢竟，無論何時我們與某人見面，我們都至少或部分地感知到他們的生物識別特徵，而他們可能會留下其他人的痕跡。然而，社交互動遠不只這些生物特徵。相反地，它們涵蓋了過程中自然共同觀察到的所有行為和特徵，包括以下幾項：

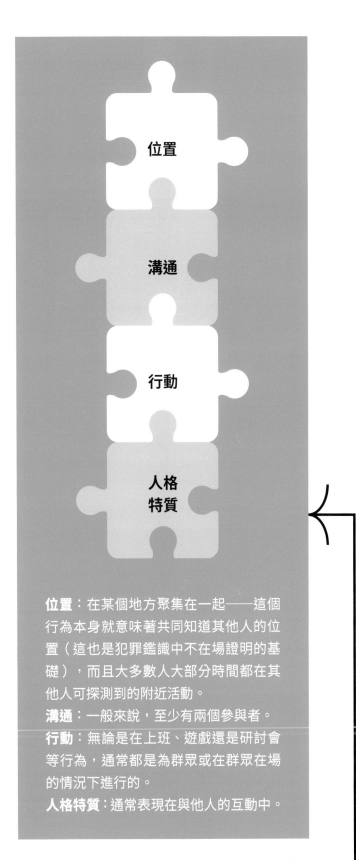

位置：在某個地方聚集在一起——這個行為本身就意味著共同知道其他人的位置（這也是犯罪鑑識中不在場證明的基礎），而且大多數人大部分時間都在其他人可探測到的附近活動。
溝通：一般來說，至少有兩個參與者。
行動：無論是在上班、遊戲還是研討會等行為，通常都是為群眾或在群眾在場的情況下進行的。
人格特質：通常表現在與他人的互動中。

事實上，我們對他人身分的認識，常常是從「社會計量學」（socio-metrics）的角度出發，像是我們與某人一起做過的事情、一起去過的地方、他做過的事情以及他的行為方式，而不是主要從其外表或生物學角度出發。

這樣的社會身分，具有驚人的實用範圍：

- 全面性和冗餘性：進一步來說，這些資料聚合起來，幾乎涵蓋了關於一個人所擁有的全部有意義的資訊：絕大多數關於我們的判定，都源自於和他人的各種互動和經歷。對於我們想向陌生人證明的大部分事情，都可透過他人和機構（通常很多）的組合來「擔保」，而不需要任何專門的監控方式。比如，一個人想要證明自己超過了某個特定年齡，可以求助於認識他很久的朋友、求學過的學校、在不同時期核實過其年齡的醫生，當然也可以求助於核實過他年齡的政府等等。這種多重驗證系統實際上已相當普遍：當申請某些形式的政府身分證明時，在許多管轄領域，都允許使用各種地址的查核模式，包括銀行對帳單、國營事業帳單、租約等等。
- 隱私：或許更有趣的是，所有這些「驗證者」都是從我們、多數人認為合乎「隱私」常規的互動中，得到這些資訊的：我們不會像被資本或政府監視一般，對這些社交事實的共同認知感到擔憂。
- 漸進式驗證：透過單一因素進行標準驗證，用戶可對某項事實／屬性的證明，獲得與他們對驗證方／系統的信心相當的信任。而「多元系統」則更能透過越來越多的可信驗證者，來實現更廣泛的信任範圍。這樣的機制，也更能適應不同使用情境下的安全需求。
- 安全：避免了「單點故障」的一些問題。即使是某些個人和機構的腐敗，也只會影響到依賴這些節點的人，可能只占社會中很小一部分。鑑於 AI 和列印技術的進步，對生物識別系統等帶來的潛存風險（如前所述），這點至關重要。上面其他驗證方法的基礎，更為多樣化（一系列溝通行為、實體接觸等），而這些多樣的驗證方式，因特定技術進步而全數失效的可能性，可說是微乎其微。
- 復原：這種方法，也自然解決了前述最具挑戰性的問題：復原遺失的憑證。如前所述，要復原身分，通常必須依賴與單一、強大的實體進行互動，這個實體可以調查某個帳戶主張的有效性；基於賦予個人完全「所有權」

的替代方案，面對駭客等攻擊方式，通常極度不安全。然而，一個更自然的替代方案，是讓個人依賴一組關係，比如說允許五個朋友或機構中的任意三個，來復原密鑰。這種「社交復原」已然成為許多 web3 社群的黃金法則，甚至被 Apple 等大型平台接納。[16] 正如我們將在後續章節中探討的，可以運用更巧妙精密的投票方法，來使這種方法更加安全，即確保個人網絡中的組成部分，不太可能進行對此人不利的合作，從而共同復原其憑證，我們將它稱之為「社群復原」[17]。

與前述的權衡相比，上述的優勢已然十分突出。但本質上，這只是我們在〈3-3 我們遺忘的道〉提到的網路結構，比集中式結構所具有優勢的簡單延伸；這些優勢正是通訊網路轉向封包交換架構的初衷。這也是為什麼，某些在尋求實現此種未來的領先組織，如：Trust Over IP（ToIP）Foundation，會把網際網路協定自身的創建歷史，進行緊密類比（找尋相似點）的原因。當然，要實現如此「交織」的系統，還面臨許多技術和社會的挑戰：

- 互通性：要讓這樣的系統發揮作用，顯然需要現有身分和資訊系統，進行相當廣泛的相互協力運行，同時確保其各自的獨立性和完整性。要達成此一目標是極為艱鉅的協調任務；但從根本上來看，這與網際網路本身的基礎是相似的。
- 複雜性：管理和處理如此多樣化的個人、機構之間的信任和驗證關係，已遠超出了大多數人甚至機構的能力範圍。不過，有一些合乎常理的方法，可以解決這樣的複雜性。一種方法是憑藉著經過訓練、不斷增長能力的生成式基礎模型（GFM），透過訓練它們對於個人或機構的關聯和輪廓理解，在多樣的訊號中提取意義；我們將在後面章節裡，廣泛討論這樣的可能性。另一種方法，則是限制任何個人或機構必須管理的關係數量，轉而仰賴中等規模的機構（比如中型企業、教會）讓其扮演中介作用（賈隆·拉尼爾和本書作者之一稱之為「個資仲介組織」〔mediators

of individual data, MID〕，或者依靠「朋友的朋友」關係〔我們稱之為「信任遞移」〕）。眾所周知，在少量連結之下（六度分隔理論），幾乎可相連地球上的任何兩個人。[18] 我們將在下文討論這兩種方法的特性、權衡和相容性。

- 遠距信任：另一個密切相關的問題則是，在許多陌生關係的自然驗證中，我們會遇到許多自己並不認識的人。在這種情況下，我們接著就會討論如何信任遞移和 MID 相互結合作用的議題。在本書後面的章節中，我們還將討論貨幣在此扮演的角色。

- 隱私：最後，雖然大多數人對於「記錄」上述社交活動中自然產生的資訊感到安心，但為了驗證而「分享」它們，就可能帶來重要的隱私問題。這樣的資訊本應「保留」在合乎常理的社交脈絡裡，因此需要非常謹慎，以確保將其用於身分驗證不會違反這些「脈絡完整性」規範。正如我們在章末所提到的，應對此一挑戰，正是下一節的重點。

身分

身分系統所涉及的複雜性和社會距離，我們該如何管理？我們將在往後的章節中，討論生成式基礎模型可發揮的作用。現在，我們將焦點放在以網路為基礎的方法，這兩種自然性的發展策略，與〈3-3 我們遺忘的道〉中提及的網際網路先驅保羅．巴蘭其想像的兩種網絡類型相互對應：「去中心化」（也稱為「多中心主義」〔polycentrism〕，我們將使用這種說法），即來自顯著規模的單位驗證者，但數量不會多到造成壓倒性的複雜度；或「分布式」，即：很少具有大型規模的驗證者，改以信任遞移來跨越社會距離。[19] 在完整考慮這種種可能性時，一個基本的啟發方式是「鄧巴數」（dunbar number，或 150 定律）。它是人類學家羅賓．鄧巴（Robin Dunbar）認為，在沒有大量運用資訊技術的情況下，人們可以保持穩定關係的人數（通常約莫 150 人）。[20] 不論其精確數字為何，很明顯的，如果沒有大量技術的輔助，人們通常都無法處理超過幾百人的關係、聲望評價等。

多中心主義的方法，則試圖通過限制參與者的數量，來解決這個問題。如此顯然部分限制了，不過只要參與者所屬單位足夠多元，這不會是個大問題。假設我們有一百億人口，每個人與潛在的驗證機構（如政府、教會、雇主等）保持著一百種關係。此時，若要使驗證工作有合理的機會運作，任何兩個見面的人，必須至少有五個重疊的社交關係。如果所屬單位是隨機分布的，那麼可以同時存在三百個驗證者，而且任何一對隨機的人驗證失敗的機率，依然只有幾百萬分之一。當然，相遇的個人很少是隨機的，從屬關係也不是隨機形成的，五個重疊的資格也不可能是多數交流的絕對必要條件，尤其是在隨機相遇的人之間。但上述各項論點都表明了，更多驗證者可以在如此關係的環境中茁壯興盛。

然而驗證者的數量，顯然要比人口總數小得多，也許只有十萬左右，而這個數字的性質是，它是一百億的十萬分之一。它將比我們現今的身分格局都更加，可以在自主／控制，以及功能／安全之間，做出更好的權衡。不過，這有可能做到嗎？

定量社會學最重要的發現之一是，儘管存在著鄧巴限制，但只要跨越幾度的分離，大多數人就會彼此相連。為了理解這一點，假設我們每個人只能保持一百種關係。這意味著我們可能有 100^2=10,000 個二級關係，100^3=1,000,000 個三級關係，100^4=100,000,000 個四級關係，100^5=10,000,000,000 個五級關係，這比全球人口還要多。因此，我們每個人完全有可能與地球上的每一個人都相隔五度以內。考量到每個層次上都會有些重疊的關係，分離度數應該設的更大一些：許多社會學研究都發現，隨機選擇的兩個人之間的分離度數大約為六度。[21] 此外，至少在七級關係鏈中，任何兩個人之間，通常都有許多基本獨立的社會關係鏈。

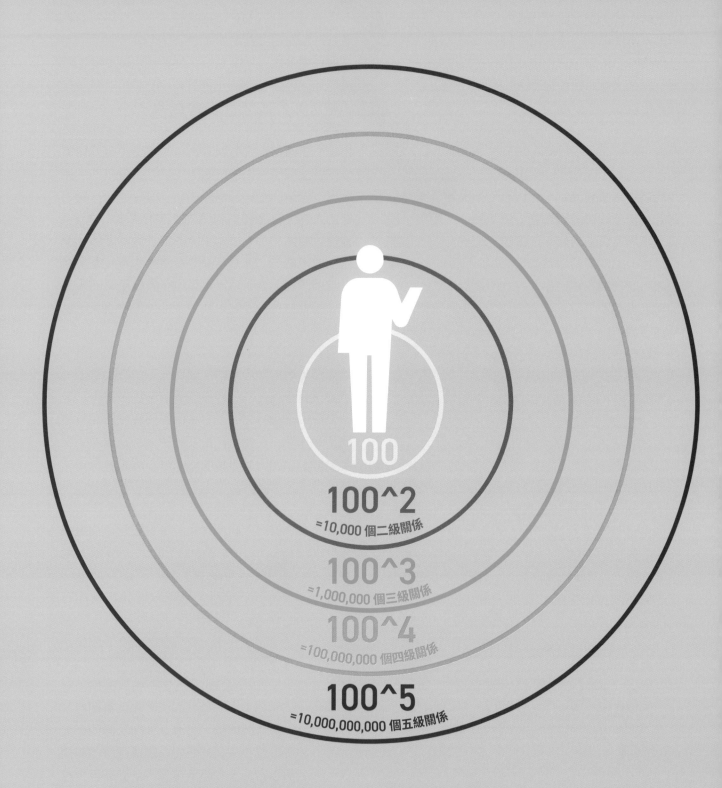

100

100^2
=10,000 個二級關係

100^3
=1,000,000 個三級關係

100^4
=100,000,000 個四級關係

100^5
=10,000,000,000 個五級關係

再說，利用遞移關係鏈來建立關係、資訊和效度的想法，自古就經常出現，也是「引介」的概念、「傳話遊戲」（強調其中某些局限性）、熱門的商業社交網站 LinkedIn 等等的基礎。在原本彼此陌生的人們之間，要搜尋和管理許多條可能的介紹鏈，顯然需要一些技術支援，但資訊科學研究已經證實了這類運算的可行性。這個問題在實務上，與為網際網路提供動力的封包交換技術基礎非常相似。

更進一步說明，去中心化和分布式策略可以相互結合、大大增強彼此的效用。舉一個簡單的例子，在我們上面的說明中，可能有十萬個驗證者。在擁有一百億人口的世界裡，平均每個人都要管理與十萬名參與者的關係。如果他們也能管理與其他驗證者之間，類似數量的關係，這樣一來，每個驗證者都將和其他驗證者直接連結。二度分離則可以做得更多，讓數百萬個驗證組織，可在相同的邏輯下蓬勃發展。也因此，即使沒有我們將在下文中提及生成式基礎模型的神奇魔法，遞移式信任和多中心主義的相互融合，也可以打造出高度█，既有效也保障隱私的身分景觀。

身分與結社權

那麼，最後的關鍵問題是：如此█的社交驗證過程，最終是否有可能會破壞對身分的保護？歸根究柢，現在之所以會有如此不合時宜的身分格局的核心原因，正源自於自由民主政體對於這個問題的擔憂，而抵制身分系統的創建。如果我們想要建議更好的選擇方案，我們就必須確保在這個維度上，它是更加優秀的。然而為了達成目的，我們必須從█的視角，更深入地挖掘「隱私」和「控制」的確切意義。

如上所述，幾乎所有與我們有關的事情，都會被他人知道，而且他人與我們一樣瞭解我們。沒有什麼人會認為，這個赤裸裸的事實是對隱私的侵犯。事實上，從初吻對象的腦海中抹去關於那個吻的記憶、和我們二人中的一個人不適當地分享初吻資訊相同，都是對隱私的侵犯行為。因此我們所追求的價值，並不能完全用「隱私」一詞來形容，而是關於資訊是否可停留在其應該存在的社交脈絡中，也就是學者海倫·尼森鮑姆（Helen Nissenbaum）所說的「脈絡完整性」（contextual integrity）。[22] 事實上，這需要某種程度的公開：如果資訊沒有分享給原本想要傳達到的對象，並獲得理解，其損害並不亞於資訊被過度分享。此外，因為這些資訊本質上是社會性的，因此它們並不太與個人的選擇或保護相關，而更著重於如何保護群體，免受違反其集體資訊準則的行為傷害。簡單來說，核心問題涉及另一項基本權利：結社自由。在本質上，支持和普及人格權的制度，必須同時支持結社自由；促進與保障結社權的雙重挑戰，和身分背景下的挑戰極其相似。

4-2
結社與多元公眾

法國貴族、外交家托克維爾的著作《美國的民主》的經典總結，強調了公民聯繫在美國自治中的核心地位。「沒有什麼⋯⋯比美國智慧與道德的結社，更值得我們關注。」更進一步的說，他認為「結社」對於政治行動和社會改善是必要的，因為個人之間的平等讓僅靠個人來取得大規模的行動成為不可行：「如果人類要持續文明⋯⋯ 結社的技藝，與公平條件的增加需為正比，共同發展和進步。」[1]

沒有個人能夠獨自實現政治、社會或經濟的改革。透過政黨、公民組織、工會和企業進行集體努力是必要的。以▢而言，這些和其他不那麼正式的社交團體、個人一樣，都是社會的交織結構。從這個觀點上看，社團協會是最基本的權利，與人格權互為表裡，有如陰陽般密不可分。也因為這樣的觀點，社團正是最能制衡暴君的力量。再次引用托克維爾的話：「人心的所有缺陷裡，沒有比利己主義更適合專制的了；只要臣民互不相愛，暴君就能輕鬆原諒臣民不喜愛他的事實。」只有促進和保護人們結成有意義的新社團的能力，我們才有希望獲得自由、自治和多樣性。

利克萊德和泰勒提出的〈作為通訊設備的電腦〉願景的核心，就是電腦和網路在促進這種聯繫方面的潛力：「它們將成為不在同一個地方卻具有相同利益的社群。」[2]事實上，《韋氏辭典》正是如此定義「結社」：「擁有共同利益的人的組織。」[3]鑑於他們有共同的目標、信念和傾向，這些社群所能取得的成就，將遠遠超過在數位時代到來前的社團。從本書作者的角度看來，主要的挑戰是確保 「『上網』⋯⋯是普世人權」，而非「特權」（privilege）。當然，這個願景已被證實是非常具有遠見的，今日許多最著名的政治運動和民間組織，都是在線上形成，或取得最大的成功。[4]

不過，或許矛盾的是，在某種重要意義上，網際網路的興起，實際上正威脅了自由結社的一些核心特徵。正如利克萊德和泰勒所強調的，要形成社團或社群，就必須建立一系列共同信念、價值觀和利益背景，這些種種構成了社團與其內部交流的脈絡。此外，正如齊美爾和尼森鮑姆所強調的，這還需要保護這種輪廓免受外部監視：如果個人認為他們與社團的交流受到外人的監視，他們往往會因為擔心自己的話語遭到誤解而不願意利用共同社群的脈絡。

網際網路使潛在結社的範圍更廣，也讓促進和保護共同脈絡變得更具挑戰。隨著資訊傳播的速度越來越快，要想知道你在和誰對話，以及你和他們分享了哪些資訊，在在都充滿挑戰。此外，現在比過往的任何時刻，都更容易對群體發動監視，並且成員更容易在預期之外不恰當地分享資訊。因此，要實現利克萊德和泰勒的夢想，進而使數位世界成為▢結社可蓬勃發展的世界，就必須瞭解資訊的脈絡，並且建立數位系統來支持和保護它。

因此，在本節中，我們將概述結社的資訊需求理論。其後，我們將討論已經開始扶持、或有助於建立與保護這些需求的現行技術。然後，我們將強調如何將這些技術結合起來，以實現「▢公眾」的願景，而非單純的「私密」或「公開」，並幫助許多具有共同理解的社團蓬勃發展，且保護它們不受外部監視，以及為什麼這項權利，對支持其他數位權利至關重要。

結社

人們需要何種結構才能組成「具有共同利益的社群」？顯然，僅僅是單純的共享興趣愛好是不夠的。人們雖然可以分享各自的興趣愛好，但也可能不知道對方是誰，或雖然認識對方，但卻不知彼此擁有共同的興趣。正如社會科學家和賽局理論者近年來強調的，「組織」所隱含的集體行動，需要更強而有力的概念：共同的「利益」、「信念」或「目標」。用這些領域的術語來說，需要的就是所謂的「共同知識」（common knowledge）。

在說明正式定義之前，我們不妨先思考一下，為何單純地分享信念，並不足以讓大家採取共同行動。我們可以想像一群人，他們碰巧都會說某種共同的第二語言，但沒有人知道其他人也會。然而，他們說的第一語言各不相同，他們在一開始時無法交流。因此，只知道這門第二語言，對他們沒有什麼幫助。相反，他們必須知道其他人也懂這門語言。也就是說，他們不僅要有基礎知識，還要有高一階的知識：知道其他人也知道某些內容。[5]

這種高階知識，對集體行動的重要性是不言而喻的，我們甚至也能在民間故事之中看見。在安徒生的經典童話《國王的新衣》中，騙子騙國王說他縫製了一套價值連城的新衣服，而實際上，他把國王剝得一絲不掛。雖然子民都看到了國王的裸體，但大家都不敢說出來，直到一個孩子的笑聲才讓大家明白，不僅國王是裸體的，而且其他人也看到同樣的事實，因此每個人都可以放心地承認這一點。相似的場景在各種社會、經濟和政治環境中都很熟悉：

- 若要阻止銀行擠兌，往往需要高度醒目的保證聲明，因為如果每個人都覺得別人會擠兌，那他自己也會。[6]
- 對「公開祕密」的不當行為（例如性行為不檢點）的譴責，往往導致大量的議論指控，因為指控者會意識到其他人是「挺他們」的，例如「#MeToo」運動。[7]
- 公眾抗議可以帶來讓民眾長期反對的政府垮台的力量，因為公眾不滿的普遍覺醒，是可以翻轉政治的力量。[8]

「共同知識」的正式定義如下：一群人知道某件事情，同時也知道他們所有人都知道這件事，並且知道他們所有人都知道他們所有人都知道這件事，以此類推。「共同信念」（通常用「信念程度」來量化）則是指一群人相信他們都相信他們都相信……大量賽局理論分析表明，在類似上述的「集體行動風險」情況下，這種共同信念是協調行動的重要前提條件。

群體的共同信念，顯然與他們的成員平均共有的信念有關，但這兩者是不同的概念。我們都知道有這樣的例子：某些觀點被視為「普遍常識」，但幾乎每個人都對此表示懷疑；或者在某個群體中，幾乎每個人都不同意某個特定規範，但這種規範依然存在。此外，除了關乎事實的信念，我們也可以用「社群」概念來指稱對道德或意向的信念。我們可以想像某種社群的「共同信念」（在道德意義上），是指每個人都認為其他人也持有的道德原則，並且認為其他人也認為每個人都持有的道德原則等等。同樣的，「共同目的」也可以指稱每個人都相信其他人的意圖，並且相信每個人都相信每個人的意圖等等。這種「共同信念」和「共同意圖」，對於所謂的「正當性」，即人們普遍理解的「什麼是正當的」來說，至關重要。[9]

在賽局理論，以及其他形式化的社會科學學科中，通常將「個人」建模為意圖／偏好和信念的集合。而「社群」的概念，為我們提供了一種思考群體的方式，它與組成群體的個人既相似卻不同，因為群體的共同信念和意圖，未必與其中個人成員的信念和意圖相同：群體的信念和目標，就是該群體的「共同信念」和「共同目標」。從這個意義上說，結社自由可以理解為建立共同信念和共同目標的自由。然而，結社本身是不夠的。正如我們在前一節中論證的，保護祕密對於維護個人

身分至關重要，因此「結社權」也必須能保障社群不受監視，因為如果社群的共同信念變成了所有人的信念，那麼他們就不再是獨立的社群了。因此，保護隱私不受外部監視，或內部過度分享，與結社自由一樣重要。

毫不意外的，當我們想到結社自由時，最容易想到的許多技術和空間，其演變歷史恰恰是為了實現共同的信念，並保護共同的信念不受外來信念的影響。搜尋「結社自由」的圖像，通常會出現在公共場所抗議、在公園和廣場等公共場所集會，以及在私人俱樂部進行小組討論的圖像。[10] 如上所述，小組會議和在成員面前公開發表的聲明，對於在組織中達成共同信念和理解至關重要。個人發行的小冊子，或許可以說服其他個人，但由於缺乏共同注目，賽局理論者認為，這些很難像孩子的公開笑聲等共同宣言那樣，創造出公共信念。

但純粹的公共空間，也有重大的局限性：它們不允許團體在更廣泛的公眾視野外，形成自己的看法和協調彼此的行動。這樣可能會削弱他們的凝聚力、對外展示一致面貌的能力，以及利用內部環境進行有效溝通的能力。這也是為什麼經常會出現「只對成員開放的封閉式聚會場所」的結社空間：這樣才能實現齊美爾所強調的，對團體效能和凝聚力至關重要的保密性。[11] 因此，我們面臨的關鍵問題是，網路通訊系統，如何為「利益共同體」這種美麗新世界，提供這些相同甚至更有用的能力，來創建受保護的共同信念。

建立脈絡

若公園和廣場是抗議和集體行動的所在地，那麼我們正在尋找的就是數位化的公共廣場。許多數位系統都聲稱擁有這樣的功能。[12] 最初全球資訊網上的網站，為各種人提供了前所未有的機會，讓他們可以發布自己的資訊。但正如諾貝爾經濟學獎得主赫伯特・賽門（Herbert Simon）所指

出的那樣，大量的資訊造成注意力的匱乏。[13] 很快，人們就很難知道自己的網站是否接觸到受眾、他們是誰與如何接觸到他們的。Google 等搜尋系統、Facebook、Twitter 等專業的社交網絡，成為數位交流的首選平台，但只部分的解決了這個問題，因為他們對於理解受眾這方面通常能做的有限（且通常需要付費）。數位公共廣場如今已變為私人領地，這些公司的首席執行官自豪的宣稱，他們正是數位時代的公共事業、公共廣場，同時卻透過針對性的廣告，對用戶互動進行監控式的商業行為 [14]。

最近，已經開始有一些試圖解決此問題的做法正在努力進行。全球資訊網協會（W3C）發布了克莉絲汀・雷默 - 韋伯（Christine Lemmer-Webber）提出的 ActivityPub 標準，將其作為實現社交網絡開放協定的建議，讓像 Mastodon 這樣的開放系統，以聯邦式、分散式的方式，向全球數百萬人提供類似於 Twitter（現稱為 X）一樣的服務。Twitter 自身也察覺了這樣的問題，且在 2019 年發起了相似目標的 BlueSky 計劃，並在伊隆・馬斯克收購 Twitter 後迅速引起關注；雖然該計劃尚未達到 Mastodon 的規模，不過其迅速的發展也引起廣泛關注。慈善家法蘭克・麥考特（Frank McCourt）對自由專案（Project Liberty）[15] 及其分散式社交網絡協定（Decentralized Social Networking Protocol）挹注了大量投資，將其作為另一個基於區塊鏈的分散式網路基礎。雖然很難準確預測其中哪些會蓬勃發展、如何整合等，但 X 近期的努力，以及這個領域中充滿活力與多樣性的活動皆表明，某種可用的數位出版開放協定，有可能促成共識的收斂並開展合作。

然而，宣導並不等同於社群與結社。在網上貼文更像是散發傳單或小冊子，而不是公開抗議。看到貼文的人，很難知道還有哪些人、多少人在瀏覽同樣的資訊，當然也很難判斷他們對這些資訊的看法。貼文可能會影響他們的信念，但很難在可識別的同儕群體中形成共同信念。強調關於貼文的病毒性和關注度的功能，可能會對某些人有

所幫助，但對訊息受眾的追蹤，仍然比在實體公共空間中要粗略許多。

近年來，應對這一挑戰而出現的最有趣的潛在解法之一，是包括區塊鏈在內的「分散式帳本技術」（distributed ledger technologies, DLT）。這些技術維護資訊的共享記錄，只有在達成「共識」（對納入紀錄的項目，有足夠的共同認可）時，才會將內容添加到記錄中。這讓密碼學家和賽局理論者得出結論，認為 DLT 在儲存這些資訊的機器之間創造共同信念方面，大有可為。[16] 可以說這就是此類系統支持協調新貨幣和其他社會實驗的原因。

然而，機器之間即使出現社群，也無法代表操作機器的人構成了社群。維護區塊鏈的經濟誘因，更加劇了這個問題（從創建社群的角度來看），這導致了大多數參與者，在經濟利益的驅動下運行「驗證節點」軟體，而不是直接地監視活動。這也意味著，參與區塊鏈的人很可能是那些能夠獲利的人，而不是那些對非商業性共同行動感興趣的人。儘管如此，正如我們在下文中要提及的那樣，我們可以想像，數位簽章技術，將成為未來結社的基礎建設中，極為重要的組成部分。

保護脈絡

如果說脈絡的建立，主要是為了打造強而有力的社會宣導概念，那麼對脈絡的保護，則是為了建立強而有力的社會隱私概念。而且，和宣導技術一樣，隱私技術的發展，往往也是以一元論原子主義方向居多，而不是支持社會。

長期以來，密碼學領域一直在研究如何安全、隱密地傳輸資訊。在典型的「公開金鑰加密」機制裡，個人和組織公開發布「公鑰」，同時私下持有相對的「密鑰」。如此任何人都可以向彼此發送只有對方的密鑰才能解密的訊息。它也允許密鑰控制者在訊息上簽名，以便其他人可以驗證資訊是否來自簽署者。這種系統，是網際網路和整

個數位世界廣泛安全的基礎，可保護電子郵件免遭間諜活動，也促成了端對端加密訊息系統（如 Signal 和數位商務）。

在這樣的基礎上，近年來又擴展出了一些功能強大的隱私強化技術（privacy-enhancing technologies）。這些技術包括：

- 零知識證明（zero-knowledge proof）：它允許在不洩露完整資料下，安全地證明源自這些資料的事實。舉例如，人們可以證明自己超過了某個特定年齡，而無需出示作為證明依據的完整駕照資訊。
- 安全多方計算（securemulti-partycomputation, SMPC）和同態加密：它們允許一組人執行涉及資料的演算，其中每個人都擁有部分資料，也不會向其他人揭示這些部分，且允許自己和其他人對計算過程進行驗證。例如，在保持祕密投票的同時，允許對選舉結果進行安全驗證。[17]
- 不可偽造和無法否定的簽名：這些簽名允許密鑰控制者在聲明上簽名，如果無法獲得密鑰，就無法偽造、無法否認，除非聲稱密鑰被洩露。[18] 例如，簽訂（智慧）合約的各方，可能會要求使用這種數位簽章，就像難以偽造和難以否認的物理簽章，對紙本合約的重要性一樣。
- 機密運算：這種解決上述類似問題的方法，不那麼依賴密碼學，而是通過「實體隔離」數位系統來實現相似目標，這種系統具有各種物理障礙，可防止資料洩露。
- 差分隱私：它衡量的是對演算輸出的披露，在多大的程度上可能會無意中洩露輸入的敏感資訊。[19] 技術專家已經開發出一些技術來保證此類洩漏不會發生，通常是通過在揭示資訊時添加雜訊。例如，法律要求美國人口普查，既要揭露簡要統計資料用以指導公共政策，又要對原始資料保密，美國最近已通過使用確保不同隱私的機制共同實現了這一目標。
- 聯邦學習：與其說是一種基本的隱私技術，不如說是其他技術的複雜應用和組合。聯邦

學習是一種於物理位置分散四處的資料上，訓練和評估大型機器學習模型的方法。[20]

重要的是要認識到這些最依賴加密技術（尤其是前三種技術）的兩種基本局限性；即它們依賴於兩個關鍵假設。首先，密鑰必須由所需人員掌握，這個問題與我們在上一節討論的身分和復原問題密切相關。其次，當今使用的大多數加密技術，都會因為量子電腦的出現而崩潰，在許多情況下，這樣的保證也會因量子電腦的出現而失效，不過，開發可抵禦量子計算的方案，是活躍的研究領域。然而，幾乎所有這些工作都有個基本局限，那就是只關注保護通訊免受外部監視，而不是防止內部成員過度向外分享。雖然，防止外部窺探顯然是第一道防線，但任何軍事情報故事的粉絲都知道，內部的間諜和洩密是資訊安全最重要的威脅之一。雖然軍事情報是最典型的例子，然而如此觀點影響的範圍相當廣，尤其是在網際網路時代。從丹娜·博伊德（Danah Boyd）的經典研究《鍵盤參與時代來了！》（It's Complicated）到大衛·艾格斯（Dave Eggers）的著作和電影《直播風暴》（The Circle），都強調了由於數位資訊共用的便捷，使過度共享的風險，自始至終都在威脅著人們的隱私。[21]

基本問題在於，雖然大多的密碼學和法規，都將隱私視為個人權利，但我們通常所說的隱私其大部分是與群體有關的。畢竟，幾乎沒有任何自然產生的資料，僅僅與單一個體相關。讓我們重溫一下，上一節關於社交生活中資料的某些例子：

基因資料

當然，基因在家庭中具有很大的共用性，這意味著公開某個人的基因資料，暴露其家庭的情況，在較小程度上，也會暴露其遠親的情況。相關的論點，也適用於許多醫療資料，如和遺傳病、傳染病有關的資料。

通訊財務資料

通訊和交易在本質上是多方的，因此有多個自然參照者。

位置資料

在大部分時間裡，人們都至少與另一個人在物理上接近，此時這些人都知道彼此在某一刻的共同位置。

物理資料

有許多不屬於任何人的資料（如土壤、環境、地質數據）。唯一真正個人化的資訊，是作為身分計劃的一部分，由官僚機構創建的識別號碼。但即使是這些號碼，實際上也不只屬於個人，也描述了與其發放機構的關係。

這意味著，幾乎在所有的相關情況下，個人單方面地揭露資料時，都會威脅到其他個人的合法隱私利益。[22] 因此，若要保護隱私，就必須防止單方面的過度分享。一般認為，這基本上不可能從外部強制執行，因為任何人只要知道某些事情，就可以與他人分享資訊。因此，相關策略主要集中在反對過度分享、散布謠言等行為的規範、幫助個人記住哪些資訊不應分享的工具、增加私下過度分享的難度，以及事後懲罰那些參與過度分享者的政策。在文學、媒體和日常經驗中，充斥著對過度分享的指責和對洩密者的懲罰，這些全都是重要的策略手段。然而，它們與加密技術所提供的保障相去甚遠。加密技術不僅譴責窺探者，更能將他們鎖定在系統之外。

那麼有沒有可能在過度分享上進行類似加密技術的保障做法呢？一種常見的方法，就是避免資料持久性：SnapChat 因為能使資訊消失而嶄露頭角，此後許多資訊協定也採用了類似的方法。另一種更積極的加密技術是「指定驗證者證明」（designated verifier proofs, DVPs）。這是一種發送資訊的方法，其真實性／有效性只能通過特定密鑰來驗證。[23] 這種方法只適用於無法獨立驗證的資訊：如果有人選擇過度共用社群密碼，那 DVPs 的作用就不大，因為共享密碼的人可以很快檢查密碼是否有效。

然而，大多數類型的資訊，都很難獨立地立刻得到驗證：即使是埋藏寶藏的地點，也需要特殊意義的資源去追尋和挖掘，否則許多關於寶藏的探險故事，就不會那麼有趣了。隨著「生成式基礎模型」使有說服力的欺騙變得越來越容易，驗證的重要性也將與日俱增。在這樣的世界裡，針對個人進行驗證的能力，以及對「過度分享資訊的不可靠性」的依賴，都可能越來越強。因此，更全面地保護資訊免遭過度共享和窺視的可能性，也會越來越大。

⬚ 公眾

如果將這些工具適當地結合到新一代網路標準中，我們就有能力超越「公開」與「私密」之間膚淺的傳統界限，實現真正的網路結社自由。雖然我們通常認為公開和私密是單維度的範疇，但不難看出，另一個維度也同樣重要。

首先考慮「隱藏在眾目睽睽之下」的資訊，這些資訊被淹沒在一堆無關緊要的事實中，人人都能獲得，但卻無人知曉，就像美國兒童遊戲《威利在哪裡？》裡的威利一樣，孩子們必須在圖片中找到身穿條紋衫的人。這與當年「曼哈頓計劃」存在的祕密形成了鮮明對比，曼哈頓計劃的祕密，被大約十萬人所知曉，但對世界其他地方卻嚴加保密。兩者都接近「私密」與「公開」光譜的中間點，因為兩者在重要性方面都是廣泛共用的，但同時也是隱祕的。但它們處於另一個光譜的兩端：集中的共識，與分散的可用性。

這個例子說明了為何「私密」和「公開」是過於簡單的概念，無法描繪出支撐自由結社的共同知識。雖然任何簡單的描述，都無法體現我們應該繼續研究的豐富內涵，但我們在其他地方稱之為「⬚公眾」的模式，可能更加符合這個概念。「⬚公眾」指的是建立資訊標準，使具有強烈的內部共同信念，並與外界隔絕的各種群體能夠共存。要做到這一點，就必須保持蕭亞・傑恩（Shrey Jain）、柔伊・希齊（Zoë Hitzig）和潘蜜拉・密希金（Pamela Mishkin）所說的「脈絡信心」（contextual confidence），即系統中的參與者，可以很容易地建立並保護其交流的脈絡。[24]

幸運的是，近年來，一些隱私和宣傳開放標準技術的領軍人物，已經將注意力轉向了這個問題。ActivityPub 公司的克莉絲汀・雷默 – 韋伯在過去幾年裡一直致力於 Spritely 專案，該專案旨在以⬚公眾的精神，創建自治且緊密聯繫的私人社群，讓個人用戶在開放標準中清晰地辨別、瀏覽和區分社群脈絡。越來越多的 web3 和區塊鏈社

群研究人員，正致力於將這些技術與隱私技術（特別是 ZKPs）結合起來。[25]

這項研究開啟的最有趣的可能性之一，就是實現對「共同知識」和「無法披露」的組合的形式保證。例如，我們可以使用 DVPs 創建分布在社群成員之間的帳本。這也將創建該社群共同知識的資訊記錄，並確保該資訊（及其作為共同知識的地位）無法在該社群之外被可信地共用。此外，如果協定中關於確定「共識」的程序，依賴於比目前更複雜的投票規則，例如我們在下文關於投票的章節中描述的那些規則，那麼它可能會比目前的帳本體現出更豐富、更細微的「共同知識」概念。

此外，圍繞這些主題的所有領域，都充斥著有關標準的工作：密碼學、區塊鏈、開放式通信協定（如 Activity Pub）等。因此，我們可以輕易想像這些標準，會匯聚到某種動態發展但被廣泛接受的「結社」技術概念上，從而形成被廣泛遵守的標準，使線上社群能夠形成並保持自我。這樣的未來，才能保障數位結社自由的權利。

結社、身分和商業

數位結社自由，與我們在本書這部分討論的其他自由密切相關。正如我們在上一節中所看到的，「隱私」是身分系統完整性的核心，但就像我們在這裡所看到的，通常被貼上「隱私」標籤的問題，更適合與個人所處環境的多樣性聯繫起來，而不是個人主義意義上的隱私。因此，結社自由的權利和人格完整的權利，兩者密不可分：如果說我們在社會群體的多元交織，造就了我們作為一個人的獨特性，那麼只有保護這種多樣性的完整性，獨立的人格才是可能的。當然，由於群體是由人組成的，反之亦然：如果人們沒有明確身分，就不可能構成由共同知識界定的群體。

此外，自由結社權利，是商業和合約的根本基礎。交易是最簡單的結社形式之一，數位交易系統嘗試複製與現金相關的隱私，這個能力取決於誰能以何種細節層次來查看交易。比起交易來說，合約更為複雜，而公司則更進一步。所有這些結社形式，都高度依賴於資訊完整性和對義務的共同認知。從這個角度來看，我們在本節中所概述的自由結社，以及在上一節中討論的身分認同，都是本書後續內容的關鍵支撐點。

4-3
商業與信任

周圍令人興奮的聲響迴盪，不時夾雜著笑聲與閒聊聲。當地的一些家庭來到這裡，期待著復古電影之夜——這是這個社區深切珍視的傳統。家人、朋友、同學與戀人，群眾懶洋洋的躺在露營椅上，今夜是個看得見星星的好天氣，人們準備好在廣闊的星空下重溫老電影中的瞬間。

在這麼多的與會者中，有個新面孔，茲維（Zvi）帶著一種新奇的氣息脫穎而出。他剛來到這座城市，最近才在當地學校擔任教職，他熱衷於融入社群並參與這些傳統的社區慶祝活動。他抓起一袋他想分享的洋芋片，加入復古電影之夜的隊列，吸收了當晚獨特的精神。

「感謝你們對街頭藝術的貢獻。」前面傳來一個聲音，茲維將注意力轉向售票亭。他心想著：慈善活動？有點困惑。

「我希望我們能一起看《俠盜星塵》。」茲維伸長脖子，看到了一張熟悉的臉孔，是他學校的學生，自豪地炫耀著她的學校連帽衫。
他沉思：這真是出乎意料。

他的思緒被打斷了，因為他無意中聽到了另一段對話：「女士，您想為今晚推薦哪些電影呢？基於您對養老院和社區工作的貢獻，您可以選不只一部。」
一個溫和、老年婦女的聲音回答道：「如果您不介意的話，我想選《虛空中的低語》和《最後的煉金術士》。」

「謝謝您的貢獻，女士。」攤位上的男子回應道，語氣彬彬有禮。

很快地，輪到茲維了。攤位上的男人有種平靜可信的氣質，讓人想起經驗豐富的衝浪者。他溫暖的笑容很有感染力。

「晚安，先生！如果您願意，您可以在這裡感應你的手機，分享您的社群經歷。這完全是可自主選擇的，但對我們來說，這是一個很好的方式，來感謝每個人對我們小鎮的貢獻。」服務人員指了指櫃檯上不顯眼的小螢幕。
茲維既好奇又謹慎，問道：「如果我這麼做了會怎樣？只是出於對隱私的好奇。」

「當然，隱私是關鍵。這個設備只會顯示本地的應用程式裡，來自我們社區的公開訊息和感謝信。任何人都可以在應用程式上看到同樣的訊息。請把它視為一種表達謝意和分享積極氛圍的數位方式吧。」服務人員清楚扼要的解釋，令人安心。
茲維聽完後，心裡踏實多了，決定參加。隨著設備螢幕亮起，顯示來自當地居民的一系列豐富多彩的感謝資訊和有趣的表情符號，感謝他最近對社區計畫的幫助。

這些溫暖的訊息確實溫暖了周遭，茲維笑著回答：「這個巧思不錯，讓人感覺自己是特別的一部分。」

「沒錯！作為我們這個社區的一部分，您可以推薦今晚的電影。您想在片單中添加什麼？」服務人員眼中閃爍著友善的光芒：「另外，感謝您那天放學後抽出時間，幫助了我姐姐的孩子，這確實為她的家庭帶來了改變。」

當茲維意識到自己在這個新加入的社群中被歡迎時，一股被接納的暖意在他心中蔓延開來。他衷心地點點頭，走到聚會中舒適的角落，與附近興奮的孩子們分享洋芋片。
在遍布星星的夜空與充滿回憶的背景下，茲維看著他珍愛的電影開始播放。在這一刻，他被深深的集體感觸所包覆——在這裡，他不僅僅是旁觀者，而是編織在集體記憶和經驗的生動織錦上，一條不可或缺的線。

或許，正由於當今世界的高度商業性質，本書這部分討論的其他協定，都沒有像促進支付和商業的新方法那樣受到媒體和政策的關注。虛擬通貨是過去十年的焦點技術之一。但是，政府和公共支付領域的一系列創新技術，包括印度、巴西和新加坡等地使用政府身分的即時支付技術、央行數位通貨（central bank digital currency, CBDC），以及在中國使用的受監管的互通數位支付系統，雖然受關注程度稍低，卻得到了更廣泛的採用。雖然它們離被普遍採用或實現互通還有一段路，但新一代支付系統在全球許多人的生活中日益普及，也使得支付在數位空間中變得越來越容易，甚至比過去的現金支付更方便。

然而，從許多方面來看，這些較簡單、相對迅速取得的成功，其實正是它們進展令人失望的表徵。現金，或許是在數位時代前最「笨」的技術之一：它是通過在大致上匿名又抽象的帳戶來傳遞的一種單一、同質的物體。雖然，事實證明，複製此一基本功能要困難得多，而近期的進展也很重要，但這並不是數位科技帶來的革命性技術，例如超文本改進了從前的文字那樣。在本節中，我們可以總結迄今為止所取得的進展，討論傳統貨幣和線上商務相互比較後存在的局限性，並探討如何在基於最新進展的基底上，實現更 的數位商務願景。

傳統支付

雖然貨幣的早期歷史，近來已成為眾多研究的主題（我們稍候會再回到這一點），不過，大多數人將通貨的概念，與代幣、手手相傳的紙鈔等形式聯想在一起，並且將其他形式的貨幣概念，視作如此基本概念的抽象化。這種形式的「交易貨幣」可以追溯至古巴比倫、印度、中國早期文明。在西元前一千年，人們時常用以青銅、白銀、黃金等貴金屬做為材料。[1] 這些金屬的耐用性、稀缺性以及人們對於它們價值的普及認可，促進了人們普遍接受使用這些作為各種商品和服務的支付手段。

不過，這些特性都不是貴金屬獨有的，它們作為通貨的使用，反而減損了它們作為武器、機械或是裝飾品等等更多實際的應用性。這導致許多社會不再直接使用貴金屬，而是轉向使用其他可具備稀缺性、但沒有直接用途的價值代表形式，包括商業收據、銀行票據和政府發行的被視為「法幣」的紙張，這些紙張因此被規定，它們必須按其面值被接受。

與此密切相關的是銀行的發展，銀行持有通貨和其他貴重物品，並承諾見票即付，同時利用這些存款向他人提供貸款。由於銀行很少被要求同時歸還全部存款，它們開始貸出比存款更多的資金，也就產生了「部分準備金銀行制度」，使得銀行成為創造新貨幣的來源。雖然銀行擠兌的危險顯而易見，我們在這裡並不會多加篇幅重點來討論，但這也替「中央銀行」創造了一個自然而成的角色，以幫助控制這種貨幣創造的過程，避免銀行崩潰。

到了二十世紀初，絕大多數的通貨，壓倒性的以帳戶的形式持有，而不是以通貨形式本身（包括紙幣等）。通貨由於面額剛性、體積龐大，通常只能用於相對小額的交易。因此，與通貨同時發展起來的，也可以說是比通貨更早的，是銀行帳戶之間的定向轉帳，其面額靈活，今天通常稱為「支票」。到 二十世紀中葉，支票已成為最主要

的資金轉帳方式（按總價值計算）。支票演化至今，已具有多樣的形式，有的依賴於銀行間的資訊交換，有的則更近似於現金（無條件和無記名的價值轉移）。

當然，支票也有人們熟悉的缺點，即填寫、清算速度慢而且需要實體傳送。從十九世紀末開始，某些商店開始向固定客戶發放代表「信用帳戶」的憑證，而像愛德華・貝拉米（Edward Bellamy）這樣的空想作家，便開始想像一個世界，在那裡所有的支付都可以通過一張或幾張輕便的卡片來完成。[2] 這樣的構想在二十世紀、1950-60 年代開始實現，當時的電信系統已經發展到足以讓商家、客戶間的銀行可以快速溝通，進一步驗證持卡人憑證的程度。這導致一系列卡片出現，包括信用卡、簽帳金融卡和記帳卡，它們發揮著各異但相關的作用，且在各個國家、不同的程度上占據主導地位。

刷卡支付只能部分替代支票，大多數情況下是取代現金支付。傳統上由支票處理的大額交易，與刷卡支付的小額用途二者並不匹配。為了替代大額轉帳和國際轉帳，部分司法管轄區開發了電子轉帳和電匯的「自動轉帳」（ACH）來替代支票。最顯著的例子是全球銀行金融電信協會（SWIFT），到 2018 年，一半的大額跨境支付都是通過該協會進行的[3]。

在過去十年左右，這種組合已涵蓋了大部分交易行為。在世界上多數地區，現金和刷卡支付的混搭使用於小額交易、電匯則用於向國外匯款、大額交易主要通過自動轉帳系統進行，其次是電匯和支票。這些系統全部都是在網際網路出現之前建立的，其覆蓋範圍、速度和靈活性都無法與網際網路相提並論：線上刷卡支付通常過於繁複且並不安全；現金與網際網路無關；而自動轉帳則太慢（通常需要三天）。因此，也難怪利克萊德、提姆・柏內茲 - 李和其他人都認為，原生的支付系統，是網際網路早期發展所缺少的核心功能之一。在過去的十五年裡，人們為了彌補這樣的缺陷，進行了各式各樣的嘗試。

數位貨幣與隱私

其中最早也最引人注目的，就是在 2008 年出現的比特幣，以及隨後在 2010 年代出現的一系列「虛擬通貨」。[4] 這些系統使用了我們在上一節中討論過的 DLT，搭配它內部生成的金融結構，創建了可用於追蹤交易的驗證基礎底層。首先，它們使用協定來證明對某些資源的控制權（例如基於需要使用性能強大的電腦來解決問題的「工作量證明」協定），來代替基於人類的參與角色 - 會計的身分系統，以預防掠奪性參與者。這就為參與建立了有效的財務屏障。另一方面，為了獎勵參與者「誠實」（保持交易記錄與他人交易記錄一致），它們發放交易產生的「代

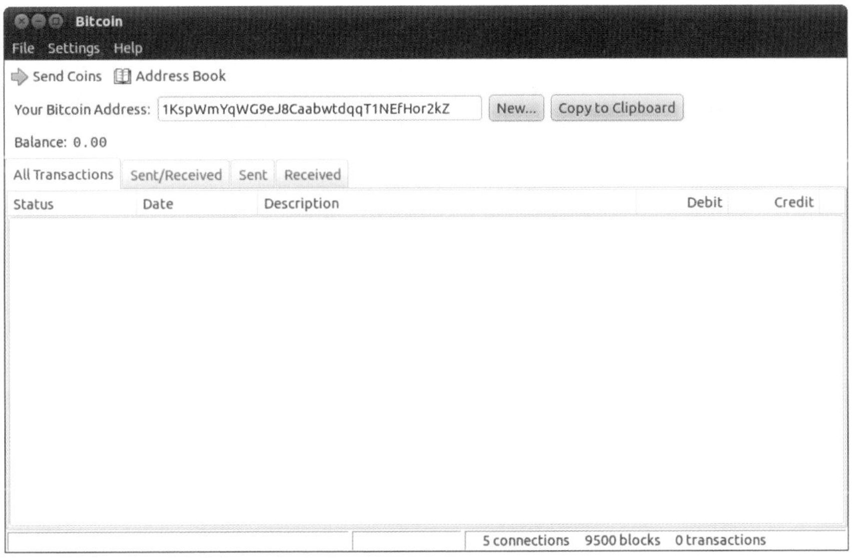

圖 4-3 | 比特幣程式碼的早期實現。來源：維基百科，公有領域。

幣」，計入參與者自己的帳戶。在其他方面，任何參與者都可以公開使用分類帳本，從而創建了全球性的純金融分類帳本，其匿名帳戶允許個人擁有多種「身分」。

比特幣的早期成功激發了人們的關注與興趣，其中至少有三個原因：

1. 它的出現，似乎填補了上述數位支付領域的空白，讓跨境轉帳變得相對容易。

2. 它是第一個沒有中央身分和許可系統的大規模、「重要」（具有實際金融影響）線上應用的案例之一，而且沒有集中式的身分與許可系統。

3. 因為它的金融結構和稀缺性，幣值有可能迅速升值，在隨後的十五年中，它多次升值，創造了巨大的財富、投機和利益。[5]

雖然許多政府和主流商業機構認清了第一點的重要性，但他們認為去中心化在大致上是多餘或浪費的，而圍繞虛擬通貨的投機行為則是輕浮且可能破壞秩序的泡沫。這促使更多人努力去重新構想數位時代的支付系統。最積極的努力是「央行數位通貨」，已經在數十個國家推行或試驗，特別是在非洲和亞洲，還有許多國家也在探索。這些央行創造的、近似於通貨的數位債權形式，是針對虛擬通貨趨勢最直接的回應。

然而，儘管近幾十年來，通貨的持有和交易已成為許多人的一種既定形象，但本書前述章節與後續描述將會表明，這可能是人類歷史上的一種反常現象。正如媒體學者拉娜·斯沃茨（Lana Swartz）在《新錢》（New Money）一書中所強調的那樣，商業交易更依賴於彼此對於「義務」的溝通，以及某部分於本地進行的核算[6]。因此，在過去十年中，一些被廣泛採用的支付創新，著重於改變支付流程與轉帳方式，而不是創造「通貨」本身，也就不那麼令人感到奇怪了。

有趣的是，這樣的認知與最早的主要線上支付之一——PayPal 的發展過程如出一轍。PayPal 最初是由創始人馬克斯·列夫琴（Max Levchin）、盧克·諾塞克（Luke Nosek）和彼得·泰爾（Peter Thiel）構想出的一種新數位通貨，但很快就發展為與網際網路相容的支付處理者。[7]隨著比特幣的早期發展，許多其他私人、快速和低成本的處理者也進入了市場。這其中包括 Square 和 Stripe（針對企業）以及 Venmo（針對更隨意的個人對個人交易），這些公司都是在比特幣推出後的幾年中於美國成立的。而可能更令人印象深刻的是，通過微信支付，成本極低的社交支付在中國迅速普及，而 Line Pay 社交支付也在亞洲其他地區迅速普及。隨後，Apple、Amazon 和 Google 等在西方的領先技術平台，也迅速推出了一系列類似服務。

為了以更低的成本且更廣泛的提供這些服務，幾個主要的開發中國家政府，尤其是在那些尚未被美國和中國的服務完全覆蓋的市場上，也已經建立了公共性且支持即時支付的服務，包括新加坡 2014 年的 FAST 系統、巴西 2020 年的 Pix 系統和印度 2016 年的 UPI（Unified Payments Interface，簡稱 UPI）。甚至，美國也在 2023 年推出了 FedNow。雖然國際間的相互合作仍存在著阻礙，但越來越多人認為，透過數位管道，線上支付和當面即時支付之間的差距已經彌平。
然而，虛擬通貨所帶來的挑戰並不那麼容易解決，這一點從人們對該領域持續關注的態度便可見一斑。經濟學家肯尼斯·羅格夫（Kenneth Rogoff）等制裁制度的捍衛者和打擊金融罪犯的鬥士們，曾預言現金的衰落，但隱私倡議者和公民自由主義者卻對此表達遺憾，他們認為私人支付的崩潰將產生系統性影響，而個人使用者在選擇支付方式時，並沒有考慮到這一點。[8]

比特幣經常被吹捧的隱私優勢，在很大程度上被證明是幻覺，握有資源的分析師越來越容易發現那些持有虛假帳戶的控制者；[9]然而，對隱私技術的興趣，已成為該領域的主要焦點，刺激了高度隱私通貨（如 Zcash）和「龍捲風現金」等「混

幣器」服務的發展。在隱私與法律責任的權衡問題上，這些技術引發了大量爭議，導致一些司法管轄區的政府採取強制行動，關閉了各種隱私功能。這些衝突也是數位支付系統在實現無縫國際互通時，受到挑戰的根源所在，因為各國都在爭奪誰能監控和監管哪些活動。

這裡的許多挑戰，來自於我們在〈4-1 身分與人格權〉一節中所強調的，對通常被稱為「隱私」的問題的錯誤定義。一方面，人們普遍認為應保護金融交易免受不適當的監控。另一方面，人們同樣普遍認為，只要有適當的制衡機制，就應該能追究為犯罪活動提供便利的個人和組織的責任。如何協調這些問題，與我們在前一節中討論的問題基本相同：多樣化的資訊社群，如何在某部分實現互通時，也能保持自身的完整性？

畢竟，金融交易不可能只是單純的私人交易：它們總是涉及了多方，也至少某部分會被社群中的其他人察覺，且交易的流向會影響經濟環境。因此，我們的目標與其說隱私，不如說是確保脈絡的完整性：確保這些資訊停留在連動的社群內，除非它對其他社群產生重要且廣為人知的溢出效應（這正是執法部門要獲取的）。如果是這樣，社群有責任確保自身的文化不支持對外部有害的活動，並且在外部施加不正當要求的情況下，捍衛自身活動的權利。[10] 「制衡」的精髓在於，相關社群必須有某部分意識到，他們需要主動參與這種外部監督，而不是單方面承受外部監管。而且，「監督」僅僅是各種不同類型的社群（從標會到國家）為了創造這種因地制宜的金融自由，所須承擔的責任的開端。這樣的監督並不只是單純地窺探行為。相反地，其旨在防止一系列的金融犯罪，從詐欺到與違反國際法的侵害者進行交易。除了這些引人注目的違法行為之外，還有一系列交易都對交易雙方以外的其他人，具有是否合法的重要性：如藥物／毒品和武器的銷售、承擔未報告的債務從而影響他人償還其他債務的能力、應稅銷售額等等。這些全部都表明出，為何匿名、無法課責的現金，以及政府對帳戶的集中控制，都不足以理解的商業信任體系。

通貨的歷史與局限

為了想像更的替代方案，讓我們回顧貨幣的歷史，以及它最初如此演化的原因。已故的人類學歷史學家大衛·格雷伯（David Graeber）主張，這些制度早在貨幣出現之前，社會就已經在互惠準則下，開展了一系列互利合作[11]。比如說，獵人為某個村莊或某位長者提供的社區服務，可能會使整個社區欠下對他們的「債務」，從而使得向他們贈送禮物成為習俗。這些豐富且多樣的傳統，使其量化變得不自然，但同時也難以超出我們在〈4-1 身分與人格權〉一節中討論的鄧巴數，即大約 150 個親密夥伴。

隨著協作與交流的展延，跨越更大的距離、時間或團體，在「所欠的債務」和「給予的價值」的量化和記錄，成為管理複雜問題的必要手段。儘管這類帳目最早似乎試圖以提供的貨品或服務，來詳細記錄債務的具體情況，但這樣的作法很快就變得難以管理，於是出現了通用的量化單位來簡化會計，並產生了最初的「貨幣」概念。交換媒介、銀行及其票據以及我們討論過的其他各種形式的資產形式，都是為了使這些帳戶更便於可攜流動而發展起來的。因此，「信用」比「現金」更為重要。

不過，如果說貨幣的出現，是因應在前現代化資訊技術時代的局限，而進行的簡化，那麼，一個自然成形的問題是：我們今天是否可以做得更好？現在看來，記錄更多的交易，以及其他形式的價值創造不僅可能，更是大多數電子商務的常規部分。將這一切歸結為貨幣轉移，已不再是一種必要的簡化手段，而是一種過時儀式的投射。

貨幣在遠距離社會信任中，作為償付能力的作用，在今天也不太重要了。經濟學家對貨幣交換的優點，最常見的敘事之一，是「欲望的雙重一致性」：甲方可能有乙方想要的東西，但對方可能沒有任

何東西可以直接作為交換。貨幣可以讓他們輕鬆地向丙方提供商品或服務，而丙方可能也有甲方想要的東西，無需組成完整的交換群組。然而，貨幣在避免這類「循環貿易」需求方面的作用已經過時了：事實上，現今的經濟學家經常在各種情境下直接使用「循環貿易」演算法，而無需依賴貨幣，因為現代的運算能力，使這些這些執行成本變得很低。[12]

同樣的，正如我們在〈4-1 身分與人格權〉這一節中所指出的，歷史上曾經可能有必要向遠道而來的人，提供黃金等價值不菲的信物，而不是給出未來致贈回禮的承諾，因為雙方不太可能有後續的交易。然而，這種簡化的重要性在今天已經不那麼重要了：由於每個人的社交距離都在六度以內、關係信任的計算成本亦微不足道，因此，在今天，直接藉由關係鏈中的人際「債務」操作，就像轉移資金一樣容易。

這裡的問題自然是：憑藉這些新功能，是否會增加任何有意義的產物？雖然我們將在本書的下一部分，再詳細討論□商業和信任的應用，但不難想像這些資訊對於合理分配貨幣所賦予的信任和影響力來說是多麼重要。如果某個人是在當地社群中提供了很多小利益，但在社群外卻很少連結的單身者，那麼他與一個在大城市中對家庭和工作盡心盡力，但卻很少額外家庭外的社交關係的人相比，他們所獲得的適當社會尊重是完全不同的。這兩個人可能應該得到同樣「程度」的社會尊重（如果量化這種尊重有用的話），但這種尊重的種類卻大不相同。舉例來說，前者在他的社群中會是一個更加可信的公民或政治領袖，而後者自然會得到職業上的尊重和一定程度物質上的舒適。

再者，我們通常用來證明貨幣相關性的經濟理論，在應用於社會實際樣態之中，亦可證實此一直觀。在某些經過充分研究的條件下，個人持有的貨幣足以追蹤回去價值創造。但這些條件亦要求所有商品都是私有的（所有東西都可以由一個人消費，其他人消費後就無法再消費），而且生產是「次

模」的，即一群人或一群資產組合起來所產生的價值，小於他們各自所能單獨產生的價值（整體小於部分之和）。另一方面，若消費至少某部分是社會性的，而生產可能是超模的，那麼貨幣就是一種糟糕的、甚至無望的價值記錄方式，因為對集體選擇持相同觀點的兩個人，所獲得的影響力將對社會決策產生同等的影響。在這種情況下，我們通常使用「投票」這個概念。[13]

更廣泛來說，在實務上，正如社會學家所詳實記錄的，社會影響力確實以這些更豐富的方式，發揮著作用。人們投票，獲得尊敬和權威，在各種情境下建立聲譽：如醫生的白袍、運動員的地位、著名學術論文的獎項等。這種種都是影響力的來源，且會得到那些高度推崇者的敬重，讓這些標誌地位的擁有者，能夠取得沒有這些標誌的人所無法取得的成就。

當然，這些系統與商業領域之間並非完全獨立。領導力、高尚品質或技能的聲譽有時可以商業化，例如收費來對名人進行推銷，或是換取接觸名人的機會。然而這些轉換都不是單純或線性的。事實上，如果某個人被認為直接「出售」自己的社會地位，那麼這種「出賣」或「腐敗」，就會迅速摧毀地位。

因此，「銷售」和「轉換」這些最簡單的概念，顯然不能有效的讓貨幣與各種其他的「符號媒介」相互作用。這使得貨幣在量化、透明化和擴展其他系統方面幾乎毫無用處。因此，問題在於：如何通過更□的價值體系，來克服這個局限。

□ 通貨

儘管人們對加密貨幣的去中心化感到相當興奮，但從某個重要的意義上來說，任何希望實現普遍性的貨幣，本質上都是高度中心化的：它通過每個人對同一事物賦予價值，來創造信任與合作。正如我們在〈4-1 身分與人格權〉一節中提到的，

有更□的方法可以遵循去中心化／多中心化或分散式結構，其方式與我們在這裡的想法大致相同。在多中心結構中，各種社群將擁有自己的貨幣，而不是單一的通用貨幣。這些貨幣可以在限定的範圍內被使用。比如，住房或學校的福利券、集會中的乘車券，或者大學裡可向不同商販消費餐飲的信用額度。[14]這些貨幣可能會部分互通：例如，同一城市中的兩所大學，可能會允許在它們的餐飲計劃間進行交易互換。但是，若未經社群同意，持有者將貨幣兌換為更廣泛的貨幣，則是違反規定的，甚至說在技術上是不可行的。[15]事實上，正是各式各樣貨幣實驗的激增（其中一些具有類似的意圖），激發了當時《比特幣雜誌》的作者維塔利克‧布特林（Vitalik Buterin）將以太坊構想為這類實驗的平台。然而，安全身分辨識的挑戰限制了社群貨幣實驗，因為它們使得出售帳戶太容易了，從而規避了對禁止轉帳的控制。[16]

這種社群貨幣，在本書的創作中發揮了核心作用。我們用它來衡量貢獻，並允許貢獻者集體決定對文稿修改的優先順序和批准變更文字，具體方式我們將在本書後面討論。然而，我們並沒有使用上一節裡提到的、最精密的那些方法。舉例來說，未來的社群貨幣，可能會被記錄在保存完整脈絡的鏈上，使貨幣持有者甚至無法向社群外的其他人展示自己持有的貨幣數量，從而使他們很難更廣泛的使用這些貨幣。

分散式的方法，甚至比大規模集體的社群貨幣更進一步，完全以人際債務和信任取代貨幣。在這樣的系統裡，人們可以有效地向欠他們人情的人「討回人情」，而不是接受商品或服務付款。如果你需要某個不欠你人情的人的說明，你可以利用「欠人情」網絡中的六度分隔理論，這在〈4-1身分與人格權〉一節中已經討論過。我們可以運算出許多潛在的人情路徑，並通過經典的電腦科學演算法，運用網路中兩點之間的「最大流量」（maxflow），來找出可以獲得的人情總量。雖然這種計量方法對於想買咖啡喝的人來說顯然不切實際，但對於電腦網路來說卻是再簡單不過。通過各種社交貨幣（如按讚、朋友、網絡中心地

位、引用等）來支持這種更豐富、以社交為基礎的價值量化方式似乎越來越可行，可以作為初步的基礎範例，來讓未來的合作變得更為豐富。[17]

當然，這只有在廣泛採用協定的支援下才有可能實現，這些協定可以促進社群分類帳的形成和驗證，擴展到上一節所討論的內容，並且／或者能像 TCP/IP 協定一樣，促進信任和「債」的遠距離網路傳輸。這些都是開放原始程式碼和網際網路事務協會（如前面提到的 Trust Over IP）以及 Holochain 等新興事業的願望。除了建立基本、高品質數位原生支付系統的重要工作外，正是這種下一代真正網路化、□的系統在於商業信任方面的工作，為我們在本書其餘部分討論的多元市場與合作，奠定了基礎。

社會裡的商務

在跨越漫長距離的社交網絡下建立信任、信用和價值，這是我們之前描述的身分系統，以及下一節重點討論的合約和財產系統的核心所在。身分系統主要涉及的，正是某人對第三方提出的信任／信用要求。任何人如果接受其不熟悉的人提出的任意數量的此類聲明，都可能將自己暴露於潛在的毀滅式攻擊中。另一方面，從可信度較低的來源接受一些相對不重要事情的聲明，則風險不大。在身分系統中，由驗證者網絡所建立的信任是量化的，因此取決於信任的量化以及在網路中背叛這種信任的後果，這正是我們在這裡描繪的那種系統類型。同時，這些系統顯然依賴於我們在前幾節中所發展的身分和結社技術，來支撐對社群和人群的定義與資訊結構，他們組成了這裡描述的商業關係網絡。而且，如我們接下來將探討的，上述的種種，對於共同使用、簽訂合約以及事業利用數位時代的關鍵資產：運算、儲存和資料，都是至關重要的。

4-4
財產與合約

社會中的多數大規模合作，都是通過將資產集中到「法人」實體裡進行的，包括合夥關係、非營利組織、宗教和社會組織，當然還有公司。儘管，這些顯然不全是正式意義上的公司，但它們與公司一樣，都有以法律為基礎的合約協議，這個合約安排管理著資產（實物、智識、人力和財資）的共用，以實現共同目標。即使是最簡單、最常見、規模最小的合約，如租賃協議，也涉及到人與人之間的資產共用。

利克萊德最初構思「星際網際網路」的核心目標之一，就是促進運算、儲存、資料等數位資產的共享。某種程度上可以說，這樣的共享，正是今日數位經濟的核心，「雲端」提供了巨大的共用運算和儲存池，而線上廣泛共享的資訊，則構成了席捲整個技術行業的生成式基礎模型的基礎。然而，儘管這項工作取得了巨大成功，它卻局限於數位世界的有限切角，並且被一小部分高利潤、以營利為目的的實體所控制，這些實體的總部也集中在少數幾個國家。這既造成了機會的巨大浪費，也造成了權力的集中。

網際網路可以實現廣泛的橫向資產共享——這個夢想尚未實現。

正如我們在本書這部分所討論的其他基礎協定一樣，人們一直在為了彌平差距做出顯著的努力。在本節中，我們將審視將這些數位資產共享的潛力與現況，觀察現有努力，強調在其中的某些成果和局限性，並勾勒出可以克服這些問題和實現多元線上資產共享生態的路徑。

數位時代的資產

數位世界，建立在物理世界之上。凱特‧克勞佛（Kate Crawford）優美文藻筆下的《人工智慧最後的祕密》（*ATLAS OF AI*），或許最能體現這點：電腦電路由稀有金屬製成，而這些稀有金屬的開採也帶來了各種社會挑戰；資料中心的工作方式與發電廠十分相似，而且往往與發電廠同處一地；資料是由瑪麗‧格雷（Mary Gray）和西達斯‧蘇里（Siddharth Suri）所記錄的「幽靈工人」（Ghost Workers）等人創造的。[1] 因此，任何關於數位領域的嚴謹論述，都必須涉及真實的財產關係。然而，從物理基礎中衍生的重要資產，卻是以數位原生的抽象形式存在，並且成為線上生活的關鍵組成部分。

我們將著重探討無所不在的三個類別：儲存、運算和資料。

然而，還有許多其他例子與之交織，並面臨許多相關的挑戰，包括電磁光譜、程式碼、名稱和其他位址（例如網址）、虛擬世界中的「物理」空間，以及非同質化的憑證（non-fungible token, NFT）。

儲存、運算和資料，是所有線上互動的核心。線上發生的任何事之所以能夠從這一時刻持續到下一時刻，正是因為它所依賴的資料儲存在某個地方。事件本身通過運算，來確定指令和操作的結果。而每一個操作的輸入和輸出，都是資料。在這個意義上來說，儲存的作用大約類似於實體經濟中的土地，計算的作用類似於燃料，而資料的作用則類似於人力投入（有時稱為勞力）和人們創造並重複使用的人工製品（有時稱為資本）。雖然土地、燃料、勞力和資本經常被視為「大宗物資」，但社會理論家卡爾‧波蘭尼（Karl Polanyi）曾有個著名的主張，認為這是一種簡化的虛構。[2] 儲存、運算、（尤其是）資料都是異質的，與地點、人群和文化息息相關，這些聯繫既影響了它們的性能特徵，也影響了在數位經濟和社會中使用它們的社會影響和意義。雖然這些挑戰對於「實體世界」中的虛擬商品來說是巨大的，但對於數位資產來說，挑戰卻是更為嚴峻的，至少社會還沒有足夠的時間來一同調整與適應它們的經濟和社會結構。這些挑戰，是阻礙數位共享、財產和契約系統發揮作用的主要因素。

星際電腦網路

利克萊德在1963年發表的〈星際電腦網路備忘錄〉（Memorandum For Members and Affiliates of the Intergalactic Computer Network）中，並沒有特別專注在他當時及後來許多文章中強調的線上社交或是商業相關的潛力上。[3] 相反地，他或許是考慮到當時的科學受眾，把重點放在了科學家通過個人電腦網路共用分析的工具、記憶體和儲存、運算和研究成果，從而大幅提高工作效率的潛力，以及這可能為相關軍事應用帶來的前景。

這也是「分時」系統的自然延伸，「分時」系統是利克萊德資助的首批專案之一，其目的是通過允許眾多用戶共用一台大型電腦的容量，在大型主機時代實現「個人電腦」體驗的雛形。從這個意義上來說，網際網路始於一個平台，而我們本節重點討論的正是大規模運算資源分享。[4]

想要瞭解為什麼這樣一個看似枯燥的話題，會讓利克萊德這樣廣智之人這麼興奮，我們不妨從現在往後回望，觀察他試圖克服的限制；向前眺望，我們在實現如此願景時可能克服的挑戰。1950-60年代，運算的主流模式是「大型主機」，主要由IBM（International Business Machines Corporation）銷售。這些機器價格昂貴，意圖為滿足整個企業、大學院校或其他大型集團的需求。要存取這些機器，用戶必須將程式提交給中央管理員，而且只有少數幾次「高風險」的機會，來運行他們想要的運算程序。一旦發現程式有錯誤（經常出現這種情況），他們就必須還原系統，在沒有經過調整測試的情況下，一絲不苟地嘗試修復這些錯誤。同時，由於編程準備和管理機器的工作極具挑戰性，機器的大部分時間都在空轉，等待程式碼的到來。

對比現今的個人電腦世界，在已開發國家裡，大多數人辦公桌上、腿上或口袋中都裝有電腦，可以進行各種令人眼花繚亂的運算，而且反饋幾乎是即時的。當然，在很大程度上，這得益於摩爾定律（Moore's law），即單位價格的運算能力每18個月加倍。但是，利克萊德和他在麻省理工學院及其他大學資助的一些早期專案看到的是，如果能更有效地利用電腦，並且更加關注於他在設計飛航界面時所研究的，人們對反饋的需求，那麼即使是當時的電腦，至少也能實現其中的某些功能。

當時有限的運算能力，大部分都浪費在閒置時間上，而使用者所需要的反饋，並不需要每張桌子上都有一台完整的機器。相反地，每個使用者都擁有一個基本的顯示和輸入站（用戶端），通過網路連接到一台中央機器（伺服器），並共用該

機器的使用時間。當時伊利諾大學厄巴納——香檳分校的柏拉圖專案（Plato project），首次將這種設置作為基於電腦運算的教學系統。[5] 幾年之後，這使得 ARPANET 成員（如道格拉斯・恩格爾巴特）能夠在大型主機時代，模擬出將來的個人電腦。

如果我們能夠更有效地共享運算資源，我們能夠模擬出怎樣令人驚嘆的未來？在缺乏比現有更嚴謹的數位資產利用率統計下，這個問題很難回答。但似乎我們至少能夠簡單地利用更有效的閒置數位資產，就能多獲得五年的摩爾定律。資料共享的可能性更加豐富，甚至可能更具變革性。如果我們看到生成式基礎模型（GFM）所釋放的力量，能夠應用於醫療診斷、環境資源優化等領域（這些領域目前受限於跨組織和管轄範圍資料共享的挑戰），那麼當今許多最棘手的問題就能找到答案。

資產共享的現況

根據對半導體產業的研究，個人裝置（例如個人電腦、智慧型手機、智慧型手錶、遊戲機等）使用的半導體數量，是雲端基礎建設和資料中心的好幾倍。[6] 雖然缺乏系統性研究，但個人經驗表明，這些設備大部分時間都很少使用。也就是說，即使不考慮雲端基礎建設中普遍存在的浪費，大多數運算和儲存資源在任何時候都處於閒置狀態。數據方面更加極端；儘管這些數據更難量化，但任何資料科學家的經驗都表明，絕大多數急需的資料，都被困在組織或司法管轄區的孤島中，無法為協作智慧或構建生成式基礎模型提供支援。

或許，這些數據最讓人震驚之處，是在於和實體資產的比較。鑒於運輸和物理資產重新部署的困難，人們自然會以為，實體的有形資產會更難共享、更難確保充分利用。當工人失業率或住房空置率上升到個位數以上時，通常會引發政治醜聞；但這種浪費在數位世界中無處不在。簡單來說，

若是實物資產的浪費率（實質閒置與棄置率）稍微接近這些數據，早已被視為全球危機。

為何這一場無聲的危機，並沒有像數據顯示的如此令人驚訝，關鍵原因是，數位資產相對較新。社會有數千年、甚至數萬年的時間，來試驗各種社會組織系統，滿足人民的需求；[7] 當代的財產制度（租賃系統、資本管理）、勞動制度，以及涉及抽象表示價值的做法[8]（契據、簽發給個人的文件、供應鏈交易、貨幣）的起源，可以追溯到一些在文化實踐一千年後出現的社會心理特質。基督教歐洲在禁止堂兄妹婚姻的文化習俗後，導致自由組建新機構並重新構建財產持有方式的人出現，創造了以前不存在的新型民主機構。[9] 幾十年來，人們一直在努力找出如何有效地租用汽車，並且越來越常使用數位工具來改善這些資產的共享（如乘車和住房共享平台）。但數位資產，尤其是掌握在大批非技術人員手中的數位資產，只有幾十年的歷史。因此，我們面臨的一項重要任務，就是確定關鍵的社會與技術障礙，使我們對數位資產的期望，能達到與對有形資產效益類似的期待。

要搞清楚是什麼阻礙了運算資產共享的一種方法，是找出運算資產共享相對成功的領域，並找出這些領域與迄今為止絕大多數失敗的領域之間的區別。為此，我們將討論上述三個重點領域：儲存、運算和資料。

在儲存領域，最接近資產共享的開放標準框架是「星際檔案系統」（the Interplanetary File System, IPFS），它明確地基於利克萊德的願景，由胡安・貝內特（Juan Benet）和協定實驗室（Protocol Labs, PL）首創。此一開放式協定，允許世界各地的電腦以分片、加密和分散式的方式，點對點相互提供儲存空間，這有助於確保冗餘性、穩健性和資料保密性／完整性，而儲存空間的使用者只需支付合理的費用。基於該協定建立的著名服務，讓包括臺灣的數位部在內等政府機構，在面臨強大、可能對集中化的服務商擁有影響力的對手時，能確保資料的持久儲存；為了

確保其數據的持久性和存儲市場，PL 還創建了 Filecoin 系統，以允許基於 IPFS 儲存服務的商業交易，並鼓勵用戶存儲更多數據。

然而即使是 IPFS，在提供「即時」儲存、讓世界各地都能快速存取的服務上，也只取得了有限的成功。這樣看來，是「深度」儲存（相當於現實生活中常見的「倉儲空間」服務）的相對簡單性，使 IPFS 得以生存。而稍顯複雜的延遲優化挑戰，絕大多數也是由微軟、Amazon、Google 和 Salesforce 等大型企業「雲端」服務商如壟斷般處理。已開發國家消費者熟悉的多項數位服務（跨設備遠端儲存個人資訊、音訊和影音內容流、共享文件等），都依賴於這些雲端服務商。它們也是當今數位產業的核心，60% 的業務資料儲存在專有雲端中，前兩大專有雲端提供商（Amazon 和微軟）占據了近三分之二的市場。[10]

在這個領域，除了被少數幾家營利公司控制的問題之外，這些雲端系統在許多方面的成就，也遠遠不及利克萊德等人當年的遠見與想像。

首先，「雲世代」的先驅，例如發現、也成功說服微軟追求此項先機的團隊成員，當年認為雲端的許多收益，正是源自於租戶與應用程式二者間的資源共享效益最佳化。[11] 然而，在現實進程中，雲端運算的大部分收益，來自於資料中心的物理成本節約，而這些資料中心位於電力充沛的地區，也受到優質的維護，而不是來自於有意義的跨租戶資源共享；因為很少有雲端服務商可以有效地促進這種市場，也很少有客戶找到了讓資源共享為其服務的方法。

更誇張的是，正如前述統計數據所強調的，全球各地的新興資料中心，為雲端運算大規模定製建設，但大部分可用的運算和儲存資源，仍在全球個人電腦使用者的手中，它們利用率嚴重不足。此外，與雲端資料中心相比，這些電腦和運算資源與消費者的物理距離更近，網路聯繫也更緊密…… 然而，雲端系統的「天才」設計，卻系統性的浪費了這些資源。簡單說，儘管雲端運算取得了規模化的成功，然而在很大程度上，它可說是回到了在利克萊德支持的分時專案啟動前，早已存在的集中化「大型主機」模式，而非實現利克萊德的宏偉目標。

然而，即使是這些有限的成功，也比資料共享所取得的成就，要廣泛得多。如今最大規模的資料應用，要不是在企業或機構內部極度孤立，要不就是被內部的隱私政策高度分割，或有不少是線上取得的公開資料，但原本的創建者根本沒有意識到被使用，更不用說同意了。後一種情況的主要例子，是至今仍未完整披露、用來訓練大型生成式基礎模型的資料集。多年來，即使在公共衛生或疾病治療等明確關於公共利益的情況下，允許資料共享的專案推動持續以各式名義進行，但不論是在私營部門還是在基於開放標準的協作中，都進展緩慢。

這個問題已被廣泛的認知，並成為全球各地許多倡議的主題。歐盟的 Gaia-X 資料聯盟基礎建設與《資料治理法》、印度的《國家資料共享與可及性政策》以及新加坡的資料共享法制環境建構等，都是試圖克服這些挑戰的範例。

阻礙共享的因素

從這些失敗中，我們可以汲取哪些教訓，來理解有效共享數位資產的障礙？我們可以發現，資料共享的失敗最為驚人，而存儲共享在資料共享上造成的問題也最為棘手，若以此事實為出發點，我們可以得出一個自然的假設，即此處面臨的問題可能是許多問題的核心所在。畢竟，相關挑戰在所有這些領域中都反覆出現。IPFS 的大部分結構及其面臨的挑戰，在於允許存儲處與尋求隱私的個人或組織相隔甚遠，同時還要維護資料隱私。雲端運算服務商的一個核心優勢是，他們在維護客戶資料安全和隱私的同時，還允許這些客戶在其設備上共用資料，並對其進行大規模的運算。

在理解這些挑戰時，資料與現實世界中許多標準資產間的基本對比是非常重要的。同上面所闡述的，資產的貸出和彙集在經濟中無處不在。其中的關鍵在於能夠將個人對資產所擁有的權利分解開來。法律學者通常描述財產有三個屬性：「使用權」（usus）、「處置權」（abusus）和「收益權」（fructus）。比如說，標準的租賃合約將使用權轉讓給租房者，但處置權及收益權保留給房東。公司將許多資產的使用權授予雇員，但處置權僅授予高階經理人，且通常在有對應的相互制衡機制下兌現，收益權則保留給股東。

就資料而言，要實現這種關鍵的權益分割所採用的方式是不一樣的，同時也更具挑戰性。賦予資料使用權最簡單的方式，也同時賦予了將資料轉讓予他人的處置權，更讓他人從這些資料中獲得經濟利益，更可能會威脅到共享資料者的收益權。許多人選擇在網上公布的資料，現在都已經被納入基礎模型中，而這些人往往相信自己只是在分享資訊給他人使用，並沒有意識到這種分享會產生全面性的影響。

當然，社會規範、法律和加密技術，都能在這種情況方面下發揮糾正作用，我們將簡要討論這些問題。但現在相對於公司治理或房屋租賃來說，這些發展都不太成熟，也影響了資料共享的積極成長。

而讓事情更為複雜的，是我們在〈4-2 結社與多元公眾〉裡強調過的原因，也就是資料另一個關鍵特性的挑戰：資料相關的利益，如果作為個人權利來理解，幾乎是毫無指望的。資料本身具有結社性、社會性和交織性，這也使得許多針對此問題的「快速解決方案」（例如隱私法規、加密技術）難以符合促進共享的需求，反而阻礙了進步。

更進一步來說，即使對這些挑戰有一套明確的解決方案，但要直接實施他們也並非是容易的事。我們對合約最簡單的理解，是透過文件來敘述各方協商同意後的承諾，合約的自主性，只在於如

何要求這些承諾得到執行。然而現實往往複雜許多：在合約中不太可能列舉該如何解決日後可能升起的各種衝突，也沒有人能夠閱讀和處理如此詳細的文件。[12] 因此，大多數的合約協議主要受到慣例期待、法律先例、與其相一致的法規等演變所影響。

在許多情境下，與這些演變後的原則相衝突的合約條款，將不會執行。這些社會規範和法律結構，經過數十年甚至數個世紀的共同演化，用於規範租賃和雇傭等典型關係，從而最大限度地降低了正式的、基於法院的合約條款和強制執行的作用。因此，雖然自主執行的數位「智慧合約」可能提供了一種順利實行這些規範的途徑，但它們無法取代如資料協作如何運作、各方可以期待什麼、各種法律和技術執行機制何時應該啟動等，建立穩定社會理解的過程。

當然，困擾數位資產共享的問題遠不只這些。但由於缺乏明確而有意義的標準（包括法律標準和技術標準）來保護共享中的資料，其後果幾乎影響到數位合作擴展的每一個層面。雖然在確立標準這件事上，任何推理分析都無法替代社會實驗和演進，但我們可以強調某些可能解決上述核心矛盾的組成部分和努力，也因此，如果我們要克服當前數位資產共用的障礙，這些社會探索的方向可說至關重要。

⊡ 資產

首要也是最簡單的挑戰，是運算資產共享的效能與安全。當使用者儲存自己的資料，或委託他方進行運算時，需要確保他們的資料不會被第三方揭露、運算將按照他們的預期來進行、資料可以在世界各地按照預期的延遲分配自行取回或授權顧客取回。目前，此類的保證是雲端服務商價值主張的核心，而由於提供運算服務的個人與組織沒有類似的標準，這些強大的公司就主宰了市場。一個類似的案例是「https」的導入，它允許一系

列的網路托管服務符合安全標準，從而被網路內容消費者信賴，存取該網站的資料時不會被惡意監控。這樣的標準協定，自然可以與用來搜尋、請求、媒合性能與安全特點的標準格式相互匹配。然而，如上所述，最棘手的問題不是性能或第三方攻擊，而是資料協作的核心問題：當甲方向乙方共享資料或其他數位資產時，乙方應該對甲方資料有哪些瞭解？雖然這顯然沒有唯一的標準答案，但如何設定參數和期待值，讓參與者可從相互協作中受益、又不會因此而損害自己或因為合作而影響他者的關鍵利益，正是讓資料協作永續可行的關鍵。值得慶幸的是，目前有許多工具正走向可用發展，將有助於為這種關係提供技術框架。

儘管我們在〈4-2 結社與多元公眾〉一節中已討論過這些，但在這裡，依舊值得回顧一下它們的相關性。安全多方計算（SMPC）和同態加密，允許多方共同執行運算並創建集體輸出，且無需向其他單位透露輸入資訊。雖然最簡單的案例，僅包括算出平均工資或在選舉中進行投票統計，不過越來越複雜的可能性正逐步擴大也觸手可及，例如訓練或微調基礎模型。這些目標遠大的應用，幫助創建了「聯邦學習」和「資料聯盟」領域，也使得這些雄心勃勃的應用所需的運算，可以在當地的個人或組織電腦的分散式網路中進行，模型的輸入也可以安全來回傳遞，而底層訓練資料則永遠不會離開通信相關單位的機器或伺服器。聯合國等國際組織與 OpenMined 等開源工具提供者合作，建立起越來越多資料協作的實驗性展示平台。[13] 這種分散式方法的另一種替代方案是，使用專門的「機密運算器」，這些電腦可以驗證與執行特定運算，但不允許任何人存取過程中的輸出。不過，由於這些電腦價格昂貴，而且只為有限的幾家公司生產，因此更適合由某個值得信賴的中央實體來進行控制，而不是進行分散式協作。

雖然這些方式，可以避免不必要的資訊在合作者之間傳遞，並達成協作的目的，但還需要其他工具來處理共創的預期輸出（如統計數據或模型）

中包含的資訊。模型既可能洩露輸入資訊（例如複製某個人的病歷細節），也可能掩蓋資訊來源（例如複製輸入的創意稿件而未註明出處，違反版權規定）。這兩種情況都嚴重阻礙資料協作，因為合作者通常希望獲得其資料使用方式的主動設定權。

應對這些挑戰的工具不只是密碼學，更多要靠統計學。差分隱私限制了在集中輸出資料時可猜測輸入資料的程度，使用「隱私預算」（privacy budget）確保共同揭露數據時，輸入的資料不會隨著一起流出。數位浮水印可以在內容中創建「簽名」，以難以擦除、難以忽略甚至在某些情況下難以檢測的方式顯示其來源。「影響函數」可追溯特定資料集在產生模型輸出時所起的作用，至少可以部分確定「黑盒」模型輸出的歸因。[14]

所有這些技術，在一定程度上都落後於基礎模型的發展速度、規模和能力。比如，差分隱私主要專注於基於事實在字面上的統計可恢復性，而基礎模型通常能夠像偵探一樣進行「推理」，例如從後來就讀的學校、友誼關係等一系列鬆散的相關事實中，推斷出某人就讀的第一所學校。同樣，通過神經網路來追蹤出處和價值歸因的研究，也進展甚微。隨著模型的進一步發展，利用這些模型的能力來應對種種技術挑戰，並衍生資料保護和歸屬的技術標準定義，將成為資料永續協作的核心。

然而，資料協作所面臨的許多挑戰，更多屬於組織和社會性質，而不單純是技術性的。如前所述，資料利益很少僅是個人利益，因為幾乎所有資料都是關聯式的。除了這最基本的一點，還有很多原因導致在個人層面上組織資料權利和控制是不切實際的，這些包括：

社交洩漏

即使資料不是直接來自社會互動，也幾乎總是具有社會意義。例如，由於親屬間具有共同的基因結構，從人口中抽取 1% 的統計樣本就可以從基因圖譜中識別出任何個人，這使得保護基因隱私成為一項影響深遠的社會任務。

管理挑戰

對於個人而言，要理解以各種方式共享資料所帶來的財務與個人影響，幾乎是不可能的事情。雖然自動化工具可以提供說明，但這些工具的制定或形塑依賴於社會組織，這些組織將成為個人的受託人。

集體談判

大型資料集的主要消費者，是世界上最大、最有實力的企業。全世界數十億的資料創建者，只有與他們達成協議，才能獲得合理的對價，但這些公司只有在資料創建者集體行動的情況下，才能進行有誠意的談判。

能夠代表「資料主體」權利和利益，進行集體代理角色的組織[15]，被冠以各式各樣的名稱，像是資料信託[16]、資料協作組織[17]、資料合作社[18]，或者如作者之一異想天開地提出的「個資仲介組織」（MIDs）[19]。其中的某些組織，可以很自然地沿用現有的模式，例如代表創意工作者產出內容的工會，或代表其志願編輯和貢獻者集體利益的維基百科。另一些組織則可能需要新的組織型態，例如用於訓練程式碼生成模型的開放原始碼的貢獻者、同人小說的作者和 Reddit 頁面的作者等，可能都需要組織各自的集體代表形式。

除了這些正式的技術、組織和標準之外，還必須發展出更廣泛、更擴散的概念、期待和規範，來確保人們普遍理解資料協作中的利害關係，使貢獻者感到有能力達成合理協議，且持有協作者的承諾。考慮到技術變革的速度和資料合作的適應性，這些規範不但必須普遍，更需要保持基本穩定，並具備動態適應性。要做到這一點，需要與技術變革同步的教育和文化參與實踐，我們將在後續章節進行討論。

一旦資料協作工具、組織和實踐得到充分發展和傳播，它們就會像「產權」一樣深入人心，成為法律實踐密不可分的成分。但正如我們所指出的，它們幾乎肯定必須採取與管理土地私有權、股份公司等標準組織不同的形式。也正如我們所闡述的，它們將需要包括更多的技術與密碼學要素、更加強調於集體治理和信託責任的不同類型的社會組織，以及防止「個資仲介組織」成員單方面受到披露資訊的規範或法律（類似於禁止資方單方面破壞工會罷工）。這些都可能成為數位世界未來版本的「資產」，而這種「資產」將更加適應資料的多元特性。

⊡ 不動產

要實現這個目標，將面臨巨大且不斷變化的挑戰。然而，每個挑戰都蘊含著機遇。在某些方面，資料的深度社會性，使其有別於現實世界的資產，並對財產和合約系統的設計提出了挑戰；而在另一方面，由於人們對資料並不熟悉，傳統資產系

統本身也未必適合管理當今的不動產。

現在讓我們先後退一步，離開純粹數位資產的世界，並將目光投向兩個與數位運作相關的資產，也許最容易看清這一點。它們分別是電磁頻譜和域名。在這兩個領域中，人們正在迅速重新構思傳統的產權制度。

傳統上，在特定地理範圍內使用特定電磁頻率進行廣播的權利（在包括美國在內的許多國家）都是分配或拍賣給營運商的，執照的續約費用很低。這實際上創造了一種類似於私有財產的權利，這種權利的基礎是：如果允許眾多頻率使用者在同一地點的同一頻段上營運，他們就會相互干擾；而如果執照持有者對頻段擁有產權，那他們就會對頻段進行管理。然而，這種假設最近遭受了嚴峻考驗，因為許多數位應用（如 WiFi）可以共用頻譜，而頻譜使用的性質也在迅速變化（從廣播電台到 5G 技術），這極大地改變了干擾模式，需要對頻譜進行重組，而傳統執照持有者往往會成為阻礙重組的因素。[20] 這反過來又導致了產權制度的重大變革，允許像美國聯邦通訊委員會這樣的執照特許機構在拍賣中重新安置這些阻礙者，以及讓該領域的領導者提出了更激進的設計規劃，即混合租賃和擁有權要素（就如我們接下來在〈5-7 社會市場〉這一節所闡述的），或為特定共享用途保留指定的頻譜。[21]

在域名領域的產權演變甚至更為激進。傳統上，網際網路名稱與數字位址分配機構（Internet Corporation for Assigned Names and Numbers, ICANN）允許以相對較低的成本註冊域名（domain name），只收取象徵性的續購費用，近似於頻譜的財產許可制度。雖然這個制度還在不斷發展，但更基本的變化是，現今的大多數人是通過搜尋、而不是直接輸入來訪問網站的。這些搜尋引擎通常根據與使用者相關的各種資訊（大多未公開揭露）列出相關的網站，其中還包括一些即時競價的付費廣告。[22] 雖然關聯度演算法像個黑盒子，但大致可以用 Google 創始人謝爾蓋‧布林（Sergey Brin）和賴利‧佩吉（Larry Page）最初的「PageRank」

演算法來理解，該演算法根據網頁的「網路中心性」（network centrality）進行排序，此一概念與我們接下來在〈5-6 投票〉這一節中討論的網狀投票系統有關。[23] 因此乍看之下，我們可以認為，當今網際網路名稱空間的實際產權制度，是朝向瀏覽者（而非網域擁有者）利益的集體導引，以及網域擁有者即時競價的結合。兩者都與傳統的產權制度大相逕庭。

當然，這些都並非盡善盡美、更不是都具備社會正當性。這些系統在很大程度上，是由技術專家和經濟學家團隊在遠離公眾觀點下設計的，缺乏公眾的理解。很少有人理解它們的運作方式，更不用說相信它們是合適的。[24] 另一方面，它們以創造性的方式回應現實的挑戰，所解決的問題遠遠超出了迄今為止所應用的狹隘領域。解決難解問題和頻譜共用，是實現數位發展的核心，而數位發展是公眾的廣泛需求，甚至是國安問題的核心。都市空間的再開發、共通基礎設施的建設也都存在類似的問題：目前作為私有財產的許多土地可以變成公園等共用空間（反之亦然）。

將命名空間視為私有財產並無太大意義，因為碰巧擁有某個具爭議的名稱（例如「ABC.com」）的人可能是域名霸占者、是替有限受眾服務的傳統擁有者、利用品牌名稱的欺詐者等。儘管一些來自擁有者付費意願所帶來的穩定和重要性信號很重要，但搜尋引擎使用的制度可能更好地平衡了這一點，因為它明確地考慮到穩定性方面的公共利益，以及願意為域名空間付費者的即時需求，而不是簡單的私有財產制。

同樣的，這些問題也經常在「現實世界」的領域中出現，從商標等智慧財產權，到古董和城市歷史地點的擁有權都是。我們只需發揮一點想像力就會發現，如果將這些問題與更好的公眾參與、教育與倡議相互結合，那麼在數位領域已經發展及正在演變的不動產創新替代方案，就有可能幫助我們朝著多元方向，更廣泛地重新思考不動產制度。我們將在〈5-7 社會市場〉這一節中更深入探討這個主題。

4-5
存取權

早在網際網路興起之前，存取資訊一直是人類文明的重要組成部分：正如法蘭西斯·培根爵士（Sir Francis Bacon）幾個世紀前所說的那樣：「知識就是力量。」（knowledge is power）在當今的資訊時代，以及在本書所描述的未來，越來越無法否認這句話的真實性。我們前幾節的重點，是確保人權落實在數位環境的各個方面，但除非每個人都能安全、完整地接取我們所想像的世界，否則這些對人類生活毫無意義。在本節中，我們將探討將存取權作為基本權利的含義。

這樣一個理念必須超越單純的存取權，延伸至具完整性的存取。如果某些人接收到的資訊是準確的，而其他人接收到的資訊卻是被竄改的，後者往往比完全無法存取資訊還要糟糕。民主依賴於能夠全面參與的民眾，每個聲音都至關重要。正如我們上文強調的，不同的社群以不同的方式理解事實的模式。但是，這種觀點的多樣性，有賴於共同存取未經竄改的基礎輸入資料，才能為未來做出貢獻。我們都能夠也必須為生命賦予意義，但如果從全球資訊公共資源獲取的，卻是經過操弄的輸入，這項平等權利就不免遭受剝奪。從 1948 年聯合國通過的《世界人權宣言》到 2022 年的《未來網際網路宣言》，人類社會持續強調表意與存取自由的重要性。這兩份文件，描繪了從基本人權到數位時代自由與安全原則的路徑。2023 年的《全球線上資訊完整性宣言》（the Global Declaration on Information Integrity Online），更直接回應了由生成式 AI 帶來的大規模操弄能力，所造成的集體挑戰。

簡單來說，我們需要讓所有人都能平等接觸到脈絡完整的資訊，不然它們也將毫無價值，甚至成為有害的武器。這些不僅由數位技術來推動，更需要集體、共通、包容的數位聯盟與民主結構的支持，在「上網是數位人權」的時代，精神無縫地在全球間流動，正如同古老的「道」概念。這是由零與一編織而成、不斷擴展的智慧聯網，以結合民主治理和協作技術的方式與社會結構融合。因此，「存取」不僅象徵技術普及，更有助於實現每個人內在的願景，自然培養信任、相互尊重和安全。

接下來，我們會闡述網際網路存取的現況、各國對於存取的努力，以及我們提出關於對數位環境的期待，和未來的展望。

彌平數位鴻溝

在全球數位化的進程中，臺灣、愛沙尼亞和斯堪地納維亞半島等民主國家，無疑成為了典範。這些國家成功的要素，包括政府對於網際網路發展的積極支持，對跨領域專業合作的重視，以及讓在地社區的工作者成為重要的政策和實施參與者。不過，對於數位公共基礎建設所需的長期投資來說，這只是頭期款。這些集體努力不僅推動了社會變革，更有助於鞏固民主價值和形成集體共識。理所當然地，這些在存取權方面處於領先地位的國家，也是那些最積極擁抱實質數位民主的國家，我們將在下一部分討論。

然而，這樣的積極成果並非常態。數位落差是社會兩極分化的主要例子，尤其是在農村和城市地區之間。在疫情前，全球 76% 的城市家庭擁有家庭網際網路存取，幾乎是農村地區 39% 的兩倍。疫情過後，隨著生活的各個方面（從工作、教育到社交活動）轉移到線上，這種差異再次成為公眾關注的焦點。根據國際電信聯盟（the International Telecommunication Union, ITU）的數據，儘管 2020 年有 4.66 億人首次存取網際網路，[1] 而且 2021 年至 2022 年全球使用者的數量和滲透率都將繼續增長，然而，網際網路在存取方面的多面向不平等依舊存在，助長了一系列經濟、政治和社會不公平現象。

全球有 27 億人仍未連上網際網路，地理分布也各不相同，反應了全球不平等。網際網路中充斥著地理、政治、性別和年齡等多維度的差異；解決這些問題需要全球性宏偉的視野、普及實施和大規模推動。

在本書前幾節的基礎上，我們需要從⋯⋯角度理解基本的「存取權」，其中政策制定者的角色格外重要。他們需要關注全球數位分歧，並採取相應措施來解決存取不平等的問題，包括對數位公共建設的投資，以守護線上交流的脈絡完整性。

在開放的同時，每位數位參與者也需要貢獻自己的力量，照亮網際網路的陰暗角落，彼此守望相助。當然，這個議題涉及全球社會結構和文化多樣性。幸運地，我們現在無需像托克維爾那樣遠渡重洋，就能學習到各國在建構數位民主和永續發展的寶貴經驗。

總之，我們正處於全球轉折點。為了保障和建立更安全、更開放的數位存取環境，有兩個重要的行動方向：

1. 數位基礎建設：開發國際互通的建設模式，克服我們在下文〈5-7 社會市場〉一節中討論的集體行動的挑戰，從而在全球範圍內提供公平的服務。

2. 資訊完整性：解決模仿模型（所謂的「深偽」〔deepfakes〕技術）帶來的挑戰，以維持語義安全並繼續享受數位時代帶來的益處。

如果我們能夠推進這兩項基本權利，本節描述的其他權利就能夠滲透到所有人的生活體驗中，不僅只是「線上」集體智慧的基石，更是全球日常生活的基礎。正如本書反覆強調的，當今數位環境中的許多公共服務和社會互動，都受到資本主義的制約。如今「網路存取是人權」（"internet access is a human right"）幾乎已經是整體民主國家間的共識。接下來的工作，則是解決民主制度與網路存取之間的複雜問題。

資訊完整性的基礎建設

加拿大研究學者蘇珊·希瑪爾（Suzanne Simard）專注於探討森林的合作性質，她認為野生森林可以被視為智慧系統。[2] 森林不僅具有自我洞察和自主發展的能力，而且各式生態元件之間更密切相互作用。希瑪爾在英屬哥倫比亞的古老

森林中，研究了樹木根系和共生的菌根真菌如何在土壤下層進行交流。她發現，在這種由真菌網絡牽引的環境中，不同種類的樹木能夠相互傳遞警告信號，並分享必要的糖、水、碳、氮和磷。[3]在生機勃勃的森林中，單一的「母樹」能與數百棵其他樹木建立連接。多棵母樹透過重疊的網絡，確保了整個森林作為集體有機體的連續性，透過開放的連接，來確保安全牢靠的環境。

數位基礎建設，透過開源軟體和開放資料建立起類似的模式。作為全球社群開放的公共基礎，它與成千上萬的數位社群合作，同時提供開放且安全的網際網路存取，並共同防禦當前的數位威脅。源自 Cloudflare 的報告顯示，臺灣是阻斷服務攻擊的主要熱點之一。[4]臺灣政府採用了前一節討論的 IPFS 框作為網站架構，使其能夠與私人數位服務、新興的開放性網路相互連結、共同防禦。這樣的結構，不但更能抵抗突如其來的阻斷攻擊，且利於與全球技術社群開放合作、相互支持。這提供了一個使系統對抗資訊竄改更為牢固的例證。

此外，在人們存取資訊時，保障可信的脈絡也至關重要。開放政府資料的主要目標與此相符：賦予公民更多權力，使政府更透明、更負責，從而有效地打擊腐敗，使民主制度更有效地為人民服務。烏克蘭的「Diia」和愛沙尼亞的「mRiik」，就是鮮明的信任網路和資訊開放雙向特點的例子。

愛沙尼亞和烏克蘭在數位化方面都很積極，並採用了促進公眾參與的形式。它們使數位技術真正成為公眾必要的社會工具，為公民獲取政府服務和即時資訊提供安全、開放的數位公共服務。「Diia」向全球展示了數位技術如何打破長期存在的腐敗。2024 年，愛沙尼亞推出了最新的應用程式「mRiik」，其設計靈感主要來自烏克蘭應用程式「Diia」。[5]

數位基礎設施並非放諸四海皆準的解決方案，各國仍然需要根據發展需求來進行調整。然而，基本功能和民主本質是相近的價值觀，為它的擴展提供了共同基礎。臺灣、愛沙尼亞和烏克蘭，展示了資訊完整性與數位基礎設施如何相互交織，形塑更強大的社會韌性。

總而言之，存取權是實現數位民主和社會包容的基石。要實現這樣的未來，需要多方面的努力，包括技術創新和政策合作。後續的章節將深入探討這些相互交織的問題。

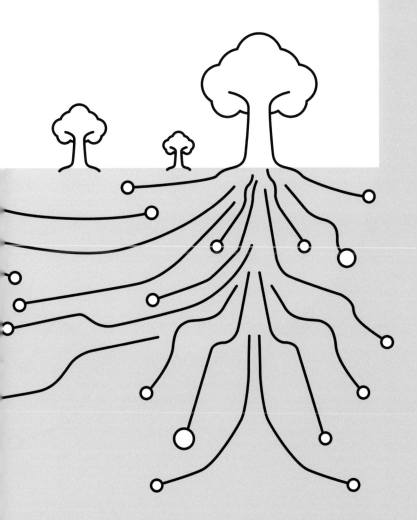

CHAPTER 5
民主：
跨越多樣性
的協作

這本書的創作目的，是在實際行動中演示與描繪
⬚。因此，本書的編寫使用了我們在本章中介
紹的許多工具。文稿使用「Git 協定」儲存和更
新，也就是開源工程師用來管理軟體版本的協
定。稿件在「公眾領域貢獻宣告」（Creative
Commons 0）授權下自由共享，這意味著創建
該文本的社群，對其中的任何內容都不保留任何
權利，並且可以自由、重複使用。在撰寫本書時，
數十位來自世界各地的跨領域專家作出了貢獻，
我們希望在出版前能有更多的貢獻者參與其中，
體現我們在本章中描述的做法。

〈5-6 ▢投票〉

一節中描述的先進投票程序，和預測市場的混合方式，集體批准對文本的更改。貢獻者透過社群貨幣和群體身分代幣獲得認可，而社群貨幣和群體身分代幣，又可用於投票和確定本書未決問題的優先次序。這些優先事項反過來亦決定了那些針對這些挑戰作出貢獻的人所獲得的量化認可。

有爭議的問題透過我們在下文

〈5-4 擴增審議〉　和　〈5-6 ▢投票〉

中討論的各種工具得以解決。

為了支持書籍在出版過程中的財務需求，

我們套用了　〈5-7 社會市場〉　一節中介紹的幾種工具，

包括部分共有制（Partial Common Ownership, PCO）和多元募資（plural funding）。

本書由社群翻譯，並使用了我們在

〈5-5 適應式行政〉　中討論的

許多跨語言和次文化翻譯工具。

我們也希望憑藉　〈5-2 沉浸式共享實境〉　中的技術，

與世界各地的受眾溝通、探索書中的觀點。

由於上述原因，當你閱讀本書時，就是在學習這些想法、評估它們的價值，體驗它們是什麼、當它們被付諸實踐後，又能帶來什麼。如果你受到這些內容的啟發，尤其是有所批判之處，歡迎提交 git pull request（拉取要求），對這份持續更新、由社群管理的文件和其所有翻譯版本，作出貢獻。也歡迎你和與眾多貢獻者聯繫，成為社群的一分子。我們希望盡可能讓對這項工作的批評，可從開源運動的口號「那就修正它吧！」受到啟發。

雖然「人權作業系統」是基礎，但對於多數人而言，重點是建立在系統上的內容。例如在人權的基石上，自由民主社會運行著開放的社會、民主制度與福利資本主義。或是在作業系統之上，客戶運行著生產力工具、遊戲和一系列基於網際網路的通訊媒介。我們將說明能夠建立在上一章所述的各種社交協定基礎上的協作技術。

儘管我們將本書的這一部分命名為「民主」，但我們計畫要描繪的將遠遠超出僅將民主作為國家治理體系的眾多傳統描述。相反地，要在基本社會協定的基礎上構建，我們必須探索各式應用面貌，促進協作與合作的全方位路徑，也就是許多實體（人或團體）為實現共同目標而攜手合作。然而，即使是這種說法，也忽略了某些我們所關注的重要關鍵，那就是：共同努力所產生的力量，要大於各部分合作所產生的結果的總和。

數學上，這個概念稱為「超模」，含括了亞里斯多德的經典思想，即「整體大於各部分之和」。鑒於我們對多樣性的強調，所謂的「大於」根據特定情境的脈絡而定，是由聚集在一起的個體和社群的規範與價值觀所定義。此外，我們關注的焦點不只於人或群體本身，而在於貫穿且區隔他們的結構，也就是社會差異。因此，我們在此打算要描述的，最精確地說，就是技術如何跨越社會差異、賦能超模，或更口語地說，即「跨越多樣性的協作」。

在這裡也將為接下來各節內容制定框架。我們將強調，為什麼跨越多樣性的協作，是如此基本而又雄心勃勃的目標。接著，我們將根據不同的深度和廣度，定義一系列不同的領域。然後，我們重點說明一種設計框架，該框架可在過早優化和混亂實驗的危險間，遊刃有餘的導航。然而，在運用多樣協作的潛力時，也可能讓未來協作的多樣程度蒙受損失。為了避免這種情況，我們將討論再生多樣性的必要。接下來，我們將介紹後續各節的結構。

跨越多樣性的協作：
許諾與挑戰

我們為何如此重視多樣協作？答案自然也不只一種。《星艦奇航記》的創作者金·羅登貝瑞（Gene Roddenberry）對瓦肯哲學「無窮多樣的無盡組合」的解釋觸動了我們心靈，這也是該影集一貫的主題：與「外星」物種的衝突接觸，最終帶來了相互成長。

> 「……相信美、成長、進步——都源於異質間的相互結合。和諧與不和諧一樣，都至少需要兩個不同的音符。人類的手足之情是一種理想，其基礎是學會欣喜於我們的本質區別，以及學會承認我們的相似之處。圓形和三角形結合產生了中心的寶石，正如文字和音樂的結合產生了歌曲，或婚姻的結合產生了孩子。生命的兩個最基本要素，或許就是生存和繁衍。跨越多樣性的協作，是這兩個要素的核心：為了生存，我們必須避免因差異而產生致命衝突；為了繁衍後代，異類必須走到一起，尤其如果要避免近親繁殖的話。」

除了這些基本要素之外，幾乎所有藝術、哲學和科學的偉大成就，都源於或甚至是由這些不同的東西組成的、令人驚訝的綜合體。世界各地和歷史上的宗教，都讚頌那些跨越差異，實現和平與合作的人。然而，對於更注重實際和定量的人來說，最有說服力的證據之一，或許是經濟學家奧戴德·蓋勒（Oded Galor）在《人類之旅》（*Journey of Humanity*）一書中所普及的發現。在與奎姆魯爾·阿敘拉夫（Quamrul Ashraf）合作，繪製長期比較經濟發展圖的基礎上，蓋勒認為，經濟增長最強勁、最根本的驅動力，或許正是社會以富有成效的合作方式，利用社會多樣性潛力的能力。

出於測量的需求，蓋勒主要關注人類種群的遺傳多樣性。如今，「多樣性」這個詞，在許多情況下，都被用來描述在美國等具主導地位的社會中，歷史上存在壓迫行為的各個層面。然而，多樣性有各種形式，包括：

RELIGION AND RELIGIOSITY

宗教和宗教性

各種不同的宗教實踐，包括世俗主義、不可知論和各種形式的無神論，構成了世界上大多數人的形而上學、認識論和倫理觀念的核心。

JURISDICTION

司法管轄權

人們是一系列司法管轄區的公民，包括國家、省分、城市等等。

GEOGRAPHIC TYPE

地理類型

人們生活在不同類型的地理區域，農村 - 城市、國際化 - 傳統化的城市、不同的氣候模式、地理特徵的接近程度等等。

PROFESSION

專業

大多數人一生中的大多數時間都在工作，透過專業、技藝或行業來定義他們身分的重要元素。

ORGANIZATIONS

組織

人們參與各式各樣的組織，包括了他們的雇主、公民協會、專業團體、運動俱樂部、線上興趣小組等。

ETHNO-LINGUISTICS

民族－語言學

人們說著不同的語言，語言構成了他們的認同，或被他人認同，作為與這些語言群體及其歷史相關的「民族」群體。

RACE, CASTE AND TRIBE

種族、種姓和部落

許多社會都有文化分群的特色，來自真實的或意識到的遺傳與家族起源。這些在某種程度上，塑造了集體的自我和社會認知，尤其考慮到基於這些特點所帶來的嚴峻衝突和壓迫的遺留問題。

IDEOLOGY

意識形態

無論暗示或明示，人們都採取一系列政治和社會意識形態，在不同社會背景下的組織模式往往大異其趣（例如某些情況下「左派」、「右派」是關鍵維度，但在另一些情況下，「宗教」或「國族血統」的劃分可能更重要）。

EDUCATION

教育

人們受教的類型和程度各不相同。

EPISTEMOLOGY/ FIELD

認識論／學門

各個學門的思維結構都不相同。舉例來說，人文學者和物理學家，通常以不同的方式學習知識。

GENDER AND SEXUALITY

性別和性傾向

人們在與生殖功能相關的生理特徵、與這些特徵相關的社交認知和自我認知有所不同，與這些特徵相關的親密關係模式方面也是。

ABILITIES

能力

人與人之間在天賦和後天發展、智力和挑戰方面，存在很大的差異。

GENERATION

世代

人們的年齡和生活經歷不同。

SPECIES

物種

幾乎所有上述的內容,都假定我們談論的僅是人類,但我們將要討論的某些技術,可能促進人類與其他生命形式、甚至無生物的自然界間交流與協作。自然界在其內部,以及與人類生命相比,當然都是豐富多樣的。

此外,正如我們在上文中多次強調的那般,人類的身分特性,正是由這些多樣化形式的組合和交集所決定,而不僅僅是它們的積累,就像 DNA 四個鹼基對的組建,孕育了生命多樣性的曲線。

讓我們回到多樣協作之所以如此重要的兩個基本原因。首先,在防禦 - 保護方面,多樣性是生活中無處不在的特徵。如果無法跨越多樣性協助,往往會轉化為暴力和破壞性衝突。再者,從積極 - 生產的角度來看,美、成長和進步,主要都源自於多樣協作。

不過,如果要說歷史帶給了我們哪些啟示,那就是,儘管多樣協作潛力無窮,但也充滿挑戰。社會差異通常會造成目標、信念、價值觀、團結一致 - 相互依附、文化 - 典範方面的分歧。

僅只在信念和目標上的簡單差異,可以說最容易克服:經由共享資訊、尊重彼此的不同意見,在信念上的一些差異都可以彌合,只要對客觀情況有共同的理解,對目標的妥協相對直接。而價值觀則更具挑戰性,因為其涉及到雙方都不願妥協和容忍的事物。

但往往最難彌合的差異,通常是橋接那些與認同(團結 - 依附)和意義建構(文化)系統相關的差異。團結和依附,關係到一個人感到他與結盟的或共享命運和利益的其他人,一個人根據此來定義自己是誰和群體的面貌。文化是構建意義的系統,讓我們能夠賦予任一符號重要性,賦予其存在。語言是最簡單的例子,但各種類型的行動和行為都會因文化脈絡的不同,帶有不同的意義。

團結和文化之所以如此具有挑戰性,是因為它們阻礙的並不是關於資訊或目標的具象協議,而是溝通、相互理解和將他人視為能夠且值得進行這樣交流的夥伴的能力。雖然它們在抽象意義上與信念和價值觀相關,然而在實際上,團結和文化在人類發展過程中,先於信念和價值觀:在我們有意識地持有任何觀點或追求任何目標的前面,我們先一步意識到我們的家庭和那些將會保護我們的人,並學會了溝通。作為如此基礎性的存在,它們是最難被安全調整或改動,通常需要共享生命形塑的經歷,或藉由強烈的親密關係來重塑。

要克服差異,除了本身的難度之外,還蘊含著一個重要的風險。為了協作而橋接差異,往往會侵蝕這些差異,在運用的同時,也削弱了它們未來的潛力。雖然這對於防範衝突的對抗來說,或許可取,但對於未來多樣性的生產力來看,則是重要的成本。一個典型的案例是,全球化既帶來了貿易收益,如飲食的多樣化,同時也可能使文化同質化,從而可能減少未來關係到此種收益的機會。因此「多元宇宙」的一個關鍵問題是,不僅要促進多樣協作,亦需要多樣增生,確保在如此的過程中,透過創造新的社交異質,來強化多樣性。這也與能源系統類似,能源系統必須確保能收穫能源,而且要再生能源,以實現永續增長。

深度－廣度光譜

由於「協作」與「多樣性」之間存在的張力，在深度和廣度軸線上，自然會出現一系列進行不同取捨的方法。有些方法旨在實現深入、豐富的協作，但代價是將這樣的協作限制在小型、同質的社群裡。我們可以用一組固定參與者的超模程度，來概括協作的「深度」：根據參與者的標準，他們的集體創造成果，比起分別所能創造的程度超出了多少。愛情或其他深層連接的關係，是最深層次的關係之一，因為它們能夠帶來生命、意義和繁衍的根本性轉化，而這些轉化是參與其中的人永遠無法獨自理解的。另一方面，以市場為基礎的資本主義充斥著膚淺的、交易性的、往往是匿名的交易，這些交易帶來了微薄的收益，卻遠不及親密關係所帶來的深度聯繫。

要量化這些互動模式之間的差異，一個粗略的思考方法是用資訊科學的「頻寬」概念。資本主義傾向於將一切簡化為單維度的數值（純量）：金錢。另一方面，親密關係通常不僅讓所有感官都沉浸其中，而且還會觸及「本體感覺」（proprioception），即對自己身體和存在的內部感覺，神經科學家認為這種感覺占所有感覺輸入的絕大部分。中間模式介於兩者之間，激發結構化的符號形式，或有限的感官集合。

然而，資本主義之所以沒有被普遍的親密關係所取代，一個自然的權衡因素是，要在龐大而多樣化的群體中建立高頻寬的交流，很富有挑戰性，但薄而淺的協作更容易擴大規模。規模和數量固然重要，但廣度最好從社會和文化空間距離的角度來理解：「廣度」旨在跨越經常阻礙聯繫與協力的界限，來實現高度包容性。

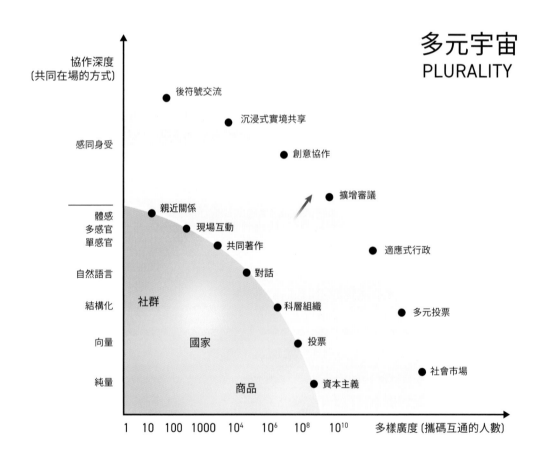

圖 5-0-1 ｜多樣廣度和協作深度之間的權衡和生產可能性曲線

我們可以看到，深度和廣度之間存在完整的光譜，代表了兩者之間的權衡。經濟學家經常透過「生產可能性曲線」（production possibilities frontiers, PPF）來說明技術，來揭示出在兩種可取事物處於緊張狀況下時，各種可能的選項。在圖 5-0-1 中，我們將這一系列的合作方式，繪製成這樣一個 PPF，並將我們在下文中研究的不同具體模式歸爲幾大類：交流豐富但範圍狹窄的「社群」、二者均處於中間狀態的「國家」，以及合作模式單薄但範圍廣泛的「商品」。□的目標是將這個邊界的每一點都向外推進，正如我們在這七個點中所說明的那樣，每一點都成爲技術上增強的延伸。[1]

這種取捨，在政治科學中很常見的例子是：在民主政體中，關於審議和投票的價值辯論。傳統上，人們認爲只有在小團體中，可進行高品質的商討，因此需要選擇某個小團體來代表更大的受眾，比如代議民主式選舉，或抽籤式民主（隨機選擇參與者）。人們相信這樣做可以帶來更豐富的合作，或更全面地浮出參與者的觀點，從而做出更好的最終集體選擇。另一方面，投票可以涉及更大更多樣化的人群，成本也低得多，但代價是每位參與者以（通常是）同意預先確定的選項清單中的某個選項的形式，提供來自他們觀點的單薄信號。

儘管「審議」民主（"deliberative" democracy）和「選舉」民主（"electoral" democracy）的支持者爭論不止，重要的是要注意它們只是光譜上的兩個節點，甚至遠遠不能代表光譜的兩端。儘管面對面的討論可以提供豐富的內容，但它們在分享、聯繫、建立共識和身分認同方面的深度，遠不及建立宣誓效忠的團隊（如軍隊），或是長期的親近關係所做的。而即使投票制度可以讓數億人對某項決策擁有發言權，但說到跨越社會界限，它的廣度則遠遠趕不上冰冷的、全球化的市場日常運作。

每種形式都需要權衡利弊，我們在歷史上駕馭這些形式的方式多彩多姿。隨著時間推移，這些方式也在不斷改進（例如視訊會議的出現）。連同未來駕馭這些的多樣性，都應該是希望的來源，我們可望以更廣泛的方式，跨越過往的社會差異限制，開展出更豐富的協作。

目標、預設用途與多極化

然而，如果想要「改善」這種取捨，我們至少要明確指出怎樣才算是改進。是什麼讓協作有意義、有價值？究竟什麼構成了社會差異和多樣性？我們如何衡量二者？

特別在經濟學和傾向於量化的領域，一種標準的觀點，是堅持我們應該指向全球化的「目標」或「社會福利」功能，來衡量進步的程度。當然，困難在於，面對社交生活的無限可能性，任何試圖明確化某個標準的嘗試，都注定會在未知或不可知的邊界上墜落。我們越是雄心勃勃地運用某種標準來追求□，它可能越發不牢固，因為當我們越是深入地、跨越更大的差異與他人建立聯繫，我們就越有可能意識到我們最初的美好願景的缺陷。堅持在了解世界的形態之前，就設定某個基準，會導致為時過早的優化，這正是所謂萬惡的根源。

最糟糕的惡行之一，就是過度簡化世界的豐富與多樣性。此處的原型案例，正是新古典經濟學（Neoclassical economics）中關於市場最優化的結論，它們依賴於極簡化的假定，且經常用來遏阻發現社會管理系統的努力，包括處理收益遞增、社會性、不完整資訊、有限理性等課題的嘗試。在接下來的章節中，我們會發現，我們對如何建立對這些特徵較敏感的社會系統，並不那麼了解，更不用說要如何建構趨近於最優的系統了。這也表明，為什麼在尋求的過程中，「優化」的欲望、追逐某種簡單的善的概念，往往會誘使我們偏離願景。我們可能會受到誘惑，傾全力追求那些描述起來簡單、容易實現的東西，而不是我們真正追求的東西。

優化，特別在於追求「社會福利功能」上，也隱含了陷阱：即「扮演上帝」。為了實現將社會福利最佳化，需要「絕對客觀」的觀點，想像自己能在無人能及的廣泛層次上，影響著各種條件。然而，我們都是從具體的人和社群出發、為具體的人和社群而行動，其目標和可能性受限於我們是誰和我們所處的位置，在一個由其他力量組成的網絡中，希望這些力量共同形成某種能夠避免毀滅的模式。那些只適用於某些抽象且普世觀點的工具，不僅僅是越權而已：它們對於能夠實際採用它們的人來說，可謂毫無吸引力。

與此同時，還有一種相反的極端危險。若我們只是追求模仿生活特徵的設計，從而將注意力投注在不具有目的或意義之處，我們就很容易被人利用，為人類最陰暗的動機服務。尼爾・史蒂文森（Neal Stephenson）的反烏托邦小說和《黑鏡》（Black Mirror）系列影集都提醒我們，與人類價值觀脫鉤的技術進步，如何成為破壞社會紐帶的陷阱，讓渴望權力的人掠奪、控制和奴役我們。

我們不需要靠假設的情境，就可以察覺在沒有廣泛指引的使命下，追求強大技術的危險。「Web2」時代的主流線上平台，如 Google、Facebook 和 Amazon，正是出於將現實世界社會性的關鍵特性（即集體決定的新興權威、社交

網絡和商業）引入數位世界的意識而成長起來。雖然這些服務為全球數十億人促進了便利，但我們在前文裡也評述了它們的許多缺點，以及這些在沒有更廣泛的公共目的指引下，為這個世界帶來的危險。我們構建的工具，必須為真實且多樣群體的需求而服務，在滿足他們需求的同時，我們不能也忽視其所處更寬廣的社會脈絡，以及我們可能在滿足這些感知需求時，會加劇的衝突。

幸運的是，中道、務實、多元的路徑是可能的。我們不用狹隘地只透過上帝視角，亦毋須僅從地面的角度來看問題。相反，我們可以構建各種工具，來實現從親近的家人、朋友到國家等一系列社會群體的目標，同時始終如一地關注各視角的局限性。我們也必須與其他平行的發展方向相互聯繫，從中學習。我們可透過關注社會福利來改革市場功能，而這樣做的基礎是在我們的模型中，加入那些追求更細化視角的人們所揭示的社交豐富性的關鍵特徵，並期望我們的解決方案，至少可部分建立在他們還未能解釋的特質的基礎之上。我們可以建構出更豐富的方式，讓人們對他者深層次的經驗感同身受。與此同時，假若這些工具不與審議、監管和結構良好的市場相互合作，那麼它們很可能會被濫用。

我們總是可以預見，無論我們建立何種聯繫、解決什麼衝突，都只是跨越多樣性的協作過程中的某個階段。向前邁出成功的每一步，都會帶給我們感知的這個世界更具挑戰的多樣性形式，來重塑我們對自我和願景的理解，也要求我們更加努力地彌合裂縫。即使這個願望沒有「目標函數最大化」「追求技術進步與社交豐富性」的單純滿足感，但這正是為何值得追尋這條艱難道路的原因。引用《星艦奇航記》的另一句話：「穿越挑戰，以達星辰」（ad astra per aspera），或者用諾貝爾獎獲得者安德烈・紀德（André Gide）的話說：「信任那些正在尋找真理的人；懷疑那些已經找到真理的人。」

再生多樣性

如上所述，即使我們避開了陷阱，並且成功橋接、運用了多樣性，我們也冒著在過程中耗損了多樣性所提供動能的風險。這種情況無論在光譜內的任何一隅、哪種技術的精密程度，都有可能出現。組成家庭的親近關係，可能會使參與者同質化，破壞了點燃愛情的互補火花。建立政治共識，可能會削弱政黨政治的活性與創造力。翻譯和語言學習，也會減低對其他語言和文化精妙之處的興趣。

然而，「橋接」行動即使會重新組合現存的文化，進而減少這些鴻溝的平均寬度，卻並不一定會帶來同質化的後果。原因在於，橋接本身就扮演了積極且成效的生產角色，而不只是防禦的作用。誠然，科學領域的跨學科橋接，可能會加寬了某個領域的內部標準，從而削弱其獨特的視角。但是，它也可能促成新的、同樣獨特的領域出現。例如，心理學與經濟學的交會創造了一門新的「行為經濟學」領域；電腦科學與統計學的交會也幫助推動了「資料科學」和人工智慧。

相似的現象，在歷史上屢見不鮮。橋接政治分歧，可能導致過度同質化，但也可能增生新的政治分群。一般來說，家庭之中會有子女，子女與父母意見不同，並帶來新的視角。大多數藝術和烹飪的新奇之處，都源於對現有風格的「拼湊」或「融合」。[2]「正題」與「反題」相遇後的「合題」，並不總是妥協，取而代之的也可能是辯證的嶄新觀點。

以上這些，都不是理所當然的。當然，也有許多交叉點侵蝕了多樣性的案例。但是，這一系列的可能性，帶給了人們希望，只要我們仔細關注這項議題，就可能在多種情形下設計出獲取更新多樣性動力的協作方式。

無窮多樣的無盡組合

我們將在此探討一系列（但遠非全部）跨越差異的協作方式，以及如何在這些方式的基礎上，持續推進▢。每一節的開頭都會像本節一樣，介紹目前正在使用的、接近最尖端的技術，然後介紹該領域常見的、新興的方式。接下來，將強調正在研究的未來發展的前景，以及這些工具可能對▢帶來的風險（例如同質化）和因應風險的方法，包括利用其他章節中介紹的工具。我們希望，我們所強調的各種方式，不僅能顯示出▢的重要特質，還能體現其方法和本質的一致性。只有▢互補和網絡化的方向，才能支持▢未來的發展。

5-1
後符號交流

「後符號交流」（Post-symbolic communication）的出現，標誌著人與人之間思想和情感交流新時代的開始。這種模式超越了語言和傳統符號的局限，因為它們往往受到文化界限和主觀解釋的限制。「後符號交流」利用尖端技術，包括神經界面、中介實境（Mediated Reality）和先進的AI，促進了更直觀、更直接的人際互動。

我們將在此介紹一些技術，探索後符號交流的概念和前沿，研究它將如何徹底改變人際聯繫、教育和協作。接著，探索無須口語或書面語言就能傳遞思想、情感和感官體驗的技術的潛力。此外，也探討了這種通信對社會、個人身分以及我們對集體意識的理解的影響。此外，還進一步討論後符號交流如何透過促進更深層次的共鳴和共享經驗，影響我們應對文化誤解和衝突等全球性挑戰的方式。

本節也會仔細探討這種深度互聯所涉及的倫理問題，包括對隱私的關注和對個人思想自主性的保護。當我們站在這場通訊革命的風口浪尖上，我們必須作好準備，迎接這樣一個未來：在這裡，思想和情感一樣暢通無阻，理解不會因為言語的含糊不清而受到阻礙，人類分享經驗時生動的程度，和親身體驗時一般無二。

今日的親近關係

後符號交流是賈隆·拉尼爾（Jaron Lanier）[1]創造的術語，它超越了傳統語言和符號的範疇，探索直接和身臨其境共享體驗的潛力。拉尼爾從章魚等動物身上觀察到的複雜非語言交流中汲取靈感，例如章魚透過動態改變自己的形態和顏色來傳達複雜的資訊。這種交流模式提出了從抽象到具體的演變，使人類能夠在虛擬空間中，以直接和生動的思想表達自己。

在當前的景觀中，我們從各種形式的人類互動中看到了這種後符號化潛力的曙光。例如，舞蹈和肢體親密接觸可以在不說一個字的情況下，傳達複雜的情感狀態和敘事。在音樂方面，有證據表明音樂家之間以及表演者與觀眾之間，存在共同的大腦活動。一些研究利用功能性核磁共振成像（fMRI）觀察聽眾大腦的同步反應，[2]還有一些研究利用腦電圖追蹤管絃樂隊中音樂家的大腦活動，[3]發現這種協調與音樂享受之間存在聯繫。[4]另一個例子是母嬰之間的非語言聯繫，特別是母親和胎兒之間的心跳同步，尤其是當母親有節奏地呼吸時，這表明了一種內在的交流途徑。[5]這些例子，如音樂中的協調、母子心跳的聯繫、冥想或迷幻體驗中達到的集體狀態等等，都指向一種超越口頭和書面語言的深層交流潛力。

不過，在後符號交流中，嗅覺也許是最普遍也最被低估的感官之一。化學信號在人類交流中的作用，是後符號交流中一個成熟的探索領域。化學信號或化學信號在動物界被廣泛用於交流，在人類互動中也發揮著微妙而重要的作用。這些生化信使可以傳達情緒狀態，並引發他人的反應，而且往往是無意識的。舉例來說，研究表明，人的汗液中含有一些化合物，當這些化合物被他人檢測到時，可以傳達壓力或恐懼，從而影響接收者的感知和行爲。這種交流形式深深植根於我們的生物學，經由繞過傳統的語言方法，直接影響接收者的情緒狀態和整個意識連續體的認知，都符合後符號交流的原則。[6]

總之，今天的對話中，不乏接近於後符號交流的例子。從生理信號的同步，到能夠微妙影響人類行爲和互動的化學信號的傳遞，我們正在學習欣賞和運用我們非語言交流能力的力量。

明日的親近關係

在技術領域，尤其是在生成式 AI 領域，我們正在見證與後符號交流理念平行的演變。像 DALL-E 這樣的工具和其他先進的 AI 平台，就是這項進步的例證。這些技術讓我們能夠以與我們想像力匹配的速度，生成我們思想的視覺呈現。現在，我們不再局限於學習繪畫或使用複雜的電腦圖形軟體，我們可以立即創造出以前只存在於我們頭腦中的圖像和視覺場景。這種將思維轉化爲視覺形式的即時表現，是向後符號交流時代的一次重大飛躍。它彌合了抽象概念與有形表現之間的鴻溝，使我們能夠以更直接、更直觀的方式交流思想和情感。這種能力超越了單純的藝術表達，對我們如何分享和理解彼此的內在體驗和創造性構想，有著深遠的影響。

在進一步探索技術與後符號交流的交匯點時，「人形彈性」（homuncular flexibility）[7]的概念提供了一個引人入勝的視角。這一概念表明，個人可以學會控制與自己的身體形態大相徑庭的虛擬身體。透過改變追蹤運動（輸入）和渲染運動（輸出）之間的關係，用戶可以體驗到一種超越身體限制的交流形式。這個洞見，對理解和模擬幻肢等現象特別重要。在幻肢現象中，人可以感知到且與不存在的肢體進行互動。在這一概念的基礎上，AI 和動畫領域的最新進展，尤其是語言模型在即時動畫控制中的應用，進一步擴大了人形彈性的範圍。這些技術能夠解釋自然語言輸入，在虛擬環境中生成動態逼真的動畫。[8]透過整合語言模型，用戶可以更直觀地指揮虛擬化身或環境，並與之互動，使用自然語言提示複雜的動畫。這種協同作用增強了用戶表達和體驗各種狀態和動作的能力，使虛擬互動更加逼真和身臨其境。

此外，將神經界面融入後符號通訊領域，也是令人興奮的前沿發展。神經界面，即直接連接大腦的設備，發展同樣越來越複雜，並將爲複雜思想和情感的交流提供直接途徑。這些技術可以捕捉與特定思想或狀態相關的神經活動，並將其轉化爲數字或物理輸出，從而實現前所未有的互動。研究人員已經展示了大腦植入如何將癱瘓病人的意圖轉化爲物理動作，[9] 顯示了神經界面對於思想和行動之間的鴻溝，具有彌合的巨大潛力。這種能力表明，在實現後符號交流方面取得了重大進展，思想和情感的傳遞可以直接且無縫進行。

這些技術進步，再加上我們對人類感知和認知的不斷深入了解，為未來的交流鋪平道路，使交流能夠涵蓋更廣泛的人類體驗和狀態。在後符號通訊中，人形彈性和神經界面的結合，可能會帶來更具包容性和同理心的互動方式，實現一種不僅是後符號而且是深度同理的通訊形式，因爲個人以最未經過濾的形式分享經驗和情感，身體的限制不再是深度和有意義聯繫的障礙。

心靈感應的前沿

從同步心跳到以圖像的形式虛擬表達思想，我們正在穩步邁向這樣一個現實：溝通的邊界不斷擴大，從而能夠產生更深層次的共鳴、創造力和共同理解。展望未來，「後符號交流」將爲我們帶來一個大膽的未來。透過神經界面進行心靈感應交流，在可控環境中共同探索清醒的夢境，以及直接傳遞情緒狀態，這些都有可能實現。研究人員不僅在對現有技術進行迭代，還在爲可能重新定義人類聯繫的激進創新鋪平道路。

這些技術的發展預示著，未來人與人之間的隔閡會逐漸消失，從而實現更親密、更直接的交流。當我們學會駕馭這些新空間時，我們很可能會發現藝術、社交互動和集體解決問題的新形式，以過去無法想像的方式利用我們共同的人性。

後符號交流的局限性

然而，後符號交流的旅程並非全無風險。承諾加深聯繫的工具，可能會在不經意間導致個性的喪失，因爲使每個人獨一無二的細微差別，會被同質化的集體體驗所淹沒。這引發了人們對隱私、親密關係的本質及個人身分的未來，有著極大擔憂。

爲了應對這些挑戰，我們必須借鑑前面章節所討論的倫理框架和民主原則。將這些原則納入後符號平台的結構中，可以提供保障，確保在我們尋求更深層次的合一時，個性也能得到維護。多元社會的基本原則，必須在這些新領域中得到調整和加強，以防止個人自主性受到侵蝕，並保持人類文化所特有的豐富多彩的多樣性。

5-2
沉浸式共享實境

沉浸式共享實境技術的出現，運用了最先進的虛擬實境（VR）、擴增實境（AR）和混合實境（MR）系統，標誌著人類互動的變革。這些技術使人們能夠不受地域限制，參與深度共享、價值驅動和多感官體驗，培養團結和社群意識。本節深入探討了身臨其境技術的前景、應用和潛力，同時將它們置於更廣泛的數位和物理互動模式之中。本節重點是促進融合物理和虛擬元素、集體體驗的身臨其境技術，不僅探討這些技術如何促進超越傳統社會和空間限制的互動，來補充和擴展人類體驗，更強調這些技術可能在環境和氣候參與中發揮的關鍵作用，以創造永續、具有氣候韌性的共享實境。

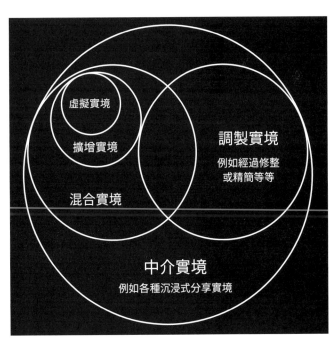

圖 5-2-1 ｜中介實境的框架，改編自 Mann 和 Nnlf（1994）。文氏圖有四個重疊的圓圈，標記為「虛擬實境」「擴增實境」「混合實境」和「調製實境」。一個更大的圓圈包含這些，標記為「中介實境」。

來源：維基百科。

今日的共享實境

沉浸式共享實境,指的是利用技術創建一個共用的虛擬環境,用戶可以在其中進行即時互動。這種類型的「實境」可被視為一種「中介實境」的應用,這一詞是史帝夫·曼(Steve Mann)在 1990 年代創造的一個更廣泛的術語。「中介實境」涵蓋了各種能夠中介我們對現實的感知的技術,包括虛擬實境(VR)、擴增實境(AR)和混合實境(MR)。某些最常見的應用,包括遊戲、娛樂、藝術、醫療保健和教育有關,通常也是身臨其境的共享實境。

如今的沉浸式共享實境,是娛樂、藝術和協作的生動組合,從虛擬音樂會和線上多人遊戲、遠端團隊建立練習,到虛擬旅遊,不一而足。怪奇比莉(Billie Eilish)等藝術家已經舉辦了虛擬音樂會,將觀眾吸引到音樂的脈動中心。美國加州 Coachella 音樂節等等活動,也在沒有實體場地限制(如售罄)的情況下,運用了 VR 的優勢。這種共享體驗,就像線上多人遊戲一樣,創造出某個世界,在這個世界中,玩家不僅可以競爭,還可以建立持久的友誼,打破虛擬與現實的界限。透過虛擬實境技術,來開展遠端團隊建立活動,可將遠隔重洋的同事變成共享數位空間中的隊友,培養團隊精神和友誼。透過虛擬旅遊,旅行者可以體驗偏遠地區的風土人情,足不出戶就能漫步歷史名城、遊覽異國風光。

不過,這些平台不僅能帶來娛樂,還能創造出跨越文化和距離的共同理解和共鳴空間,促進相隔遙遠的人們之間的情感聯繫和認識。舉例來說,語言學習應用平台,可以讓使用者沉浸在他人的語言和文化背景中,而虛擬實境療程則為那些面臨心理健康挑戰的人,提供治療和安慰。每個例子都體現了沉浸式共享實境,如何將娛樂與更深層次的社會聯繫融為一體的獨特層面。隨著這些技術的成熟,人們不僅用來模擬實境,更擴增了實境,在不同文化之間架起橋梁,促進全球社群的共同體驗和相互理解,無論個人的出身或語言如何。

明日的遠端共享實境

即將來臨的新興技術,有望加深身臨其境的體驗,透過讓使用者置身於可同時類比多種感官的合成世界中,來重塑人與人之間的互動。雖然視覺和聽覺一直是傳統的重點,但觸覺、嗅覺甚至味覺的整合,正開始增強身臨其境的體驗。身臨其境共享實境的前景潛力,預示著多感官融合將不再是例外,而是常態。新型感測器和執行器,有望經由合成世界加深身臨其境的體驗,這些合成世界不僅能複製,而且能增強所有感官。

長期以來,視聽介面一直是數位領域的先驅感官,現在的前沿領域正拓展至觸覺,先進的觸覺回饋系統可以複製身體接觸的細微差異。嗅覺,曾一度被認為是數位領域中難以被捉摸的感官,但現在技術也能捕捉到嗅覺,使香味和氣味成為 VR 中關於故事講述、教育甚至零售體驗的一部分。味覺,雖然仍處於萌芽階段,但已開始透過味覺重定向技術[1]大顯身手,經由在進食前,向口腔輸送化學調製劑來改變味覺感知,這預示著,在未來用餐將成為一種共同的虛擬冒險。

多感官擴增,不僅僅是為了增強效果,還有一個更高的目的,即在沉浸式空間中促進包容性平等。例如,超級寫實的社交虛擬實境平台,在設計時即可考慮無障礙因素,允許有視覺或聽覺障礙的人,經由其他感官參與其中。當前設計中的虛擬會議空間,可以讓相距甚遠的人們,像在同一個房間裡一樣交談。例如,「門戶警務專案」(Portals Policing Project)[2]就示範了身臨其境共享實境,如何透過在可控但逼真的虛擬房間裡,與執法人員分享人們的生活經驗,增進雙方的理解和信任,從而成為公共利益服務的例證。同樣,「樹專案」[3]展示了沉浸式虛擬實境,如何透過把用戶變成一棵熱帶雨林的樹,來體會砍伐森林和氣候變化的威脅,從而喚起人們對自然環境的同情和憐憫。

沉浸式共享實境的
前沿

在沉浸式共享實境的前沿，我們不僅僅是旁觀者，而是多感官整合革命的積極參與者。[4] 隨著「中介實境」技術的進步，複製感官模式、並將其引入虛擬體驗的精緻度也將提高，從而可以更複雜、更可控地運用非傳統感官輸入，如嗅覺和味覺。這種對嗅覺和觸覺刺激的精心策展，在與視覺和聽覺相結合時，可以創造出一種令人信服的幻覺實境，與使用者的情感和記憶產生深度共鳴。這種刺激在睡眠中被重新啟動時，不僅能增強這些記憶，[5] 還能經由感官刺激，在意識改變的狀態下模擬世界，[6] 例如共享的清醒夢境中。[7]

這種整合的重要性，說明了沉浸式共享實境的更廣泛目標——創造的體驗並非逃避現實，而且是現實的延伸，增強使用者對氣候變遷等重要全球問題的理解和參與，提供一個平台，讓使用者不僅提高認識，而且積極參與永續發展的努力。虛擬環境可以模擬氣候變遷的嚴峻現實，如海平面上升或極端天氣事件的影響，將抽象、遙遠的概念，化為直接的個人體驗。這些身臨其境的模擬並不是嚇唬人的策略，而是可從情感和認知上吸引使用者的教育工具，能促進使用者更深入了解人類行為對環境造成的後果。在這些實境裡使用情感運算時，這一點尤其強大，系統會根據使用者的反應、生理以及記憶或偏好來調整環境，從而形成回饋迴路，提高對氣候問題的認識和共鳴。

我們可以考慮這種身臨其境的體驗，用在環保宣傳和社群創造行為方面的潛力。在虛擬設計工作室中，社群成員、建築師和工程師齊聚一堂，共同創造未來的綠色空間。這個過程不只是企劃，參與者可以感受這樣的環境並產生共鳴，還可以虛擬地觸摸那些預定種植的樹木的樹皮，吸入花園裡芬芳的花香，在第一顆種子播撒到現實世界之前，就已經在專案中建立了內在的聯繫。想像這樣一種場景：在身臨其境的共享實境中，經過這樣的合作設計過程，社群的願景不僅被轉化為詳細的 3D 模型，而且還透過大型 3D 列印變成了現實。這個過程借鑑循環經濟的原則，即所使用的材料可以在不產生廢物的情況下進行採購、利用且最終回歸地球。房屋和社區結構的 3D 列印，與傳統的建築方法則截然不同。

在透過沉浸式共享實境對話，生成的精確數位示意圖指導下，自動列印機可以將生物材料層層疊加，以傳統模式無法比擬的速度、效率，製造出牆壁和建築特徵。這個過程大幅減少了建築垃圾，並可實現複雜的有機設計，而傳統建築技術很難或根本無法實現這些設計。從未來居民的集體想像中「列印」社區的概念，並不像以前看起來那麼牽強。

沉浸式共享實境是一種強大的設計工具，它允許居民在虛擬環境中共同創造自己的生活空間。這種世界將有助於形成共同的經驗和集體記憶，並將這種不斷發展的技術融入上一節所述的後符號交流新時代。

沉浸式共享實境的
局限性

儘管身臨其境的共享實境技術大有可為，但也面臨著各種各樣的倫理兩難和社會挑戰，可能會破壞多元宇宙原則。我們面臨的潛在問題包括：虛擬逃避現實的風險、現實世界行動主義的淡化、增加或忽視現實世界責任和關係的可能性。隨著虛擬體驗的降臨，與我們的有形現實並無二致，沉迷的風險和忽視現實世界需求的可能性，成為了令人擔憂的問題。這些數位領域的誘惑力，也可能催生出某種虛擬的逃避主義，使真實的行動主義和可類比的宣傳之間的界限越發模糊，從而削弱現實世界努力變革的活力。

要解決這些問題，就必須在虛擬社群的結構中，認真植入倫理和民主原則。借鑑其他章節提出的見解，將參與式治理系統（如民主投票機制）融入虛擬環境，提供了很有前景的方法。這些系統可以確保每個人腳踏實地、負起責任，在數位參與和現實世界的角色、責任之間保持平衡。經由在這些平台中培養積極的公民意識和負責任的管理文化，我們可以努力捍衛多元化和多樣性，因為它們是充滿活力的社會的基石。

5-3
創意協作

西元前 79 年，維蘇威火山的大爆發引起了一場災難，讓羅馬城市龐貝和赫庫蘭尼姆城被埋在一起，伴隨著他們的還有一批來自西元前一至二世紀的 1,800 卷莎草紙，若非如此，這些珍貴文獻恐怕早就隨著時間而損毀。這些卷軸包含了古代世界具有重要意義的哲學和文學遺跡，一直吸引著學者們的目光。從十八世紀開始，人們開始嘗試展開這些卷軸，但常常因為脆弱的碳化文件毀壞而告終。然而，現代成像技術為探索開闢了新的途徑，2023 年「維蘇威挑戰賽」就是很好的例子，它位於歷史、科技和協作解決問題的交叉點上。只要有電腦，就可以透過虛擬展開掃描卷軸，來贏得一系列獎項。

為了避免資訊孤島化，主辦單位引入了每兩個月頒發一次的小型「進步獎」，要求參與者以開源方式發布他們的程式碼或研究成果，以豐富整個社群的共享知識庫。值得注意的貢獻包括 Seth Parker 等人在 Brent Seales 實驗室開發的「體積製圖師」（Volume Cartographer），以及 Casey Handmer 辨認出形成字母的獨特「裂紋」模式。Youssef Nader 接著利用領域適應技術，對這些發現進行了研究。隨著競賽的進行，其結構促成了一個動態環境，獲獎者不僅分享他們的發現和方法，還能將獎金再投資到增強設備和改進技術上。這種環境也證明了有利於形成新的合作關係，正如大獎得主所體現的那樣。

2023 年 3 月公布的大獎獎金為 70 萬美元，標準是破解四段各 140 個字符的文字，至少要恢復 85% 的字符。由 21 歲在 SpaceX 公司實習的大學生 Luke Farritor（他幫助 Nader 博士生在柏林完善他的技術），以及剛從蘇黎世聯邦理工學院獲得機器人學碩士學位的 Julian Schilliger 組成的團隊，共享了突破性的勝利，超出預期地恢復了額外的 11 列文字，其中包含 2,000 多個字符。每位團隊成員，都將他們的專業知識和早期成就帶到了這個協作努力中。他們的成功不僅標誌著重要的學術里程碑，而且推動了整個數位考古學領域向前發展。

而藝術表達經由音樂、視覺藝術、戲劇、建築、電影，甚至是烹飪等媒介，是形成定義社會群體共享文化的最強大、最標準的基礎之一。儘管不如完整的多感官共享體驗那樣引人入勝，但它們可以傳播得更遠，並以比口語交流更豐富的方式，開啟一種甚至更多的感官體驗。今天，由於數位工具和平台的結合，地理、專業甚至觀眾的界限正在消失，這些工具和平台開啟了創意協作的大門。本節探討這些技術如何促進新的協作創作時代，其特點是前所未有的易接近性、即時互動和共享的創意空間。我們將看到藝術家、教育工作者和企業家如何利用群眾外包（crowdsourcing）和線上平台的力量，打破障礙，拓展創作過程。這些技術不僅連接個人，而且促進了一個比以往任何時候都更具包容性、活力和拓展性的共享創作過程。

當今的創意協作

藝術共同創作並非新鮮事。幾千年來，音樂家、舞者和演員都組成團體。一些最經典的文學作品，如《聖經》、《薄伽梵歌》和《荷馬史詩》，幾乎可以肯定是由數個世代的人們共同完成的。電影的製作人員名單之所以有時綿長得令人分心，其來有自。

然而，這些定義文化的協作專案，傳統上非常緩慢且昂貴，限制了輸出的可及性和創作過程中的參與。例如，合著傳統上需要數月、數年甚至數代人的重述、改編、重寫等等，才能實現連貫且易於理解的敘事。龐大的現場展演娛樂產業證明了將團隊空運到世界各地，向不同觀眾展示創意協作體驗的高昂開銷。其他形式的聯合創意，如上文強調的科學合作，傳統上發生在大型的實體共址實驗室中，如洛斯阿拉莫斯國家實驗室。

然而，早期成為網際網路結構一部分的■技術，由泰德・納爾遜（Ted Nelson）等人設想，正如我們在〈3-3 我們遺忘的道〉強調的那樣，已經改變了協作創意實踐和分享的可能性。

ONLINE COLLABORATION

線上協作平台

Slack、Asana 和 Notion 等工具透過讓團隊能夠實時協作，無論地理位置如何，都徹底改變了工作空間。這些平台經由提供溝通、專案管理和文件共享的基礎設施，支持從軟體開發到行銷活動等廣泛的創意專案。它們說明了數位工作空間如何提高生產力，並在團隊成員之間培養社區意識。

CLOUD-BASED CREATIVE SOFTWARE

基於雲端的創意軟體

Adobe Creative Cloud、Autodesk 和 GitHub 為設計師、工程師和開發人員提供了複雜的工具，可以同時處理共享專案。這項技術允許實時回饋和迭代，縮短了從概念到創作的時間，實現了更流暢、更動態的創作過程。更突出的是，協作文字處理軟體（如 Google Docs）實現了不同地域的許多人實時協作編輯。

OPEN-SOURCE PROJECTS

開源專案

一些最雄心勃勃的創意協作，發生在開源共同編輯專案中，如維基百科，數千人在那裡共同創建日益標準化的內容。GitHub 和 GitLab 等平台為軟體開發提供了類似的共同開發，而 Hugging Face 等平台則允許用於 AI 模型的開發。這種協作模式利用全球社區的集體智慧，透過不同的意見和觀點加速創新和提高軟體品質。

REMOTE ARTISTIC COLLABORATIONS

遠程藝術協作

藝術家和創作者使用 Twitch、Patreon 和 Discord 等平台進行專案協作，分享他們的創作過程，並與觀眾實時互動。這些平台使藝術家能夠與其他藝術家和粉絲共同創作，打破創作者和觀眾之間的障礙，培養圍繞創作過程的參與文化。

EDUCATIONAL COLLABORATIONS

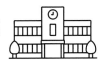

教育協作

Coursera、edX 和可汗學院等在線教育平台，將來自全球的教育工作者和學習者聚集在一起。它們支持協作式學習體驗、同伴回饋和小組專案，使教育更易於獲取，並培養全球學習社區。

CROWDSOURCED INNOVATION

群眾外包創新

Kickstarter 和 Indiegogo 等平台使企業家能夠與公眾合作，為新產品和專案提供資金和完善。這種協作模式邀請廣大受眾的投入和支持，驗證想法，並確保它們滿足潛在用戶的需求和願望。

展望未來，隨著我們向前邁進，協作創新的可能性可以在廣度和深度上不斷增加，利用更大（甚至是全球）社區的集體智慧、多元觀點和獨特貢獻而蓬勃發展，重新定義創新、藝術、科學和教育的界限。

明日的創意協作

在 ▦ 實踐的邊界，我們已經看到了一個世界，在這個世界中，由先進運算模型輔助的即時全球協作成為常態，將創作過程推向包容性和創新的新高度。赫庫蘭尼姆卷軸的故事，體現了協作創新的本質——連接過去與未來、融合不同專業知識，來照亮未知領域。它標誌性地開啟了我們的探索之旅，提醒我們在每個偉大發現的核心，都蘊含著協作的精神，這種精神不斷推動人類向前發展，超越我們想像力的極限。維蘇威挑戰賽及其獲獎者並非特例，而是一種常見模式。以 2009 年的 Netflix 大獎為例，它提供一百萬美元獎金給能夠在推薦電影的演算法方面，超越內部演算法 10% 的團隊。這個獎項競賽歷時兩年半之久，最終只有當領先的團隊放棄單打獨鬥，而是與其他不同團隊及其多樣化演算法結合時，才取得成功。[1] 人們甚至可以用這個概念來重新想像神經網絡作為社交網絡，模擬具有不同觀點的人之間的多樣性和爭議。可以說，這種對多個觀點的同步模擬，正是可能解釋其在廣泛任務中日益占據主導地位的原因。[2]

我們在各種新興實踐中，看到了這個未來的開端：

合成樂器和生成藝術

1980 年代，以能夠透過電子方式合成各種聲音的配置為基礎，發展了電子音樂，這在過去需要精心編排，甚或根本不可能實現。今天，我們看到了一場更加激進的革命的萌芽，因為生成式基礎模型越來越受藝術家所用，讓更廣泛的人群能合成令人炫目的體驗。例如，頂尖藝術家荷莉·赫恩登（Holly Herndon）、麥特·德萊赫斯特（Mat Dryhurst）及其合作者利用生成式基礎模型，讓他們能夠用不在場的歷史人物或其他人的聲音唱歌，並讓其他人用他們的聲音簽名。藝術家和音樂家勞麗·安德森（Laurie Anderson）使用各種模型生成能夠以歷史風格和智慧談論當代問題的文本。一代「生成式藝術家」探索了這些模型中交織的創造力，以從集體心理中提取元素。在這個專案中，我們以簡單的方式混合了許多參與者的語音樣本，創建了用我們共同的聲音朗讀的音訊版本。

異星藝術（Alien art）

雖然生成式基礎模型可以模仿和自動化人類產生想法的方式，但我們可以追求生成「異星智慧」，將我們的思想引向人類不太可能識別的方向，從而為跨多樣性的協作生成新的素材。[3]例如，Google 的 DeepMind 最初訓練 AlphaGo 模仿人類在圍棋比賽中的策略。相反，他們的下一個版本 AlphaGo Zero 僅針對其他模型對手（如自身）進行訓練，生成了令人不安但有效的「異星」策略，讓許多圍棋大師感到驚訝。研究表明，與這些多樣化的 AI 策略互動增加了人類圍棋人群的新穎性和多樣性。[4]如果將這種方法應用於文化領域而非遊戲，我們可能會發現新的藝術形式出現，首先激發「敬畏」或與異星機器智能產生共鳴，然後回饋以在人類中激發新的藝術形式，正如「與東方的相遇」對於在西方創造現代藝術至關重要一樣。

跨文化協作

語言和文化誤解曾經是跨越廣泛不同背景的創意協作的主要障礙，而生成式基礎模型越來越能夠不僅翻譯語言，還能翻譯文化風格，使音樂、電影等領域的融合日益富有成效。

用於創意測試的數位分身和模擬

先進的模擬和數位分身技術，將使創意團隊能夠在真實環境的虛擬複製品中，測試和完善他們的想法。憑藉生成式基礎模型所驅動可準確模仿人類行為的數位分身，我們可用以前所未有的速度和規模，進行矽基社會實驗。例如，經由在矽基社群媒體平台上部署不同的動態消息演算法，並讓模擬人類社群媒體使用者的大型語言模型（LLM）彼此互動，來探索和測試這些替代演算法對宏觀社會結果的影響，例如衝突和兩極化。[5]

在明日，我們期待數位工具能夠釋放心靈交響，在生成式基礎模型和即時高頻寬遠端同步的放大和協調下；然而，這僅僅是人類數位協作盛大協奏曲的前奏。當我們運用這些數位工具拓展創意協作的空間時，我們會發現自己正身處一場不斷演進的舞蹈中，其中科技不僅助我們一臂之力，更重塑了我們的視角，促進了多元想法和人才的快速整合。我們不僅見證了新創意過程的興起，我們正參與這場全球包容、跨領域的文藝復興的誕生，它有望為世世代代重新定義創意與解題的版圖。

創造性合作的前沿

在技術的協助和放大下,「心靈交響樂」將超越單純的思想和創作交流,邁向由集體意識重新定義創造力的領域。

遺產和時空旅行合作

透過創建數位遺產和身臨其境的體驗,人們可以在自己的意識中進行時空旅行,未來的合作者不僅可以與同時代的人合作,還可以與過去和未來的人合作。這種時空合作,可以將不同時代的見解帶入對話中,用多種視角和跨代積累的智慧豐富創作過程。

心靈感應式創意交流

隨著後符號通信技術的進步,合作者將能夠在心靈與心靈之間直接交流想法、願景和創作衝動。這種心靈感應式的交流將使創作者能夠繞過語言和肢體表達的限制,形成一種瞬間共鳴和深入直觀的合作形式。

應對全球挑戰的集體創造力

人類面臨的挑戰將由統一的創造力來應對,因為協作平台使全世界的個人都能貢獻自己的想法和解決方案。這種集體創造力將有助於解決氣候變化等問題,利用不同視角和創新思維的力量,創造可持續和有影響力的解決方案。

跨物種合作專案

將通信技術擴展到非人類視角將開闢創造力的新領域。合作可以擴展到其他智慧物種(如海豚、章魚),將牠們的感知和經驗納入創造過程。這些專案可能會帶來前所未有的藝術和創新形式,立足於對我們的星球及其居民更全面的了解。

當我們踏上這條合作之路時,人類已經準備好重新定義創造力本身。在未來,創造力不僅是共同的努力,也是共同的體驗,它將參與者連接進集體想像和創新的網絡中。然而,當我們接近人類潛能的頂峰,當合作天才的交響樂達到頂峰時,我們也必須探索其倫理因素和局限性。

創意合作的局限

創意協作的未來，雖然蘊含著開創新協作典範的潛力，但也存在一系列的局限性和倫理難題。當我們展望創意協作的頂峰，技術消除距離、語言甚至個人認知的障礙，潛在的反烏托邦式結果的陰影也隨之瀰漫開來。大衛·艾格斯（Dave Eggers）的經典作品《圓圈》（The Circle）就強調了不斷分享創意的危險，因為這種分享會侵蝕作為天才創意源泉的自我意識。當我們追求越來越多的合作時，我們必須時刻警惕以下情況：

1. 創造力的同質化

隨著協作平台變得越來越複雜，旨在提高協同效應的演算法，有可能導致創意的同質化。這可能會抑制真正的創新，因為獨特的視角和非傳統的想法會被抹平，轉而支持共識和演算法的可預測性。這突顯了探索群眾外包平台和 AI 設計的迫切性，這些平台和 AI 可獎勵對新穎、異質想法的探索和連接。例如，群眾外包創新和共同創造過程可以進一步透過 AI 來促進，AI 可以為平台中較少聯繫的現有想法和社區搭建橋梁。[6]

2. 過度依賴技術

未來的合作可能會嚴重依賴技術界面和生成式基礎模型驅動的流程，有可能導致在創意過程中人類技能和直覺的貶值。這種過度依賴有可能造成對技術在社會互動和驗證方面的依賴，從而引發對傳統創意技能萎縮的擔憂。

3. 數位鴻溝與不平等

在一個因技術和資訊獲取而分層的社會中，未來的創意合作可能會加劇現有的不平等。有能力使用尖端合作平台的人將比沒有能力使用平台的人擁有明顯優勢，這可能會拉大擁有技術的人與沒有技術的人之間的差距，並在有能力使用這些平台的社會階層中壟斷創造力。

4. 失去隱私和自主權

在未來，每一個想法、創意和創作衝動都可以即時分享，私人思想的神聖性岌岌可危。在不斷受到監視、被迫分享生活方方面面的社會中，創意合作也有可能變得具有侵犯性，因為不斷要求開放會扼殺個人的創造力和自主性。

5. 操縱、剝削和崩潰

創意內容和創意被企業過度利用的可能性是一個重大問題。隨著創意合作在企業擁有的數位平台上越來越頻繁發生，知識產權被共用、貨幣化或被用於監控和操縱的風險與日俱增，威脅著創意過程的完整性。這種陷阱降低了對創造力的激勵，有可能扼殺創造力和多樣性這隻鵝，而創造力和多樣性，正是訓練各種生成式基礎模型的金蛋。

6. 侵蝕文化多樣性

在以創意合作以全球平台為中介的世界裡，本地文化表現形式和少數群體的聲音有可能被主流敘事所掩蓋。這可能導致創意產出中的文化多樣性被稀釋，最終形成中和不同意見和多樣性的單一文化。

在應對這些挑戰時，未來的創意合作必須在運用技術的巨大潛力時，提高人類創造力，同時確保不以犧牲隱私、自主性和文化多樣性為代價，在兩者之間取得微妙的平衡。這趟旅程的核心，是利用開源技術和◻原則。開源平台本質上鼓勵透明度和集體所有權，抵消了專有系統中可能出現的隱藏壟斷和共謀的風險。我們在下文中強調的許多經濟和治理模型，可以用來進一步增強開源模式。荷莉·赫恩登、喬瑟夫·高登李維（Joseph Gordon-Levitt）和威廉（will.i.am）等領先的◻藝術家，已經開始不僅倡導利用生成式基礎模型，並且確保其設計能夠為創作者提供歸屬、讚美和賦權，使他們的生計能夠永續。

此外，文化同質化的許多風險，來自於單一媒介對更廣泛生活的侵蝕，以及各種感官限制。為了保有創意，我們必須提供空間給創造力所依賴的更深層次的親密聯繫和思考。幸運的是，這正是我們在前幾節中討論過更加親近的技術所能發揮的作用，它們能確保源源不斷的共享音樂和藝術混搭，不會擠占作為物質和文化再生產基礎的深層關係。

5-4
擴增審議

正如我們在上文所指出的，人們對社群媒體最普遍的擔憂之一是，它時不時鞏固了現有的社會分化，形成「迴聲室效應」（Echo chamber），破壞人們對共同現實的認知。不論人們在多大程度上認為這是事實，都會自然而然地提出這樣一個問題：如何才能以相反的意圖來設計這些系統？在這方面最大規模的嘗試是 X（Twitter）社群媒體平台上的「社群備註」（Community Note，前身為 Birdwatch）系統。

「社群備註」通常被視為「事實查核」的一種變體，其允許 X 社群的成員，對被標記為可能具有誤導性的內容，提出補充資訊的建議。此一過程的參與者，不僅可以提交建議說明，還可以對他人建議的說明相互進行評分。這些評分可用於對評分者的整體觀點，以進行統計評估。

具體來說，評分者被放在一維的意見光譜中，其位置是透過資料統計分析發現的。然而實際上，在大多數應用中，其與西半球、大部分地區政治中的「左右」分歧也相互對應。然後（或同時），每篇筆記從任何社群成員那裡獲得的支持，都會被總結為與他們在這個光譜上的立場的親和力，和某種潛在、與立場無關的「客觀程度」的結合。如果客觀程度（而不是總體支持率）足夠高，那麼筆記就會被顯示出來。這種基於「多樣性合作原則」的優先顯示內容的方法，與多元宇宙理念契合，每週也已經接觸到數億人。

在地球上的人類歷史上，文字可能是最常見、最穩定的交流與協作形式，無論是書面或口述形式的。友誼、商業、政治、科學、文化和其他許多方面，當然都依賴於其他的互動方式，但透過語言交流來交換想法、方向、批評和感受等等，通常是這些互動方式的核心。在本節中，我們將探討當今對話的力量和嚴重局限性，並希望多元宇宙的推展，能使語言成為前所未有的增殖和溝通多樣性的馬達。

今日的對話

語言交流，在人類生活中無處不在，因此很難進行分類，尤其是在有限的篇幅裡。但我們將大致區分兩種模式（口語、書面），以及結合前兩種模式的第三種模式（網路化），其中口語的書面摘要被遠距離傳送，並可能被用來激發其他口頭交流。

最古老、經典、豐富也最常見的口頭交流形式，是面對面的會談。商務會議和談判，是在這種場合作出最重要決策的方式。對民主的理想化描繪，通常更多地指向討論，如在傳統部落、雅典市集或新英格蘭市政廳中進行的討論，而非投票或媒體。最近上映的電影《沒有聲音的女人們》（Women Talking）出色地捕捉到此一精髓，描繪出一個飽受創傷的社區，透過討論達成共同行動計劃的場景。由朋友、俱樂部、學生和教師組成的團體間，透過面對面的交談、交流觀點、學習、成長並形成共同的目標。除了互動性質之外，當面交流通常還包含我們上文所述、更豐富的非語言交流元素，因為參與者共享一個物理環境，並能在談話中感知到來自他人的許多非語言訊息。

下一個最古老、最常見的交流形式是書寫。雖然書寫的互動性遠不及口頭交流，但它乘載文字，跨越更廣闊的時空。一般來說，書寫交流被認為是捕捉某位「作者」的聲音，但在印刷和翻譯的幫助下，文字可以廣泛流傳（甚至是全球性），有時甚至可以持續數千年，使文字訊息的「廣播」比露天劇場或擴音器更遠（雖然錄製的影音也可以與之媲美）。

正如我們的討論所揭示，長期以來，面對面討論的豐富與書寫文字的廣泛，二者之間存在著嚴苛的權衡關係。許多人做過結構上的努力，試圖透過某種網路利用二者的要素，在這種網路中，面對面的對話與討論是節點，而書面則是連結線。這方面的例子包括許多制憲和制定規則的過程

（在這些過程中，各小組對書面材料進行審議，爾後提交出給與下一次審議，審議的結果是形成另一份文件，然後再送回他處審議）、讀書會、出版物的編輯委員會、焦點小組、調查和其他研究過程等。

這些豐富多樣的形式，所面臨的最根本挑戰之一，就是在速度和包容之間作出權衡。一方面，對話時間長、成本高、耗時長。這往往意味著對話難以產出明確而即時的結果，即企業環境中經常抱怨的「分析癱瘓」（Analysis paralysis），正如據傳來自王爾德（Oscar Wilde）的抱怨：「社會主義占用了太多的夜晚。」

另一方面，審議往往難以兼容並蓄。受某個議題影響的人們，往往地理位置分散又廣，使用不同的語言、不同的對話規範等。對話形式、文化和語言的多樣性，往往會妨礙相互理解。此外，鑑於不可能聽取所有人的完整發言，因此，正如我們將在下文詳細討論的那樣，對話要跨越廣泛的社會多樣性，就必須建立某種代表制度。

也許所有這些方法的根本限制在於，雖然廣播（允許許多人聽到同一個聲明）已經大大改進，但廣泛傾聽（讓某人深思熟慮地消化一系列觀點）仍然極其困難和耗時。正如諾貝爾經濟學獎得獎者、資訊科學先驅司馬賀（Herbert Simon）所指出：「豐富的資訊，導致了注意力的貧乏。」對注意力的限制，可能會對資訊的豐富性和包容性，造成嚴重的影響。

為了應對這些挑戰，過去和最近都各自採用了一些策略，透過各種方法選擇參加談話的代表，其中包括：

選舉

經由競選和投票程序選出代表，通常以地域或政黨團體為基礎。這種方式最常用於政治、工會和教會，其優點是具有一定程度的廣泛參與性、正當性和專業性，但往往比較僵化和昂貴。

抽籤

隨機選擇一組人，有時會有檢查或限制，以確保各組之間的某種平衡。這種方法最常用於焦點小組和民意調查，以較低的成本保持合理的正當性和靈活性，但會犧牲（或需要補充）專業知識，且參與度有限。

行政管理

根據「才德」或管理決策，透過科層分配程序選出一組人，代表與此相關的各種觀點或民眾。這種方式最常用於商業和專業組織，往往具有相對較高的專業知識和靈活性，成本較低，但參與程度和正當性較為不足。

一旦選定參加審議的人員到達現場，如何促進有意義的互動，同樣是一項重大挑戰，這本身就是一門科學。無論參與者的交流方式和風格如何，確保所有參與者都能充分表達自己的意見，這需要一系列技巧，包括積極包容、謹慎管理輪流發言、鼓勵積極傾聽，往往還包括翻譯和照顧聽覺和視覺交流方式等等不同能力。這些策略有助於克服「無架構的暴政」，這種暴政往往會影響共融與民主治理的嘗試，因為在這種情況下，不公平的非正式規範和支配等級制度，會壓倒共融交流的意圖。

近年來技術的發展，大幅改善了包容性面臨的挑戰。實體旅行的距離，曾經是審議工作的嚴重障礙。電話會議甚至更多的視訊會議，已大大緩解這類障礙。運用各種形式的遠程／虛擬會議場域，來進行具有挑戰性的討論，也日益普及。

以網際網路為媒介的寫作，包括電子郵件、電子布告欄／留言板、網頁、部落格，尤其是社群媒體的出現，同樣擴大了書面形式的包容性。這些平台為個人提供了獨特的機會，透過用戶互動（例如「按讚」或「轉貼」）和演算法排名系統，輕鬆獲得知名度和關注度。這種典範轉移（paradigm shift）使資訊得以在公眾中傳播開來，而這一過程曾經受到傳統媒體的編輯程序牢牢控制。雖然在許多方面，這些平台納入了許多在過去無法發言的人，但分配注意力的挑戰依然嚴峻，其中許多媒介缺乏脈絡和有意識的引導討論，導致了我們以前強調過的許多問題，包括「不實訊息」「假訊息」，以及握有強大資源者的泛濫攻勢。

明日的對話

最近取得的一系列進展，已開始推動這些權衡的前沿，使人們能夠更有效地在網路分享豐富的現場討論，且對更具包容性的社群媒體形式進行更周到、更平衡、更符合實際情況的調節。

正如我們在〈2-2 數位民主的日常〉中所揭示的，臺灣最成功的例子之一是 vTaiwan 系統，它利用的是英文名為 Pol.is 的開放源碼軟體。該平台與 X 等社群媒體服務有些相同之處，但在其注意力分配（attention allocation）和使用者體驗中，納入了促進包容性的原則。與 X 一樣，使用者根據提示提交簡短回覆，但他們並不對彼此的評論進行放大或回應，而是簡單地投票贊成或反對，然後對觀點進行分組，以突顯出共同態度的模式。能代表這些不同意見群體觀點的發言，將被顯示出來，讓使用者了解對話中的關鍵觀點，以及「彌合」分歧的觀點，也就是那些跨越分歧界限且獲得贊同的看法。使用者在回應這一不斷發展的對話時，就能提出更多有助於進一步彌合分歧、闡明現有立場，或引出可能尚不突出的新意見群體的觀點。

著名多元技術專家亞維・歐法帝亞（Aviv Ovadya）和路克・索伯恩（Luke Thorburn），將 Pol.is 稱之為「集體回應系統」（collective response systems），其他人則稱之為「共筆問卷」（bridging systems）。其他領先的例子包括 All Our Ideas 和 Remesh，它們在使用者體驗、開源程度和其他功能方面，都有不同的權衡。這些系統的共同點是，它們將社群媒體的參與性、開放性和互動性，與鼓勵深思熟慮的傾聽、對對話動態的理解以及對共同觀點和粗略共識的審慎理解相結合。此類系統已被用於圍繞乘車應用的監管，和一些領先的大型基礎模型（如 Anthropic's Claude）的發展方向等主題，作出越來越重要的政策和設計決策。同時，它們也是激勵相關方法的核心，如我們上文強調的 X 社群備註，其覆蓋面和影響力甚至更大。

一種目標相似但出發點略有不同的方法是，以面對面對話為中心，但旨在改進其見解的網絡化和共享方式。麻省理工學院建設性溝通中心（Center for Constructive Communication）與民間組織 Cortico 合作開發的方式，就是這類方法中的佼佼者。這些方法混合使用了我們在第四章中討論過的身分和關聯協定，以及自然語言處理技術，從而使關於具有挑戰性話題的對話錄音，能夠得到保護並保持私密性，同時還能浮現出一些見解，這些見解可以在這些對話中傳播，引發進一步討論，並由社區成員向更廣泛的公眾（包括政策制定者和大學管理者）進行強調。StoryCorps（故事軍團）和 Braver Angels（勇敢天使）等組織，也都使用了複雜程度不同的相關工具，這些工具已惠及數百萬人。

另一種更具實驗性的做法，與我們在〈5-2 沉浸式共享實境〉中強調的方法有很大的重疊，其目的是將遠端連線討論的豐富性，提升到與人面對面的程度。最近一個引人注目的例子是 Meta 執行長馬克・祖克柏（Mark Zuckerberg）與知名 Podcast 主持人利克斯・弗里德曼（Lex Fridman）之間的對話，兩人在虛擬實境中，都能感知對方的細微面部表情。一個不那麼戲劇化但也許更有意義的例子是「門戶警務專案」，在受警察暴力影響的城市裡，設置作為臨時會議空間的貨櫃，讓人們可以透過貨櫃這個門戶中的通訊設備所傳播出來的視訊交流分享，感受這種跨越物理和社會距離的暴力。其他大有可為的因素包括：高品質、低成本和越來越具有文化意識的機器翻譯工具日益普及，以及利用類似系統，使人們便於綜合價值觀，並從自然語言陳述中，找到共同立場的工作。

擴增式審議的前沿

有些雄心勃勃的實驗開始指向未來，特別是運用大型語言模型，來進一步地解決廣泛聆聽問題，賦予審議迄今為止難以想像的品質和規模。

其中最明顯的發展方向之一，就是如何利用現代圖論和語言模型，來擴展 Pol.is 和 Community Notes 等系統。例如，Talk to the City（我城對談專案）就說明了如何用語言模型來取代描述群體觀點的陳述列表，讓人們可以透過與互動代理對話來了解他們的觀點。不久的將來，我們肯定可以更進一步透過語言模型，避免參與者局限於簡短的發言和正反投票，而是讓他們在對話中充分表達自己的觀點，再由模型濃縮對話內容，讓其他人也能參與進來。模型還可以幫助尋找大致達成共識的領域，不僅僅是基於共同投票，而是基於對所表達立場的自然語言理解和回應。

此外，儘管目前圍繞集體回應模型的討論，都側重於明確識別出大致共識的領域，但另一個強大的作用是，支持多樣性和具成效的衝突的再生。一方面，它們有助於識別不同的意見群體，而不是由歷史假定或身分來決定，從而有可能讓這些群體找到彼此，並圍繞彼此的觀點組織起來。另一方面，透過代表擁有不同支持的共識立場，它們也會產生不同的反對意見，這些反對意見可以凝聚成新的衝突，而不會強化現有的分歧，從而有可能圍繞這些觀點組織起來。總之，集體回應系統在動態映射和演變衝突方面可以發揮同樣重要的作用，幫助人們有效地應對衝突。

本著類似的精神，人們可以運用並推進像「社群備註」的設計元素，來全面重塑社群媒體動態。雖然該系統目前將整個平台上的所有意見，都排列在一道光譜上，但我們可以想像在平台上繪製出一系列的社群，並利用基於橋接的方法，不僅對備註進行優先排序，而且對首先需要關注的內容進行優先排序。此外，橋接可應用在許多不同的規模和許多交叉群體，不僅僅是平台整體。我們可以想像，在未來，饋送的不同內容會被突出顯示為橋接內容，向自己所屬的一系列社群（宗教、當地、政治）共享，從而在一系列社會關係中，強化脈絡、共同知識與行動。

這種對社會生活的動態呈現，還能大幅改進我們在進行更深層次的討論狀態（包括親身參與，以及豐富的沉浸式實境共享）如何呈現和選擇參與者的方法。有了對相關社會差異更豐富的描述，我們就有可能超越地理或簡單的人口統計和技能，作為需要代表的群體。取而代之的是，也許可以多加利用身分多元交織的豐富特性，作為考慮包容性和代表性的基礎。以這種方式定義的選區可以參與選舉，或者可以設計某些協定，來選擇最大程度多樣化的委員會進行審議，而不只依靠抽籤。舉例來說，根據已知的社會關係和從屬關係來選擇參與者的集合，就能最大程度地減少最邊緣化的參與者被邊緣化的程度。這種方法可以同時實現抽籤、管理和選舉的許多優點，特別是如果與我們在〈5-6 ▦ 投票〉中討論的一些流動式民主方法相結合。

在某些情況下，我們甚至有可能從根本上重新構想「民意代表」此一概念。正如我們在上一節所討論，大型語言模型可以進行「微調」，越來越準確地模仿個人的想法和風格。但是，這種方法並非只能用在個人上，它只是以文本為基礎。我們可以想像，以某個群體的文本為基礎，來訓練某個模型。如此一來，它就不是代表一個人的觀點，而是作為相當直接代表某個群體，也可能作為對該群體代議士的的某種輔助、補充或制衡。

最大膽的是，這種想法原則上可以超越在世的人類。哲學家布魯諾‧拉圖（Bruno Latour）在其經典著作《我們從未現代過》（*We Have Never Been Modern*）[1]中認為，自然特徵（如河流和森林）在政府中應有代表權。當然，挑戰在於如何讓這些自然景觀說話。語言模型可能會提供一些方法，將對這些系統狀況的科學測量轉化為某種「Lorax」（雷斯），即蘇斯博士筆下為那些不能為自己說話的樹木和動物說話的神話生物。金‧史丹利‧羅賓遜（Kim Stanley Robinson）的《未來發展部》（Ministry for the Future）一書中也有類似的內容。無論好壞，這種基於語言模型的代表，都有能力以比大多數人類更快的速度進行討論，然後向人類參與者傳達討論摘要，從而使討論既包括人類個體，也允許其他風格、速度和規模的自然語言交流。

審議的局限

自然語言在人際交往中的核心地位,很容易讓人忘記它的嚴重局限。文字可能是比數字更豐富的符號,但與人類豐富的感官體驗相比,文字不過是九牛一毛,更不用說和體感相比了。「言語無法捕捉」的東西,遠遠多於它們所能捕捉的東西。無論這句話在情感上有什麼道理,但從理論邏輯上講,我們在共同行動和經驗中形成的注意力,遠比在語言交流中形成的注意力要深刻得多。因此,無論審議的進展如何,它都無法取代我們已經討論過的、更豐富的合作形式。

另一方面,談話很花時間,即使是我們所描述的進階版本也很花時間。許多決策都不能等審議完全結束後再做,尤其是需要跨越巨大的社會距離時,審議過程通常會變得緩慢。在許多情況下,為了滿足及時決策的需要,通常需要我們在下文中討論的其他協作方法。

此外,許多可以克服討論速度緩慢的方法(例如,使用語言模型進行部分「矽基」審議),也說明了對話的另一個重要局限:許多其他方法往往更容易實現透明化,從而具有廣泛的正當性。無論對話是在人與人之間還是在機器中進行,其輸入和輸出的方式都很難完全描述。事實上,我們可以將向機器輸入自然語言、由機器產生論斷,視為一種更複雜、非線性的投票形式。但是,與我們將在下文討論的行政和投票規則不同的是,我們可能很難就如何進行這種轉換達成共識,並使之正當化,從而像投票和市場那樣成為共同行動的基礎。因此,在未來很長一段時間內,運用其他系統來制衡、監督審議的過程,將會非常重要。此外,審議有時被理想化為有助於克服分歧,達成真正的「共同意志」。然而,儘管達成重疊和粗略的共識對於共同行動至關重要,但同樣重要的是多樣性和富有成效的衝突的再生,從而激發活力,確保為未來的審議提供富有成效的投入。因此,正如我們在上文所述,審議及其與其他合作方式的平衡,必須始終關注對有成效的衝突的激勵,就像解決積極衝突和避免爆炸性衝突一樣。

5-5
適應式行政

這項技術的成果已經顯現。來源：微軟

在瑞士達沃斯舉行的世界經濟論壇上，微軟首席執行官薩提亞·納德拉（Satya Nadella）展示了一項創新技術：在印度農村地區，講當地語言的農民如何利用配備了大型語言模型的功能手機來獲取公共服務。這個模型能夠理解語音，將當地語言翻譯成國家官方語言，並提供相關表格及填寫指南，進一步以語音形式向農民提供指導。

這項技術的成功源於多年的努力和跨領域合作，涵蓋了如 AI4Bharat、Karya 和 IVR Junction 等組織，它們專注於收集印度當地語言數據，並利用這些數據提升本地工作者翻譯這些語言的能力。此技術尤其對那些僅能使用簡易功能手機的文盲群體至關重要，將他們接入基於語音的網絡。這不僅有助於保護和強化印度豐富的文化多樣性，還確保了那些語言較少使用、居住在偏遠地區的人們能夠獲得維持生活所需的公共服務。

微軟公司這項展示，向印度企業、民間和政府機構說明如何使用這些技術能力的案例。他們推出了各種服務，包括一個政府支持的聊天機器人，用於協助農民申請財政支援計劃，以及一個基於 WhatsApp 的免費多語言聊天機器人，提供各種公共服務的引導。

行政管理的核心

行政管理和科層組織是組織世界多數地區的關鍵特徵。它們涉及結構化的交流方式和對資訊的規則綁定。這些方式通常比自然語言的慣例更為正式和嚴格，更不用說豐富的感官體驗——通常這樣的目的在於實現合法性、公平性和程序正義。與投票或市場決策等更嚴格的數學和機械互動相比，它們通常允許某種程度的擴展交流。因此，有效的行政管理需要參與者之間更深層次的共識，以確保慣例得到適當運用且不被違背。行政管理是個體或小型企業與政府或大型公司之間大部分互動的核心，也是在社會結構較為鬆散的政體中形成中長期關係的基礎。我們所認識的法律、財產制度、身分認證、招聘和錄取，以及「行政國家」和「企業官僚機構」的大部分職能，都受到行政管理的影響。

科層組織和行政管理的常見批評包括其不穩定性和僵化性。一方面，它們給予行政人員過多的自由裁量權，另一方面，又不能適應個案的細微差異或超出科層組織預期範圍的文化背景。本節旨在闡明數位技術的進步，尤其是生成式基礎模型，如何幫助減輕這些矛盾，促進不同群體在行政系統中的合作，同時尊重他們的生活方式。

今日的行政管理

生活中許多最重要的時刻，都取決於基於資訊結構（各種「格式」）的行政結果。而這種結構比我們大多數人的生活形式薄弱得多。例如：

**身分證件和
旅行證件**

**教育成績單、簡歷和
其他「人生歷程」總
結（履歷表）**

**法定檔案，包括
房屋權狀和契約**

稅務單

結構化績效評估

醫療紀錄和評估表

法律檔案

（儘管這些檔案通常比上述檔案包含更多細節和背景資訊）

這些結構化的資訊形式旨在對複雜的分配或選擇進行「公平」、「公正」和「客觀」的評估。因為這些分配或選擇過於複雜，無法像市場和投票那樣制定普遍透明的規則。為了實現公平，這些制度往往刻意摒棄一系列資訊，歐洲傳統中各種人格化表徵中的正義盲目就是明顯的例子。至少

從先進社會學家馬克斯・韋伯開始，就有學者指出，為了實現這兩個目標，即在利用比選票或市場更豐富的資訊的同時保持公平，行政系統採用了龐大的「科層組織」機構和大量的數位處理方式，按照行政系統的規則和程序來評估這些結構化資料。

因此，行政系統面臨兩個截然相反的問題，分別對應於它們合作豐富性的局限性和跨越社會多樣性的能力的局限性。

第一種問題被稱為「僵化」問題，即科層組織的規則忽略了許多細節，導致結果對具體情況或當地環境的重要特徵不敏感。這方面的例子從平凡到壓抑，甚至荒唐可笑，請看以下的例子：

- 大多數司法管轄區都有車速限制，但安全車速因道路、環境和其他條件而異。類似的邏輯適用於幾乎所有的行政政策設置，從商品價格到工人休息時間。

- 為了獲得高薪工作，來自不同文化背景的人不得不將自己的成就和生活經歷套入簡歷和成績單的格式中，以便行政官僚和招聘經理能理解，而不是為了準確反映他們的成就。

- 1990 年代末，一架荷蘭客機最終將數百隻活松鼠撕成碎片，因為這些松鼠沒有可供過境希波爾機場的合格文件。雖然這是一個特別令人討厭的例子，但幾乎所有乘坐過飛機的人都知道管理航空旅行的組織僵化，因此並不會對這樣的結果感到過於驚訝。

然而，在抱怨科層組織僵化、冷酷、無情的同時，另一常見的批評是其「複雜性」，它往往難以理解和操作，充滿了繁文縟節，並給予行政人員過多的自由裁量權。（例如，參見文學作家卡夫卡的經典作品《城堡》）這種複雜性是科層組織結構最令人煩惱的特點之一，也是自由主義者時常抱怨的問題。事實上，這些特點啟發了許多關於「分散式自治組織」（DAO）和「智慧型合約」的想法，旨在減少過度的自由裁量權，降低法律部門的高成本，而這正是人們不斷抱怨的根源。然而，造成這種複雜性的一個關鍵原因，顯然是需要處理他們必須管理的案件的多樣性和細微差別。因此，科層組織在試圖跨越廣泛的社會多樣性時變得不合法的主要原因，正是為了適應這種多樣性，它們必須變得如此複雜。然而，伴隨著越來越多數位技術的出現，這種權衡變得更加優雅，從而使更豐富的合作能夠合法地跨越更廣泛的多樣性。

明日的行政管理

迄今為止,最重要的技術進步之一是通常被稱為「人工智慧」的技術。然而,正如我們一再指出的那樣,「人工智慧」一詞更多地是指一種願望,而不是指一套特定的工具。在這種情況下,涉及工具的細節對於區分過去的行政官僚機構與「生成式基礎模型」所開創的潛力,至關重要。1970和1980年代占主導地位的AI工作,有時被稱為「老式AI」(GOFAI),在許多方面都是嘗試將傳統的官僚處理過程自動化。工程師透過與「專家」交流,試圖將行政軟體編寫為複雜的嵌套規則集(通常稱為「決策樹」)。例如,病人發燒了嗎?如果是,她的眼睛是否發紅?如果不是,她的淋巴結是否發炎?這種人工智慧方式在1990年代遇到了很大的障礙,且逐漸失寵,後來基本上被「機器學習」所取代,特別是神經網路及其最雄心壯志的產物——生成式基礎模型。

「機器學習」與GOFAI形成鮮明對比,它是一種用於分類、預測和決策的統計和新興方法。系統不是應用一套自上而下、寫死的編碼規則,而是根據實例,以概率的方式學習分類,這樣的方式往往難以簡單解釋。在神經網路,尤其是生成式基礎模型中,通常有數十億甚至數萬億個「節點」,它們相互接收輸入,觸發並輸入到其他節點,所有的這一切都是為了預測結果,例如下一個單詞或圖像。基於這樣的過程,生成式基礎模型已經顯示出它的非凡能力,且這種能力還在迅速提高中,能夠以快速擴展和基本可複製的方式,真實地再現出人類靈活分類、反應與推理能力。

這些成功為通用公平機制改善管理核心的基本權衡,創造了誘人的前景。將通用公平機制作為行政程序的組成部分,可以使它們接受更加多樣化和非結構化的輸入,以深思熟慮和知識淵博的專家可能採取的方式適應這些輸入,同時以至少提供一定程度的可重複性的方式這樣做,而不會給用戶帶來「填寫專門表格」的過重負擔。對這種可能性的探索在過去兩年中尤為突出,因為人們對通用公平機制的興趣急劇增長:

- 正如我們在開頭的故事中所強調,這些工具在幫助邊緣化群體獲取公共服務方面,顯示出了巨大的潛力,否則它們可能難被發現和利用這些服務。長期以來,社會工作者的主要職責一直是支持這種導航行為,然而公共經費通常太少,無法確保普及,尤其是在發展中國家。在發達國家,如芬蘭政府的Kela-Kelpo專案、德國的聯邦養老保險系統和美國的福利數據信託基金等等,在這方面走在前鋒。

- 一個類似但更加雄心勃勃的應用，是利用生成式基礎模型，改善那些負擔不起高質量傳統法律支持的人獲得法律諮詢和服務的機會。這方面的例子包括 Legal Robot 和 DoNotPay，這兩家公司都旨在幫助經濟能力有限的客戶減少與有能力負擔高質量法律服務的公司實體在法律獲取方面的不平衡。

- 就業市場往往陷入「富者越富」的模式，因為頂級雇主往往只從名牌大學招聘人才，或者把在知名同行公司的工作經驗作為衡量潛力的主要指標，這就阻絕了許多未循傳統途徑人士的機會，也許更重要的是，迫使每個對這種機會感興趣的人走狹窄路徑的教育和職業道路。一些新的人力資源平台（如 HiredScore、Paradox.ai、Turing 和 Untapped）旨在讓招聘經理可擴大考慮候選人的廣度和多樣性。當然，一個主要的挑戰是，過去聘用此類候選人的有限實例，可能會削弱此類算法的可靠性和靈活性。

- 地球上許多環境和文化最豐富的地區，要不沒有繪製地圖，不然就是繪製地圖的方式強加了殖民地外來者的視角，而不是更加關注環境和各民族之間長期存在的關係的原住民傳統。各種團體利用數位測繪工具和越來越多的生成式基礎模型，來描述這種傳統的權利模式，並針對殖民地法律體系維護這些權利。這些團體包括數位民主、美國雨林基金會、澳大利亞政府的 Indigenous Land 以及墨西哥的 SERVIR Amazonia。

正如最後一個例子所特別指出，一系列傳統上與「AI」無關的數位技術也與此相關，包括製圖（全球定位和地理資訊系統），這在 Ushahidi 的合作製圖工作中得到了充分體現，該工作有助於應對災害和衝突。還包括透明數據庫（包括分散式帳本〔distributed ledgers〕），如 ID2020 等組織將這些數據庫用作難民身分或洪都拉斯的地土地登記等等案例。

此外，生成式基礎模型的力量與其說源於「AI」，不如說源於其網絡化和概率性結構，這種結構使其能夠適應更加多樣化和模糊的輸入。這種結構也可以存在於人際關係網絡中，包括更具適應性的官僚機構形式、基於分組交換的信任關係等。例如，在開放源始碼和維基風格的專案管理中，這種方法就很重要。

行政管理的前沿

無論是以人類思維網絡為基礎，還是以電腦模擬的神經元為基礎，或者最有可能和最有效的是以二者交織的網狀結構為基礎，此類系統的潛力都遠遠超出了這些最初的實驗。因此，我們應該將思維從這些限制中解放出來，想像一下如何進行更具變革性的改革。

一個最具前瞻性的方向是由丹妮爾·艾倫、戴維·基德（David Kidd）和阿麗安娜·澤特林（Ariana Zetlin）所提出。他們建議逐步取代傳統的課程作業和成績制度，以更多元化的「徽章」取而代之，從具體認可特定可量測技能的「微徽章」開始，這些技能能幫助持有者獲得基於適當組合微徽章的「中徽章」，最終逐級達到可被潛在雇主或教育機構使用的「宏觀徽章」。這個過程直接反映了神經網路中發生的情況，即低層次輸入的組合觸發逐漸高層次，且因此更有意義的輸出。丹妮爾·艾倫及其合著者認為，這樣的系統將與多年的教育心理學研究更為一致，這些研究強調技能的細粒度本質和標準課堂實踐對其的不適配，以及許多學生，特別是歷史上被邊緣化或在學術上不感興趣的學生，經常因這樣僵化的結構而被排除在機會之外的事實。

生成式基礎模型及其他神經網路，不僅可以在這樣的系統結構中得到反映，它們還可能直接幫助雇主應對它創建的更複雜的履歷，幫助學生導航它會允許的更多樣化的學習途徑，並可能直接實例化和產生一些相關徽章。此外，公開的數位技術（包括社交網絡、可驗證的憑證和分散式帳本）可能對於實現這些徽章的信任、可信度和透明度至關重要。同時，或許更廣泛來說，許多需要身分識別及憑證的空間（例如俱樂部、學校、取得移民身分等），都可以仰賴來自多種社會關係的、更分散的網絡信號，如果這些信號能在未來，由更具適應性的行政基礎設施進行有意義的處理，正如我們在《4-1 身份和人格權》所討論的那樣。

更大的想像是，也許有一天，我們可以將更多樣化的法律體系充分地融入行政實踐中。現代化和殖民主義在世界各地的到來，在很大程度上推翻了一系列因地理和文化而大相徑庭的傳統做法。其中許多習俗現今以非正式的方式存在，但通常與國家政府強加的正式法律結構相衝突。這些習俗包括有關性別和性關係的習俗、與送禮相關的義務、家庭衝突和義務的解決、土地使用等。雖然在某些情況下，人們越來越一致地認為廢除這些傳統是適當的（如禁止女性生殖器切割），但在許多情況下，法律「覆蓋」傳統習俗更多的是出於方便，而不是出於信念。例如，傳統習俗使外地人很難了解如何獲得土地或在社區中適當通婚。文化習俗的同質化有時是受強迫的，有時是被慫恿的，這給文化的交融和活力帶來了一些好處，但往往也使古老而多樣的文化智慧付出了巨大的代價。

就像生成式基礎模型越來越能夠以低成本跨越越來越多語言提供翻譯一樣，我們可以想像，同樣快速的、跨文化規範的翻譯也可能變得可行。這在過去只能由文化人類學家和民族學家以非常不完美和昂貴的方式提供。就像更便宜、更容易的翻譯可能允許更廣泛的語言範圍，因為它允許的外部互操作性而對新一代保持可行和吸引力一樣，更便宜、更容易的基準翻譯可能使得更廣泛的法律和財產實踐範圍可持續。這將減少適應現代性的一連串負擔，這種負擔不僅在被殖民者上，許多發達世界內的「傳統」社區（通常位於農村地區）也都經常發生。這也將大大豐富作為社會成長和進步燃料的多樣性，因為下一代生成式基礎模型將從這些文化差異中學習，變得更加靈活。

除了保護現有的多樣性，這樣的未來還有助於支持其進一步的多樣化和物種形成。我們在本書中描繪的許多做法，甚至挑戰了雄心勃勃的未來學家的想像。這使得那些被這些想法所吸引的人提出了「網絡國家」、「特許城市」、「海上家園」以及其他形式的擺脫現有法律管轄的方案，顯然這些都會與保護更廣泛的公共財和社會秩序的緊張關係碰撞。然而，如果經由機器翻譯，這些實驗可以很容易被現有的法律結構所理解和整合，那麼支持這些實驗可能就不需要這種清晰切割。如此一來，就可以在保持跨越社會差異的合作的同時，對新穎做法和傳統做法的組合進行多種多樣的試驗，從而以無限的組合，促進不斷擴大的無限多樣性的蓬勃發展。

行政管理的局限

如今，可能沒有任何一種技術的隱患和危險比全球論壇的討論更多，這是有道理的。它們的不透明性、有助於掩蓋創建條件的自主神祕性、可能繼承其資料來源和創建者偏見的可能性，以及濫用的可能性，所有這些都構成了重大危險。

在行政應用方面，這些缺陷的表現顯而易見。雖然與生成式基礎模型互動可能較不繁瑣，但它們可以說進一步加劇了科層組織的不透明性，且鑒於往往非常難以映射這些系統的偏見或過去哪些人類行為群聚，塑造了它們今天的輸出，它們可能不會大幅緩解裁量和人類偏見的問題。因為此類模型絕大多數都是透過模仿現資料進行訓練，因此衡量 AI 研究人員所重視但卻難以定義的資料多樣性，對於確保模型的總體性能，以及能夠以我們所想像的方式應對多樣性，至關重要。探索這種多樣性並將其納入模型的權力條件，將決定模型是如何為多樣性提供機會，還是迫使人們順從，許多古老的人種學家，成為殖民征服的工具，而不是包容翻譯的代言人。此外，在強大利益集團的濫用下，跨法律制度的互操作性很容易淪為監管套利，利用法律意圖與正式規則之間的差距。

幸運的是，我們在本節中強調的一些技術有可能至少部分解決其中一些危害。雖然試圖將生成式基礎模型的邏輯簡化為數學的簡單表述，會變得更晦澀不明，然而更豐富的形式，諸如身臨其境的共享實境或後符號交流，可能會提供更深層次的聯繫和理解模式，有助於在人類社群中建立信任，從而能夠使用更豐富的自由裁量權。我們在上一節中強調並在下一節中進一步探討的許多集體審議和決策方法，都可以自然而然地應用於界定合法的權力分配，從而直接塑造生成式基礎模型的治理、其創造的經濟價值的分配，以及集體引導其行為符合公眾意願的方式。這些系統和其他數位系統以其合法性為基礎，透過更豐富的互動模式進行探索，有望克服因為現代性所導致系統世界既冷酷又武斷的特性。

5-6
投票

史上最暢銷的策略遊戲《文明帝國 VI》裡，玩家管理某個文明，從第一批定居點的誕生直到近未來，從文化統治、軍事征伐、外交支持、科學成就、宗教影響方面與其他文明競爭，有時也與其他文明合作。遊戲中廣受歡迎並以氣候變化為主題的資料片「風雲際會」中，影響整個世界的外交決策是在「世界議會」上決定的。不同文明透過聯盟、基礎設施等積累「外交支持」。然後，他們可以花費這些影響力，來影響全球政策，如化石燃料監管、核武器控制或移民規則。

在投票時，各國可以從一系列選項中作出選擇，例如哪個文明將成為全球密切關注的目標。每個文明都可以免費獲得一枚投票權，但額外的投票權則需要額外的外交支持，且比例會越來越高。第一張額外的選票，需要 20 點外交支持，第二張需要 30 點，以此類推。在一次議會中，通常會就不同的問題進行多次投票，外交支持可以在各屆議會中保存，並用於其他目的，例如提出特定議案等。因此，每個文明都必須衡量每個問題對自己的重要程度，並利用外交支持「購買」選票，直到他們所關心的問題與在該問題上擁有更大影響力的成本增加相匹配，而他們所關心的問題的成本，也與節省外交支持的價值相匹配。

這個遊戲機制是本書作者衛谷倫發明之「平方投票」（Quadratic voting）體制外的變形，現在也被廣泛應用於遊戲之外，我們將在下文中探討。由於上述邏輯，它不僅匯集了個人偏好的方向，更匯總了它們的強度，因此，在個人行動獨立的情況下，它不僅能導向基於「最多數人」的決策，還能導向基於「最多數人最大利益」的決策。

本書此處的一個重要主題是「協作技術和民主」，這比我們常見的相關機構範圍要廣泛得多。然而，當我們想到「民主」，最容易想到的正式制度，仍然是投票和選舉制度。投票不僅廣泛應用於民主，也廣泛應用於治理制度，諸如公司治理、公寓管理、讀書會、遊戲等等。這為眾人提供了一種方式，以相對較快的速度和相對較低的成本，就分歧點作出明確決定。雖然它所允許的交流，遠不如本書描述的技術，且薄弱得多，但它通常是更加廣泛包容的過程，它所帶來的「共同意願」的裁決，通常被認為比市場的結果更有正當性（至少在通常有限的被授權者中）。在本節中，我們將探討在現今最常應用的環境中，投票的運作機制和失效方式，並探討平方投票法等創新技術如何替「公眾意願」提供解析度更高的資訊，並探討研究人員如何重新設想「大型群體如何共同選擇未來」的方式。

今日的投票

在最常見的投票形式中,某個社群的每個成員,都從幾個可能的選項中選擇一個,得票最多的選項被選中。有人將這種做法追溯到在某些暴力衝突(如古希臘的方陣作戰)中,人數較多的群體能夠取得勝利。

儘管這種「少數服從多數」的規則相當簡單,但它並不怎麼契合⬚的精神,原因有以下幾點:

在許多情景下,「一人一票」的平等計票方式,並不具有普遍的正當性。投票中的不同參與者,可能對某個問題有著不同程度的正當利益(比如,代表不同的人群、在某社群待的時間較長等)。

它往往會傾向於一種「兩害相權取其輕」的態勢(政治學家稱為「杜瓦傑法則」〔Duverger's law〕),即人們被迫投票給兩個主要選項方案中的某個,即使他們不喜歡這兩個方案,並且某些支持度落後的備選方案,其實可能取得更廣泛的同意。

即使在最好的情況下,它也只代表了多數人選擇的方向,並非「群體意願」的總體感受,其中包括不同問題對人們的重要性,以及人們對這些問題的理解程度。這通常被稱為「多數暴力」。

一系列普遍使用的投票程序，旨在以有限的方式應對這些挑戰，例如：

排序選擇和同意投票
ranked choice & approval voting

這是最近流行的兩個系統，旨在解決部分問題。在排序選擇系統中，參與者對若干備選方案進行排序，而決策在某種程度上，則取決於這份完整的列表。最簡單的例子是「兩輪決選制」系統，在這種系統中，候選人的範圍逐漸縮小，每個人對剩餘候選人的最高選擇將成為他們的新選票。在「同意投票」制度中，選民可以選擇他們「認同」的任意多個選項，然後選出最認可的選項。雖然這些方法一般都能緩解杜瓦傑的問題，但經濟學諾貝爾獎得主肯尼斯‧阿羅（Kenneth Arrow）在他著名的「不可能定理」（Impossibility Theorem）中證明，沒有哪個系統能經由如此簡單的輸入，就能「合理地」代表共同意願。

加權投票
weighted-voting

在選民平等性明顯不合適的情境下，可以使用加權投票方案。常見的例子有公司治理中的「一股一票」、聯邦和聯盟機構（如歐盟或聯合國）中基於人口規模的投票，以及在認為必須尊重權力差異的情況下，基於權力衡量標準（如 GDP）進行投票。然而，這些權重往往會引發重大爭議，並導致自身的悖論，例如「51% 攻擊」，即有人可以購買某家公司 51% 的股份並掠奪其資產，剝奪其餘的 49% 股份。

聯邦代表制、比例代表制、聯合代表制
federal, proportional and consociational representation

儘管如上文所述，投票制度通常在形式上是「一元化」的，但也有一些重要的例子，試圖解決這種制度可能造成的多數暴力問題。在聯邦制、協和制和機能制中，諸如地域、宗教、種裔或職業群體等次單位的地位，超越了單純的人口數量，通常運用某種特殊的、人口數量不成比例的待遇，以避免受到較大群體的壓迫。雖然這些制度系統以各種方式融入了「多元化」精神，但它們的設計通常無計劃且僵化，以潛在壓迫的歷史界限為基礎，而這些界限可能不再與當今的社會問題相吻合，也可能因正式承認這些界限而鞏固現有的分歧，因此它們越來越不受歡迎。較靈活的是「比例代表制」，在這種制度下，某個機構的代表按照得票比例選出，這有助於實現更大的平衡，但往往至少有一部分是將多數派的緊張關係「推卸」到代表機構的聯盟組成方式上。

因此，儘管投票是一種典型的民主技術，但它也充滿了悖論、僵化和廣為認定的未解決問題。新一代的方法，試圖在可能的基礎上，作出更顯著的改進。

明日的　投票

儘管上述問題看似五花八門，不過可歸根結柢為兩個問題：如何適當表示利益的程度和權重，以及如何使代表性可以靈活且適應變化。正如諾貝爾經濟學獎得主阿馬蒂亞・沈恩（Amartya Sen）所指出的，一旦考慮到偏好的強度和權重，肯尼斯・阿羅「不可能定理」的問題就會消失，而加權投票顯然可以解決這些問題。[1]次群體的代表性具有挑戰，因為出於強烈的多元性理由而進行代表是有必要的，但實現此一目標的許多方法，似乎並不那麼充分，或可說是過於僵化、欠缺變通。這些問題的核心，關聯到選票的極簡特性，選票在表達選民的想法和偏好上，所能傳達的資訊量非常有限。

最近的兩項發展，正是為了解決這樣的問題，而提供了讓人期待的方式，儘管還不那麼完整。我們在此節開頭重點介紹了第一種方法「平方投票」和其他相關的加權投票方法（投票權重方法）。平方投票起源於統計學家（可惜的是，也是優生學家）萊昂內爾・潘洛斯（Lionel Penrose），他是當代著名的天體物理學家羅傑・潘洛斯（Roger Penrose）的父親。他指出，在替選票進行加權時，給在決策中擁有兩倍合法利益的一方兩倍的選票，似乎自然合理，但這會產生誤導。原因在於，這通常會賦予他們兩倍以上的權力。未協調的選民平均會相互抵消，因此一萬名完全獨立的選民的總影響力，遠遠小於擁有一萬張選票的一個人的影響力。

無獨有偶，利克曾對一個物理類比進行過深入研究，這個類比可能有助於我們理解其中的原因。[2]試想，在一個嘈雜的房間裡，人們正試圖進行交談。通常情況下，噪音的總分貝即使遠大於對話夥伴的聲音強度。然而，我們往往還是可以聽見對話夥伴在說什麼。這部分是源自於人類的專注能力，但另一個因素是，背景「噪音」的確切原因是每一個噪音的來源都遠遠弱於人們正在關注的（較近的）聲音。由於噪音的各個來源基本上都是無關的，因此平均而言，它們往往相互抵消，從而使較為明確的聲音展示出來。視覺信號的處理也有相似之處，一系列的塗鴉，沒入在灰色或棕色的背景中，足以讓某個稍微強化些的資訊在其中脫穎而出。

當背景信號完全不相關且數量眾多，有個簡單的數學方法可以說明這一點：一系列不相關信號的增長，是其數量的平方根，而相關信號的增長與其強度成線性比例。因此，一萬張互不相關的選票，與一百張彼此相關選票的權重，是一樣大的。這就意味著，要想讓持有股份的人按比例獲得更大的權力，其投票權重應按其股份的平方根增長，這就是通常所說的「遞減比例」原則。這反過來又為解決上述幾個難題提供了一個方向，即在加權投票和簡單投票的直覺之間，作出幾何（乘法）折衷，並允許在不同議題和選票之間表達偏好強度，但要取投票人在任何議題上所占「權重」的平方根。前一種想法是萊昂內爾・潘洛斯的「平方根投票」規則，大約用於歐盟各成員國的若干治理要素中。後者正是我們在上文討論過的「平方投票」規則，另一個例子是科羅拉多州議會在確定預算支出優先次序時，多次使用的「平方投票」規則。

不過，需要注意的是，只有當投票人內部完全統一、外部完全不相關或未協調時，這樣簡潔扼要的規則才是最佳的。多元性的思考，告誡我們不要採用這種簡化的模式，並鼓勵我們觀察個體間與組織間的社交聯繫。當然，要在投票系統中考慮到這些聯繫，就需要能夠記錄且考慮到這些聯繫的身分系統。

另一種方法是「流動式民主」（liquid democracy），這樣兼容並蓄的方法，近幾年間得到了廣泛的應用。它拓展了比例代表制的理念，讓任何選民可將自己的投票權委託給其他人，其他人可以再委託，從而實現了自下而上的新興代表制模式。這樣的系統越來越常見，特別在於企業和其他營利性組織（比如 DAO）的治理中，也出現在少數政治脈絡中，例如冰島。然而，不幸的是，這些系統有令人感到遺憾的傾向，即權力往往過度集中，因為授權往往流向少數人手中。這樣的傾向在一定程度上，削弱了人們最初的熱情。

未來的投票

「平方投票法」和「流動式民主」激進和潛在的變革潛力，揭示了未來的投票系統可能比我們習慣的投票系統要更加豐富得多。可能性的範圍幾乎無窮無盡，但一些有前途的可能性，有助於說明它們的廣度：

相關性折扣和特徵投票
Correlation discouting & eigenvoting

平方投票法將遞減比例性應用在個人層級，平方根規則則將其應用在投票權重、社會群體（如國家）上。很自然地，這個概念可以延伸到個體內外更廣泛的相關性或協調性來源，正如同通用統計模型中所呈現的那樣。在這種情況下，理想的規則可能會涉及基於社會聯繫程度的「相關性折扣」，由此可能會需要識別推動協調性、相關性的潛在「主要」社會因素，這在統計建模中很常見。這些稱為「特徵值」的潛在獨立因素，可以被視為「真正的」獨立投票者，可以對其採用遞減比例，這一過程與 PageRank 演算法並無二致。這可以創造出一種具動態、適應性和最佳化的協商民主，並避免其僵化性和對現有分歧的固化。

適應式代表制
Adaptive representation

具備類似適應性的另一種方式，是單一選區或聯邦制，但並非（完全）基於地理邊界，而是基於當前的社會分歧，例如地理類型（城市與鄉村）、種族或教育。顯然，這兩種方案都在很大程度上依賴於某種多元身分系統，以便將這些特徵納入投票過程的輸入值。

預測式投票
Predictive voting

羅賓・漢森（Robin Hanson）長期以來一直主張將預測市場（人們對未來結果下注）與投票相互結合。雖然他提出的「Futarchy」倡議，側重於將這兩個要素更明確地分開，但在本書寫作過程的治理中，我們採用了混合方式，參與者可以同時投票和預測決策結果，並在決策正確時獲得獎勵。當存在大量提案或選項時，這樣的系統可能會特別有用，預測可以幫助人們聚焦在值得關注的提案，然後透過投票來作出決定。

平方流動式民主
Quadratic liquid democracy

如上所述,要避免流動式民主可能導致的權力集中,有個自然的方法是使用遞減比例。激進變革組織 RadicalxChange 是致力於推進□的非營利組織,它在內部決策中實施了這套相關系統。

輔助式即時投票
Assisted real-time voting

另一個經常被討論的想法是,如果數位助理能夠學會模擬投票者的觀點和偏好,代表他們投票,並接受投票者的審查/審計,那麼投票就可以變得更加頻繁和細緻。

也許現在最令人興奮的可能性,就是這些可能的組合:運用無窮多樣的無盡組合,支持無限的多樣性得以組成。

▦投票的局限

即使是這些高度靈活、適應性高、可達成妥協的方式,也會有個自然而然的擔憂,那就是妥協本身,可能會將多樣性(嬰兒)與衝突(洗澡水)一起倒掉。然而,像特徵投票或精密的流動式民主制度,它們最有趣的特性之一,就是可能有助於形成新型的聯盟和代表。如果說一人一票的規則是為了避免衝突、讓支持率更高的一方以非暴力的方式取得權力,那麼這些制度,則有助於傳播一種更精緻的衝突理論。現有的社會分化不斷強化衝突,各群體往往居於穩定多數,或是穩定少數。而新興的制度,透過「相關性折扣」來降低既有關連群體的支持度,可以避免強化現有衝突,並且創造出跨越現有界限的新分歧。因此產生的多樣性,可望與妥協消滅的多樣性取得平衡,但其方向是避免鞏固長期存在的分歧。

然而,儘管投票具有這些優勢,不過即使是最豐富的投票形式,也僅是在表達和決定對其他社會進程已經提出的決策的偏好。上述方法的某些組合,可望徹底改變我們對投票的理解,就像電腦徹底改變了珠算一樣。然而,如果讓這種潛力蒙蔽了我們,讓我們誤信它們可以取代前幾節所描述的、更豐富的交流和協作設計的需要,那將從根本上損害人性的豐富性。只有在我們勾勒出的創意協作、審議、想像和行政制度的背景下,集體決策才有意義。

在可見的未來,投票系統不太可能超越各國目前的邊界。支持上述部分內容的□身分系統的要求,顯示了雖然在可以想像新興跨國組合中的投票,但投票系統不可能在短期內真正達到全球的正當性。要想真正地實現全球範圍的多樣性,我們就必須轉向重新構想最薄弱的、所有合作的基礎:市場經濟。

5-7
社會市場

如前所述，開源軟體（OSS）是世界上最具活力的多元生態系統之一。然而，由於軟體是免費提供的，OSS 長期以來一直在努力尋求可靠的資金來源。與此同時，許多公部門和公益資助者也看到了 OSS 生態的價值，但他們發現，與傳統的學術研究相比，生態的異質性，讓他們很難確定該支持哪些專案。

最近，克服此一挑戰的主要嘗試，集中在配對資金和社群捐款上，即贊助者支持某一類專案，但資金池由專案參與者的小額捐贈引導。傳統上，這樣的系統（如 GitHub 贊助者）可能會被富有的參與者（如企業）操控，因為企業捐款可以獲取大部分的配對資金。

為了克服此一問題，一些新的配對平台，比如 GitCoin Grants 使用「多元募資」公式，將贊助者、小額捐贈者和資助者連接起來。該公式不僅考慮所獲資金的總額，也考慮其來源在個人貢獻者和相關社會群體中的多樣性。這些平台已成為 OSS 重要資金來源（籌集了數億美元的資金），尤其是在與 web3 有關的領域，在臺灣也是如此，包括對本書的支持，並且越來越多地被應用於 OSS 之外的領域（例如環境、本地企業發展等）。

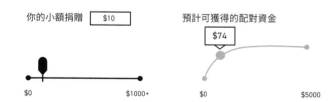

圖 5-7-1 ｜ Gitcoin 上的貢獻正是由上述多元募資範式所支持，在資金池中進行配對，這是一種更具多元性的資助公式，在於它可以跨越社會距離而增加許多小額捐款。

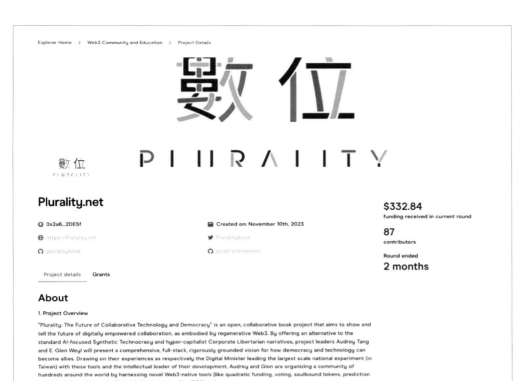

數位

PLURALITY

Plurality.net

- 0x2a6...2DE5f
- https://Plurality.net
- pluralitybook

- Created on: November 10th, 2023
- Pluralitybook
- jason-entenmann

$332.84
funding received in current round

87
contributors

Round ended
2 months

Project details   **Grants**

About

1. Project Overview

"Plurality: The Future of Collaborative Technology and Democracy" is an open, collaborative book project that aims to show and tell the future of digitally empowered collaboration, as embodied by regenerative Web3. By offering an alternative to the standard AI-focused Synthetic Technocracy and hyper-capitalist Corporate Libertarian narratives, project leaders Audrey Tang and E. Glen Weyl will present a comprehensive, full-stack, rigorously grounded vision for how democracy and technology can become allies. Drawing on their experiences as respectively the Digital Minister leading the largest scale national experiment (in Taiwan) with these tools and the intellectual leader of their development, Audrey and Glen are organizing a community of hundreds around the world by harnessing novel Web3-native tools (like quadratic funding, voting, soulbound tokens, prediction markets, etc.) to produce the first mainstream best-selling CC0 book.

圖 5-7-2｜參考 Gitcoin「▦」的專案網頁，截至 2024 年 2 月 2 日止，這個專案從來自世界各地 87 位貢獻者那裡獲得了 332.84 美元的資助。

與全球資本主義相比，沒有任何機構能在更廣泛的社會多樣性中，將更多的人聯繫在一起，進行協作交流。國際治理的權限和力量有限，這嚴重限制了透過投票和審議提供跨國公共財的能力。然而，萬能的美元在地球上的大多數角落都受到重視。資本流動和技術投資塑造了全球各地的生活，國際貿易等商業協議是最強而有力的協議之一，且受到幾乎是普世的尊重，私有產權在地球上已成為比「法治」的其他任何特徵都更為一致的模式。自蘇聯解體以來，雖然國界幾乎沒有改變，也幾乎沒有新的國家誕生，但像 Google 和 Meta 這樣的公司，在全球範圍內的地位可說已經超過了絕大部分的民族國家。

與此同時，儘管市場模式成為精緻的金融和企業結構的基礎，然而市場本身卻可說是人類合作模式中最簡單的架構。儘管正如我們即將要讀到的那樣，市場可以被更廣泛地應用，但市場之所以有價值的論點，是建立在一對買賣雙方之間的雙邊交易的動機之上。每一組買賣雙方，各自都代表著眾多處境相似、也同樣無能為力的買賣雙方，他們參與交易的所有效果，都受到一套預先決定的私有財產權的約束，從而避免了對非交易方造成任何外溢後果。任何在群體層面上湧現的、出人意表的效應，包括超模與共享財、異質性、資訊多樣性等等概念，都被視為妨礙市場自然、理想運作的「缺陷」或「摩擦」。

正如社會學家阿爾伯特・赫緒曼（Albert Hirschman）所寫，早在資本主義崛起之前，這場爭論就已成為資本主義衝突的核心。[1]一方面，市場被認為具有幾乎獨一無二的普遍「文明性」，可緩解不同社會群體間潛在的衝突，而且具有「動態性」，允許創業精神創造新形式的大規模社會組織，促進和支持（社會）創新。[2]另一方面，市場不善於支持其他形式大規模社會互動的蓬勃發展，因此往往會侵蝕我們所描述的許多其他協作技術。當市場允許創造一些新形式的同時，往往又會將它們變為剝削性的、對社會不負責任的、甚至是不計後果的壟斷。在本節中，我們將探討此一悖論，以及激進的新型市場形式（如上文所述）如何既能保持和擴增包容性和動態特性，又能促進更加多樣化的豐富人際協作方式。

今日的資本

資本主義，通常被理解為以私有財產生產手段和自願的市場交換為基礎的制度，以及以此為出發點，而產生自由、有力運作的利潤動機。

當今的全球資本主義（有時被稱為「新自由主義」）具有幾個互相交織的部分和特徵，包括：

自由貿易

在 WTO 等組織的監督下，廣泛的自由貿易協議，確保了大範圍的各式商品，能夠在已覆蓋地球大部分地區的管轄範圍內，暢通無阻地流通。

私有財產

大多數實體和智慧財產權都是私有財產，具有使用權、處置權和收益權。這些權利受到國際領土和智慧財產權條約的保護。

企業

市場外治理的大規模合作，絕大多數都是由政府或跨國企業進行的，這些公司以營利為目的，由股東持有，並且遵循一股一票的原則。

勞動力市場

勞動權建立在「自我所有權」（Self-ownership）和薪資制度的基礎上，但有一些重要的限制條件。像移工，一般來說不能自由地跨越管轄領域。

金融市場

公司股票、貸款和其他金融工具，在精細的金融市場上交易，這些市場根據對未來的預測，將資本分配予專案與實體財產的投資。

風險投資和新創

新型企業，以及隨之而來的多數新型態大規模國際合作，都是透過「風險投資」體系產生，其中「新創企業」將其未來潛在收益或轉售價值的股份出售給公開市場，以換取開辦新事業所需的資金。

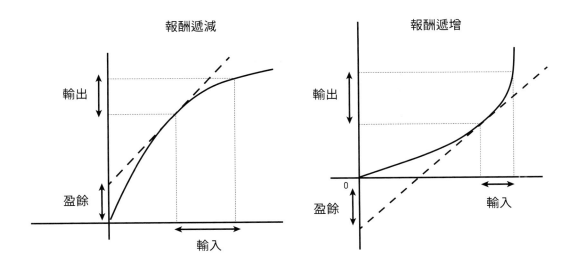

圖 5-7-3 ｜邊際收益的支付需要向工人和其他要素提供者支付一筆金額，該金額來自追蹤輸出的切線圖，作為輸入的函數，返回到 0 輸入。與原點的差距表示利潤，在收益遞減時為正，但在收益遞增時為負（因此虧損）。

許多教科書，包括一些我們往來密切的友人的著作，都在討論這種結構。毋庸置疑，這是人類迄今設計出的強大合作模式之一，也是過去兩個世紀全世界物質條件取得空前進步的核心原因。此外，經濟學中最著名的理論成果是「基本福利定理」（fundamental welfare theorems），即在一定條件下，市場「透過一隻看不見的手」引導自利的個體，為共同利益服務。然而，這項結果的條件和範圍相當有限，這也是為什麼資本主義有那麼多我們熟悉的問題。

1. 收益遞增與公共財的問題

也許最苛刻的條件是「收益遞減」，由現代經濟學基礎「邊際革命」的創始人所強調。這項條件，與我們用來定義協作的超模特性正好相反，要求生產要「邊際收益遞減」，或者更籠統地說，「整體小於部分之和」。只有這樣，有利可圖的生產才能符合諸如向工人支付其邊際產量貢獻的原則，當收益遞增時，向每個人支付其邊際產量則會產生虧損，如圖所示。公共財是一種極端情況，它只需付出很少的額外成本，就能使許多人受益，而且很難阻止人們使用這種產品。經濟學家長期以來一直認為，市場對這種產品的供應嚴重不足。但是，即使是在比較不極端的收益遞增或超模的情況，也被資本主義嚴重低估。儘管已經有保羅·羅默（Paul Romer）、保羅·克魯曼（Paul Krugman）等等多位諾貝爾獎得主，證明這些產品對於成長和發展的重要性。[3] 簡而言之，全球資本主義最大的悖論或許正在於，它既是最大規模的合作範例，卻又難以支持它所倡導的技術協作形式。

2. 市場力量的問題

在某些情況下,共享財可以透過障礙或暴力實施排除時,透過收取進入費用,可以部分減輕此類合作的資金壓力。但這往往會造成壟斷控制、集中權力,降低規模化合作所創造的價值,破壞其旨在支持的協作。

3. 外部性的問題

正如杜威所說,創新的天才之處,在於它創造了新的相互依存形式,無論是好的還是壞的。十九世紀的馬達改變了人類的生活,但也以意想不到的方式改變了環境。無線電、飛行、化學品……所有這些都改變了我們的合作方式,但同時也為既有的「產權」與規則體系,帶來意料之外的風險和損害。這些「外部性」的受害者(或在某些情況下是受益者)並不直接參與市場交易。因此,正是由於在市場中發展起來的新型合作方式具有革命性,但市場及其催生的企業不會直接將受其創新影響的人納入決策,因此其利益就無法得到充分實現,風險也無法緩解。

4. 分配的問題

從理論上講,市場對分配漠不關心,理想的分配目標,可以透過重新安排「捐贈」來實現。但是,實現這種理想的再分配,面臨著巨大的實際障礙,因此市場往往會產生令人震驚的不平等結果,其原因有時與所謂的「效率」利益大相逕庭。除了這些直接的問題之外,市場往往也會破壞前幾節所述其他合作形式所奠基、所運用的,更大程度的平等。

對這些挑戰的認識和應對，可以說是近 150 年來世界上大部分地區的主流政治發展，因此我們只能簡略地回顧描繪。

1. 反壟斷和公用事業監管

十九世紀末、二十世紀初的美國民粹主義運動的主要焦點，是利用結構干預（如將公司解體或防止合併）或行為干預（如價格或非歧視監管）措施，來限制公司壟斷市場的力量。雖然這些干預措施，有助於解決一些濫用壟斷的問題，但其代價往往是削弱了合作的（規模）優勢，並重新引入了以國家為基礎的僵化治理。然而，創業精神的巨大優勢，正是有助於超越這些僵化治理。

2. 工會與合作社

解決市場支配權力問題的另一種方法，是建立替代性治理模式，經由建立強大的工會來「抗衡」公司的勞動力、市場支配力，並透過合作社或「共同決策」結構，在公司治理中建立顧客或工人代表，從而讓那些被公司支配的人有發言權。雖然這些是對公司權力最有活力、最有效的糾正措施，但它們主要局限於傳統的全職就業模式，難以跟上勞動力市場的活力與國際化，以及數位時代合作的多樣性。

3. 徵用權（強制徵收）和土地（財產稅）

為解決規模較小的市場力量問題（例如對土地和特定財富的控制），許多司法管轄區都有「徵用權」或「強制徵收」，允許在公共當局的支持下，強制回購私有財產，通常會給予補償並接受司法審查。一些司法管轄區還對土地、財富或遺產徵稅，來減少不平等，並幫助加強資產的流通化，避免資產被少數人壟斷。雖然這些方法對社會公平和發展至關重要，但它們在很大程度上，依賴於相當脆弱的行政程序來實現公平估值。

4. 工業、基礎建設和研究政策

為了克服市場對公共財和更普遍的超模協作注資不足的趨勢，許多國家的政府為基礎建設（如交通、通信、電氣化）、新技術研發和新產業（對國家而言）的規模化發展出資。雖然這些投資對技術、工業和社會進步至關重要，但它們很難像資本主義那樣跨越國界，而且往往由科層組織管理，其所掌握的資訊遠遠少於它們所支持領域的參與者。

5. 開源、公益組織和第三部門

實現類似目標更靈活的方法是「第三」或「社會」部門的努力，包括公益與志工的努力（如 OSS 社群），在自願、非營利的基礎上，建立可擴展的合作。雖然它們是當今最具活力的規模化合作形式，但由於缺乏最強大的市場與政府機構的資金支持，這些努力往往難以擴大規模、持續維運。

6. 分區和監管

對於市場無法考慮到的外部損益風險，通常由政府對市場活動施加限制來解決，在廣泛的層面上，通常稱為「監管」，在地方層面上稱為「分區限制」。特別是在環境問題上，有時會採用經濟學家偏愛的「皮古稅」（Pigouvian taxes），或可交易許可證的解決方案。雖然這些限制措施，是解決外部性問題的核心、不可或缺的方法，但它們受到我們上文討論過的，基於民族國家（或相應的地方管轄單位）僵化決策的所有限制的困擾，鑒於它們的經濟利害關係，往往會被利益集團俘獲或控制，甚至與所謂相關公眾的利益不一致。

7. 再分配

大多數發達資本主義國家，都有廣泛的收入和商業稅收制度，為社會保險和公共福利計劃專案等提供資金，確保可提供一系列服務與財政支持，以遏制極端不平等現象。然而，與土地稅和財富稅的承諾相比，這些主要收入來源，通常會部分阻礙市場的運作、難以針對許多最失控的財富徵稅。在不平等對其他形式合作造成結構性阻礙時，也只能作出不完全的校正。

這些解決方案的局限，已經被普遍認識，以至於從 1970 年代開始，它們在許多國家引起了強烈的反彈，即所謂的「對新自由主義反撲」。然而，市場的局限性依然存在，因此這些解決方案，以及為超越它們、避開它們所造成的許多取捨而進行的創造性嘗試，在過去的十年中再次興起。

明日的市場

正如〈3-2 我們遺忘的道〉所強調，既要結合甚至增強市場的活力，同時又要解決市場的局限性，這是多元化的主要動機，尤其是亨利‧喬治及其追隨者的思想，包括經濟學諾貝爾獎得主威廉‧維克里（William Vickrey）的思想。維克里開創了「機制設計」這個經濟學次領域，探索這些可能性，並在過去幾十年裡，創造了許多新的可能。

1. 部分共同所有權

為了克服土地稅管理方面的難題，包括中華民國創始人孫中山、經濟學家阿諾德‧哈柏格（Arnold Harberger）在內的多位歷史思想家都曾提議過，讓持有者自行評估其財產的價值，且以自行評估的價值出售作為懲罰。這樣做的同時，還能促使人們如實估價，以利徵稅，並迫使利用率不高或被壟斷的資產，朝向更廣泛的公眾流轉。這種方法在數位資產登記中，比如區塊鏈，特別容易實施，因此近年來越來越受歡迎，尤其是在非同質化憑證（NFT）藝術品方面；平均地權制度，在臺灣的土地方面也已使用多年。

2. 平方和多元募資法

正如本節開始時所描述的，一種為公共財／超模財提供資金的自然方式，而不過度依賴管理者有限的知識，是讓這樣的管理者、慈善家或公共權力機構匹配分散個人的捐款。機制設計的理論，類似於上一節中支持平方投票的邏輯，可以用來顯示，在類似原子化行為的假設下，配對資金應該按照個人貢獻的平方根之和的平方來分配，從而給予大量小額捐款者，比少數大額捐款者更高的權重。最近的設計，已經超越了傳統的個人主義設計，考慮到多元化的群體利益和從屬關係。

3. 利害關係人企業

雖然部分共同所有權和平方募資，可能有助於確保組織的更替和資產控制，但它們並無法直接確保組織服務於客戶和工人等「利害關係人」，而非對其行使不正當的權力。基於上面我們描述的傳統，近年來出現了各種創建「利害關係人」企業的新運動，包括環境、社會和治理原則、平台合作主義、分散式自治組織（DAO）、反壟斷中的「利害關係人補救措施」（即利用反壟斷的行為，強制要求被濫用的利益相關者有發言權）、資料聯盟以及將許多最重要的大型基金會模式公司（如 OpenAI 和 Anthropic）作為有限營利組織，或長期利益公司。

4. 參與式設計和預測市場

數位平台和機制，也越來越常用於企業內部以及企業與客戶之間的聯繫，來實現更動態的資源分配。[4] 例如，在 Roblox 或樂高等娛樂平台上，顧客可以為新產品設計提出想法，貢獻並獲得獎勵；在預測市場上，利害關係人若想獲得獎勵，可以透過預測與公司相關的結果，例如新產品的銷量。

5. 市場設計

最近獲得多項諾貝爾獎的這個領域，應用機制設計、創建市場機構，以緩解忽視交易的社會影響，其所產生的市場權利或外部性問題。這方面的例子，包括可交易的碳排放許可證市場；我們在先前〈4-4 財產與合約〉一節中，討論的拍賣設計實例；以及一些使用社群通貨等手段來促進社群（如教育、公共住房或器官捐贈）中，類似市場交易的機制。在這些社群中，使用外部貨幣可能會嚴重破壞核心價值觀。

6. 尊敬經濟

與這些本地貨幣市場相關的是線上系統，在這些系統中，各種社會尊敬／社會資本的量化標記（如徽章、追隨者、排行榜、鏈接）部分或全部取代了可轉讓貨幣，成為衡量成就的「通貨」。反過來，這些系統往往可以經由各種貨幣化渠道（如廣告、贊助和眾籌），與更廣泛的市場進行部分互通。

這些市場的替代方案的百花齊放，是超越市場傳統局限的有力證明。但它們代表了未來由技術來驅動社會市場可能性的開始，而不是結束。

社會市場的前沿

在這些試驗的基礎上，我們開始窺見全面轉型的市場體系可能是什麼樣子。其中最有希望的要素包括：

1. 循環投資

經濟理論中最傑出的成果之一，是以亨利‧喬治的名字命名的。亨利‧喬治定理最初由威廉‧維克里證明，但由理查德‧阿諾特（Richard Arnott）和諾貝爾經濟學獎得主約瑟夫‧史迪格里茲（Joseph Stiglitz）首次發表。該定理指出，透過正確設計的共同所有權稅收，籌集到的稅款，這些可以為超模投資所需的所有補貼提供資金。[5] 雖然此一結果相當廣泛，但用簡單的例子來說，就如建設更好的地方公立學校，往往會提高土地價值。如果土地稅可以用在這類提高土地價值的專案上，那麼原則上，任何值得資助的教育投資，都可以得到支持。更廣義地說，這個結果表明，稅收（或共同財產）和超模活動，它們在資金分配方面的創新具有近乎無限的潛力，就像在超導電路中實現的潛力一樣，可以帶來進步。

2. ▢資產

如何籌集這些資金？雖然部分共有財產計劃是有趣的開端，但它們需要與能承認、保護土地等資產使用方式和穩定性方面共同利益的工具，一起互相配合。我們在上一節描述的投票制度是個自然的答案，而▢財產制度可能具有巨大的潛力，可以將這些制度結合，將一系列財富的大部分價值，給予多元交織的公眾「分潤權」，同時也將重要的「使用權」和「處置權」賦予這些社群。

3. 跨域▢募資

▢募資還可以顯著地擴展到目前的範圍外，用以分配由此籌集到的資源。最有趣的兩個方向，是跨司法管轄區和跨時代。當前的國際貿易條約，主要側重於打破貿易壁壘，包括我們上文所討論有助超模生產的補貼。未來的國際經濟合作形式，可以利用類似▢募資的機制，為跨域經濟活動籌集配對資金。更雄心勃勃的是，資本主義的一個關鍵優勢是，它是少數幾個具有重大跨時代規劃成分的規模化體系之一，在這種體系中，公司經由金融手段籌集資金，以獲取看似遙遠的利潤。然而，我們可以想像更宏偉的跨時空經濟體系，比如為促進跨世代合作，或與尚未出生的人合作的機構提供配對資金。這或許能克服許多人對缺乏長期規劃的擔憂，以及對保護過去有價值的機構的擔憂，從而創建一個有機版的「未來發展部」。[6]

4. 新興公眾

如何讓受到支持的組織真正對利益相關者負責，同樣大有可為。可以藉由我們上文討論過的▦身分系統，來追蹤各種利益相關者（工人、顧客、供應商、污染傾倒或錯誤資訊，等負面、外部因素的目標）。然後，可以利用我們前面強調的投票和審議系統，和參與制度聯繫起來。這些系統對個人時間和注意力的要求要低得多，而且與現有的集體治理相比，能夠更快作出具廣泛合法性的決策。這些決策，反過來又能使新興公眾的真正民主化和▦治理，成為傳統公司治理的實際替代方案。我們可以想像，在未來，以接近政府合法性的方式，治理新興技術的新民主實體，會像新創事業一樣頻繁出現，從而形成一個動態、合法的治理網絡。

5. ▦管理

在內部，我們也越來越有可能打破通常主導企業控制的層級結構。我們在編寫本書時使用的「多元管理協定」，可追蹤不同參與者所作貢獻的類型和程度，並利用我們上文所述的機制，使他們能夠確定工作的優先次序（然後決定對解決這些問題的人的認可程度），並在行使權力和預測他人決策的基礎上，決定哪些工作應納入專案。這使得科層制度的一些重要組成部分（由受信任的權威機構進行評估，根據這些權威機構的表現來轉移這種權威），在沒有科層式直接報告結構的情況下，仍然得以實現，從而可能使網絡取代嚴格的階層制度。

6. 多民族移民政策

經由相關機制，打破國際勞動力市場的限制，也越來越成為可能。正如哲學家丹妮爾．艾倫所倡議的那般，移民的條件可以是得到接受國的一個、或多個民間組織的認可或支持，將加拿大和臺灣的現有做法，分別允許基於社群的私人贊助，並允許多種長期工作許可的合格途徑。這些做法可以分散民族國家對勞動力流動的嚴格控制，同時保持當責，避免對社會融合造成傷害或挑戰。

雖然這些只從表面上探討了各種可能性，但我們希望能說明，運用▦原則，可以如何且徹底地重新構想市場。雖然關於市場和國家的爭論，常常陷入可預見的模式，但從根本上超越簡化二元對立的可能性，就與其他任何▦領域一樣廣泛。

社會市場的局限

市場的潛力，不應被誤認為是萬靈丹，或是█未來的主要模式。即使是在這些極為豐富的形式中，市場仍然是一層薄薄的外殼，充其量它也只能為更豐富的人際關係提供物質支持與界面，然而在最壞的情況下，它也可能破壞這些關係。因此，我們所能期待的最好結果，就是創造出足夠靈活的市場形式，使其逐漸融入其所支持的新興社會形式的綻放背景中。

我們必須嚴加防止的是，市場傾向於將權力集中在私人組織或有限的文化團體中，從而使多樣性同質化且受到侵蝕。因此，我們需要建立一些機構，有意識地鼓勵新的多樣性，同時削弱現有的權力集中，如同上述強調的機構那般。正如我們所建議的那樣，這需要不斷將其他形式的多樣性合作與市場相互交織[7]，無論是投票、審議還是創造性的協作，同時創建市場體系（如█金錢），有意識地將它們從更廣泛的市場力量隔離出來。

然而，儘管市場存在種種顯而易見的危險和局限，多元主義者也不應該希望市場消失。某些事情上，即使無法合作，也可在最廣泛的社會關係中實現協調共存。實現這一目標的許多其他方式，甚至像投票這樣簡單的方式，恰恰因為涉及更深層次的聯繫，而具有更大的同質化風險。具有社會意識的全球市場，比全球政府提供了更大的可能性，來實現█的前景。市場必須與許多其他合作方式，攜手發展壯大，以確保█未來得以開放。

CHAPTER 6
影響：從□到現實社會

多元宇宙有著確切的潛力，在未來十年裡，幾乎可以改造社會上的每個領域。我們研究的例子包括：

1. 職場，我們相信它可以提高 10% 的經濟產出，並將經濟成長率提高 1%。
2. 健康，我們相信它可以延長人類壽命二十年。
3. 媒體，它可以修復社群媒體所造成的分歧、提供永續的資金來源，擴大參與度，並大幅提升新聞自由。
4. 環境，解決我們所面臨大多數嚴重環境問題的核心，甚至可能比傳統的「綠色」科技更為重要。
5. 學習，它可以顛覆目前學校教育的線性結構，允許更加多元和靈活的終身學習路徑。

雖然在此不詳細闡述，但我們也期望在其他許多領域產生根本性的影響，包括能源領域，它可以幫助從化石燃料的「獵人——採集者」模式，轉變為直接利用太陽能的「農業」模式。

前面的段落刻劃出大範圍社會系統轉型的崇高視野。然而，就算是如此充滿想像力的未來主義，如果與當今人們感受到的真實需求脫節，且無法在帶來系統性變革的同時解決這些需求，很快就會顯得空洞且虛假。此外，目前為止許多豪語都著眼於像「民主」的廣泛社會制度上，儘管這些制度鼓舞人心，但它們往往與大多數人的生活體驗或媒介範圍遙不可及。

因此，在本章中，我們嘗試將多元宇宙的潛在影響導至——公民、工作者和領導者在各種社會活動和領域中所面臨的具體挑戰。不過，在轉向這些特定區域前，這裡旨在勾勒出多元宇宙「改變理論」（theory of change）的整體輪廓，強調這些區段是如何自然形成，以及何以這些區段中的實驗不僅具有直接價值，且有能力擴散至多元宇宙的系統性、全球性賦權。

社會革命的圖形結構

激進的社會和科技變革對人類的想像力具有無可抗拒的吸引力，然而這類變革時常以悲劇告終，一如披頭四在他們的社會批判情歌〈Revolution〉中所哀歎。政治學家史蒂文・李維茲基和盧坎・韋（Lucan Way）在近來的分析中發現，二十世紀沒有一場暴力革命建立了持久的民主政府。[1] 然而，我們都能想到人類歷史中有許多讓世界變得更好的劇烈變革，從二十世紀資訊和通訊技術的驚人進步，到過去三百年來全世界許多自由、民主政府的建立。

是什麼讓這些和平且有益的革命發生？社會哲學家漢娜・鄂蘭在關於此主題的經典論述中，對比了美國獨立革命和法國大革命。[2] 她認為，美國獨立革命源於移民所啟發的地方民主實驗，這些移民探索了古代理念（來自他們自身的過去，以及我們最近才瞭解的他們的新鄰居），好在一個嶄新、常有危險的環境中共同建構出一種生活。[3] 正當他們交換想法並以當時流傳的相關概念為基礎，達成了廣泛的結論，認為他們在治理上發現了更為泛用的概念，這與英國的實踐方式形成了對比——給予了他們對民主共和政府的期望以鄂蘭所稱的「權威」（類似〈4-2 結社與多元公眾〉中所稱的「法律體制」或「共同信念」）。他們為對抗英國所進行的獨立戰爭，使得此權威性結構得到賦權，儘管有諸多矛盾、虛偽和失敗，仍是社會改革中較為持久和進步的例子之一。

另一方面，法國大革命出自於廣泛大眾對物質條件的不滿，企圖透過立即奪取權力來獲取補償——遠在他們獲得，甚至是詳細描述潛在替代治理形式的權威之前。雖然這導致了劇烈的社會動盪，但其中有許多事件很快就遭到反轉，或伴隨顯著的暴力。從此意義上來看，法國大革命引發了兩極對立並受到廣泛討論，但在許多核心志向上卻是失敗的。藉由將立即的物質需求以及達成需求的權力，置於建立權威的過程之前，使得法國大革命為新體制建立社會法律的精細過程負擔過重，超出了它的承受範圍。法國大革命需要的是麵包；美國獨立革命需要的是自由，兩者都經由革命順利取得。

雖然鄂蘭的例子來自政治範疇，但它與從演化生物學（evolutionary biology）到語言學在內的廣泛領域創新文獻產生了共鳴。雖然確切結果有所分歧，但這樣的論述在在指出，在多樣化的「群體」（社會或生物上）環境中，劇烈的創新蓬勃發展，在互動上內部連結緊密，外部則連結鬆散。[4] 這讓創新能夠獲得必要的規模，展現其韌性，接著擴散出去。由於變化偶爾才會帶來淨效益，更緊密或是更集中的連結結構，不是扼殺了創新，就是使其變得危險。至於更加不連貫的結構，則使創新無法向外傳播。

雖然出自直觀，但這些觀察在科學和社會科學文獻中的「隨機對照試驗」，以及在科技商業文獻中的「閃電式擴張」（blitzscaling）大量討論的實驗和創新模型形成了顯著對比，我們將依次考量這些模型。隨機對照試驗主要源於個體、非傳染性的醫學應用，專注於對個體或其他社會子群體進行治療的隨機測試，促成了某種治療方式核准通過，然後迅速將它推廣到所有標明的病患，譬如：Covid-19 疫苗。[5] 此文獻在整個社會科學領域，特別是發展經濟學和應用在脫貧（poverty alleviation）的相關作業中，有越來越大的影響力。[6] 這鼓勵了對社群「進行實驗」模型的散布，其中經濟和設計專家構建了干預措施，並在可能從中受益的社群之間測試，根據時常會預先登錄的指標來評估，緊接著將評估後的有效治療方法更廣泛地傳播。

這種方法與「以社群為基礎」的方法形成對比，後者也提供了許多簡略、不精確的早期（多元）數位技術（如分時系統、個人電腦和許多應用程式）。[7] 正如我們在〈3-3 我們遺忘的道〉的簡短討論，這些技術始於早期採用者社群，其中通常包括許多以數位工具「進行實驗」的系統設計師。雖然這些社群通常對其系統有何用途具有初步的想法，但他們鮮少能將期望的成果精簡為預先指

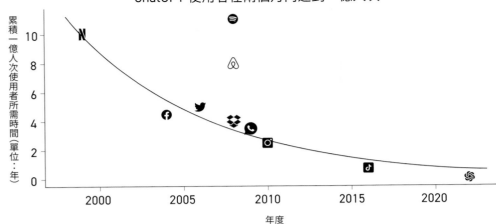

ChatGPT 使用者在兩個月內達到一億人次

圖 6-0-1 | 各類數位消費產品使用者累積一億人次所需時間
資料來源：Netscribes at https://www.netscribes.com/chatgpt-4-a-near-to-perfect-ai-powered-digital-assistant/ and logos from Icons8 at https://icons8.com/ by fair use.

定的指標，事實上，其系統有許多組件是其他早期採用者創建的。這些系統透過社群從學習時多次遭遇的未預期情況，並將學習歷程回饋到產品設計，同時提供社群創建的應用程序，將之傳播到相鄰的社群，最終傳播給大眾。

「對……進行實驗」和「與……一起實驗」各有明確的優勢與劣勢。但後者的模式與當今由創投資本推動的數位技術產業所追求的採行方式漸行漸遠，甚至更加危險。如領英創辦人雷德·霍夫曼（Reid Hoffman）的創業投資家們讚揚支持「閃電式擴張」冠軍的「規模大師」。新創公司在此情況下，早期獲得大量創投資金，使它們將資金運用於迅速擴大使用者人數，接著利用超模性（supermodularity）的好處（例如，網路效應、從使用者數據中學習等）來達到市場主導地位。[8] 也許最戲劇性的例子是霍夫曼背書的 OpenAI，在推出 ChatGPT 後的幾個月內就達到了一億名用戶。圖 6-0-1 演示了消費產品到達一億用戶所花費的時間，隨著時間的推移，所需時間越來越短，以 ChatGPT 為頂點。大眾如此迅速地採用，引發了針對這類系統可能對社會造成傷害的廣泛顧慮，導致了一波公眾擔憂，與著眼於避免「快刀斬亂麻」的循環，及伴隨較早期、成長相對較慢的技術（如叫車服務和社群媒體）的社會反彈。[9]

根本的挑戰在於，將「與……一起實驗」與完全以資本主義市場驅動的新技術管理模式配對時，就成了危險之事。因為它尋求在系統浮現損害、挑戰和相互依存性時進行管理，而不是事前測試，所以它要求開發過程本身，對「技術如何影響社群」有更完整的理念驅動，而不僅僅關注銷售額或使用者人數。[10] 這正是〈3-3 我們遺忘的道〉中討論的早期多元宇宙實驗意欲提供的，在嚴格限制商業參與的前提下，交由社會部門和標準化過程驅動。然而，即使是這種更平衡的「與……一起實驗」版本，仍未達到我們對於安全共融的技術發展，可能擁有的最高期望，它最終力求成為全球性的變革，但也可能帶來顯著風險。

特別是，即使在符合社群利益下成功開發了技術，考慮到可能在社群造就的所有系統性危害，它們仍可能對那些不屬於早期採用者社群的人，造成顯著外溢。關鍵的危險之處在於，技術可能被作為武器使用，抑或是遭社群利用，藉以損害其他人的利益。這種效應較乍看之下更加常見，因為即遍是「有益」和「無害」的工具，可能會賦予（通常是特權）早期採用的社群在社會上和經濟上的優勢，他們可以利用這些優勢來壓制、邊緣化或殖民其他人。如同微軟總裁布萊德·史密斯（Brad Smith）反覆宣告：大多數的工具可作為武器使用。[11] 這種「競爭性」效應有某些好處，它可以鼓勵社群採用，並在尋求利用這些工具的過程中在社群間傳播；部分原因是它們彼此競爭，並且有可能透過這個作法創造壓力，以利用和解決由

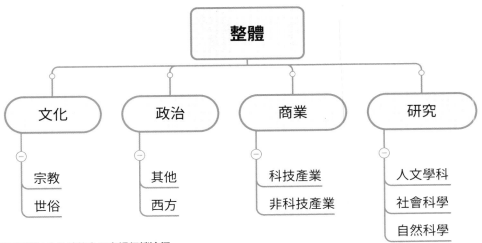

圖 6-0-2│消弭和涵蓋社會分歧的多元市場行銷途徑

此產生的競爭。但它最多也只能造成削弱了多元自由基礎的排斥與不平等，而最壞的情況可能會導致「軍備競賽」的動力，削弱了新工具的益處，甚至將它們轉化為普遍的危害。

自然克服這種傾向的方式，是使技術在現存的主要社會分歧取得大致上的平衡，允許參與者網絡既能夠治理其內部傷害，也能夠解決代表存取和引導技術群體其潛在競爭利益。同時，為了使這種傳播有效，早期採用者必須具有足夠的聲望，或者能夠通過工具的益處來獲得聲望，而使技術可在各自的網絡中以大致平衡的方式傳播。

這在推廣多元宇宙上勾勒出了一個深具野心，但相當清晰的多元宇宙策略：

1. 種子必須有一定的社群規模，足以包容技術針對橋接的多樣性，同時足夠小，以成為眾多這類實驗之一。

2. 種子應該是能夠獲得明確價值，對技術的使用和貢獻都有明確興趣的早期採用者社群，而且不會太過脆弱到預期內的失敗會對他們造成嚴重傷害。

3. 種子應該在某個網絡中具有聲望，或者能夠透過技術的幫助獲得聲望，這樣一來傳播就可能實現。

4. 種子應該是強大的社群，在技術上擁有管理和應對系統性危害，以及支持系統性益處的機構。

5. 種子之間應該具有多樣性，並有寬鬆的溝通網絡，以確保平衡的擴散、避免衝突，並應對溢出效應。

儘管同時完美達成這五個目標顯然是不可能的，每個目標本身都具有挑戰性，不過它們提供了一個粗略的「北極星」，可以作為我們考慮多元宇宙影響領域的指引。此外，為了說明嘗試實現這些目標並非不切實際，我們在行銷本書時使用了這些標準（即選擇：尋求代言推薦、媒體報導、舉辦活動等），我們將這種方法稱為多元宇宙行銷。雖然充分說明這一點很複雜，但在圖 6-0-2 中展示了實現最後一個標準的方法。我們吸引了所有受眾，嘗試考慮其中的主要劃分，然後選擇一個尊重這些劃分的行銷面向（例如推薦代言），然後遞歸地將這種方法應用於每個子集；圖 6-0-2 顯示了由此產生的深入樹狀圖的兩層類別。至於這個方法的結果是否有效，以及是否理想地實現？您應該能夠在閱讀本書及認同推薦時，比我們在撰寫本文時更好地判斷！與專案的許多部分一樣，我們邀請您與我們一起實驗和學習。

肥沃的土壤

讓我們先考慮規模的問題。要實現多元科技在社群內的益處，需要此社群含括以跨度為目標的科技，其多樣性大致相近。這在各式科技方向之間存在劇烈差異。在後符號溝通和沉浸式共享現實這樣最親密的科技中，即使在最小的社群和關係中也可以無比強大，幾乎不會對規模和多樣性的觀點造成束縛，從而自然而然地優先考慮其他準則。在與之相對的極端，投票系統和市場很少在親密社群中使用，需要顯著的規模才會有相關性，特別是在其社交上具豐富形式的情況下，會使進入點更稀缺，更具野心，且有潛在危險。

然而，有鑒於大多數多元科技橫跨各規模合理的靈活性，最具廣泛吸引力的實驗場所，將是那些既包含足夠多樣性；得以實現大多數應用；本身足夠多樣，而令人合理選擇多樣、安全、聲望的種子。儘管任何簡化的定量表示都無法完全歸納出這些範例所需的豐富性，有個簡單的經驗法則，是以社群內單位數量，來尋求約略相當的多樣性。在一個（以非常粗略地估算）一百億人的世界中，這些單位大約是十萬人，如果整個世界以此劃分，就會有十萬個這樣的單位：它們的規模相當於全球人口的平方根。當然，十萬這個數字並沒有什麼神奇之處，但它卻是種植多元宇宙種子最肥沃的土壤，其社群和組織的規模，提供了大致的理解。

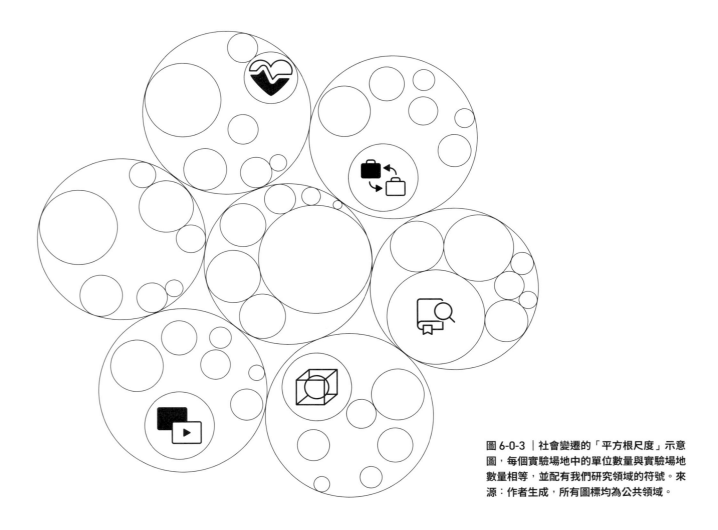

圖 6-0-3｜社會變遷的「平方根尺度」示意圖，每個實驗場地中的單位數量與實驗場地數量相等，並配有我們研究領域的符號。來源：作者生成，所有圖標均為公共領域。

有許多不同種類的社群維持相近的規模。地理上，約略是大多數中等規模城市（大城鎮或小城市）。經濟上，這相當於大型公司的員工人數；或政治上為中等國家的雇員規模。宗教上，相當於一個教區中的天主教徒人數。教育上，這比一間大型大學的學生人數稍多一點。社會上，它類似於許多中等規模的市民組織或社會運動的成員。文化上，它大致相當於典型電視節目、表演藝術家或職業運動俱樂部的活躍支持者後援會。簡而言之，這是社會各個領域中普遍存在的組織層次，為測量提供了豐富的環境。

測量員的地圖

也許我們在上述所強調的兩個最重要的多元宇宙實驗場所，臺灣和 web3 社群。這兩個場所擁有一些重要的特點，然而無論是在特徵，還是在多元宇宙應用的關注等許多方面上，存在著明顯的差異。兩者的規模大略相同。2021 年 web3 應用程式（dApps，去中心化應用程式）每月約有150 萬活躍用戶，儘管其中只有一小部分積極參與了像是 GitCoin 這類與多元宇宙最相關的服務。臺灣的 g0v 社群建立的各種多元服務，使用者數量也與此類似。[12] 然而，每個社群中的多樣性類型卻截然不同。

雖然統計數據並不完全可靠，但根據與網際網路整體類似的模式，web3 使用者在全球分布相當廣泛。不過，使用者往往精通技術；性別上偏向男性；非常年輕。根據我們在這個領域的經驗，他們傾向於無神論，政治上中間偏右，種族上主要是歐洲、閃族和亞洲血統。[13] 臺灣數位生態系統的參與者顯然大多來自本地，主要是臺灣的族裔。但在年齡、技術背景、政治觀點和宗教背景方面，他們更加多樣化。[14]

這兩個生態系統也專注於我們在本書前面討論過的多元宇宙議題的不同光譜。臺灣主要專注於多元宇宙更深層與較狹窄的應用，以及最為強力支持這些應用的基本協議（身分和存取）。全球web3 社群主要則專注於更淺顯和更具包容性的應用，以及最支持這些應用的基本協議（締合、商務和合約）。

這兩者都是多元宇宙的關鍵早期測試場所，然而根據我們的標準來衡量它們，也顯出局限性。臺灣的生態系對於其中許多應用程式來說比所需的要大，這可能是為什麼它託管了一系列子社群（他們通常稱之為「資料聯盟」），進行更先進的實驗，得到了更廣泛生態系的支持。臺灣的生態系，在亞洲和許多民主國家之中具有強大的聲望潛力；但周圍的地緣政治衝突，使臺灣在成為全球公平傳播的種子存在一些挑戰。另一方面，web3 社群實際上可能有點小且同質，無法充分測試新的市場機構是否能與資本主義的影響力競爭。此外，困擾 web3 領域的許多醜聞，危及了其作為一個能夠公平傳播的創新指引能力。

因此，至關重要之處在於，仔細考慮多元宇宙下一步最有前景的可能傳播地點位於何處。有個貫穿我們迄今為止討論的清楚範例——城市的治理。然而，正是由於目前為止我們借鑑了許多公共部門的例子，所以本書這一部分，我們專注於各種社會部門，其中可以種下更廣泛的現實，較公共部門狹義定義下的「民主」觸及更為廣泛的生活範疇。如此進行時，我們專注於匹配上面提到的規模，涵蓋廣泛的生活體驗，同時致力於關注廣泛社會中受尊重與具聲望的領域。

特別是，我們考慮到下列幾項，如圖 6-0-3 所示：

職場

是一個極具影響力的領域，因為資本主義經濟的驅動力大部分都來自於此，並且它與學習相輔相成，而那些對廣泛正式學習的價值持懷疑態度的人，通常十分尊重工作場所。同樣地，特別是在最大的公司中，可以簡單直接地找到匹配的規模。

健康

這是另一個幾乎觸及每個生命的領域，我們在上一章中介紹的工作年限之外尤其重要，或許也是最受廣泛尊重的社會部門。正如上面所提到的，許多健康系統在規模上匹配。

媒體

或許在傳播新的實踐上具有最大的能力，因為它接近大多數社會的概念、溝通和理念基礎。許多出版品和社群媒體平台在相關規模上匹配。

環境

與其他領域不同，它圍繞著我們所有人，在全球範圍內影響著我們。它與其他領域相輔相成，吸引著許多人，促使我們超越人類工作、健康和思想交流的範疇進行思考。

學習

這幾乎可說是種普世經驗；幾乎每個閱讀這本書的人都會花費許多年的時間學習，且大多數人都會對這些經驗深表尊重，由此，它是一個強大的種子，適用於各式各樣的人。如上所述，許多教育體系和環境在多元宇宙蓬勃發展上，大略都位於理想規模和多樣性範圍內。

在上述領域，我們透過一系列片段來突顯，並嘗試粗略地量化一系列多元技術，如何在某種程度上轉型實踐，其規模有潛在能力橫跨或甚至超越該領域。

6-1
職場

全球有超過十億人在家庭之外的正式組織中與（至少幾位）他人一起工作。[1] 這些「工作場所」提供了全球約 70% 的產能，也是大多數人聽到「經濟」時首先聯想到的。正如我們思考工作場所對全球經濟的巨大貢獻一樣，解決這些阻礙生產力效率低下的問題也相當重要。美國的工作者們，每個月平均花費 31 小時在他們認為沒有成效的會議上，對於時間和資源而言都是重大的浪費。[2] 如果▨可以幫助重新構思經濟，就必須重組正規工作，我們將在本節討論這一點。

接下來討論的進展，只是▨對工作場所潛在影響的一部分，包括加強遠端團隊、設計有效的企業園區、改善溝通、更包容地獲取人才、支援更有效地提供共通的企業基礎設施，以及更動態地適應不斷變化的行業。我們估計，前四項可使全球 GDP 成長約 10%；最後一項則可能使國內 GDP 成長率每年永久提高 0.5 個百分點。[3]

強大的遠端團隊

Covid-19 大流行改變了世界的工作方式，在一年內實現了原本預期幾十年才會發生的變化。巴雷羅（José María Barrero）等人的一項重要研究發現，在家工作者，在美國勞動力所占比例，從 5% 上升到 60% 以上。[4] 也許最極端的表現是所謂「數位遊牧」（digital nomads）的興起。他們利用越來越開放的遠距工作機會，不斷旅行並從事各種形式的遠端工作，薩丁尼亞地區的數位遊牧民族計畫、愛沙尼亞和臺灣的數位公民，以及臺灣就業金卡政策（本書的作者之一也是持卡人），都鼓勵他們這樣做。儘管在疫情緩解之後，勞動工作已大量恢復，但有部分的習慣改變則繼續維持。巴雷羅等人發現，在疫情後，工作者希望每週能有一半的時間在家工作，並認為在這種環境下，他們可以得到相同或更高的工作效率。雖然有些研究發現了生產力輕微下降的證據，但這些影響似乎還不足以克服對混合工作方式的持續需求。[5]

然而毫無疑問，遠距工作確實有待改善之處。舉例來說，如何確保工作與生活的平衡、避免分心和不健康的在家工作條件等，並不容易通過遠距協作工具來解決。但其他許多弊端是可以解決的：缺乏與同事的有機互動、錯失反響機會，或與同事建立更深層次的個人聯繫機會等等。雖然可以解決裡面大多數的問題，但我們特別關注其中一點：建立強大和深度信任的團隊。[6]

遠距共享實境（immersive shared reality, ISR）顯著地增強了跨領域的團隊建設和培訓，包括健康促進和醫療，透過增強虛擬環境中的協作和創意團隊合作。全球在虛擬實境的協作對跨學科團隊合作非常有效，特別是在醫療教育方面，突顯了其在克服地理障礙方面的實用性。[7] 在虛擬世界中替個人表達提供了化身、為共同存在提供了沉浸式體驗以及為修改環境提供了工具，從而促進團隊創造力，增強分散團隊間的創意協作。[8] 開發用於團隊建設的 3D 虛擬世界和遊戲（如在第二人生〔Second Life〕）提供了成本效益的解決方法，用來增強團隊成員的相互溝通、情感參與和情境認知，也揭示其在生命關鍵領域的團隊合作至關重要。[9]

面對面交流的團隊工作，通常由開展各式各樣共同學習等非直接生產性活動，來建立團隊信任、聯繫和精神。這些活動從休閒午餐到各種極限團體運動，如「信任跌落」（trust falls）[10]、模擬軍事演習、繩索課程等。在這些活動中幾乎都有一個共同點，那就是創造共享互信的活動體驗，來培養成員之間的信任。這種方式與我們在〈5-1 後符號交流〉一節中討論的共同服役、培養牢固持久的合作鏈結的方式類似。

顯然，目前大多數此類活動，都重度依賴親身參與。因此，許多混合團隊和完全遠距的團隊——尤其是一開始就由許多遠距成員組成——就會錯過此類活動帶來的團隊建設效益，或必須花費大量差旅費用才能實現。遠距共享實境，為克服這項挑戰帶來了巨大的潛能。與足夠逼真的化身（例如能反映詳細的面部表情）們共進午餐，可能很快就能幫助遠距辦公團隊，實現類似於共同在場的豐富聯繫。雖然在遠距共享實境中，似乎不可能實現派對或極限運動中的生動聯繫；但越來越多的有力證據表明，在足夠逼真的模擬環境中，可以產生真正的恐懼和信任體驗。隨著「電競運動」（e-Sport）普遍化，以及在合適的遠端共享實境環境中，與現場相媲美的運動強度，「校園運動」的益處，有望越來越多地應用到遠端工作中。

然而，比遠距重現現場團隊的方法更有前景的是，利用數位工具，來建立比沒有數位輔助工具時更深層次的聯繫。最簡單的例子，就是擴展到極限運動或軍事——親身參與是不安全或成本過高的——場景之中。但這僅僅只是開始；最終，直接的神經介面，可能會讓同事們遠端分享親密的共鳴——它只受到職場禮儀的約束，而非物理距離的障礙。

設計共融園區

許多工作，尤其是白領，往往都是在大型「企業園區」中完成。雖然這些園區彙集的許多職能彼此不同，或在組織方法上相距甚遠，但廣泛的同地辦公往往是共同的目標，因為人們認為這樣做可以帶來偶然的交會，從而促進各部門之間的工作。大量經濟學文獻表明，這種「群聚」效應，是城市經濟效益的重要來源。[11] 企業園區的核心作用之一，就是在公司內部獲取這些效益。

然而，需要用心設計，才能達成這個目標。過度的組織和學科分隔、對核心工作的過分關注，都會破壞自發群聚的優勢。組織和學科的過度分割，也會削弱生產力。園區的不同元素（人行道、餐飲設施、辦公室、共享空間、娛樂設備等）在促進直接工作和自發聯繫方面，發揮著不同的作用。例如，史蒂夫·賈伯斯重新設計了皮克斯總部，包括一座巨型中庭，內含大型劇院、自助餐廳、信箱、景觀室等。透過鼓勵這些電腦科學家、動畫師和其他工作人員在共享空間中交流，提高了彼此分享的機會，在閒話家常之間激盪出創新的想法。然而，改造架構也帶來了極大的挑戰：成本高昂之外，還需要配合每家公司特有的要素，如工作性質或品牌形象。因此，最佳園區設計沒有標準可言也就不足為奇了。園區的設計千差萬別，蘋果公司總部的環形宇宙飛船就是一個典型的例子。任何能夠降低勘探成本的方法，都能令品質顯著地提升。

讓這種實驗變得更加容易的自然方法，是創建沉浸式共享實境園區，員工可以在其中探索潛在的配置並參加虛擬會議。這些配置的原型設計，遠比建造實體園區更加迅速、靈活，員工可以在參加虛擬會議時，進行一系列探索。透過回饋意見，員工甚至可以協助重新設計空間，並對布局進行反覆運算。如果某個潛在的設計似乎能理想地實現其目標，並且非常適合潛在的場域，那麼就可以通過更標準的工程和建設流程，將其「列印」出來。簡單來說，這些工具可以讓物理空間的設計，變得更像文字處理和協作文件所帶來的寫作流程：能夠進行廣泛實驗，並且在大幅擴展之前，先積累各種回饋的過程。

艱難的對話

會議是白領工作的核心，平均約占四分之一工時。[12] 然而，儘管會議占用了大量時間，但更大的代價可能是：由於過於繁瑣而導致會議無法召開。企業領導人經常誤解客戶的需求；團隊面臨的挑戰以及工作的重複，只因為和各方利害關係人會面，需要耗費太多時間。更糟的是，許多會議的效率很低，因為主導人持續地發言，而那些位階較低或缺乏自信的與會者的智慧卻被忽視了。在白領工作領域，會議往往是惡名昭彰的時間殺手，每週平均約占去了每位員工 18 個小時。這不僅代表每位員工每年約 25,000 美元的薪資成本，還包括員工認為不必要的 30% 會議。此外，減少 40% 的會議，有助於增長 71% 的生產力，在在突顯了精簡溝通的關鍵需要。[13] 任何能大幅縮短會議時間並提高會議品質的事情都能改善組織的生產力。[14]

雖然會議擁有多樣的目標和結構，不過最常見的類型，可能是試圖就合作專案分享各種觀點，藉以達成職責的協調和分配。此類會議，與我們在〈5-4 擴增審議〉中強調的協商式對話密切相關。儘管通過 Slack、Teams 和 Trello 等平台服務興起了非同步交流，但同步會議仍然十分盛行，其中一個重要原因是，非同步交流往往缺乏周詳的時間和注意力管理，而這正是同步會議取得成功的必要條件。Pol.is、Remesh、All Our Ideas 等服務基於大型語言模型發展出日益複雜的擴充功能，有望顯著改善此問題。使得越來越多的利害關係人能進行尊重、包容和資訊豐富的非同步對話。

多元化的實踐和工具可以就組織面臨的最大問題，展開更加開放、包容的對話。如今，制定方

向的責任通常僅限於金字塔頂端。即使簡化了策略制定，但代價是犧牲了韌性和創造力：如果少數高階主管不願意適應和學習，整個組織就會陷入停滯。即使高階主管們都具有卓越的遠見，即便運用他們全體的智慧，也難以應付當前的任務。相反，我們需要的是一個流程，能夠充分利用與組織成功有利害關係的每個人的聰明才智。想像一下，一場開放的對話產生了成千上萬的洞見和想法（例如圍繞客戶需求或新興趨勢），並且透過眾人的才智將它們加以組織、確認優先順序，最後提煉成之於未來的共同觀點。重新定義我們是誰的重大機會為何？我們需要應對解決的最大挑戰是什麼？什麼樣的願景，才真正反映了我們的共同目標？藉由與新聲音的開放對話，鼓勵非正統思維並促進橫向對話，將有助於這些有可能將自上對下的墨守陳規轉變為令人興奮的參與式探索，以定義共同的未來。

除了辦公室政治，各國的政治議題，也越來越頻繁進入並分化職場，導致一些高階主管採取極端措施，如禁止在職場討論政治問題。[15] 這種嚴格的限制措施，可能遏止卻無法化解緊張局勢，也會打擊員工士氣。而一個潛在的替代辦法，正是建立上述管道，允許對社會問題——特別是與企業政策相關——進行更深思熟慮、更包容的討論，並以尊重的方式，大範圍的實施。總之，這些科技有望提高工作場所的效率、參與、共識與和諧，成為實現許多高階主管所追求的職場文化的輔助工具。

多元聘雇

許多企業和職位都有「標準職涯路徑」，主要從有限的學科課程、一系列專業背景、經驗等來招聘畢業生。雖然這些企業經常遺憾地表示，他們因此將許多才華洋溢的多元化候選名單排除在外，但從「命中率」較低的背景中招聘，往往代價高昂：這要求他們學會從更廣泛的環境中，識別有未來性的履歷，核實典型管道之外的成就和

資歷，並且更常指派代表到更遠的地方出差，來瞭解不熟悉的多元化層面，並培訓那些可能不太適應組織文化的人。這種招募過程所造成的僵化，是許多人被迫走上前一節中所強調狹窄學習道路的主因。

社會身分識別系統、大型語言模型技術，和遠端共享實境的能力，可能有助於應對其中的許多挑戰。正如我們在〈4-1 身分與人格權〉一節中所描述的，基於網絡的驗證系統，可以快速、低廉地跨越巨大的社會距離，對各種證照和成就進行安全驗證。經過適當學習和調校的大型語言模型，很快就能實現履歷的「翻譯」，不僅能跨越語言，還能橫跨不同的社會環境，說明招募經理瞭解各種環境下的「同等」資歷，支援職位表現的各種途徑。他們也可以協助求職者，更加瞭解自己的背景，足以勝任哪些職位。

除此之外，能對公司多樣的客戶群，有更加豐富的認識。有利於組織多元化的員工與客戶產生共鳴和聯繫，並使人力資源部門能以更細緻、多元交織的方式優化多樣性，而不僅是找出與主要人口分類別相匹配的比例。遠端共享實境可以協助他們以更低的成本，在更廣泛的場所中舉行互動式招募，讓求職者更深入地感受工作環境。正如我們在前文中所描述的，還能夠縮短企業文化適應以及就職流程所需的時間。總之，這些工具可以共同開創人力資源的未來，讓更多的人才參與，讓每個人都有機會成為獨特的多元交織貢獻者，並且大放異采。

協調智慧

在大多數組織中，權力——無論是控制資源、做出決策、獲得重要訊息，還是擁有獎勵或懲戒的決定權——都與一個人的職位相關。正式標準化的等級制度為每個人的權責提供了清晰的界限，然而，這種「易讀性」（legibility）也有顯著

的缺點。職位權力可能過於氾濫，比如一位財務主管在成為執行長後，突然主張自己在產品設計方面的專業性。如此也是二元的（具備，或不具備），意味著不稱職的主管在被免職之前一直保留權力（通常比理想情況晚得多）。最後，傳統的等級制度並不允許員工參與選擇他們的領導者。這與社群網路截然相反，在社群網路中，權力是自下而上出現的。[16]

在多元化的工作場所中，傳統的單一等級制度，被多個特定問題的等級制度所取代（也可說是補充，如果你不想太激進的話）。權力是流動的，基於貢獻產生變化。新興技術可以幫助將它們增值至與決策權相匹配。例如，自然語言處理可以篩選通信資訊，用來發現特定主題上時常提供有價值見解的員工。機器學習算法可以創建動態社交圖，精確定位關鍵網絡人物，提供豐富的關於資訊如背景，大型語言模型從各種來源彙編反饋意見，藉以全面評估個人的「天生領導力」。這些方法認可且鼓勵人們的寶貴貢獻，而不考慮其等級角色，並提供仍然占據正式權威職位的人現實檢驗。隨著時間的推移，可以完全減少對正規等級制度的依賴。

支援內部創業

傳統等級制度所造成的另一個影響是，特別在大型組織中，由不同高階主管所管理的員工，在母公司內部形成不同的組織，每個組織擁有各自的文化、目標和願景。雖然這種內部劃分，通常被視為確保當責的重要因素，不過，也往往被視為組織合作和活力的障礙，有可能破壞提供共同基礎設施和滿足不斷變化的政治、經濟、社會和技術環境的需求（「干擾」）合作。例如，我們其中一位作者所在的微軟公司，有時會因為其內部組織衝突而遭到諷刺，但在現任執行長薩蒂亞・納德拉（Satya Nadella）領導下，微軟公司持續努力打造「一個微軟」（One Microsoft）的文化來克服這個問題。[17]

納德拉還協助建立了一些機構，旨在幫助實現我們上文討論過的「團結與活力」的組織等同性。特別值得一提的是，作者之一有幸在技術長辦公室（Office of Chief Technology Officer, OCTO）任職，技術長凱文・史考特（Kevin Scott）的職責包括協調跨公司投資，克服沒有單一組織認為承擔這些投資符合自身利益的挑戰，以及激勵「內部創業」，運用現有組織的專業知識建立新的事業體。[18]

本書作者之一在技術長辦公室工作期間，獲得了許多成就（包括參與培育現今廣為人知的OpenAI），但長期存在的挑戰是，如何利用對業務需求與機會的理解必然不及「第一線」的少數員工，來決定旨在帶來跨領域利益的重大投資和專案育成。特別困難的是，其中許多投資的目的，並非直接為內部創業帶來收益，而是其他的事業體從中收益。由於這種情況和微軟的工作結構，很難以最終成功時提供巨額獎勵的做法，來彌補可能的失敗。不同組織各自發展出應對這項挑戰的方式：例如，Google（現為 Alphabet）傳統上給予員工 20% 的自由時間，讓他們在主要角色之外，為組織開展符合自己興趣的專案。[19] 然而，這種做法也面臨著明顯的挑戰，那就是個人可能會追求某些特立獨行的專案。在最壞的情況下，可能不符合更廣泛的使命；而在最好的情況下，通常也無法擴大規模——因為他們無法召集足夠的人力，在雄心勃勃的專案上齊心合作。

在「集中式管理」和「未協調的個人倡議」兩個極端之間，多元對話和資助的工具，是很自然的替代方案。像技術長辦公室這樣的組織，可以專注在提供牽線搭橋和相互促進的服務，擁有更多的預算，較小的自由裁量權，來為得到許多組織支持的投資，提供配套資金。它可以利用來自內部交流平台的數據，或在其平台上發布的資訊，來確定跨組織的興趣集群，舉辦免費、有趣的活動，來建立組織之間的聯繫。在多個組織都願意投入員工時間或其他資源，來支援共同投資或育成的情況下，提供配套資金。與「20% 時間模式」相比，這將為員工提供更多的「自由時間」，來

從事真正得到跨組織支援，但被直屬主管視為無關緊要的專案，同時也減少了對純粹特立獨行興趣的支援。如此一來，員工就能權衡投入多寡，從而實現業務的整體轉型，避免業務中斷。

將這些結合起來，我們可以想像這樣的未來：遠距團隊，可以形成與親臨現場的團隊一樣擁有緊密的聯繫。親臨現場的團隊，可以共同設計包容性的職場，在保持專注的同時促進自發的聯繫。即使是非同步會議，效率和包容性也會大大提高。更多、更廣泛的人才可以成為領導人，創造更具包容性和代表性的職場。員工可以輕鬆地跨部門合作，在事業的支援下，克服困難，建立共同的基礎設施和投入新創專案，來回應雇主在動態商業環境中生存和發展的需求。總之，不難看出，只要我們在未來真正落實多元工作環境，就能擁抱內外部的廣泛多樣性，運用跨越差異的合作，來實現更有成效、更加廣泛的未來。

6-2
健康

在過去的 75 年裡，人類的全球預期壽命增加了
25 歲，大幅超越了先前一萬年的成長。人類繁
衍生息的進步是通過衛生系統，或生物醫學的
應用而實現，它們主要是通過集中傳播客觀主
義的健康和醫療模式（見〈3-1 活在██世界〉）
而實現。這些模式，如「熱帶醫學」（tropical
medicine）的發展和完善，歷經了數個世紀的帝
國、殖民統治。但在二十世紀中葉聯合國——特
別是世界衛生組織（WHO）——成立、運作後，
在全球的實施速度迅速加快：

- 1967 年，WHO 啟動了天花強化根除計畫；
  13 年後，宣告天花在全球根除。
- 1974 年，WHO 世衛為全球兒童制定擴大免
  疫計畫；15 年後，一套基本抗原（麻疹、破
  傷風、百日咳、結核病、小兒麻痺症）的疫
  苗全球覆蓋率從 10% 提升到 80%。
- 2000 年，聯合國《千禧年宣言》（*United
  Nations Millennium Declaration*）的簽署
  進一步推動了全球衛生客觀主義的發展勢頭，
  八項目標的其中三項（4、5、6）體現了具體

的衛生目標，另外三項（1、2、3）則是健康的直接決定因素：

- 2002 年，抗愛滋病、肺結核病和瘧疾全球基金（下稱全球基金）成立， 20 年後，撒哈拉以南的非洲有 80% 愛滋病毒感染者接受了抗反轉錄病毒療法（全球為 75%）。

關於《千禧年宣言》的八項發展目標——

- 消滅極端貧窮和飢餓
- 實現普及小學教育
- 促進性別平等並賦予婦女權力
- 降低兒童死亡率
- 改善產婦保健
- 與愛滋病毒／愛滋病、瘧疾以及其他疾病對抗
- 確保環境的永續性
- 全球合作促進發展

- 2000 年，全球疫苗免疫聯盟（Gavi）成立，利用一套新的抗原迅速提高了幼兒疫苗覆蓋率，到 2020 年，兒童死亡率相較 2000 年時降低了一半以上。
- 最後，通過監督和政策支援，2020 年的孕產婦死亡率較 2000 年時降低了三分之一。

然而：

- 與健康相關的永續發展目標（Sustainable Development Goals, SDGs），包括疫苗接種率的進展停滯不前或出現倒退。[1]
- 世界上仍有一半人口無法獲得組合型基本醫療服務。[2]
- 災難性和貧困化的自付醫療費用影響著數億人。[3]
- COVID-19 疫苗存在著嚴重的不平等現象，在世界一些主要地區，接種疫苗的人口不超過 40%。[4]
- 心理健康服務「投資嚴重不足」。[5]
- 氣候災害有可能壓垮公衛系統。[6]
- 全球半數的過早死亡（將 30 至 69 歲死亡率定義為「過早死亡」）是由非傳染性疾病造成，[7] 每年造成的損失超過 2 兆美元。[8]
- 有些國家只有 3% 或更少的人口能夠獲得基本的輔助技術（輪椅、步行器、拐杖、義肢、眼鏡、白手杖和助聽器）。[9]

與過去的成功不同，眼前的這些挑戰，僅僅靠生物醫學或基於公衛系統的解決方案是無法克服的：不僅需要轉變我們對健康和醫療保健的概念，還需要轉變我們對衛生技術的概念。

多元醫療機構的
重要性

在我們關於健康的多元、分散式和關係概念中（圖 6-2-1），世界仍然需要醫生、護士和其他衛生工作者執行他們慣常的服務；就像它需要衛生設施和實驗室，以及疫苗、藥物和醫療器械一樣。但它需要的不止於此：還需要賦予個人及多元宇宙共同構建健康能動性的權力。珍妮佛‧普拉‧拉格（Jennifer Prah Ruger）將健康能動性理解為，促進個體能夠根據自己的健康利益行動的能力。[10] 雖然這是一個好的開始，但我們將健康主要視為是新興的、多量度的、可嵌入式的與複雜的（參見〈3-1 活在□世界〉）。

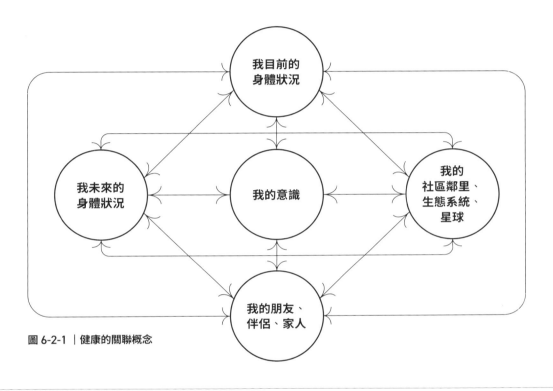

圖 6-2-1 ｜健康的關聯概念

阻礙健康成長的因素

阻礙健康領域取得進一步變革性進展的因素可歸納為以下幾點：

1. 缺乏資金
2. 缺乏市場機制
3. 協調失敗
4. 社群缺失
5. 不一致的誘因措施
6. 缺乏有利的服務

然而，阻礙因素之間沒有硬性的界限，解決方案必須是突發的、多量度的和複雜的（正如問題一樣）；現有的方法大多是臨時補丁，陷入了過時思維的泥潭，停滯不前和冷漠無情的局面大多無人反對。然而，如果我們能夠成功解決這些阻礙因素，全球健康預期壽命至少再延長二十年是指日可待的，上文提到的這些「烏雲」，即使不是全部也有許多會消散。我們接著舉例說明。

多元宇宙如何解決差距問題

重新構想醫療保險

理論上，健康保險是一種由面臨不平等健康風險的人們共同支付醫療費用的制度。在存在風險的情況下，「保險」就是任何旨在使福利隨著時間的推移趨於均衡的行動。請注意，在健康保險的概念中，有**兩個**保險功能：（1）預付；（2）風險共擔。預付是謹慎儲蓄的另一種說法（未雨綢繆），保險價值顯而易見。風險共擔的理由則更為微妙，只要個人在風險方面的變化趨向獨立，這些變化就會平滑化總體福利，從而使**保險人**的存在成為可能：代理人與個人簽訂合同，定期收取保費，並在發生保險事件時支付偶然的保險金。保險還有第三種對社會至關重要的功能：從景況較好的人向景況較差的人進行再分配，[11] 這需要另一種形式的統計獨立性。也就是說，如果個人的保險費與其健康風險無關，那麼保險就是再分配的：低風險的個人為高風險的個人提供部分收益。再分配是一種純粹的保險功能，只要那些健康情況較差的人是在實際上無法預測的。如果不滿足這一條件，那麼只要不利情況被認為是不可預測的，再分配仍然是一種有效的保險功能。[12] 事實上，政府的許多稅收和支出政策，不僅是衛生方面的，還有慈善機構和利他主義者的支出，都是後一種意義上的保險形式：它們表達了一種共同的信念，即出生在特定的司法管轄區、社會經濟階層或家庭環境中，或具有特定的遺傳稟賦，是缺乏可預測性的（例如，從羅爾斯〔John Rawls〕最初的立場來看）[13]。

健康保險在預付、風險共擔和再分配方面的實踐各不相同。競爭市場中的私人保險面臨著這樣一個問題：擁有更多資訊的保險人可以通過降低收費來吸引低風險的個人，這使得非歧視性的保險人只有「逆向選擇」。[14] 因此，市場經濟中的

私人醫療保險往往會淪為精算後的**醫療儲蓄規劃**（即沒有風險共攤或再分配），而在這個邏輯的極限，是由個人自行管理的，例如美國健康儲蓄帳戶（Health Savings Account, HSA）。[15]

這使得健康儲蓄帳戶失去了大部分保險價值，包括了謹慎儲蓄，因為個人無法在未經精算下校準儲蓄率。在最極端的情況下，**國家醫療保險**由政府一般收入提供資金，並通過強制性和普遍性的授權來實施，體現了預付、風險共擔和再分配這三個要素。問題是，私人醫療保險和國家醫療保險都已僵化為意識形態的兩極，既不能反映保險機制的潛在多樣性，也不能反映當地環境和需求的實際多樣性。事先沒有理由期望社會團結只以兩種刻板的形式出現，因此也沒有理由期望社會團結在保險中的表現形式應該是刻板的。

事實上，私人或國家醫療保險主要的替代形式是**社會健康保險**，這種形式曾在古羅馬**同業公會**中使用（公會成員相互委託，共同維護自身利益）。現代形式的社會醫療保險也強調社群對其成員的醫療費用承擔共同責任，因此，雇主（以前是行會，如中世紀德國的礦工協會〔knappschaften〕）與其他行為者（如國家）的集體繳款（通常不進行風險調整）是對個人（通常是風險調整後的預付款）的補充。儘管私人醫療保險幾乎隨處可見，但世界上大多數健康系統主要採用社會或國家保險模式。有點令人困惑的是，目前在健康融資方面的辯論不贊成以下做法（典型的社會健康保險）：（1）通過扣減工資來徵收工資稅，從而為醫療費用提供資金；（2）將權利僅限於那些通過正規部門繳納此類費用的人。儘管這些批評有其可取之處，但在多元宇宙專案的背景下，審視社會保險模式的歷史淵源也是有益的：在某種合理的意義上，那些共用一個職業或雇主，因而傾向於共用一套共同信仰和價值觀的個人，應該表現出一種特別強烈的團結意識——涂爾幹自相矛盾地稱之為**機械**。

多元產品與社會市場相似，但其規模取決於使用者／生產者網絡規模——大不一定好。多元產品

建立在多元公眾所體現的不同規模和形態的共同信念力量之上（見〈4-2 結社和多元公眾〉）。值得注意的是，健康保險的社會模式始於「結社」（association），即為共同信念的實現創造共享空間，不受全面的公共監督，並由多元機制提供資金（見〈5-7 社會市場〉、本章開頭）。因此，在多元主義的宇宙中，醫療保險的保費可以直接用來簽訂合約，以提供干預措施，**創造**健康所需的條件，而不只是支付治療疾病或耗弱的所需費用。如此，健康保險可能更接近人壽保險，而且正如羅賓·漢森所指出的，沒有充分的理由將兩者分割開來，也有充分的理由不將兩者分割。[16] 本質上，保險基金可以作為一個互助會，促進共同創造健康，而不僅僅是恢復健康——不僅是「身心健康的個人」，更加是健康的家庭和社群（見圖 6-2-1）。與國家健康保險一樣，健康生產社群（Health production Society）優先考慮：預付、風險共擔和再分配，但在不一定與管轄範圍相關的多個層面進行。

在某些情況下，成立健康生產社群的目的，可能是確保提供清潔水源、衛生設施或充足的營養（如聯合國開發計畫署、聯合國水資源組織或世界糧食計畫署）；或應對瘧疾、愛滋病毒、結核病等全球性傳染病（如全球基金）；或為低收入國家的兒童購買疫苗（如全球疫苗免疫聯盟）。但對於生活在富裕國家的人來說，健康生產社群可能會通過教育和社群支援（如運動管理 app Strava 模式的線上社群）來促進健康機構，以抵制普遍存在的健康不良決定因素：如菸草、酒精、超加工食品和化石燃料。儘管這四種風險因素相加，每年造成全球兩千多萬人死亡[17]，其致死率是 COVID-19 最初致死率的兩倍，但仍沒有證據表明我們對商業決定的流行病採取了相應的應對措施。缺乏行動並不是因為技術障礙，而是因為精神和社會障礙。多元宇宙技術原則上，可以通過加強隱私保護（見〈4-2 結社和多元公眾〉）來擺脫公共（即國家）和私人（即商業）的控制，從而實現加密安全，並在必要時實現匿名合作，例如 pol.is 或 Gov4Git（見本章開頭）。多元技術還能使健康領域的集體行動在正確的規模下進行，通過基於健康問題的共同經驗而有組織地出現的附屬原則，通過圍繞一套標準的健康影響指標而調整的資金池來實現（我們將在下一節討論健康影響）。

然而，在當前環境下，支援健康服務的資助者發現或參與提供醫療保健服務或為健康繁榮創造條件的各種組織的能力有限；健康干預措施的實施者或其受益者發現和獲取相關資金流的能力也有限。多元宇宙衛生協會不會取代現有的機構，如國家衛生系統、國際衛生機構或私人衛生慈善機構，但它們將在宏觀、中程和微觀層面填補一個重要的「知／行」空白。所有早期形式的「保險」，不僅僅是健康保險，都涉及預付、風險共擔和再分配，這些都是由具有共同信仰的人們共同完成的，他們聯合起來生產特定的「公共產品」。

無論是專業性的，如各行各業的可靠服務，還是宗教性的，如節日和慶祝活動的遵守、中世紀 frith 行會對社會秩序的維護，或是羅馬「同業公會」和中世紀德國「礦工組織」對殘疾和死亡福利的支付。以生產正和（positive-sum）社會產品為基礎的社群媒體社群，如這些歷史上的例子，迄今為止仍主要停留在理念層面，或許被大規模的網路虛假資訊所掩蓋，這些虛假資訊鼓吹與健康背道而馳的集體行動，並由此產生了失權、懷疑和停滯（例如，自 COVID-19 事件以來，疫苗接種猶豫情緒的大規模上升）。利用多元技術重塑行會精神，在職業、場所和親屬之間架起橋梁，為健康行動服務，將為人類的健康繁榮開闢新的道路。

健康影響標記化

在本討論中，產出是健康服務的直接結果（如疫苗接種人數）；結果是最終預期結果（如通過降低發病率或死亡率風險避免死亡）；影響是結果對整個世界產生的連鎖反應（如未來出生的孩子）。因此，「影響力」是一種開源商品：受益者可將其用於任何用途（圖 6-2-2）。雖然影響是醫療衛生服務的因果效應（例如，原本會死亡

的孩童沒有死亡，後來為人父母），但影響並不是醫療衛生服務的主要預期效應。醫療服務的主要預期效果是降低發病率或死亡率風險，正如我們所看到的，這是一種保險功能。

醫療服務產生了非市場交易的結果（例如，通過保險功能，挽救生命和更健康的生活）；以及市場交易和非市場交易的影響（例如，通過開源功能，供應更多的勞動力和更多與朋友相聚的時間）。因此存在一個計算難題：難以衡量結果的價值（例如，挽救生命）；但往往更難衡量相關影響的價值。

因此，由於衛生專案的全部社會價值實際上從未

計算在內，更不用說獲取或進行交易了，許多雙贏的衛生投資仍然受阻。實際上，這只不過是公共產品問題的翻版，這個問題導致了衛生籌資體系的導向，即亡羊補牢：由於結果主要是非市場交易的，而影響是分散的、不可預測的，擴大規模的成本也很高（因為其固定成本很高，見〈5-7社會市場〉中關於報酬遞增的討論），因此，有利於衛生的干預措施儘管具有普遍公認的價值，但卻不是具吸引力的投資。在國際層面上，情況更是如此，這也解釋了為什麼在衛生領域取得的變革性成功僅限於一開始提到的那些例子，而且往往需要（在一半以上的例子中）定製的國際融資和治理機制。

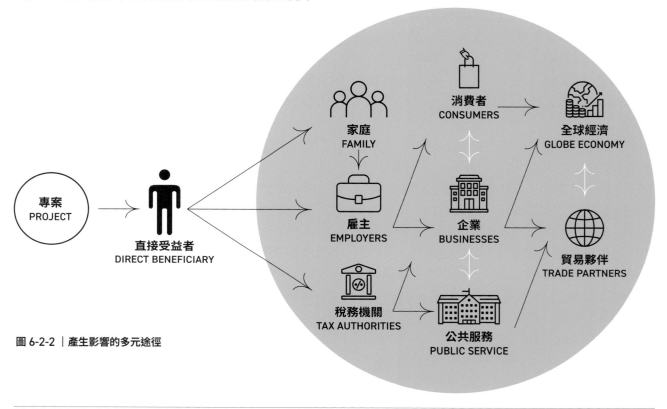

圖 6-2-2 ｜ 產生影響的多元途徑

例如，全球基金聲稱二十年來挽救了 4,400 萬人的生命，累計支出費用為 554 億美元，外加約 60 億美元的營運成本。這些資金主要來自國家徵收的稅款，這些稅款在連續幾輪「充資」中彙集起來，由各國政府（和一些慈善機構）承諾提供支援。據統計，此等規模的死亡率風險降低的保險價值中位數約為 200 兆美元，全球基金的投資報

酬率（未貼現）超過 3000：1。因此，如果全球基金能夠獲得其所產生成果的保險價值的一小部分，它將成為當全球最有價值實體之一，人人都想購買它的股票。事實上，每個人都**已經**擁有全球基金的股份；不幸的是，這些股份是不可交易的資產，作為純粹的公共性進行分配，對成本和收益都沒有區分或劃分（即誘因不相容）。我們

每個人都以自己的方式受益，這不僅是因為全球愛滋病毒、結核病和瘧疾發病率降低所帶來的保險價值，而且還因為世界上原本會死亡的 4,400 萬人所產生的衍生影響。例如，低收入和中等收入國家的年收入從 2002 年的 6 兆美元增加到 2022 年的 36 兆美元（按不變美元計算）。因此，除了巨大的保險價值外，還有額外的重要影響價值。影響價值的一部分是實際收入的增加；然而，還有其他一些影響是可以客觀衡量，但卻難以估價，例如在社會角色中的更好表現。然而，許多主觀影響甚至在原則上都難以衡量，更難以估價（如幸福家庭）。因此，如果能以可交易的方式體現和獲取**健康投資**一小部分**開源價值**，就有可能使全球基金成為世界上對私人資本最具吸引力的投資專案。如何實現這種誘因相容性？[18]

首先不僅要體現和獲取醫療專案的保險價值（即降低死亡率和發病率的風險），還要體現和獲取其廣泛社會影響的部分開源價值。保險價值和開源價值可以代幣化（即作為可交易數位證書的一部分，對可驗證的專案描述資料進行編碼）。數位證書利用了現有的、基於結果和影響的框架，但也結合了定製的驗證功能（即「預言機」）和眾包驗證功能。對於後者，可以利用預測性投票（見〈4-2 結社與多元公眾〉）或類似技術，讓參與者對數位證書（即代幣）的成果和影響價值進行賭注，以完善對保險和開源價值的事前估計。

「眾包」（crowdsourcing）是在 2006 年混合群眾（crowd）和外包（outsourcing）詞義而產生的混成詞。

到維基百科了解群眾外包

這樣一來，參與者就擁有了健康專案成果和影響價值的實際數位股份。因此，希望將影響「分叉」為衍生用途的使用者可以持有獨立的股份（即提供私人抵押），以賭注其分叉所能創造的未來價值。代幣可以（通過購買、轉讓或獎勵）分配給資助者、實施者和受益者。因此，所有健康專案都能獲得混合融資，而無需複雜的談判或大量的啟動成本。

第二，通過開放影響力池（圖 6-2-3）協調分散的資助者和實施者，解決現有健康融資的不足之處。制定開放式協調標準，解決現有醫療資金提供者的弊端。代幣可用於參與專案或資金池的管理。專案可分配與捐款掛鉤的代幣。

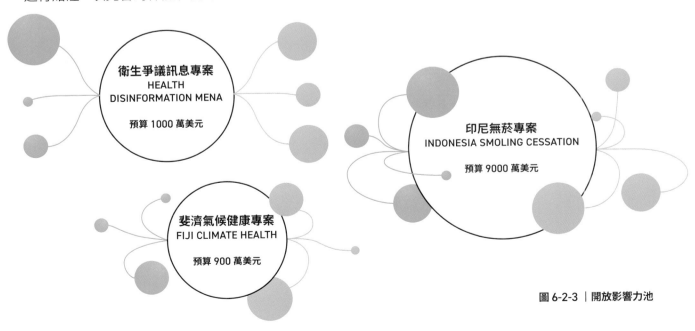

圖 6-2-3 ｜開放影響力池

代幣可用於參與治理、交易;投資、交換特定服務;
或為其他專案提供資金（圖 6-2-4）。

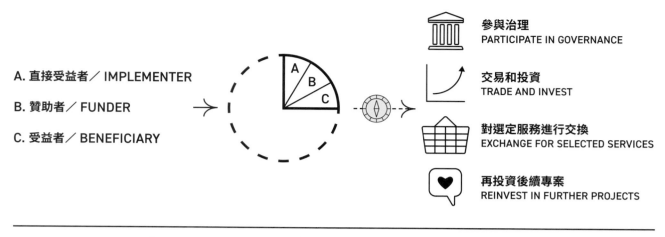

A. 直接受益者／IMPLEMENTER

B. 贊助者／FUNDER

C. 受益者／BENEFICIARY

參與治理
PARTICIPATE IN GOVERNANCE

交易和投資
TRADE AND INVEST

對選定服務進行交換
EXCHANGE FOR SELECTED SERVICES

再投資後續專案
REINVEST IN FURTHER PROJECTS

「分配、撥給」──可根據預期的誘因和價值進行調整

圖 6-2-4｜參與者交易、交換、並重新投資

第三，通過使用應用生態系統使人工流程正規化和自動化。利用技術促進健康生產，減少摩擦成本，降低融資和治理的高門檻。代幣可以捆綁交易，使購買健康影響就像交易碳信用額度一樣簡單。代幣可再投資於專案或用於購買選定的（標準化）健康服務。價值可與特定專案掛鉤，也可彙聚成區塊，從而支援多層次（「碎形」）健康影響市場的發展（圖 6-2-5）。

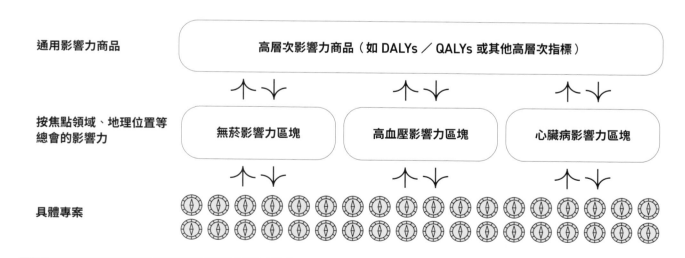

通用影響力商品

高層次影響力商品（如 DALYs ／ QALYs 或其他高層次指標）

按焦點領域、地理位置等
總會的影響力

無菸影響力區塊

高血壓影響力區塊

心臟病影響力區塊

具體專案

「分配、撥給」──可根據預期的誘因和價值進行調整

圖 6-2-5｜多層次影響力池的標準化

通過共用意識決策增強健康機構的能力

在當前的衛生籌資安排下，資金提供者（提供資金）與實施者（提供管理及技術訣竅）或受益者（結果的「目標人群」，可能還有影響）之間沒有直接聯繫。目前的系統試圖通過使用宣傳協定以及相應的傳播、媒體和公共關係服務來解決這些認識上的差距。這些服務共同代表了信任、感激、尊重和體貼的一些集中類比。然而，感性敘述的框架並沒有被視為一個涉及所有利益相關者的共同專案，而是偏向於集中化行動者的特定需求，這些行動者擁有必要的資源，可以對專門的公共關係、媒體和傳播活動進行大量投資。因此，聯網、建立關係和知識交流（主要是單向的）都是為了服務於那些擁有巨大市場和非市場力量的人的利益（比較〈5-7 社會市場〉）。此外，這些活動需要高度定製化和「量身定做」，而它們本可以根據一套社群確定的標準正規化。

公平誘因分享利益

醫療保險可分為：降低死亡率或發病率風險的醫療服務預付費用的集合機制；以及靈活的利益和風險再分配。利益共享尤其困擾著混合融資協定，這些協議承諾從追求利潤的私人行為者調動額外的資金來源。然而，現有的安排非但沒有調動新的資金來源，反而傾向允許私人投資者獲取公共去風險化的利益，卻鮮少（或根本沒有）提供財政誘因——以確保直接（或間接）受益者的積極參與，或承諾獎勵利害關係人和參與者，例如生物、行為學或其他服務。開放式影響池，允許包括受益人本身在內的各方廣泛參與治理，因此，經由可預測的方式將受益類別產品化（例如，基於定義的結果和影響的可交易收益），能夠獲得更廣泛的收益權，從而更公平地分配風險和收益，並有助於促進關鍵產品的大規模生產。

健康行動的參與式管理

民主原則要求健康干預措施的所有利益相關者（部分包括資助者、中介機構、實施者和受益者）都應能夠選擇加入一套參與式和透明的治理程式，如二次投票（見〈5-6 投票〉），這些程式允許根據地位和價值觀的比例（某種函數）發表意見。目前，共同決策過程需要經過艱苦的努力，花費巨大。

如果不投入大量資金，資助者對實施者的策略和活動幾乎沒有影響力。受益者通常被視為資助者和實施者行動的被動接受者（即「目標」），在專案中幾乎沒有發言權。混合融資和社會企業投資解決方案尚未制定一套讓利害關係人和參與者參與的核心標準。多元基礎建設可作為清晰的解決方案，將治理方案與融資工具相結合。圍繞多元財的大量開發工作涉及設計資料本體，以代表並捕捉成果和影響（如 HyperCerts、開源觀察者、以太坊認證服務），同時還要解決協作治理的需求，來擴大圍繞成果和影響生產的協調，甚至是難以衡量的成果和影響（如 Gitcoin Grants、Optimism Collective，以及本書）。

促進衛生合作的審議工具

本世紀已經發生了六次大流行病。在 COVID-19 出現下，有項原則非常突出：公共衛生政策必須在基本事實存在巨大不確定性的情況下制定。例如，在 2020 年初，我們知道我們面臨著兩個重要的未知數：

（1）、開發有效的 COVID 疫苗需要多長時間？
（2）、社會是否能接受社交距離等必要措施？

在英國和其他許多國家一樣，面對這兩個問題時犯了嚴重的錯誤，造成了災難性的後果。例如，英國的政策制定者堅信（儘管缺乏充分的理由），（1）的答案為「至少 18 個月」；（2）的答案為「否」。事後得知，2020 年 3 月時（1）的正確答案為「約五個月」；而當時（2）的正確答案

顯然為「是」。

然而，由於沒有齊心協力去瞭解這些事實的已知或者能合理推測的資訊，我們得出了錯誤的結論，而這些錯誤的直接結果是：實施社交距離措施方面拖延了太長的時間。事實上，在英國拖延的時間太長了，以至於人們和組織本身——在沒有明確指導的情況下——在 2020 年 3 月 13 日就開始實施廣泛的社交距離措施，這比英國當局的正式要求整整早了十天。

如果使用線上工具，如在各種協作、審議、投票或預測市場（即「治理」）技術（見第五章）上維護的專家徵詢資料庫，「群眾智慧」的力量就會倍數增長，如 2020 年 3 月 10 日至 23 日期間在英國看到的情況。事實上，從長遠來看，比「正確制定政策」更重要的是保持社會凝聚力以及公眾對政策制定者的參與和信任，因為如果沒有這些，「政策」很快就會變得毫無意義。臺灣走的是一條截然不同的道路，政府迅速支援公民主導的行動，例如追蹤口罩供應情況。透過迅速授權公民主導的線上倡議（HackMD、g0v、pol.is），臺灣能夠在不實行中央控制、尊重隱私的情況下，將當地語系化知識和背景知識作為多元主義的力量加以利用。臺灣的體制外方法非常成功，現已制度化。有了這些截然不同的例子，在下一次新型流行病到來時，對應政策的制定肯定不再是流行病學專家閉門磋商的獨擅特權。多元技術將被廣泛用於集體行動的大規模制定和協調。

通過 AI 以人為本
重新設計醫療管理

幾乎在全球每一個地方，醫療保健都是藉由源自殖民國家的模式進行管理的，通常作為其帝國中心管理形式的鏡像，但附帶了「發展」使命。然而「發展」通常是攫取殖民地資源的捷徑；同時聲稱是為了殖民地的利益。王權統治下的印度就是一個典型的例子，但這種故事在任何地方都可以找到。美國國際合作總署（即美國國際開發總署〔USAID〕前身）、英國殖民地發展公司以及法國境外領土經濟與社會發展投資基金（FIDES）都採取了「經濟增長是聖杯，外國投資和國際借貸是通往增長之路」[19] 的政策，只要它們涉足衛生領域。結果自然是好壞參半。不過，在一些前殖民地區，特別是在加拿大和澳洲，殖民主義後繼管理當局正在做出協調一致的努力，學習原住民族的衛生和保健模式，按照原住民族社區的價值觀共同管理保健和其他醫療服務，並允許原住民族自決解決方案。由於這些實驗仍然少之又少，大型語言模型（GFM 生成式基礎模型）似乎是一個很有前途的工具，可以利用這些實驗中產生的大量分散的文本資料，對醫療保健管理系統進行解釋、批評、重新想像，最終並進行重新設計，使其更加符合其他文化價值體系。正如在本書〈5-4 擴增審議〉中所討論，組織甚至整個文化所持有的「觀點」（儘管是分散的）可以表現為「個人」，其「合成智慧」（synthetic wisdom）可以在實時互動中進行查詢，或者可以讓其負責按照非殖民主義模式，設計與誘因相容的醫療保健和干預措施。

用於健康和醫療保健的
生物識別技術

腦機介面（brain-computer interface, BCI，見〈5-1 後符號交流〉）並非科幻小說中的未來幻想，而是常用的熟悉物品。通常的操作系統是感覺和運動器官。眼鏡和助聽器是低位元率的計算設備，通過感覺器官與我們的大腦介面（單向，或僅寫入）；手杖、拐杖和輪椅是低位元率的機械式計算機，通過感知、運動器官的仲介與大腦雙向介面（讀寫）。數位輔助設備，如智慧型手機或便攜式電腦，是位元速率（略高）的設備，通過感覺——運動系統（通常是視覺、聽覺和精細運動系統）的中介，與大腦（讀寫）進行介面互動，也可通過語音（如語音識別）、認知（如驗證碼）和記憶（如密碼）等高階功能領域進行介面互動。這些「腦機介面」通過一系列輸出入設備進行互動，包括鍵盤、（觸控）螢幕和其他

各種讀寫介面。對許多人來說，這種較高傳輸率的數字計算工具已成為「做人」不可或缺的一部分：失去智慧型手機的人都知道，這種經歷會造成嚴重的殘疾。

如果堅持認為這些設備現在不是我們（超人類）人格不可分割的一部分，那將是徒勞的。[20] 這些技術的常見應用形式包括行動醫療（如簡訊提醒、可穿戴設備、接觸追蹤工具）、遠距醫療（如虛擬骨科診所 [21]）以及數位健康（如數位健康記錄）。自然而然，更多互動模式和更高位元速率輸送量的趨勢將對健康產生重要影響，特別是對視覺、聽覺、行動、自我護理和語言障礙，尤其是通過延展實境（X-Reality, XR）服務（見下節）。生物醫學工程已經開始進行在細胞層次連接義肢設備計畫（即仿生學）[22]；而腦機介面則有望在認知、情感和體驗層面上實現這種連接，例如，在語言和交流障礙、增強（或保持）記憶等認知功能方面的強大應用。幾乎可以肯定的是，在治療抑鬱和焦慮等常見精神疾病以及成癮性疾病的衝動控制的新型應用。在〈5-1 後符號交流〉中，我們讀到腦機介面的未來發展可以使思想、情感和經驗直接從一個頭腦分享到另一個頭腦，從而實現前所未有的互動。正如我們在下一節中討論的，這對於心理健康應用尤其重要。

利用 XR 技術建設健康社群

延展實境（XR）技術或沉浸式技術包含一整套工具，透過準完整的感官、運動、認知和關係／人際工具箱，提供生物識別服務。迄今為止，在醫療領域的應用都是非人際的，用於為醫療工作者提供降低風險的醫療培訓，就像飛行員使用飛行模擬器一樣。然而，我們可以很自然地想像將基於健康的 XR 遊戲化，以誘因和獎勵學習複雜的認知、關係和以及一套類比人際應用（參見〈5-2 沉浸式共享實境〉）。與上述例子類似，透過模擬和真實的社交互動，可以為身心障礙者打開新的視野，而沉浸感較弱、輸送量較低的傳統輔助技術，則無法解決這些問題。

利用巨量資料和神經網路輔助診斷和治療

一位醫事放射師終其職涯，最多或許能檢視和解讀診斷掃描成像一百萬次。雖然足以讓人成為診斷常見疾病的專家，但生成式基礎模型能夠在數量級更大的資料集上進行訓練，從而在診斷罕見疾病方面勝過人類解讀。當然，人類可能會專門研究這些病症，並致力於查看許多罕見圖像的集合，但對多元技術的需求就會變得更加迫切：如果沒有許多圖像中心的既定共享資料做法，似乎無法想像如何編製罕見病症的大型診斷資料庫。在這種情況下，我們也會看到一些分散的多樣性區域，這些區域在標記方面顯示出「親和性」，無法僅僅根據地點、職業或親子關係等傳統變數組織成低熵區域（見第五章開頭）。在這種情況下，必須找到另一種組織原則，而在線技術顯然是一種解決方案。這些技術還需要尊重隱私和保密性，既是規範原則，也是法律原則。各種形式的隱私強化技術（〈4-2 結社與多元公眾〉），如零（或低）知識證明，允許在不過度共用的情況下可靠地共用特定種類的資訊。

也就是說，即使知道自己的資訊被第三方實體獲取並從中獲利，許多人可能仍然認為加入線上 Web2 社群能帶來淨收益。如果在隱私和效用之間毋須權衡呢？如果獲取醫療服務不會對個人隱私造成無限期的責任呢？醫療管理資料對每個人來說都是「安全」的，直到系統因網路釣魚攻擊等原因被駭客入侵：從長遠來看，我們都會面臨 Web2 系統的資料盜竊問題。重新思考醫療實踐（為了患者利益而需要患者數據）和醫學研究（為了他人利益而需要患者數據），以便從根本上建立加密原則，是 web3 專案的重要組成部分，對健康具有重要影響——毫無疑問，今天有些疾病仍然致命，只是因為我們沒有建立此類應用程式。從診斷的例子延伸開來，作為病歷一部分的各種醫療記錄（如入院、治療、出院）是有關護理和治療結果的潛在巨大資訊來源，這些資訊不僅高度分散、無序，而且在一系列特定和受限的醫療

法律環境之外幾乎無法查詢。如果有辦法提取微弱或高度混雜的信號，作為新的因果關係洞察力的基礎，生成式基礎模型也許是唯一可能達成的技術。僅憑醫療實踐和結果的變化，原則上就可以識別和提取相關的反事實，就像在人口層面的回歸不連續設計。

未來展望

鑒於目前健康生產不足所「遺留」的巨大價值，我們認為，多元技術勢必將越來越多地被用於以下方面：

- 為公衛事業的資助者、實施者和受益者釋放連續不斷的價值。
- 吸引更廣泛的健康資助者、實施者和受益者群體，他們希望與新的機制合作，圍繞健康產品的資助和生產進行協調。
- 增強資助者、實施者和受益者，建設以健康為導向的實踐社群的能力。
- 確保資助者、實施者和受益者以互惠、對稱和公平的方式，管理共同創造的衛生資產。
- 促進國際、地區和地方在共同創造健康方面開展新形式的合作。
- 開啟人類（和超人類）健康運作的新途徑。

如此一來，上述阻礙因素（缺乏資金、缺乏市場機制、協調失敗、社群缺失、不一致的誘因措施，以及缺乏有利的服務）將被克服，烏雲也將消散。

6-3
媒體

大多數人在日常生活中的直接經驗，只能讓我們
瞭解全球事務的一小部分。除此以外，我們自認
為瞭解的一切，除了人際關係、學校教育之外，
通常是透過「媒體」，尤其是新聞（廣播、電視、
報紙）和社群媒體、電子郵件和群組聊天等直接
的小型、大型群體交流來實現。數位技術的重要
承諾之一，就是改變媒體。我們在探討此可能性
的同時，也要敏銳地意識到數位技術和社群媒體
對媒體造成的危險和損害。我們將探討「多元宇
宙」如何幫助、糾正其中的許多危害，並幫助實
現利克、泰勒等先驅所看到的數位媒體潛力。

我們將特別強調，即將到來的多元宇宙浪潮，如
何幫助人們跨越社會距離，甚至比攝影和電視更
顯著地增強同理心。它將如何使可以有意義地協
助大眾參與新聞製作過程，將人數增加十倍以上。
它將如何幫助人們恢復對媒體的信任，並且尊重
保密原則，使其恢復到二十世紀中葉的巔峰狀態。
它們將如何大幅降低「情感兩極化」（affective
polarization，政治分歧導致的彼此厭惡）的上
升趨勢，不僅在國家政體內部，也在其他社會組
織行列之中。它們如何能夠幫助媒體恢復永續、
協調的資金來源。簡而言之，我們展現了「多元
宇宙」如何有助於解決和扭轉媒體當今面臨的諸
多危機。

設身處地

如上所述，新聞業的核心作用之一，就是讓人們體驗從未涉足的世界各地發生的事件和感受。每一代技術的發展，都使它更加生動，從而形塑出「更小的世界」。廢奴主義者弗雷德里克·道格拉斯（Frederick Douglass），利用攝影將奴隸的經歷帶給北方的白人。廣播讓衝突的聲音迴盪在世界各地，使一次大戰成為真正意義上的世界大戰。電視讓數百萬人共享了尼爾·阿姆斯壯（Neil Armstrong）的登月經歷。

沉浸式共享實境，有望創造更深層的感同身受聯繫。假若，正如寇特尼·卡本（Courtney D. Cogburn）的研究，短時間的沉浸式共享實境所建立起來的聯繫，相當於其他媒介花費好幾年才能達成，那麼記者很快就能用前所未聞的生動同理心，來彌合社會鴻溝。鑑於現有虛擬實境（Virtual reality, VR）畫質和暈眩問題仍有待解決，雖然迄今為止受眾有限，但記者和藝術家們，已經著手開拓各種飽含同理心的虛擬實境體驗。舉例來說，溫斯洛·波特（Winslow Porter）的作品，就幫助人們體驗樹木等非人生命；戴康蒂·戴維斯（Decontee Davis）從埃博拉（伊波拉）病毒倖存者的視角，描繪了世界上最可怕的疾病之一；雅思門·艾拉亞特（Yasmin Elayat）的動畫作品，則讓人沉浸在資安的世界中。

然而，這些僅僅是對這種新興媒體的首次成功嘗試。隨著共享實境技術擴展到其他感官（嗅覺、觸覺和味覺），更全面的多感官連結將成為可能，並帶來更加令人驚歎和富有啟發性的結果。大腦介面將帶來難以描述的變革。因此，使我們能深刻瞭解其他事物的新聞工作，前途光明。

公民合作新聞

在網際網路時代，新聞業最重要的趨勢之一，就是所謂的「公民新聞」和與之相關的「公開來源情報」運動的興起。這兩項運動的宗旨，都是讓更廣泛的民眾有能力記錄其周遭世界的重要事件，而非僅限於傳統意義上受雇為業的記者、情報分析師。近年來，從恐攻、戰爭至警察濫用職權，此類新聞報導在記錄許多重大事件上，都發揮了核心作用。然而，它也面臨著關於偏見、事實查核嚴謹性、可讀性和可消化性的大量批評與社會關注。

不難看出，最近的許多技術發展，可能大幅加劇這些問題。生成式基礎模型讓製作逼真的贗品變得更加容易，並也將使人們對任何未經嚴格、多方核實的素材，產生不信任感。反社會媒體的同溫層效應（echo chamber），甚至會讓贗品在未經審核的情況下傳播開來，而使誤導內容與被採信的條件激增。

然而，在技術如何克服這些挑戰方面，也有同樣明顯的先例。維基百科已經展示了分散式參與的速度和規模，它可以產生對許多事件的大致、廣泛認同的描述，儘管還達不到新聞報導所要求的速度。我們在上文描述，並在下文詳述的許多工具，都能說明如何克服在距離和規模上進行嚴格驗證的挑戰，以及快速達成社會脈絡下的粗略共識，而這正是思考「客觀性」更合適的框架。

不過，也許最有趣的可能性之一是，生成式基礎模型可能會允許某種新形式的連貫、易消化、廣泛傳播但又真實的社群之聲。在新聞報導中，讓社群「為自己代言」（通常是通過引語或對社群實踐的詳細描述）與為目標受眾撰寫引人入勝、易於消化的敘述之間，長期存在著矛盾，而當文章被轉介給其他受眾時，矛盾就更大了。運用生成式基礎模型的社群，將越來越能夠在這些取捨之間進行微調，因為模型可以學習、綜合社群成員的語言模式；納入經過查核的事實；同時順利翻譯成各種語言和次文化標準和風格。這將使沒有接受過記者培訓的公民群體，有能力向不同的公眾準確、清晰地傳達他們要講述的重要故事。

加密安全的消息來源

新聞報導中最常見的緊張關係之一，是對消息來源的保密。受報導資訊的機密性，往往被保密消息來源和報導的可信度所打破。記者必須核實消息來源與提供資訊的真實性，保護吹哨者的身分不被其組織（以及其他對象）所悉，並且確保報導之於公眾的可信度。在許多情況下，祕密來源分享的資訊，在其組織規範中是禁止的。這在我們上文強調的許多價值觀之間，造成了強烈的緊張關係：保護結社、確保公共領域的完整性等。多元宇宙的工具，要如何幫助駕馭這些具有挑戰性的領域？

我們在〈4-1 身分與人格權〉和〈4-2 結社與多元公眾〉中強調的工具，自然有助於上述過程。大多數保護多元公眾的工具，都可由組織使用，來降低預期社會脈絡之外流傳文件的可信度。同時，基於公共認證的零知識證明（zero-knowledge proof, ZKPs）可以使消息來源即使對記者也能保密，同時甚至對記者的受眾也能證明他們的（某部分）立場。然而，如果缺乏某種調和，這種策略很快就會變成一場「軍備競賽」，雙方不斷升級安全協定，卻無法獲取更好的社會成果。

解決這一僵局的可能方式，來自於這些協定在驗證方面的微妙區別。如果某人公開在某個組織中擔任某個職位，他通常能夠使用零知識證明向他人證明這點，而不洩露身分的其他要素。然後，就能利用相關的聲譽（但不限於此），對組織中發生的事情發表聲明。但是，更敏感的資訊和更寬泛的論斷，尤其是如果該人在組織中只是擔任相對較低的職位，通常需要額外的驗證才能使其可信。一種方法是披露更多關於自身的（公開）資訊，但這會縮小他們的可能範圍，從而暴露身分。另一種方法是提供直接證明（「收據」）。然而，如果這些收據受到指定驗證人簽章等技術的保護，那麼只有將自己的「私鑰」暴露給他人（如記者或法定機關），才有可能做到這一點，這就會使他們面臨被對方利用或曝光的風險，除非對方信用卓著。

當然，確切的細節，取決於每個參與者在互動中所使用的確切工具。總之，我們描繪了多元密碼學如何達成細緻的組合，同時實現可信和私密資訊披露、社群保密規範保護，以及在關鍵時刻基於個人成本推翻這些規範，藉以維護更廣泛的社會利益。

讓我們走到一起的故事

儘管許多美國人懷念新聞史，但他們用來判斷反社群媒體危害的「新聞責任」時代，只能追溯到1940年代，當時「哈欽斯委員會」（Hutchins Commission on Freedom of the Press）制定了社會責任準則。根據該準則，新聞界將充當「公共討論的共同載體」，為公共辯論的進行，創造一個共同理解的基準。該委員會認為，在民主社會中，新聞自由的核心作用是向全體公民澄清共識和事實，以及平衡呈現分歧，從而使自治得以蓬勃發展。儘管許多人讚賞這個時代在國家層面取得的成就，但多元宇宙的本質是，我們（尤其是現今）生活在一個更加豐富、更加多樣化的世界，在跨越國境、在國與國之間、在國家內部和外部，都存在許多民主的場域。無論社群媒體有多少缺陷，但它已經做到了一件事，那就是讓這種多樣性來形塑媒體生態。如何才能做到這點，同時又能像哈欽斯報告所言，發展對社會有益的媒體呢？

前文〈5-4 擴增審議〉中提出了一個自然的策略。社群媒體演算法，可以根據平台內部的行為模式（如觀看、喜歡、回應、傳播、自願加入）以及外部數據，例如社會科學或群體明確的自我認同（詳見下文），來建立「社群」。對於這樣的社群，演算法可以突出顯示該群體跨越內部分歧的「共同內容」（公認的事實和價值觀），以及社群內部的重要分歧點。然後，演算法可以在這種社會脈絡下，向社群裡的成員表明哪些內容是社群的大致共識；哪些屬於分歧內容。並為成員提供機會，探索社群內分歧內容另一側所形成的共識。

這樣的設計，將持續為個人和社群提供社群媒體帶來的能動性，使他們能夠分別塑造自己的交織身分，並進行社群自治。與此同時，它還能避免「錯誤共識」（false consensus）效應的氾濫：在這種效應下，網友誤以為極端或特立獨行的觀

點得到了廣泛認同，從而助長了針對不認同觀點的人的妖魔化，並在相關政治成果未能實現時產生不滿。它也能避免「多數無知」（pluralistic ignorance）效應，在這種效應下，網友無法對「沉默的大多數」採取集體行動。此外，也許最重要的是，它將重塑記者和其他創作者的積極性，使其不再關注分裂內容，而是關注能讓我們團結起來的故事。不僅如此，它的意義也超出了「傳統新聞」，因為許多其他文化形式（如音樂），也都受益於與他人分享文化與共同愛好的希望。

多數無知效應
指當個人誤認為大家都接受某種規範或行為，而實際上大家內心可能都不認同，但因害怕被排斥或產生社會後果，便選擇遵循這種規範（例如童話故事「國王的新衣」。這種現象常導致個人在缺乏真實溝通的情況下，隱藏自己真實的想法，從而維持錯誤的社會共識。

維基百科上的多數無知效應

錯誤共識效應
指人們常誤以為自己的看法、信念或行為被大多數人認同。這種錯覺來自於與自己觀點相似的人群之間的頻繁接觸，使他們過於自信地認為自己的意見代表了大眾。

維基百科上的錯誤共識效應

多元公共媒體

哈欽斯委員會的建議，在很大程度上被主流媒體採納，成為當時「社會責任」運動的成分。最近「社會責任」捲土重來，許多公司承諾實現「環境、社會和公司治理」（environmental, social, and governance，簡稱 ESG）目標。然而，鼓勵這種責任的更堅實基礎，是使媒體的資金來源，與上述促進社會公益的設計目標，更緊密地結合起來。

在這方面，個人訂閱和廣告機制，都沒有提供具有願景的道路，因為兩者都旨在吸引消費者，而不是多元社群的公民，從而鼓勵只提供消費者他們感興趣的「甜點」（dessert），而未能與將他們與社群聯繫在一起的「蔬菜」（vegetables）相平衡。如果我們想讓社群媒體把我們聚集在一起，我們就應該希望社群媒體由致力於實現這一目標的組織提供資金：包括教會、公民協會、各級政府、慈善機構、大學、公司等在內的集體組織。

用來自多元社群的資金來取代廣告，並不需要對相關行業的現有商業模式有多大的想像力。微軟和 Slack 等公司追求的最大、最賺錢的商業模式之一，就是向公司銷售生產力軟體，其中通常包括類似社群媒體的元件，來提高生產力。這些公司對「勇於出征」的極端化員工毫無興趣；這些工具的目標是讓員工團結起來，完成共同目標、適應變化。因此，某種新的、支持社群媒體的模式，自然可以在這樣的環境中育成，然後在更廣泛的社會背景下，出售給其他對團結和活力感興趣的組織。

此外，我們有充分理由相信，這些組織有能力取代廣告收入。大多數民主國家政府（如德國、芬蘭、美國）每年用於支持公共媒體的資金超過 10 億美元。[1]2022 年，宗教媒體僅在美國就有超過 1 億美元的收入。[2] 與之相比，推特（現為 X）在 2022 年高峰期的廣告收入約為 50 億美元。[3] 由此看來，如果社群領袖關注這一領域，而社群媒體也將注意力引向這項新的商業模式，那麼一系列具代表性的社群組織，就有可能成為一種取代廣告的收入來源。

這可以通過多種方式實現，其中一個簡單的方式，是讓參與者選擇加入他們認同的社群。每個社群都將「贊助」其社群成員使用，以換取成員優先關注上文所討論的與社群相關的內容。沒有註冊付費足夠多社群的使用者，可能不得不接受一定數量的廣告或支付訂閱費。簡單來說，社群媒體可能會成為更加多元化的公共媒體。

總之，上述例子顯示了多元宇宙如何能夠賦予新的、有利於社會的多元媒體環境：在這裡，我們可以與截然不同的其他人進行深入的聯繫；在這裡，人們聚集在一起，在不損害社群或個人隱私的情況下，以權威和可驗證的方式講述他們的故事；在這裡，為了所有社群的活力和團結，可以瞭解是什麼使我們團結，是什麼使我們分裂。

6-4
環境

讀者可能會問,「跨越差異的協作」(Collaboration Across Difference)是關於人與人之間的合作,與環境有什麼關係?然而,跨越了人類歷史長河的各地傳說、故事、傳統信仰和許多當代宗教,都強調大自然是需要尊重與合作的對象。

本節將探討「多元宇宙」如何改變人類與自然的科技關係,脫離主宰的觀點,以數據導向多元協力。無論我們將這些生態系統本身視為有生命、有知覺,還是將其視為人類社會不可或缺的維生系統,這些方法都能讓我們更永續地與自然共存。

今日的環境

犧牲環境來換取經濟高速成長,是否會走入無法挽回的困境?從 1950 年代起,人類活動,尤其是對不可再生能源的依賴,已經深刻改變了地球。森林減少、全球暖化、海洋酸化、大規模的物種的滅絕,都隨著氣侯變遷而加劇。

諾貝爾獎得主保羅·克魯岑(Paul Jozef Crutzen)在千禧年時提出了「人類世」(Anthropocene),代表了主要由人類因素驅動的地質新紀元。[1] 生物多樣性急速減少,約有 173 個物種在 2001 至 2014 年間滅絕,比以往物種消亡的速度快了 25 倍。在二十世紀裡,有 543 種脊椎動物消失,達成這樣的規模過去需要耗時一萬年。[2]

當然,我們人類也不能倖免。以空氣汙染為例,每年就導致近 670 萬人死亡,其中包括 50 萬名嬰兒。在空氣品質最差的一些國家,平均每人的預期壽命甚至會縮短六年之多。[3]

數據聯盟與集體行動

氣候、空氣品質、水資源等數據,通常依靠政府機構的投入與維護,成為國際間互惠互利的資源。在開放資料組織及環境團體的推動下,環保意識已成為實施聯合國永續發展目標的鮮明特徵。網際網路社群中的公民科技運動,替數位社會參與開啟了新的空間。公民科技社群不僅提供工具,也支持公民社會與政府合作,提供更多環境知識,再將其發展成協調多方利益的公眾運動。

在臺灣,環境感測器網路系統(Location Aware Sensor System, LASS)是一個開源環境感測器社群,任何人都可以沿線布點、構築自然萬物的資訊,並且自由分享,發展出結合公民科學知識的數位溝通模式。有別於仰賴權威機構來形塑公眾的認知,環境感測器網路系統是基於直接行動

的理念，將社群關懷延伸至自然環境。

這類涵蓋了空氣、森林、河流感測的公民科學社群，以開源造雨的的共享精神為基礎，也替「民生公共物聯網」（Civil IoT）的數據聯盟機制做出貢獻，「民生公共物聯網」提供全國範圍內每三到五分鐘即時更新的感測資訊，作為行動者的共通基礎，讓解決問題的想法更容易接受檢驗與傳播。

數據聯盟與以社會運動為基礎的公民技術相互連結；一系列由黑客松主題的場域已在全球展開。這些行動將成為相互支持的流動閘口，作為自然環境與志願者的技術脈絡，推動全球規模的集體行動。可以說，協作網絡的特性，不僅僅是資訊收集與價值再造，更是社群知識體系和推動環境正義的基礎。

歷史上，埃德蒙・伯克（Edmund Burke）等理論家將社區團體稱為「小單位」（little platoons），規模位於個人和國家之間的社會樞紐。[4] 考慮到環境問題經常最先且最嚴重地衝擊到最弱勢的群體，如低收入家庭或原住民社區，有效的溝通與培力尤為重要。關鍵在於如何透過法律和政策，確保社區成員在開發、資源分配和實施過程中擁有平等的參與和發言權，並將他們從研究對象，轉變為善用數據的行動者。

與自然直接對話

近年來，賦予河流和其他「自然法人」法律地位的運動日益壯大。擁有固有權利、指定監護人的河流，包括加拿大的喜鵲河（Muteshekau Shipu）、紐西蘭的旺加努伊河（Whanganui）、印度的恆河（Ganga）和亞穆納河（Yamuna）等等[5]，象徵了後代子孫保護生態系統的共同承諾。

對於事實的共同理解，是民主社會的基礎。自然

法人、數據聯盟與 AI 對話互動的結合，開啟了一條新徑，使得從空氣品質、海洋保護、河流管理到土地利用等環境權利議題，更能進入現有的民主程序之中。

由數據聯盟建置的生成式基礎模型，可以促成積極的換位思考，讓它作為知識分享和集體意識形成的可信輔助技術，一同解決複雜的跨界、跨境問題。在推動環境永續性的應用方面，生成式基礎模型展現出科技與人類共存的新模式；當環境數據經過可驗證的關係輸入與產生價值（如空氣、水質監測）向人們傳送脈絡的圖像、聲音和訊息，並且即時回應熱心的提議，邀請更多關懷自然的夥伴同行。

值得強調的是，如此的先進技術促進了基於同理心的互惠共創關係，使得各方能在保護地球的共同目標下，更加緊密地合作。特別是在處理跨境環境問題上，提供了前所未有的機會，能夠解析和應對全球氣候變遷、生物多樣性損失和水資源管理等複雜挑戰。透過與自然直接對話，我們能夠更好地理解環境變化，並在此基礎上制定有效的策略和解決方案。

跨界流域的共同治理

大氣、海洋、河川等自然萬物是流動的，無法區分它們的界線。環境議題的解決方案必須超越僵化的鄉鎮、城市、國家之間的行政劃分。此時，我們可以借重公民黑客文化，不只單一社群，而是相互流動的群眾：程式設計師、設計師、公民等。

建立自然環境 AI 基礎模型（AI foundation models）面臨諸多挑戰，包括開源治理、資本和運算投資，以及跨學科的合作。透過 AI 深度學習，我們能洞察自然環境的複雜性。這些新見解在科學研究和環境管理的應用，促使它們變得更可靠，甚至改變了我們的社會。從 NASA 持續與 IBM 公司合作進行的地球環境 AI 模型專案，我們看見這不僅關

乎自然環境的正義，也牽涉到人類社會的正義。[6]

正如生物識別技術可以證明人的身分，我們也需要更好的方法來理解和識別河流等自然生態系統。我們需要新的身分概念——一種考慮到人類個體與其賴以生存的生態系統之間聯繫的概念。本書前面所探討的「多元公眾」，可以涵蓋文化和基於關懷的關係，作為塑造公民如何理解，和與生態系統行為者互動，保護它們的方式。

值得一提的是，這也克服了「AI 系統是否能作為自主個體」的爭議；數據聯盟可以視為由受益於生態系統的人們創造的「小單位」，也同時可以透過自然法人的法律定位，將河流的數位分身，視為具有權利和責任的法人主體。

6-5
學習

學習，是全球公認的終身之旅。它始於家庭、文化及社交圈的影響，而教育環境則是這趟旅程常見的集體經驗。不同的背景故事，塑造了彼此之間各異的溝通語言、合作方法與待人接物的價值觀，譬如東西方在對於知識的追求與群體的融入等理念上，尤其存在顯著差異。「跨越社會差異的協作」的▢技術，促使各地相異的知識傳承過程激盪共創。

為此，學習者得以全面探索自身和社會的潛力，避免在起點就設定界限。這需要建設開放、非武斷的社會認知系統，讓每個人的獨特才華都能找到適宜的展現空間，且不懼怕溝通。在▢技術的輔助下，如機器翻譯、共享實境、維基百科等跨境社群（〈3-3 我們遺忘的道〉），補充也挑戰了傳統的制式學習路徑，超越了傳統教室和教科書的範疇。

隨著網際網路的普及化，協作學習環境也更加普遍。線上學習市場的年複合成長率估計超過 10%。[1] 認知技能的提高，可望讓發展中國家的長期經濟成長率增加 2%。報告指出，[2] 具備敏捷認知技能的勞動力，可實現穩定的 GDP 成長（逐年增幅 0.6%）。互動性和個性化的協作學習環境，則可幫助更多人實現學習目標與掌握關鍵技能、[3] 滿足社會的資源發展需求。[4]

本節將描繪如何賦予社群克服僵化教學模式的能力，適應終身學習的▢環境。透過這些寓教於樂、協作解題、任務導向的專案，來跨越文化的鴻溝。

具有韌性的學習體系

在 PISA[5] 和 ICCS[6] 的 2022 年全球報告中指出，臺灣、日本、韓國和立陶宛在疫情期間逆勢成長，被認為是具有韌性的教育體系 [7]。臺灣在其中脫穎而出的因素之一，正是 108 課綱多元共創的教學模式，成功組合了實體與數位學習工具，並將「自發、互動、共好」視為新的核心價值，激發邁向全球永續發展的使命感。[8]

舉例來說，本書封面使用到的字型「辰宇落雁體」[9]，正是來自於兩位高二學生的自主學習計畫，活用了社群網絡與相關團隊共學。如此的自主創作，展示出從自身樂趣出發，體現開源協作的精神，學習過程中的知識創意在開放共享中熠熠生輝，鼓舞更多人參與。[10]

上個世紀的教育機構裡，學習往往依賴死記、硬背與細節回憶；而缺乏開放內容的環境，則使得問題解決和團隊合作變得支離破碎。隨著各國實驗教育的活躍，同時涵蓋批判思維與人際溝通技能的自主學習模式應運而生。這兩種能力並非相互排斥，反而相輔相成，並在▢技術輔助下，跨越彼此意識形態的局限，強化社會韌性。

多元協作的學習網絡

隨著各國從以農業為主，過渡到以資訊為中心的社群關係，自由化、民主化、多樣性選擇和多元身分，成為學習中相互支持的▢支柱。這些因素，也是民主政體與公民社會革新進步的重要方向。然而，在這個過程中我們常常面臨競爭、資源不均、就業不確定性以及公民教育空白等傳統壓力。疫情加速了自主學習的普及和線上線下的整合，促進了教育資源的數位化，也讓自主學習更為普及。英國開放大學支持的「FutureLearn」平台，和流動式大學教育系統「密涅瓦」（Minerva）就是很好的例子，它們打破了傳統的限制，為學

習與教育者提供了多元化的學習方式和跨文化的交流機會。

「FutureLearn」為歐洲最大的線上課程平台，匯聚大學、專業機構的課程資源，涵蓋了一系列如社會科學、人文藝術、程式設計等多個專項領域，更與聯合國教科文組織（United Nations Educational, Scientific and Cultural Organization，UNESCO）攜手合作全球終身學習項目。[11] 不僅於此，平台也提供免費課程，包含提供難民線上學習基礎英文，[12] 讓任何人都能以較低或零成本獲得優質教育的機會，滿足多樣性的學習目的且具備靈活性。

流動式的大學教育系統「密涅瓦」，[13] 打破了傳統校園的限制，學生每學期必須遷移至不同城市，透過學以致用的多元教學方法，與相異的文化特徵互動。「密涅瓦」在學生遴選、學習方式等都與傳統大學有所不同；採取全球招生、線上小組模式，鼓勵批判性思維與實際應用的合作等的創新性也受到注目 [14]。

臺灣的蓬勃技術社會（〈2-2 數位民主的日常〉中提及的公民技術協作），也促進了親師生共同參與從做中學的開源「萌典」專案。[15] 這個服務上載了十六萬筆國語、兩萬筆台語、一萬四千筆客語詞條，開放多樣性的編纂機制，使其成為一個多語言互動的線上公民字典，展示一種全球又在地化的「目錄共編」範式，它不僅支持廣泛社群的編寫空間，也作為不同語言和文化的交流提供平台。

「萌典」促成公部門主動採用「創用 CC」授權，[16] 對臺灣發展 TAIDE 等 AI 模型貢獻了價值 [17]，在地語言與全民知識可以相互串連為協作網絡。「萌典」這樣的開源範式應用，在十年前就與官方教育機構及社會創新組織建立了密切的聯繫，展示了開源的共編文化與正式的教育體系的互通。

在〈3-3 我們遺忘的道〉所描述的網際網路圖書館，維基百科與 CC 授權的圖文共享，這些都是基於開源協作而產生出可比擬公共的、珍貴的世界資產。就像在開闊的世界公園，來自不同國家，相異語言的公民共同創作出的作品，可以讓更多人理解與主動來維護它；進一步推動知識的民主化，填補了公民教育的空白。這些都是讓學習朝□路徑演變，且與公眾互惠共生的實際案例。

全球連接的終身學習

人類社會中，□學習網絡開闢出一條創新的路徑，成為應對複雜問題的有效工具。面對全球性的共通問題，如氣候變遷、傳染病、貧富不均等這些棘手難題，都不是單打獨鬥就能解決的。因為它們跨越地理疆界，影響所有人的生活，挑戰人類長久以來的分歧和隔閡。

然而，危機也帶來了轉機。為了共度難關，人們開始理解放下成見、向彼此學習的重要性。現在的全球連接乘載了自數千年、數百年來積累的文化差異和社會隔閡，它的發展也深刻地影響著下一世代，然而這些偏見，都在重大存亡的危機前顯得渺小。唯有攜手合作與互信共行，方能激盪出新的火花，找到以往未曾遇見的創新解方。

不同族群的智慧，透過開放協作的方式，匯聚成更強大的力量。凝聚全球用戶編寫的百科全書、開源社群共同打造的自由軟體，都是人類同舟共濟、跨越藩籬的□學習場域。

在面向 AI 技術的突破時刻，我們可以積極嘗試將創新思維應用於審議、職場、健康等領域。透過開源的概念、中立的資料集和偏見檢測工具，AI 可以幫助我們建立更彈性的跨文化交流模型，提高組織應對複雜問題的能力。臺灣已運用「我城對談」等擴增審議技術，[18] 基於開源的概念來緩解 AI 引發的衝擊，透過全民參與確保資訊的完整性，來跨越文化的理解並確保社會韌性。

AI 可以透過分析文化規範、社會習俗和語言細微

的差異，來幫助建立更廣泛包容的跨文化交流模型。透過瞭解這些因素與可行方向，AI 也可以幫助個人克服潛在的文化障礙並調整他們的溝通方式以確保相互理解。透過識別和解決潛在有害或有偏見的語言。這些中立的資料集，也可以用來消弭歧視和惡意攻擊，作為一種替代建議的工具，來控制潛在的新資料集中存在的危險偏見，與多元協作的開源工具即時對齊。如果不如此做，這些資料集或許會破壞或影響連續幾代 AI。

這意味著標籤化的指令將開始改變。除了協助我們進行更廣度思想溝通的重要學習之路上增加互信，還可以增加參與的樂趣，與拓寬真實的道路。在網際網路中資料如何轉變為知識，取決於我們與自我、生命、世界以及學習的連結。當我們失去這些連結時，意義便會消失。但通過全球社群網絡的廣度光譜，可以幫助我們汲取動能，回歸現實看見更多未來的可能性。我們可以源源不絕地創造新的學習意義感：學習既是對過去知識的延續，也是創新的誕生。想像一下，當面對一篇篇大論時，我們能夠利用協作技能和開放內容來驗證資訊。在技術高速發展的今天，人類的智慧不會消逝，反而會因為我們對知識和經驗的深層次理解，以及對工具的多元運用，展現出更強大的生命力。

如果我們能夠巧妙地將互惠技術與群眾知識相互連接，便能培養出敢於冒智力風險、勇於探索未知領域的終身學習者。這種學習者能夠打破二元對立的框架，在跨領域機制中創建多元無界限的共享知識網絡，我們將在下面闡述這個理想。

無限遊戲與⬚公民

「寓教於樂」的精神將追求知識與分享快樂交織在一起。在無限可能的組合下，創新思維的共創有無數種可能。將此一視角引入學習協作的語境，我們可以看見，真正的快樂學習更似一場無限組合的過程。它不囿於狹隘的評判標準而是鼓勵學習者打破思維定勢，在多元視角的交織下，創新洞見不斷迸發。

在詹姆斯・卡斯（James Carse）的著作《有限遊戲與無限遊戲》（Finite and Infinite Games）中，他將人生旅程比喻為一場遊戲，提出了有限遊戲和無限遊戲的概念。這樣的觀點，也可以用來比喻寓教於樂的精神內核：在人生的旅程，我們是選擇遵循社會權力，接受既定邊界的有限賽局勝負模式，追逐短暫的勝利；還是選擇作為開放的參與者，投入自人際互動到文化交流的方方面面創造的過程，體驗持續登入的喜悅？

在《想像的共同體》（Imagined Communities）一書中，班納迪克・安德森（Benedict Anderson）深入探討了通過共同語言溝通如何形成民族認同感的問題。他提出，文學和敘事中的共同語言如何促進社群意識的形成。安德森認為，國家認同的形成是一種社會構建過程，是通過印刷資本主義（print capitalism）──即報紙和小說──進行中介的，使得人們將自己想像為具有共同利益和認同的更大社群的一部分。這一過程與學習環境相似，在學習環境中，敘事、語言和符號在塑造學習者的身分和對社群的歸屬感方面發揮著關鍵作用，無論是在本地社群、國家層面還是全球範圍。

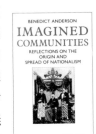

安德森的分析強調了敘事和話語在構建系統、共用知識和社群發展的重要性。進一步引出，教育內容和教學方法若能承認並納入多樣化的敘事，將可以營造一個更加包容和多元的學習環境，從而鼓勵學習系統具有更大的韌性和全球共通、學習者在與不同故事的互動中深層次的形塑著自我認知和社群歸屬感。然而，社會、政府和資本主義所灌輸的價值觀，往往源自於集體的依賴，比如父母對孩子的期望、伴侶間的相互要求、同儕間的相互擠兌與自我期許等理性與非理性因素，但這些不應成為個體成長與學習道路上的唯一指南針。正如泰勒絲（Taylor Swift）在紐約

大學的致詞 [19] 中所分享——勇敢成為心中想要的人——我們鼓勵的方式是一種自然而然，允許在開放、多元的學習歷程中發現自我、享受學習樂趣，正是讓人們探索的動能。

自團體生活如學校中所學到的知識技能如禮儀，是打交道、是尊重人權、理解自由、多樣性的認知，是畢業後在職場和生活中應對各種情境的工具。這提醒了我們，學習不僅是知識的累積過程，也是「身分與社群歸屬感的建立過程」，而且是更為豐富的交織狀態。例如，業餘無線電（Amateur Radio，也被稱為 Ham Radio）社群對科學、工業、社會服務、衛星通訊的重大貢獻，正是基於學習的樂趣和強烈的社群認同感。

在全球化的推動下，次文化從原先的小眾同溫層迅速演化為一種想像的共同體，業餘無線電愛好者、線上的互動社群再到 ACG（Anime, Comics, and Games，即：動畫、漫畫、遊戲）的文化擴散，他們都揭示在知識、教育與學習的界限正在被重新定義，這種跨越傳統邊界的協作創新，打破傳統身分角色的互動，讓每個人在學習之旅中的獨特性和潛力得以被深掘和尊重，更加豐富了多元公民的共學面貌。

數位遊戲領域——特別是多人遊戲——很適合作為一種學習環境，《Minecraft》與《文明帝國》就是兩個很鮮明的案例。玩家可以通過遊戲探索社會發展、全球暖化、投票公平、太空探索、AI 等領域，這些遊戲不僅促進了參與者間的協作，創造力和問題解決能力，也不受到年齡和職業的限制。隨著虛擬實境發展，都將使得學習之路拓寬、意義與實用性的價值也遠比一張紙來得重要。遊戲化的學習環境打破了傳統的師生邊界，營造了沉浸式、互動式的體驗。在這樣的環境中，每個參與者都是知識的創造者和分享者。這種參與感和成就感，正是遊戲化學習的魅力所在。

每一次協作、每一個專案都是延續遊戲，個體的獨特性得以彰顯，集體的智慧得以彙聚，正是一場與自我、與他者、與世界共舞的無限遊戲。在這場遊戲中，寓教娛樂的理念是來自參與的投入，意義來自探索的歷程。讓我們擁抱這種無限的可能性，讓學習不再是結果導向的有限遊戲，而是一段充滿驚喜、激發潛能的無限遊戲，其中每個參與者都是不可或缺的共創者。

CHAPTER 7
政策：實現多元未來的路徑

如果▨取得成功，我們預期在未來十年內，政府、私人科技發展以及開源／公民社會間的關係，將會發生根本性的轉變。在這樣的未來，公共資金（包括政府和慈善機構的資金）將成為支持數位基礎建設的主要資金來源。政府和慈善機構會將此類基礎建設發展列為核心議程。這些基礎建設，將由跨國的公民社會與標準制定組織協作，並得到以此為目標的國際政府領導者網絡的支持。這些網絡創建的結構，以及它們所開發、標準化和保護的開放協定，將成為「基於國際規則的新秩序」的基礎，作為跨國數位社會的運作系統。

將這些內容描述得更精確一點，就能看出這樣的未來會有多麼不同。如今，大多數研發工作和軟體開發工作，都由以營利為目的的私營企業進行。在發達的民主國家，甚至更廣泛意義上的大多數研發都是為了營利。政府用於研發的少量資金（在 OECD 國家，平均占 GDP 的 0.5%）主要並非用在數位技術上，且絕大多數用於「基礎研究」，而不是大多數公民、民間團體和企業可以直接使用的基礎建設與開源程式。與大多數國家用於實體基礎設施的幾個百分點的 GDP 相比，政府在公共軟體研發上的支出相形見絀。

我們想像在未來，大多數國家的政府和慈善捐助方將把大約 1% 的 GDP 投入到數位公共研究、開發和基礎設施上，這將在全球每年產生將近一兆美元的投資，大約相當於目前全球對資訊技術投資的一半。這將使對數位公共建設投資至少增加兩個數量級，考慮到即使是有限的財政投資也能多少激發志願者投資，這將完全改變數位產業的性質。此外，雖然公共部門的投資主要發生在國家或區域（如歐盟）層面，但我們所設想的投資將與研究合作、私人投資和開源開發一樣，由跨國網絡進行，旨在創建國際互通的應用程式和標準，類似於今天的網際協定。

正如我們在上一章中所強調的，多元創新並不以單一政府的政策為主要出發點：它從各種不同的、通常規模中等的機構向外發展。然而，政府是全世界的核心機構，直接決定著大部分經濟資源，並影響更多資源的分配。政府既是□技術的消費者，又是□發展的支援者。沒有政府的參與，我們無法想像到達□的路徑。

當然，這種全面擁抱將是一個過程，就像□一樣，最終將改變政府的本質。由於本書迄今為止的大部分內容都在描繪這將意味著什麼，因此在本章中，我們將專注於探討未來十年可能發生的事情，以實現我們在上文所描繪的未來。雖然我們描繪的政策方針建立在上文強調的各種先例（如 ARPA、臺灣，其次是印度）的基礎上，但並不直接遵循當今「大國」所採用的任何一種標準模式。相反地，我們從每種模式中吸收、結合和擴展各種要素，形成一個比當今任何一種模式都更加雄心勃勃的議程。為了提供背景，我們首先對這些「模式」進行了風格化的描述，然後從歷史模式中汲取經驗教訓。我們說明了如何將這些模式調整到當今跨國網路的全球範圍，以及如何在財政上支持和維持這些投資，最後說明建立這些政策所需的社會和政治支持的途徑，這也是本書〈結語〉的重點。

數位帝國

法律學者阿努·布拉德福德（Anu Bradford）在《數位帝國》（Digital Empires）中，精準描述了當今最廣為人知的技術政策模式。在美國及其技術出口的大部分國家中，技術發展主要由一種簡單化的、由私營部門驅動的新自由主義自由市場模式主導。而在中國，技術發展在很大程度上由政府引導，以實現圍繞主權、發展和國安的國家目標。在歐洲，主要重點則是監管從國外進口的技術，以確保其符合歐洲的基本人權標準，迫使其他國家遵守這種「布魯塞爾效應」（Brussels effect）。雖然以上這種三分法有些刻板，且每個司法管轄區都包含了上述戰略的要素，但這些概述對於考慮我們所要描述的替代模式，提供了有用的參考。

自 1970 年代以來，政府和民間部門逐漸脫離經濟和技術發展，轉而專注於「福利」和國防職能，這一趨勢從當時以來已被廣泛記錄。儘管美國率先開發了 ARPANET，但其後幾乎所有個人計算、作業系統、物理和社交網絡以及雲端基礎設施的所有進一步發展都被私有化。當利克所預測的私人壟斷企業開始填補這些空缺時，美國監管機構主要以反托拉斯行動來應對，雖然在少數情況下（如針對微軟的行動）影響了市場動態，但人們普遍認為這些行動為時已晚。特別是在搜尋、智慧手機應用、雲端服務和一些作業系統市場，這些行動被認為允許壟斷地位或緊密寡頭壟斷的出現。近年來，在「新布蘭代斯」運動（New Brandeis）的領導下，美國反壟斷監管機構更加重視反壟斷手段的主要用途，但在法庭上取得的成功有限，而且在晶片市場和生成基礎模型方面，新興壟斷的挑戰也在不斷擴大。

在中國，中共中央起草了一系列「五年計畫」，近年來越來越多地利用各種國家權力槓桿來投資和塑造技術發展方向。這些協調的監管行動、黨對國內科技公司的指令以及主要由政府推動的研發投資，使中國的技術發展從商業和消費應用轉向硬技術和物理技術、國家安全、晶片開發和監控技術。與美國類似，對大型基金模式的投資也由政府直接嚴格控制，確保與審查和監控異議的優先事項保持一致。對不符合這一願景的商業活動的持續打擊，導致近年來中國科技行業的大部分活動急劇下降，尤其是包括 web3 在內的金融科技領域。

與美國和中國兩大地緣強權相比，歐盟和英國主要是技術框架的進口國（儘管有少數明顯的例外）。然而，歐盟和英國一直試圖利用其在這一角色中的議價能力，充當「監管強國」，進行干預以保護人權利益，因為歐盟和英國擔心兩強爭奪技術霸權時，往往會忽視人權。包括透過《一般資料保護規則》制定隱私監管的全球標準，透過《人工智慧法》（AI Act）率先對大型基礎模型進行監管，以及透過《數位服務法案》、《數位市場法案》和《資料法》（Data Act）等一系列最新的事前競爭法規，幫助制定競爭性市場的標準。雖然這些法規並沒有準確定義另一種積極的技術模式，但它們制約並影響了美國和中國企業的行為，這些企業既希望進入歐洲市場銷售，又希望在其服務的市場上實現緊密互通，這往往會導致其他司法管轄區效仿這些法規。

少有人走的路

正如臺灣的玉山從歐亞大陸板塊和太平洋板塊的交匯處崛起一般，我們所探討的政策方針也源自三個數位帝國背後理念的交匯。從美國模式中，臺灣汲取靈感，強調建立充滿活力、分散式、自由、向世界開放的創業生態，產生可擴展、可出口的技術，在開源生態裡尤其如此。從歐洲模式中，臺灣將重點放在人權和民主上，將其作為發展數位基礎建設，以及數位生態其他部分所依賴的基本願望。從中國模式中，臺灣看到了公共投資對積極推動技術發展的重要性，並將技術導向社會利益。

圖 7-1｜說明臺灣政策模式如何從中國、美國和歐盟相互競爭的替代方案的交叉中產生。
資料來源｜由作者生成，利用來自 Gan Khoon Lay、Alexis Lilly、Adrien Coquet 和 Rusma Trari Handini 的名詞項目徽標，CC BY 3.0，
網址為 https://thenounproject.com/。

這些加總在一起，就形成了一種模式，其中公部門的主要角色是**積極投資和支持**，以增強和保護**由私部門補充、但由公民社會主導的技術發展**，其目標是**積極**建立**體現人權和民主原則**的數位基礎設施。

臺灣的「總統盃黑客松」是公部門支持與公民社會創新相結合這一獨特模式的典範。自 2018 年創辦以來，這項年度活動吸引了數千名社會創新者和公務員，以及來自許多國家的團隊，共同合作，致力於提升臺灣的數位公共建設。每年，評審會表彰五支優秀團隊，並由總統承諾在下一個財政年度支持他們的倡議，將成功的地方性實驗提升到國家基礎設施專案的水準。

總統盃黑客松的與眾不同之處在於採用了平方投票方式，讓公眾參與評選前二十強團隊。這使得該活動超越了單純的競賽，轉變為一個民間社會領導者建立聯盟的有力平台。例如，專注於監測水和空氣污染的環境團體，透過「民生公共物聯網」專案（獲得 1.6 億美元的鉅額投資支持），他們的貢獻獲得了全國性的關注，展示了臺灣模式如何有效地擴大了基層倡議的影響力和覆蓋範圍。

前車之鑑

當然，「臺灣模式」並不是在過去十年裡橫空出世的。相反，正如我們在上文所強調的，它建立在臺灣長期以來公部門支持合作事業和公民社會的傳統，以及美國 ARPA 構建網際網路的模式的綜合之上（參見〈玉山視野〉一章）。在美國和許多其他發達經濟體正從「新自由主義」轉向「產業政策」之際，ARPA 的故事提供了重要的經驗和警示。

另一方面，由利克領導的 ARPA 資訊處理技術辦公室（IPTO）或許是美國乃至世界歷史上產

業政策最成功的範例。IPTO 為麻省理工學院、史丹佛大學、加州大學柏克萊分校、卡內基技術學校（現為卡內基梅隆大學〔Carnegie Mellon University, CMU〕）和加州大學洛杉磯分校之間的大學電腦互動專案網路的發展提供了種子基金。這些投資的顯著成果包括：

- 將這個研究網路發展成為現代網際網路的種子。
- 將組成網路的各個小組發展成為世界上最早的電腦科學和資訊工程系之一。
- 在這些大學周圍形成了世界領先的區域數位創新中心，包括矽谷和波士頓 128 號公路廊道。
- 然而，當這些技術中心成為世界各地地區發展和產業政策（通常是不成功的）的嚮往對象時，我們必須牢記，支撐利克願景的願望與他的模仿者們在本質有多麼不同。

產業政策的標準目標是直接實現像矽谷這樣的成就，然而利克的目標並不在此。相反，他的目標更著重於未來運算的願景，即人機共生、抗攻擊網路，以及透過機器進行交流，□正是建立在這個願景的基礎上。利克選擇參與的大學，並非基於對地區經濟發展的興趣，而是為了盡可能地實現這一目標。

產業政策通常旨在創造大規模的產業「國家冠軍」，並經常與反托拉斯和競爭政策形成對比，後者通常旨在限制過度集中的產業力量。與這兩種傳統相反，正如利克在 1979 年發表的《電腦與政府》（Computers and Government）一書中所描述的那樣，IPTO 的努力採用了反托拉斯的基本目標（確保市場開放和分散），但卻運用了產業政策的工具（積極公共投資）來實現這些目標。IPTO 的目標不是限制前數位市場競爭的獲勝者，而是創建一個網路基礎設施，在此基礎上，數位世界將以避免權力過度集中的方式運行。利克曾預言，正是由於未能在 1970 年代及之後維持這種投資，才導致數位生活的關鍵功能被他當時稱為「IBM」的公司所壟斷，這些公司最終成為了當今主導地位的技術平台，如微軟、Apple、Google、Meta、Amazon 等。此外，與這種方法相輔相成的是，利克並沒有像大多數產業政策那樣直接促進私人營利產業的發展，而是主要支援以民間社會為基礎（主要由大學推動）的基礎設施建設，為國防、政府和私營部門提供支援。

然而，由於大學是當時先進電腦發展的中心，因此利克的方法主要在大學中實施，這與美國國家科學基金會等研究資助機構對基礎性、好奇心驅動型研究的傳統支援形成了鮮明對比。他並不是為一般的學術調查和研究提供支援，而是為了推進一個明確的使命和願景：建立一個方便使用的電腦網路，實現跨越物理和社會距離的通訊和聯繫，並與其他網路互聯和共用資源，以實現可擴展的合作。

然而，在確立這一使命的同時，利克並未預先判斷實現它所需要的正確元件，而是建立了一個「合作競爭」的研究實驗室網路，每個實驗室都在進行實驗和競賽，以開發這些系統不同元件的原型，然後在相互交流中標準化，並在整個網路中推廣。私營部門的合作者在這一發展過程中發揮了重要作用，其中包括 BBN 科技公司（利克在 IPTO 任職前曾在該公司擔任副總裁，該公司後來為網際網路建立了許多原型系統），以及全錄的 PARC（利克所支持的許多研究人員後來都聚集在這裡，繼續他們的工作，尤其是在聯邦資助減少之後）。然而，正如城市基礎設施的開發和採購標準一樣，這些角色是構成 ARPANET 的網路化、多部門聯盟所制定的整體願景和計劃的組成部分，而不是像大多數個人計算和行動作業系統、社交網路和雲端基礎設施那樣，主要是為了私人公司的利益而開發和推動。

然而，正如我們在上文反覆強調的，我們不需要只從 ARPANET 或臺灣的「美好時光」中尋找靈感。印度開發的「Indiastack」也有許多類似的特點。最近，歐盟正在通過其歐洲數位身分和 Gaia-X 資料共享計劃制定相關舉措。巴西和新加坡等不同的司法管轄區也成功地嘗試了類似方法。雖然這些倡議各有優缺點，但旨在創建基礎設施的公共使命，通過與民間社會的合作和私營部門的參與而非主導，增強分散式創新的能力，

這一理念正日益成為一種模式，通常被稱為「數位公共建設」。在很大程度上，我們主張擴大這種方式的規模，使其成為全球■社會發展的核心方式。然而，要做到這一點，ARPA 和臺灣的模式需要更新和調整，以適應這種規模和雄心急劇擴大的潛在可能。

新的■秩序

關鍵在於，正如利克早在 1979 年就意識到的那樣，ARPA 模型的一些基本要素與當代數位生活的形態不太相符。雖然 ARPA 是一項多部門的工作，但其核心是美國軍工企業及其在美國學術界的合作者。這在 1960 年代的背景下是合情合理的，當時美國是世界兩大強國之一，科研經費和任務與美國與蘇聯的對峙密切相關，而且數位技術大多都是在學術界開發的。

然而，正如利克所觀察到的，即使到了 1970 年代末，這種情況也變得越來越不適合。如上所述，當今世界更加多極化，即使在發展領先的數位公共基礎設施方面也是如此。主要的民用技術開發者都在開源社群，私營公司主導了數位世界的大部分領域，軍事應用只是公眾對數位技術願景的一個方面，而數位技術正日益影響著當代生活的方方面面。為了適應這一趨勢，當今的基礎設施願景必須讓公眾透過數位部會、跨國網絡和利用開源技術等機構，來設定技術使命，並更有效地重新引導私營部門。

利克和 ARPANET 的合作者們塑造了一個非凡的願景，為網際網路和■奠定了基礎。然而，利克清楚看到，這並不能長久地保證其專案的正當性；正如我們所強調的，他的核心願望是：「有關……技術的決策，不僅要『符合公眾利益』，而且要讓公眾自己有辦法參與決定其未來的決策過程。」為了獲得必要的正當性和公眾支援，以便對數位多元建設進行必要的投資，軍事技術主義不能成為制定這一議程的主要場所。反之，我們需要利用上文討論過的整套多元主義技術，讓跨國公眾參與進來，針對使命達成共識，從而推動與國際反對託運人組織類似的協同努力。這些工具包括：開展數位能力教育，讓每個公民都感到自己有能力塑造數位未來；建立像日本未來館這樣的文化機構，積極邀請公民參與長期的技術規劃；舉辦點子松，讓公民合作展望未來，並在政府和慈善機構的支援下，將這些願景製作成媒體，供更多人消費；召開對齊大會，以及就技術發展方向進行其他數位增強的討論等等。

事實證明，全球範圍內興起的數位部會是一個更自然的論壇，可以超越傳統的軍事途徑，以參與的方式設定遠見目標。一個著名的例子，是烏克蘭的米哈伊洛·費多羅夫（Mykhailo Fedorov）自 2019 年起擔任數位轉型部長。臺灣也是該領域的先驅，在 2016 年任命了數位政委，並於 2022 年進一步成立了正式的數位發展部。日本鑒於新冠疫情期間數位化的迫切性，受到與臺灣討論的啟發，於 2021 年在內閣成立了數位廳。

這些部會本身具有協作性，與其他政府部門和國際機構密切合作。2023 年，G20 峰會中數位部長們表明，數位公共建設（digital public infrastructure, DPI）是全球合作的重點，與聯合國的全球目標相一致。與 ARPA 等嵌入軍方內部的機構相比，數位部提供了一個更合適的平台，以發起任務、促進國際合作以及讓公眾和民間社會參與進來。隨著數位挑戰成為全球安全的核心，預計更多國家將任命數位部長，促成開放、互聯的數位社群。[1]

然而，各國為■基礎設施提供的支持，還只像是撐起了結構的幾根柱子。現在沒有哪個國家能夠、或應該獨自主導這一努力。它們至少必須建立國際或跨國的網絡，就像網際網路本身一樣。數位部長們必須形成網絡，為這項工作提供國際支援，並將以國家為基礎的節點連接起來，就像 ARPANET 為以大學為基礎的節點所做的那樣。此外，許多開源專案本身並沒有單一的主導國家，它們跨越許多司法管轄區，形成跨國社群，在某些情況下，它們應該

得到與國家數位部會相當的尊重。以太坊社群與臺灣數位發展部的關係就是一個例子，它們之間的互動關係大致上是平等的。

此外，純粹的高層政府間關係，也受到當前國際關係的廣泛影響而受到嚴重限制，許多網際網路蓬勃發展的國家之間的關係時常陷入困境。不少民間行動者在跨國關係上比政府間更為緊密。無論是好是壞，技術往往比條約更容易跨越國界和意識形態的的障礙。例如，像 g0v 和 RadicalxChange 這樣的 web3 社群和公民技術組織，即使在並不被廣泛認定為「民主」的國家，也具有重要的存在。更大規模的類似模式，也是跨國環保、人權、宗教運動的核心。雖然我們已經看到，從這種互動到更廣泛的民主化，並不存在必然的路徑，但在等待政府間的完全一致時，如果錯失了擴大互動範圍的機會，將是嚴重的錯誤。著名國際關係學者安妮——瑪麗·斯勞特在其著作《世界新秩序》（*A New World Order*）中描繪了這種跨國政策和民間網絡，將如何與世界各國政府進行更多的互補與合作，並形成一種比聯合國等機構所能實現的更合理、更有效的跨國合作結構。對這些倡議的（默許）支援，對於數位部會的作用來說，與政府之間的直接關係一樣重要。

在這些跨國網絡中，有些可能是學術合作，它們將成為數位部會的重要補充。然而，當今最被各國政府忽視的數位生態要素並不是學術部門，因為學術部門仍然獲得數十億美元的研究支援。相反，幾乎完全被忽視的是開放源碼和其他非營利性、以使命為導向的技術開發者。正如我們廣泛討論過的，這些開發者已經成為全球技術堆疊的中堅力量，然而，儘管他們的工作完全屬於公共領域，而且主要是為了公共利益而開發的，他們卻幾乎沒有從政府方面獲得具體的財政支援，從慈善機構獲得的支援也非常少。

此外，這個部門在許多方面比學術研究更適合發展基礎建設，就像物質世界的公共建設通常不是由學研專案建造的一樣。學術研究在很大程度上受到學科重點和界限的限制，而廣泛使用的基礎建設不太可能扣合這些重點和界限。學術職業依賴於引用、信譽和新穎性，這與基礎建設的最佳期望更不可能一致，後者通常應該是無形的，並與其他基礎建設盡可能容易地互通，而不是標新立異。學術研究往往注重嚴謹性、說服力與學科風格，這種風格與理想的使用者體驗有本質區別。雖然公眾對學術研究的支持至關重要，而且在某些領域，學術專案可能有助於多元主義基礎設施，但政府和慈善機構不應將主要目光投向學研部門。學術研究每年在全球獲得數百億美元的資助，但開源社群在其整個歷史中獲得的資助，可能還不到十億美元。「去中心化科學」運動（"decentralized science" movement）已經研究並強調了其中的許多問題。

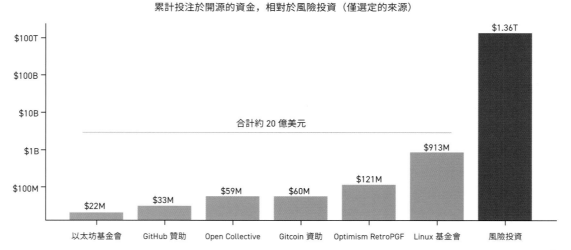

圖 7-2 ｜比較已知的開源軟體資金與風險投資　　　　　　資料來源：作者整理 [2]

此外，開源社群還只是冰山一角，它有更多潛力可以為公益的、民間社會驅動的技術開發帶來更多可能。像 Mozilla 和維基媒體基金會這樣的組織，雖然主要與開源專案互動並推動其發展，但在純粹的開源程式開發之外，它們還進行了大量的開發活動，使其產品更容易被全球接受。此外，公益技術並不需要繼承開源程式的所有特性。

一些開發生成式基礎模型的組織，如 OpenAI 和 Anthropic，對於僅僅免費提供這些模型存在合理的擔憂，但它們明確致力於在公共利益下開發和授權這些模型，並且在結構上不追求單純的利潤最大化，以確保它們忠於這些使命。無論這些組織在資金需求和自身願景的限制下，是否能夠理想地實現這一願望，我們都可以想像，塑造這樣的組織，確保它們能夠利用 技術實現這一目標，以及制定公共政策以確保更多這樣的組織成為發展核心 基礎建設的中心，都是至關重要的。其他組織可能會開發非營利的 基礎建設，但希望對其中的某些部分收費（就像某些高速公路收費以解決擁堵和維護問題），而其他組織可能沒有專有權主張，但希望確保敏感和私人資料不被公開。培育服務於 公眾的組織組成的 生態，包括但不限於開源模式，將是超越 ARPA 學術模式限制的關鍵。幸運的是，決策者可以運用各種 技術來促進這樣的生態發展。

此外，無論理想的結構是什麼，這些公益機構都不可能簡單地取代過去幾十年建立起來的大型私人數位基礎建設。許多社交網絡、雲端基礎設施、單一登錄架構等，如果被輕易廢棄，將造成浪費。相反地，將這些投資用於公共利益可能更有意義，方法是將公共投資與改變治理方式的協議結合起來，以尊重公眾意見，這與我們在〈 投票〉、〈媒體〉和〈職場〉等章節中討論的方式大同小異。這也與杜威密切相關的前一波經濟民主改革的方式極為相似，當時的經濟民主改革並未簡單地淘汰私營電力事業，而是試圖透過公用事業委員會將其納入部分地方民主控制網絡。許多科技界的領袖將他們的平台稱為「公用事業」、「基礎建設」或「公共廣場」；因此， 數位公共建設計

畫的一部分就是對這些平台進行改革，使其真正發揮應有的作用。

🔲 法規

要讓這樣的生態蓬勃發展，就必須調整法律、監管和金融體系的方向，來增強這類組織的能力。需要增加稅收，最好是以不僅符合而且實際上直接促進 的方式，使這些組織在社會和財政上都能永續發展。

可以說，政府和政府間網路最重要的角色是協調和標準化。政府是大多數國家經濟中最大的行為體，可以根據其採用的標準、購買的實體以及公民與公共服務互動的結構來影響整個數位生態系統的行為。例如，這就是「印度堆疊」（India Stack）成為私營部門核心的主要原因，私營部門追隨公共部門的步伐，從而支援民用專案。

然而，法律也是界定不同類型機構存在與否、擁有哪些特權以及不同實體之間權利劃分的核心。開放源碼組織目前正努力同時保持其非營利性和國際影響力。像開放集體基金會（Open Collective Foundation）這樣的組織，幾乎完全是為了實現這一目標而成立的，它從專案收入中抽取大筆資金來提供這種支持但這也使得本應得到支持和優勢的組織在與營利公司的競爭中處於嚴重劣勢。許多其他形式的創新、民主、跨國組織，如分散式自治組織（DAOs），經常受到法律的阻礙。儘管其中一些原因是合理的（例如避免金融詐騙等），但要建立支持和維護跨國民主非營利組織形式的法律框架，仍需進一步的努力。其他組織形式可能需要更多支援。正如我們在第四章中討論的，「資料聯盟」旨在集體保護創作者或擁有相關集體資料利益的人的資料權利。這些組織將需要與工會和其他集體談判組織的保護。目前它們缺乏這種保護，而且由於許多司法管轄區（如歐盟）極端強調資料中的個人權利，可能會有效地阻止它們為這些組織服務。正如勞

動法規的發展賦予了工人集體談判的權利一樣，法律也必須發展以允許資料工人集體行使其權利，從而避免他們處於比集中的模式建立者更不利的地位，或者因過於分散，而無法進行更具野心的資料合作。

除了組織形式之外，法律和監管的變革對於為實現共同目標並公平有效地使用資料也至關重要。傳統的智慧財產權制度相當僵化，注重使用的「變革性」程度，有可能使所有模型的開發都受到嚴格和不可行的限制，或者剝奪創造者的道德和經濟權利，而這些權利是他們維持工作所必需的，對這些模型的功能至關重要。法官、立法者和監管者需要與技術專家和公眾密切合作，制定新的標準，考慮到各種資料為模型輸出提供資訊的複雜性和片面性，並確保相關價值「反向傳播」給資料建立者，就像傳播給模型在訓練過程中創建的中間資料一樣。我們在〈財產與合約〉一節中討論過，產權改革賦予了無線電頻譜重新利用的權力，類似這樣的新規則將以產權改革為基礎，並應針對其他各種數位資產來制定。

此外，若能與這個願景適當結合，反壟斷法、競爭規則、互操作性授權和金融法規將在鼓勵新組織形式的出現和現有組織形式的調整方面發揮重要作用。反壟斷法和競爭法的目的，在於確保商業利益的集中不會濫用對客戶、供應商和工人積累的權力。將公司的直接控制權交給這些對應方是實現這一目標的自然途徑，而不會像競爭政策通常那樣抑制規模化合作。正如我們在〈職場〉一節中所討論的，▢技術為這些利益相關者提供了有意義的發聲機會。因此，反托拉斯當局自然會更加考慮授權進行此類改革，作為反競爭行為或兼併的替代性補救措施，並將治理代表性作為緩解因素，納入評估懲罰必要性的考量之中。

與標準制定過程合作，強制規定互操作性，是使這些標準可行並避免非法私人壟斷占據主導地位的關鍵手段。金融監管有助於確定不同司法管轄區可接受的治理方式，但不幸的是，特別是在美國和英國，金融監管傾向於支持具有破壞性和壟斷性的「一股一票」規則。金融監管改革應鼓勵嘗試更具包容性的治理體系，如多元主義和其他多元投票形式，持續考慮並解決權力集中問題，而不是用「毒丸」（poison pills）等特定條款來抵消一股一票的突襲傾向。此外，金融監管應該顧及並支持工人、供應商、環境交易方和客戶的聲音，並引導可能產生系統性壟斷效應的集中資產持有者使用類似的工具。

稅收

然而，規則、法律和法規只能為投資、創新和發展所產生的積極框架提供支援。如果缺乏這些做為補充，它們將永遠處於被動狀態，不斷追趕由私人創新定義的世界。因此，公共投資和多元主義投資是它們必須補充的關鍵，而進行這些投資顯然需要收入，這自然就提出了如何籌集收入以使多元主義基礎設施自我維持的問題。雖然直接收取服務費在很大程度上會重蹈私營部門的覆轍，但主要依靠「一般收入」是不可能持久或合法的。此外，在許多情況下，稅收本身也有助於鼓勵多元主義。我們現在要關注的就是這類稅收。

事實證明，數位領域是最難徵稅的領域之一，因為許多相關價值來源的產生事實模糊且沒有明確的地理區域。例如，公司員工之間的資料和協作網路以及技術訣竅分享往往跨越國界，即使這些活動大多發生在稅率較高的司法管轄區，也往往可以在企業稅率較低的國家入帳。許多免費服務都伴隨著隱性的監視交易，這導致服務本身和隱含的勞動都不會被徵稅，而如果這種價格是明確的，則會被徵稅。雖然 G20（二十大工業國）和經濟合作暨發展組織（OECD）最近就設立最低企業稅率的改革達成了一致，但這些改革並沒有完全適應數位環境，因此可能只能部分解決這一挑戰。

然而，這些措施一方面帶來了挑戰，另一方面也提供了機會：以明確的跨國方式徵稅，將稅收用

於支援多元基礎建設，而不是以一種相當隨意的方式，將稅收用於公司選擇的任何地方。理想情況下，這種稅收應盡可能完全符合以下幾項標準：

- 直接⬚：在理想情況下，數位稅不僅應增加收入，還應直接鼓勵或頒布⬚目標。[3] 這可確保稅收不會成為系統的拖累，而是實際成為解決方案的一部分。
- 管轄權調整：徵稅和自然徵稅的轄區網絡，應與處理這些稅收的轄區相對應。這確保了制定稅收所需的聯盟，與建立處理收入的合作所需的聯盟相似。
- 收入對齊： 收入來源應與使用收入所創造的共用價值相對應，確保處置收入的人對達成任務有自然的興趣。它還能確保納稅人普遍受益於稅收創造的商品，從而減少對稅收的政治反對。
- 財政充足性： 稅收應足以為所需投資提供資金。

我們在〈市場〉一節中描述的「循環投資」原則顯示：這些原則最終都能達到普遍的共同滿足。超模態共用商品所創造的價值最終必須流向具有次模態回報的地方，這些回報可以而且應該被循環回來支持這些價值來源。一般來說，提取這種價值的方式可以減少市場力量，從而實際上鼓勵更充分地利用資產。

儘管理論上有這樣的理想，但在實踐中，如何制定理想的稅收來實現這一目標，可能與我們在〈民主〉這一章討論的任何技術挑戰一樣，都是一個技術試誤的過程。不過，近年有一些充滿可能性的提議，隨著我們的進一步嘗試，似乎很有可能實現上述許多目標：

- 集中運算資產稅：對運算、儲存和某些資料等數位資產，徵收累進式（稅率或給予寬鬆的免稅額）共同擁有權稅。
- 數位土地稅：對商業化或持有稀缺數位空間的行為徵稅，包括以更具競爭性的方式對線上廣告、持有頻譜許可和網址空間徵稅，並

最終對虛擬世界中的專屬空間徵稅。

- 隱性資料／注意力交換稅： 對「免費」線上服務中涉及的隱性資料與注意力交換徵稅，否則通常會徵收勞動稅和加值稅。
- 數位資產稅：對純數位資產（如數位貨幣、實用代幣和不可兌換代幣）徵收的共同擁有權稅。
- 公共資料稅：可對在未經許可的共享資料上訓練的模型，所賺取的利潤徵稅。
- 靈活工作稅：對主要雇用「臨時工」的公司的利潤徵稅，這樣可以避免傳統勞動法規的許多負擔。

雖然我們需要更詳細的政策分析，才能根據上述標準對這些稅項進行全面「評分」，但我們希望透過一些例子來說明這些建議背後的設計思維模式。集中計算資產稅的目標。是鼓勵更充分地使用數位資產（就像任何共同擁有權稅一樣），阻止雲端擁有權的集中（從而增加競爭，同時減少潛在的安全威脅），並削弱積累那種可能允許在公共監督之外訓練具有潛在危險規模模型的動機，這一切都體現了直接⬚主義的理念。大多數形式的數位土地稅通常不會歸屬於任何單一國家，而是歸屬於那些支援網際網路基礎設施、接入和內容的跨國實體。隱性資料交換稅將為數位經濟創造的真正價值提供更清晰的信號，並鼓勵促進這一價值最大化的基礎建設。

當然，這些僅是初步建議，更多的分析和想像力將有助於進一步擴大這些可能性。不過，鑒於這些例子與當今數位世界的主要商業模式（即雲端運算、廣告、數位資產銷售等）相當吻合，似乎可以認為，只要稍加詳述，它們就可能成為提升流經該世界的價值的重要途徑，進而從根本上改變數位經濟的投資規模。

雖然這在政治上似乎不大可能，但美國的汽油稅卻提供了一個具有啟發性的先例，雖然最初遭到卡車運輸業的反對，但當政策制定者同意撥出資金來支援道路基礎設施建設時，汽油稅最終得到了該行業的支持。儘管徵收汽油稅對該行業造成

直接損失，但通過間接支援道路建設，提供卡車司機工作所需的基礎材料，被認為足以抵消這一損失。有些人理所當然地反對一些更有針對性的稅種（如道路擁堵費），但汽油稅在抑制污染方面也有附帶好處，且在收取擁堵費可能成本高昂的情況下，它一般能夠有效地針對道路的主要使用者。

今天，我們完全有可能想像由企業和政府組成一個適當的聯盟，來支持這樣一套雄心勃勃的數位基礎設施支援稅。要做到這一點，就需要正確預留籌集到的資金，利用豐富的線上數據，來制定更巧妙的稅收工具，採用先進且低摩擦的收稅手段，謹慎利用適當但非普遍的司法管轄區來徵收稅款，以說服其他國家效仿，當然，還需要大量的公眾支持和壓力，我們將在下文討論。希望有效的政策領導和公眾動員能夠實現這些目標，並為支援數位時代的□基礎建設創造條件。

維持我們的未來

為了體現□，得到這些資源支援的組織網路不能成為一個全新的、單一的數位世界全球政府。相反，它本身必須是多元的，無論是在結構上，還是在與現有的數位治理論壇的聯繫上，都必須是多元的。雖然我們希望從根本上改變數位社會的特徵，但如果我們試圖摧毀或破壞現有的機構，我們就無法實現□。我們的目標應該恰恰相反，將基本多元主義基礎設施的建設視為一個平台，能夠讓數位這塊餅迅速擴大和多樣化，讓盡可能多的人受益，同時也擴大實驗和發展的空間。

在我們的願景中，各個要素政府參與的程度不盡相同，例如沉浸式體驗這類最私密的技術，都預計在相對私密的範圍內運作，因此應該以相對「私營」的方式（在籌資模式和資料結構上）進行開發，同時輔以一定程度的公共支持和監管，以避免潛在的風險。另一方面，對市場結構最雄心勃勃的改革需要重塑基本的政府和法律結構，在許

多情況下是跨越國界的。所有這些工作所依賴的基本協定，在制定時可能需要最大程度的協調，同時也需要大量的試驗，在網絡節點（如印度和臺灣）競相將其框架輸出為全球標準的過程中，充分利用 ARPA 的合作競爭結構。有效的□法律、規範、投資和控制權的結構將盡可能確保國家和跨國實體的多元性，能夠滿足這種多樣化的需求，並巧妙地匹配稅收和法律授權，賦予這些實體權力，在互通有無的同時發揮其作用。

幸運的是，儘管它們資金嚴重不足，協調常常不完善，也缺乏我們在此概述的雄心壯志，但現有的許多數位和網路治理的跨國結構，大致具備這些特點。簡單來說，雖然需要增加具體的新功能、改善資金、增強網絡和聯繫以及增強公眾參與，但正如 ARPANET 創始人所想像的那樣，網際網路在結構和治理方面已經相當□。現在最需要做的是提升公眾對這項工作的理解和參與，以支持、捍衛和發展它。

組織變革

當然，實現這個目標是一項艱巨的任務。本章以及整本書所討論的觀點都是深奧的技術問題；即使是這裡相對枯燥的討論也僅僅觸及了表面。即使是本書中的觀點，也只有極少數人會深入探討，更不用說在政策領域以及遠超出政策領域的廣泛研究、開發和部署工作了。

正因如此，「政策」只是建設□所需工作的一小部分。對於每一位政策領導者來說，都必須有數十人，甚至數百人來實踐他們說明闡述的願景。而對於每一個人來說，還需要有數百個人，雖然他們並不專注於技術問題，但他們都普遍對放任主義和專家統治所默認的技術發展方向覺得反感，並廣泛支援□願景。他們必須更多地從情感、直覺與意識形態層面，而非技術或知識層面來理解這一理念，並為那些處於政策和技術領域核心的人，建立道德支持、生活觀點和採用的網絡。

要做到這一點，必須遠遠超越一套創意技術和知識分析。它必須成為一種被廣泛理解的文化潮流和社會運動，就像環保主義、AI 和加密貨幣一樣，立足於深厚的基礎研究的知識和社會基礎，並在多樣化和有組織的企業中得到發展，同時獲得有組織的政治利益的支援。實現這一目標的途徑包括但遠不止於政策制定者，還包括行動主義、文化、商業和研究領域。因此，我們最後呼籲每一個接觸過這些世界的人加入我們的專案，使之成為現實。

結語：
請加入我們的行動

如果█取得成功，我們預期在未來十年內，政府、私人科技發展以及開源／公民社會間的關係，將會發生根本性的轉變。在這樣的未來，公共資金（包括政府和慈善機構的資金）將成為支持數位基礎建設的主要資金來源。政府和慈善機構會將此類基礎建設發展列為核心議程。這些基礎建設，將由跨國的公民社會與標準制定組織協作，並得到以此為目標的國際政府領導者網絡的支持。這些網絡創建的結構，以及它們所開發、標準化和保護的開放協定，將成為「基於國際規則的新秩序」的基礎，作為跨國數位社會的運作系統。

將這些內容描述得更精確一點，就能看出這樣的未來會有多麼不同。如今，大多數研發工作和軟體開發工作，都由以營利為目的的私營企業進行。在發達的民主國家，甚至更廣泛意義上的大多數研發都是為了盈利。政府用於研發的少量資金（在 OECD 國家，平均占 GDP 的 0.5%）主要並非用在數位技術上，且絕大多數用於「基礎研究」，而不是大多數公民、民間團體和企業可以直接使用的基礎建設與開源程式。與大多數國家用於實體基礎設施的幾個百分點的 GDP 相比，政府在公共軟體研發上的支出相形見絀。

關鍵時刻

技術是塑造我們世界最強大的力量。無論我們是否了解其內部運作，小心翼翼地使用，還是貪婪地追求，也無論我們是否認同那些迄今為止塑造其發展的公司和政策制定者的觀點，技術仍然是我們塑造集體未來僅有的、最重要的工具。

此處的集體，不單意味著我們每個人，也包含連接我們的人際關係網絡。無論從科學、歷史、社會學、宗教還是政治的角度來看，逐步清晰浮現的是：現實不僅取決於我們是誰，也取決於我們如何聯繫在一起。

技術驅動並定義了這些聯繫。從鐵路、電報到電話；從臉書將我們與幼兒園的老友和志同道合的新盟友聯繫在一起；到視訊會議在疫情期間將企業和家庭團結在一起，我們都從技術加強和鞏固人際關係的能力受益良多，同時也尊重著彼此之間的差異。

然而，技術顯然也讓我們彼此疏離，並削弱了我們之間的差異。以爭奪注意力為基礎的商業模式，更傾向於激怒而非激起好奇，更支持人云亦云而非共同理解，並廣泛散播著錯誤和虛假訊息。線上資訊的快速傳播，脫離脈絡並違背我們的隱私期望，往往侵蝕了我們的社群、削弱了我們的文化遺產，並造成全球的單一文化。隨著包括生成式基礎模型（GFM）和擴增實境在內的新一代技術進入我們的生活，技術的影響無論好壞，都將從根本上加劇。

現在，我們正站在一個十字路口上。技術可能讓我們走向分裂、播下動亂和衝突的種子、瓦解社會秩序。它可能壓抑作為其生命之源的人類多樣性，將我們同質化為單一的技術願景。或者，它也可能極大地豐富我們的多樣性、加強跨越人際紐帶、善用並維持□的潛在能量。

有些人試圖通過猛踩剎車、減緩技術進步，來避免這種選擇。然而，雖然某些方向確實不明智，在進入未知領域時也應該有速度限制，但競爭和地緣政治的動態使得僅僅減緩進度可能難以持續下去。相反，我們面臨的是方向的選擇，而非速度的選擇。

我們是否應該像彼得·泰爾（Peter Thiel）、馬克·安德森（Marc Andreesen）、巴拉吉·斯里納瓦桑（Balaji Srinavasan）等放任主義者希望的那樣，將個人「解放」成為原子化的代理人，不受約束也不承擔責任？我們是否應該像山姆·奧特曼（Sam Altman）和里德·霍夫曼（Reid Hoffman）等專家統治者希望我們做的那樣，將我們的問題交給技術專家，讓他們規劃我們的未來，並將其創造的物質舒適分配給我們？

我們明確而響亮地說：都不是！混亂和自上而下的秩序不僅與民主和自由背道而馳，更與人類社會和自然界中所有生命、複雜性和美的本質相違背。生命和□茁壯於「混沌邊緣」這狹窄的走廊。為了這個星球上的生命能夠生存和繁榮，拓寬這道窄廊、不斷引領我們回到成長和□成為可能的混沌邊緣，必須成為技術和政治的中心任務。這是□的願望和當務之急。

因此，□是超越放任主義和專家統治主義的第三條道路，正如生命是超越僵化的秩序和混亂的第三條道路一樣。我們也許只有三到五年的時間來啟動這場運動。在此之後，人們和公司每天使用的大量技術將深深依賴於「AI」和「元宇宙」。到那時，我們將無法扭轉專家統治和放任主義為我們造就的既成事實。但在那之前，我們可以動員起來，重新規劃方向：走向以關係為中心、充滿活力的數位民主，其中不同群體的人正是因為他們彼此不同，才能夠合作和協作，不斷推動我們的想像力和願望向前發展。

這樣的轉向需要整個社會的動員。企業、政府、大學和公民社會組織，必須要求我們的技術加深我們與多種形式的社會多樣性之間的聯繫。這是增強人類穩定、繁榮和昌盛的關鍵，也是唯一的

途徑。如果我們想實現這份潛力，我們必須抓住短暫的機會之窗來行動。

⬚ 技術的前景

在過去的二十多年裡，我們的社會面對技術的無助感已成為常態。我們被技術所吸引，時而興奮、時而沮喪；但我們往往假設技術的出現是不可阻擋的，就像現代性本身一樣，而不是少數工程師選擇的總和結果。大多數人不相信「我們人民」有任何能力，更不用說任何權利來影響作為我們生活作業系統的平台發展方向。

但我們事實上有這個權利，甚至這個義務去要求更好。有些技術將我們分開、抹平我們的差異；有些技術將我們聚集在一起，讚揚我們的差異。有些技術助長我們的怨恨，有些技術幫助我們彼此信賴。如果我們動員起來，要求後者，要求那些旨在幫助我們跨越差異且進行協作的「⬚技術」，我們就能重新設計這個作業系統。

我們有機會在三個層面採取行動：當下、中程與變革。

當下

其中有些變化，現在的時機已然成熟，可以立即採取行動。任何閱讀本書的人都可以向朋友說明、推薦，並分享其中的故事，幫助傳播相關的媒體內容。任何人都可以採用一系列已廣泛可用的工具，從沉浸式共享實境的會議，到與朋友集體決策的開源工具。

任何人都可以在支持政黨或政治運動中，圍繞上一章我們擬訂的政策進程開始行動，特別是政治和政策領導者可以朝向⬚方向協作，來實踐這些想法與政治改革運動，例如推動「排序選擇制」

或「同意投票制」。任何人都可以選擇將他們使用的技術傾向於開源工具和那些開始在工作機制中採用和納入▨的公司。這些公司的商業領袖、工程師、產品規劃師可以適度將▨技術融入他們的產品開發中、在生產力工作流程中採用新穎協作，接收客戶更有效的回饋，並支持體現這些理念的公共政策。

學者可以研究▨技術，研究其對當今社會的實際影響；他們可以設計嚴謹的評估標準，幫助釐清哪些是真正有效的；他們可以解決一系列領域中的關鍵開放性問題，替設計下一代▨技術的發展奠定根基；在學術機構間建立更為緊密的協作關係（如 Plurality Institute 網絡），並在傳播研究成果和同儕互評時採用▨方法。

文化領袖、藝術家、記者和其他傳播者可以講述▨運動的故事，就像奧斯卡獎得主導演辛西婭‧韋德（Cynthia Wade）和艾美獎得主製片人特麗‧惠特克拉夫特（Teri Whitcraft）正在拍攝的紀錄片中所做的那樣。他們可以將▨融入自己的創作實踐中，就像本書和馬特‧德萊赫斯特（Mat Dryhurst）和霍莉‧赫農（Holly Herndon）所做的那樣。他們可以幫助公民建設性地想像一個更加▨的未來，就像東京科學未來館所做的那樣。

中程

透過更系統性的想像力和抱負，我們有機會在更中期的層面上追求▨，透過納入更多元的聲音、建立更深層次的聯繫，以及促進多樣性的再生，來重新發明機構。任何人都可以成為世界各地▨社群的一員，用各種語言、形式，講述更加▨的未來潛力，並邀請朋友參與共同創造這個未來。任何人都可以加入越來越有組織的、致力於▨的政治運動，為日益增加的▨民間和公益事業做出貢獻，參加越來越多的黑客松和點子松，運用▨解決不同社群的當地問題。

政策領袖可以圍繞全面的▨議程形成政治平台，甚至成立政黨。監管機構和公部門可以將▨融入到他們的實踐中，改善公眾參與、加速回饋迴圈。國際和跨境組織的員工可以開始改革其結構並實踐，運用▨並實質性地體現▨，從「國際貿易」轉向實質、超模塊化的共同合作，以及國際標準制定。

企業和更廣泛的組織領導者們可以利用▨來改造內部營運、客戶關係、招聘實踐和公司治理。他們可以逐步將資源和權力從單調孤立的等級制部門轉移至新興的動態協作，促進更多的內部創業動能；利用增強審議來促進更好的會議品質和更佳的客戶調查；應用生成式基礎模型尋找更多元化的人才；更可以重組公司結構，使其向更廣泛的監管機構直接負責，從而消除社會和監管間的緊張關係。

學者和研究人員可以圍繞▨形成新的研究領域，並利用▨來賦能這些新的協作，涵蓋社會學、經濟學和計算機科學等領域。他們可以創立定期培訓▨專家的學科，教導新一代學生在他們的工作中運用▨，並與各種實踐社群建立更緊密的關係，以縮短從研究構思到實踐實驗的迴圈。

文化領袖可以重新想像利用▨的文化實踐，創造具有強大共鳴力、跨越文化鴻溝的新興體驗。他們可以將其出售給採用新商業模式的媒體組織，這些組織出售給公共、公民和商業組織，而不是廣告商和最終消費者。他們可以建立參與式體驗，擴展我們共同設計和想像未來的能力，從物理空間的具體設計到潛在科幻未來的詳細互動回溯。

變革

對於那些眼界更加開闊的人來說，我們在本書中花了相當多的篇幅，來闡述那些真正具有變革性的□技術，這些技術最終可能重塑人類溝通和協作方式。這個遠大的目標直指□運動的核心洞見——人格。做為民主的軸心單位，不僅僅是原子化或「一元化」的，而且也由社會關係定義——因此，它產生了更廣泛的權利概念，超越了個人權利、認同□概念的從屬、商業、財產和我們社會的其他基石。所有這些都需要對一系列技術基礎設施、社會關係和組織機構進行根本性的重塑。這種變革不是一蹴可及，而是需要一個逐步轉變的過程，在相互建構的一系列社會部門中逐步實現。要真正實現□，這些部門需要跨越許多差異、吸引並賦予人們權利，這反過來又需要人們理解並能夠闡明對未來的期望。文化創作，就像上面討論的那些，將不得不在形式和實質上越來越體現□，以實現這一目標。這可以創造出廣泛的公眾對技術方向和多元社會參與的理解和期待，以及公共對於引導技術發展方向的期望。

這種跨越差異的□想像基礎，可以賦予圍繞社會和政治組織推動這些目標的權利。這反過來又可以讓政治領袖將這些願景作為其議程的核心，並在政府運作中、在政府與彼此及私人實體的關係中、在政府的政策議程中，將□的創造作為實施的重點。

假以時日，這些政策和實踐將允許開發基本不同的新型技術，從而大幅擴大第三部門的範圍，並允許不斷湧現新的跨國社會和民主事業。鑒於這些新興事業的民主問責制，它們反過來可以合法地承擔越來越多的責任，並模糊通常由國家機構承擔的責任界限，構建新的□秩序。

這些事業可以依賴新的研究和教學機構，這些機構將跨越學科界限和知識創造與應用之間的界限，與這些新興社會事業深入互動。這一部門將不斷產生推動□邊界的新技術，幫助建立新社會事業的基礎，並形成理念基礎，以支持這一切所依賴的文化想像的進步。

因此，文化、政治和行動主義、商業和技術以及研究，可以形成相互強化的良性循環：想像推動行動，行動則證實了想像的價值、進一步強化了想像。這就是為什麼，無論您身處哪個領域，都有機會為這個真正變革性的視野做出貢獻。透過參與建設這個良性循環、推動在其他社會部門正在做相同事情的人，來促進這個勢頭向上。通往□的路徑眾多，並無所謂最佳或最重要的一條，因為□就是□，只有通過建立和擴散形成支持、互助網絡的巨大多樣性，才能獲得成功。

付諸行動

當然，這就是為什麼邁向通往█的道路，不可能有由上而下、放諸四海皆準的方式。然而，如果這本書能夠達到預期效果，很快就會出現交叉的圈子，這些圈子由全球各地的團體和個人鬆散聯合而成，他們致力於█，而非隨波逐流的放任主義和專家統治。在開拓第三條道路的過程中，多元主義者致力於運用技術來加強和豐富關係，而不是破壞關係；再生多樣性，而不是助長一致性。關係以及愛、失去、逆境和成就，才是生活的真諦所在，而不是《蒼蠅王》等書體現的叢林暴力，或者無差別數據點的最佳化。

如果您相信，一個繁榮、進步、正義的社會的核心條件是社會的多樣性，以及跨越這種豐富多樣性的協作，請加入我們。

如果您相信，技術作為當今社會最強大的工具，不僅能夠幫助我們個人，更能在我們多重且有意義的從屬關係中蓬勃發展，請加入我們。

如果您想為█的當下、中程或真正變革性的層面做出貢獻——或者跨越所有這些層面——您有許多切入點。如果您在科技、商業、政府、學術界、公民社會、文化機構、教育、家庭領域工作，您都有無限的方式可以有所作為。

這本書僅僅是巨大織錦的一部分。例如，本書的作者之一也是即將推出另一位作者紀錄片的執行製片人，我們猜測這部紀錄片將比本書觸及更廣泛的受眾？我們共同創辦了另一個機構，以聯繫從事█工作的學者，顯然這是更狹窄的受眾。儘管這些僅僅是一些例子，但它們說明了一個至關重要的、更廣泛的觀點：要使一千人深度參與（例如撰寫本書），每位作者都需要一百個人來閱讀它，而每位讀者又需要一百個知道它並支持其整體想法的人。因此，要取得成功，我們需要在相互支持的關係中建立廣泛層面的參與。

如果有一千人對這本書有足夠深入的參與且公開談論它、一萬人成為社群的一部分並積極貢獻、十萬人深入吸收這些資料、一百萬人購買或下載本書、一千萬人收看一小時的相關媒體內容、一億人看到與之相關的電影或其他娛樂作品、十億人知道並支持這些目標，我們就能實現我們的 2030 年目標。

我們多元主義者遍布世界各地、出現在經濟的各個領域。連接、加入、集結、動員……，請加入我們，共同堅定而有計畫地建設一個更有活力、更和諧的世界。

附錄：
各章註解

CHAPTER 1
玉山視野

1　本書英文版將「中華民國」意譯為「a transcultural republic of citizens」。

2　資料參考：中央選舉委員會投開票概況資料 https://db.cec.gov.tw/ElecTable/Election?type=President。

3　https://www.pewresearch.org/religion/2014/04/04/global-religious-diversity/

4　https://www.economist.com/graphic-detail/coronavirus-excess-deaths-tracker

5　Disinformation in Taiwan: International versus Domestic Perpetrators," V-Dem, 2020. https://v-dem.net/weekly_graph/disinformation-in-taiwan-international-versus

6　Teng, Emma. Taiwan's Imagined Geography: Chinese Colonial Travel Writing and Pictures, 1683-1895. Cambridge, Mass.: Harvard University Asia Center, 2004, 33. 中譯本參考：楊雅婷譯，《臺灣的想像地理：中國殖民旅遊書寫與圖像（1683-1895）》，臺大出版中心，2018。

7　Teng, Taiwan's Imagined Geography, 1-2.

8　Zhao, Suisheng. The Dragon Roars Back : Transformational Leaders and Dynamics of Chinese Foreign Policy. Stanford, California: Stanford University Press, 2022, 132.

9　Jacobs, J. Bruce. Democratizing Taiwan, Boston: BRILL, 2012, 22.

10　Esarey, Ashley. "Overview: Democratization and Nation Building in Taiwan" in Taiwan in Dynamic Transition: Nation Building and Democratization. Edited by Thomas B. Gold, University of Washington Press, 2020, 24.

11　https://commons.wikimedia.org/wiki/File:Flag_of_China_(1912%E2%80%931928).svg

12　Shusterman, Richard. "Pragmatism and East Asian Thought".

13　Louzon, Victor. "From Japanese Soldiers to Chinese Rebels: Colonial Hegemony, War Experience, and Spontaneous Remobilization during the 1947 Taiwanese Rebellion." The Journal of Asian Studies 77, no. 1 (2018): 168.

14　Hsu, The Construction of National Identity, 48.

15　Hsu, The Construction of National Identity, 71.

16　Studwell, Joe. How Asia Works.

17　第二次世界大戰後，日本的工業基礎設施遭到嚴重破壞，產品品質不佳。在這樣的背景下，戴明於1950年受到日本科學技術聯盟（JUSE）的邀請。他引入了統計過程控制（SPC）和 PDCA（計劃－執行－檢查－行動）循環，強調持續改進（改善）和員工參與的重要性。他的原則受到日本汽車業，尤其是豐田的青睞，並成為豐田生產系統（TPS）不可或缺的一部分。1990年，詹姆斯‧P‧沃麥克等人出版了《改變世界的機器》，分析了豐田生產系統，並將「精益生產」介紹給全球。2011年，創造了「精實創業」一詞的埃里克‧里斯汲取了精益生產原則的靈感，應用在創業領域中。

18　https://taiwantoday.tw/news.php?unit=12,29,33,45&post=22731

19　Esarey, "Democratization and Nation Building in Taiwan" in Taiwan in Dynamic Transition, 28.

20　Esarey, "Democratization and Nation Building in Taiwan" in Taiwan in Dynamic Transition, 31.

21　Jacobs, Jeffrey. "Democratising Taiwan." Boston: Brill, 2012, 62.

22　https://www.taiwannews.com.tw/en/news/5025449

CHAPTER 2
資訊技術與民主

2-1 日益擴大的鴻溝

1　引自：戴倫‧艾塞默魯、詹姆斯‧羅賓森，《自由的窄廊：國家與社會如何決定自由的命運》。

2　這種關係不同於市場中建立的關係，後者基於以「通用」貨幣進行的雙邊交易交換，因為其依據當地價值和信任以單位表示價值。

3　Gray, Out in the Country (2009); O' Day and Heinberg (2021); Allcott et al., 2020。

4　肖莎娜‧祖博夫（Shoshana Zuboff），《監視資本主義時代》（The Age of Surveillance Capitalism: The Fight for a Human Future at the New Frontier of Power），時報出版，2020。；凱西‧歐尼爾，《大數據的傲慢與偏見：一個「圈內數學家」對演算法霸權的警告與揭發》，大寫出版，2017。" The Big Data Opportunity in Our Driverless Future", Evangelos Simoudis（2018）;" Artificial

Intelligence and Economic Growth", Philippe Aghion, Mathias Dewatripont, Julian Kolev, 2019；" The Rise of the Robots: Technology and the Threat of a Jobless Future", Martin Ford, 2015；李開復，《AI 新世界》，天下文化，2018；大衛・布林（David Brin），《透明社會：個人隱私 VS. 資訊自由》（The Transparent Society: Will Technology Force Us to Choose Between Privacy and Freedom?），先覺，1999；" Digital Privacy, Playful Media, and Miscommunication: Why Privacy Matters", Kari Kraus, 2019；" Algorithms of Oppression: How Search Engines Reinforce Racism", Safiya Umoja Noble, 2018；維吉妮亞・尤班克斯，《懲罰貧窮：大數據橫行的自動化時代，隱藏在演算法之下的不平等歧視》，寶鼎，2022。

5   引用自：瑪莉・葛雷（Mary L. Gray）、西達爾特・蘇利（Siddharth Suri），《你不知道的線上零工經濟：揭露人工智慧中的工人智慧，以及網路眾包人力低薪、無保障的真相，新型態的雇傭關係將如何改變我們的未來？》（Ghost Work: How to Stop Silicon Valley from Building a New Global Underclass），臉譜，2020。

6   引用自：史蒂文・李維茲基（Steven Levitsky）、丹尼爾・齊布拉特（Daniel Ziblatt），《民主國家如何死亡：歷史所揭示的我們的未來》（How Democracies Die：What History Reveals About Our Future），時報出版，2019。Crown. Mounk, Y. (2018). The People vs. Democracy: Why Our Freedom Is in Danger and How to Save It. Harvard University Press.；Sunstein, C. R. (2017). #Republic: Divided. Democracy in the Age of Social Media. Princeton University Press.；Jamieson, K. H. & Capella, J. N. (2008). Echo Chamber: Rush Limbaugh and the Conservative Media Establishment. Oxford University Press.

7   The Macroeconomics of Financial Speculation Simse, A., 13, p.335-69

8   "The Dark Side of Cryptocurrencies: How to Tackle the Challenges " by Chee-Wee Tan and Shan-Ling Pan (2019); "Crypto-asset market surveillance " by the Financial Stability Board (2020); "Cryptocurrencies and the Future of Money " by Carlo Gola and Andrea Nodari (2018); "Regulating Cryptocurrencies: Insights from a Survey of Central Banks " by Jon Frost and Adam Aitken (2018); "Cryptocurrencies and the Global Financial System: An Overview by Michael Kumhof and Clara Vega (2018); "Cryptocurrencies: A Primer " by C. Eugene Steuerle and Caleb Quakenbush (2019); "Crypto-currencies: An Innovative but Unstable Financial Asset " by Paola Lucantoni and Niclas Werthén (2019); "Regulating Cryptocurrencies: Analyzing Existing and Proposed Legal Frameworks " by Frank Pasquale (2019); "Crypto-Assets: Implications for Financial Stability, Monetary Policy, and Payment Systems " by the International Monetary Fund (2018); "The Challenges of Regulating Cryptocurrencies and Blockchain Technology " by Ansgar Belke and Dominik Supplieth (2019)

9   Harris, T. (2016). How technology hijacks people's minds : from a magician and Google's design ethicist. [online] Medium. Available at: https://medium.com/@tristanharris/how-technology-hijacks-peoples-minds-from-a-magician-and-google-s-design-ethicist-56d62ef5edf3 [Accessed 21 Feb. 2023]. Harris, T. (2018). Time well spent. [online] Time Well Spent. Available at: https://www.timewellspent.io/ [Accessed 21 Feb. 2023]. Schmachtenberger, D. (2017). The War on Sensemaking, Daniel Schmachtenberger at the "Reawakening Our Human Sense-Making" conference. [online] YouTube. Available at: https://www.youtube.com/watch?v=4fjKdVxPwmM [Accessed 21 Feb. 202 Schmachtenberger, D. (2020). Civilization Emergence. [online] Civilization Emerging. Available at: https://civilizationemerging.com/ [Accessed 21 Feb. 2023].

10   "The Social Shaping of Technology", Donald A. MacKenzie and Judy Wajcman, 2018； "Algorithms of Oppression", Josh Simons, 2023；" Artificial Unintelligence: How Computers Misunderstand the World", Meredith Broussard, 2018；凱西・歐尼爾（Cathy O' Neil），《大數據的傲慢與偏見：一個「圈內數學家」對演算法霸權的警告與揭發》（Weapons of Math Destruction: How Big Data Increases Inequality and Threatens Democracy），大寫出版，2017；" Race After Technology: Abolitionist Tools for the New Jim Code, Ruha Benjamin, 2019；維吉妮亞・尤班克斯（Virginia Eubanks，《懲罰貧窮：大數據橫行的自動化時代，隱藏在演算法之下的不平等歧視》（Automating Inequality: How High-Tech Tools Profile, Police, and Punish the Poor），寶鼎，2022；" The Politics of the Artificial: Essays on Design and Design Studies", Victor Margolin, Sylvia Margolin, 2017；" Toward a Critical Race Methodology in Algorithmic Fairness", Josh Simons, et al. ,2021；" Decolonizing AI: Toward a More Ethical and Just AI", Os Keyes, et al., 2020；" The Intersection of AI and Human Rights: Opportunities and Challenges, Nicole Ozer, Steven Feldstein, 2020.

11   "The Social Shaping of Technology", Donald A. MacKenzie and Judy Wajcman, 2018；" The Race Between Machine and Man: Implications of Technology for Growth, Factor Shares, and Employment", Daron Acemoglu and Pascual Restrepo, 2018；喬納森・哈斯克爾・史蒂安・韋斯萊克（Jonathan Haskel and Stian Westlake），《沒有資本的資本主義：無形經濟的崛起》（Capitalism without Capital: The Rise of the Intangible Economy），天下文化，2019。" The Rise of the Machines: Automation, Horizontal Innovation and Income Inequality", Daron Acemoglu and Pascual Restrepo, 2018；" The Economics of Artificial Intelligence: An Agenda", Ajay Agrawal, Joshua Gans and Avi Goldfarb, 2018；" The Impact of Artificial Intelligence - Widespread Job Losses", Kai-Fu Lee, 2021；" Skill Biased Technical Change and Rising Wage Inequality: Some Problems and Puzzles", David Autor, 2014.

12   "The Rise of Market Power and the Macroeconomic Implications" by Jan De Loecker and Jan Eeckhout, Quarterly Journal of Economics, 2017.; "The Race Between Man and Machine: Implications of Technology for Growth, Factor Shares and Employment" by Daron Acemoglu, American Economic Review, 2019.; "The Cost of Convenience: Ridehailing and Traffic Fatalities" by John Barrios, Yael Hochberg, and Hanyi Yi, Journal of Political Economy, 2020. "Firming Up Inequality" by David Autor, David Dorn, Lawrence F. Katz, Christina Patterson, and John Van Reenen, Centre for Economic Performance Discussion Paper, 2020. "The Increasing Dominance of Large Firms" by Gustavo Grullon, Yelena Larkin, and Roni Michaely, Review of Financial Studies, 2019.; "The Digital Economy, Business Dynamism and Productivity Growth" by Chad Syverson, National Bureau of Economic Research, 2018.; "Industrial Concentration in the Age of Digital Platforms" by Fiona Scott Morton, Yale Law Journal, 2019.;" The Failure of Free Entry" by Philippe Aghion, Antonin Bergeaud, Timo Boppart, Peter Klenow, and Huiyu Li, Review of Economic Studies, 2019.; "The Capitalist Machine: Computerization, Workers' Power, and the Decline in

Labor's Share within U.S. Industries" by Shouyong Shi and Wei Cui, Journal of Political Economy, 2021. "Competition and Market Power in the Era of the Big Five" by Thomas Philippon, American Economic Review, 2021.

13 李開復，《AI 新世界》，；" *The Dictator's Dilemma: The Chinese Communist Party's Strategy for Survival*" ,by Bruce J. Dickson, 2016；" The Cost of Connectionby Nick Couldry and Ulysses Mejias, 2019；"Artificial Intelligence and National Security" by Paul Scharre, 2023；《The New Digital Authoritarianism: Xi Jinping' s Vision for the Future of Governanceby Samantha Hoffman；" Data Colonialism: Rethinking Big Data' s Relation to the Contemporary Subject" by Jack Linchuan Qiu；" The Future of Power in the Digital Age" by Taylor Owen and Ben Scott；" The Rise of Digital Repression: How Technology is Reshaping Power, Politics, and Resistance" , Steven Feldstein, 2021.

14 參見：https://news.gallup.com/poll/329666/views-big-tech-worsen-public-wants-regulation.aspx；https://ec.europa.eu/commission/presscorner/detail/en/IP_21_4645；https://deliverypdf.ssrn.com/delivery.php?ID=378070074070096106120096075093127076009075022081036087078089015067078006091125065007021011006001039100019103096003108083114089116049039081035024111121091071093107025069011095094068091120007107065101126071008081003028090028030076083084111115121117089072&EXT=pdf&INDEX=TRUE

15 參考資料："The Innovation Illusion: How So Little is Created by So Many Working So Hard" by Fredrik Erixon and Bjorn Weigel (2016); " The Rise and Fall of American Growth: The U.S. Standard of Living since the Civil War" by Robert J. Gordon (2016); " The Future of Employment: How Susceptible Are Jobs to Computerisation?" by Carl Benedikt Frey and Michael A. Osborne (2013); 艾瑞克‧布林優夫森、安德魯‧麥克費（Erik Brynjolfsson and Andrew McAfee），《第二次機器時代：智慧科技如何改變人類的工作、經濟與未來？》（ *The Second Machine Age: Work, Progress, and Prosperity in a Time of Brilliant Technologies*），天下文化，2014；" Innovation and Its Enemies: Why People Resist New Technologies" by Calestous Juma (2016); " The Limits of the Market: The Pendulum between Government and Market" by Paul de Grauwe and Anna Asbury (2014)。
參考 1：https://data.oecd.org/rd/gross-domestic-spending-on-r-d.htm,
參考 2：https://www.oecd.org/sti/msti-highlights-march-2022.pdf
參考 3：https://ec.europa.eu/eurostat/statistics-explained/index.php?title=R%26D_expenditure&oldid=590306

16 中國「國民經濟和社會發展第十四個五年規劃」（Chinese 14th 5-Year-Plan for National Informatization）：https://digichina.stanford.edu/work/translation-14th-five-year-plan-for-national-informatization-dec-2021/

17 路透社（Reuters）：〈中國的最高監管機構禁止加密貨幣交易和挖礦，導致比特幣暴跌〉（ China' s Top Regulators Ban Crypto Trading and Mining, Sending Bitcoin Tumbling.）請參閱：https://www.reuters.com/world/china/china-central-bank-vows-crackdown-cryptocurrency-trading-2021-09-24/.
另請參見：Bernhard Bartsch, Martin Gottske, and Christian Eisenberg, "China' s Social Credit System," n.d., https://www.bertelsmann-stiftung.de/fileadmin/files/aam/Asia-Book_A_03_China_Social_Credit_System.pdf.

18 路透社：〈臉部辨識控制：俄羅斯警察對抗議者採取數位化手段〉（Face control: Russian police go digital against protesters），請參閱：https://www.reuters.com/article/us-rus-politics-navalny-tech-idUSKBN2AB1U2。另請參閱：https://www.rferl.org/a/Russia-dissent-cctv-detentions-days-later-strategy/31227889.html

19 人權觀察（Human Rights Watch）：〈俄羅斯利用臉部辨識來追捕逃兵〉，請參閱：https://www.hrw.org/news/2022/10/26/russia-uses-facial-recognition-hunt-down-draft-evaders

20 "The Future of Another Timeline" by Annalee Newitz (2019); "Walkaway" by Cory Doctorow (2017); "Infomocracy" by Malka Older (2016); "The Power" by Naomi Alderman (2016); "The Three-Body Problem" by Cixin Liu (2008); "The Windup Girl" by Paolo Bacigalupi (2009);" The Diamond Age" by Neal Stephenson (1995); "The Peripheral" by William Gibson (2014); "Snow Crash" by Neal Stephenson (1992)

21 戴倫‧艾塞默魯、賽門‧強森，《權力與進步：科技變革與共享繁榮之間的千年辯證》（ *Power and Progress: Our Thousand-Year Struggle Over Technology and Prosperity*），天下文化，2023。

22 根據研究與諮詢公司 Gartner 的報告指出，全球政府對 AI 的支出預計在 2021 年達到 370 億美元，比上一年增長 22.4%。中國在 AI 投資方面領先全球：2017 年中國企業在 AI 方面的投資為 250 億美元，而美國僅為 97 億美元。2021 年，美國參議院通過了一項 2500 億美元的法案，其中包括 520 億美元用於半導體研究和開發，這有望提升美國的 AI 能力。此外，歐盟同年宣布將投資 83 億歐元用於 AI、資安和超級電腦，作為在數位十年計畫（Digital Decade plan）的一部分。2021 年，日本央行開始進行中央銀行數位貨幣（CBDC）的實驗，中國央行則在幾個城市開始了數位人民幣的試用計畫。

23 "Computers and Government" by J. C. R. Licklider.

24 Acemoglu and Restrepo, 2019, Journal of Economic Perspectives. 請注意，這些研究中的「黃金時代」至「數位化停滯期」的準確分界點可能不盡相同，但它始終是在 1970 或 1980 年代的某個時間段。

25 衛谷倫（E. Glen Weyl）、艾瑞克‧波斯納（Eric A. Posner），《激進市場：戰勝不平等、經濟停滯與政治動盪的全新市場設計》（ Radical Markets: Uprooting Capitalism and Democracy for a Just Society），八旗文化，2020。

26 "The Great Reversal: How America Gave Up on Free Markets" by Thomas Philippon (2019);強納森‧坦伯（Jonathan Tepper）、丹妮絲‧赫恩（Denise Hearn），《競爭之死：高度壟斷的資本主義，是延誤創新、壓低工資、拉大貧富差距的元凶》（ *The Myth of Capitalism: Monopolies and the Death of Competition*），商周出版，2020。

27 資料來源：Cambridge Center for the Future of Democracy。

28 參考資料：https://news.gallup.com/poll/1597/confidence-institutions.aspx。

29 參考資料：https://www.un.org/development/desa/dspd/2021/07/trust-public-institutions / and Kolczynska, Bürkner, Kennedy and Vehtari。

2-2 數位民主的日常

1 〈零時政府宣言〉將 g0v 定位成「無黨派、非營利、草根集結的公民運動」。本書作者之一貢獻的「萌典」是 g0v 早期的專案之一。

2 https://www.twreporter.org/a/g0v-civic-tech-community

3 現場問卷顯示，參與民眾以服務業為主。

4 https://audreyt.github.io/0sdc.tw/zh

5 "GDP per Capita, Current Prices," International Monetary Fund, n.d., https://www.imf.org/external/datamapper/NGDPDPC@WEO/ADVEC/WEOWORLD/TWN/CHN.

6 "Exports," Trading Economics, n.d., https://tradingeconomics.com/country-list/exports

7 "Key Indicators Database," Asian Development Bank, n.d., https://kidb.adb.org/economies/taipeichina; "Revenue Statistics 2015 - the United States," OECD, 2015, https://www.oecd.org/tax/revenue-statistics-united-states.pdf.

8 "Index of Economic Freedom." The Heritage Foundation, 2023. https://www.heritage.org/index/

9 "GDP Growth (Annual %)," World Bank, 2023. https://data.worldbank.org/indicator/ny.gdp.mktp.kd.zg; "GDP per Capita, Current Prices," International Monetary Fund, n.d., https://www.imf.org/external/datamapper/NGDPDPC@WEO/ADVEC/WEOWORLD/TWN/CHN.

10 Gerald Auten, and David Splinter, "Income Inequality in the United States: Using Tax Data to Measure Long-Term Trends," *Journal of Political Economy*, November 14, 2023. https://doi.org/10.1086/728741.

11 我們認為報告最有趣的統計數據是勞動收入占總收入的比例，以及這一趨勢在臺灣的變化。然而，就我們所知，目前沒有一個具說服力且可以與國際接軌的研究。我們期待不久之後能看到更多相關的研究。

12 S. Schroyen, N. Janssen, L. A. Duffner, M. Veenstra, E. Pyrovolaki, E. Salmon, and S. Adam, "Prevalence of Loneliness in Older Adults: A Scoping Review." *Health & Social Care in the Community 2023* (September 14, 2023): e7726692. https://doi.org/10.1155/2023/7726692

13 "More than Half of Teens Admit Phone Addiction." Taipei Times, February 4, 2020. https://www.taipeitimes.com/News/biz/archives/2020/02/04/2003730302; "Study Finds Nearly 57% of Americans Admit to Being Addicted to Their Phones - CBS Pittsburgh." CBS News, August 30, 2023. https://www.cbsnews.com/pittsburgh/news/study-finds-nearly-57-of-americans-admit-to-being-addicted-to-their-phones/.

14 "NCDAS: Substance Abuse and Addiction Statistics [2020]," National Center for Drug Abuse Statistics, 2020, https://drugabusestatistics.org/; Ling-Yi Feng, and Jih-Heng Li, "New Psychoactive Substances in Taiwan," *Current Opinion in Psychiatry* 33, no. 4 (March 2020): 1, https://doi.org/10.1097/yco.0000000000000604

15 Ronald Inglehart, "Giving up on God: The Global Decline of Religion," *Foreign Affairs* 99 (2020): 110. https://heinonline.org/HOL/LandingPage?handle=hein.journals/fora99&div=123&id=&page=.

16 "2022 Report on International Religious Freedom: Taiwan," American Institute in Taiwan, June 8, 2023, https://www.ait.org.tw/2022-report-on-international-religious-freedom-taiwan/#:~:text=According%20to%20a%20survey%20by

17 Wikipedia, "Religion in Taiwan," Wikimedia Foundation (January 12, 2020). https://en.wikipedia.org/wiki/Religion_in_Taiwan.

18 "Freedom in the World," Freedom House, 2023, https://freedomhouse.org/report/freedom-world

19 "Democracy Index 2023," Economist Intelligence Unit, n.d., https://www.eiu.com/n/campaigns/democracy-index-2023

20 Wikipedia, "Democracy Indices," Wikimedia Foundation (March 5, 2024). https://en.wikipedia.org/wiki/Democracy_indices#:~:text=Democracy%20indices%20are%20quantitative%20and.

21 Laura Silver, Janell Fetterolf, and Aidan Connaughton, "Diversity and Division in Advanced Economies," Pew Research Center, October 13, 2021, https://www.pewresearch.org/global/2021/10/13/diversity-and-division-in-advanced-economies/.

22 Adrian Rauchfleisch, Tzu-Hsuan Tseng, Jo-Ju Kao, and Yi-Ting Liu, "Taiwan's Public Discourse about Disinformation: The Role of Journalism, Academia, and Politics," *Journalism Practice* 17, no. 10 (August 18, 2022): 1–21, https://doi.org/10.1080/17512786.2022.2110928.

23 Fin Bauer, and Kimberly Wilson, "Reactions to China-Linked Fake News: Experimental Evidence from Taiwan," The China Quarterly 249 (March 2022): 1–26. https://doi.org/10.1017/S030574102100134X.

24 "Crime Index by Country," Numbeo, 2023, https://www.numbeo.com/crime/rankings_by_country.jsp

25 "Taiwan: Crime Rate," Statista, n.d, https://www.statista.com/statistics/319861/taiwan-crime-rate/#:~:text=In%202022%2C%20around%201%2C139%20crimes

26 https://www.numbeo.com/health-care/rankings_by_country.jsp

27 https://eciu.net/netzerotracker, https://eastasiaforum.org/2023/08/12/taiwans-pioneering-pathway-to-net-zero-carbon-emissions/#:~:text=In%202022%2C%20Taiwan%20unveiled%20its,supported%20by%2012%20key%20strategies

28 https://epi.yale.edu/epi-results/2022/component/epi

29 https://www.pewresearch.org/short-reads/2022/11/01/turnout-in-u-s-has-soared-in-recent-elections-but-by-some-measures-still-trails-that-of-many-other-countries/

30 https://bti-project.org/en/reports/country-report/TWN 總之，雖然臺灣與所有國家一樣存在著重要的局限性，它理應在全球典範中占據領先地位，但卻鮮少有人承認它的此一地位。西方左派對北歐國家的欽佩之情溢於言表，右派則對新加坡讚不絕口。即便這些地方有重要的經驗教訓，而且事實上與臺灣有許多重要的重疊點，不過很少有地方能像臺灣一樣，在應對當今主要挑戰的各個面向提供廣泛的承諾，並且跨越典型的分歧。

CHAPTER 3
何謂多元宇宙？

1 漢娜・鄂蘭，《人的條件》，商周出版，2021 年。

2 Danielle Allen, Toward a Connected Society, in Our Compelling Interests, 2018. Princeton University Press.

3 唐鳳與 Azeem Azhar 訪談，2020 年。

3-1 活在▦世界

1 Scott Horton, "Holmes – Life as Art," Harper's Magazine (May 2, 2009). https://harpers.org/2009/05/holmes-life-as-art/.

2 Carlo Rovelli, "The Big Idea: Why Relationships Are the Key to Existence." The Guardian, September 5, 2022, sec. Books. https://www.theguardian.com/books/2022/sep/05/the-big-idea-why-relationships-are-the-key-to-existence.

3 在 Manuel DeLanda 闡述的裝配（assemblage）理論中，實體被理解為由異質組件之間的共生關係形成的複雜結構，而非簡化為其個別部分。其中心論點是：人們不是單獨行動的，相反，人類行為需要複雜的社會—物質相互依賴。DeLanda 的觀點將重點從實體的固有品質轉移到在關係網絡中產生新興特性的動態過程和相互作用。其著作 A New Philosophy of Society: Assemblage Theory and Social Complexity (2006) 是一個很好的起點。

4 Scott Page, *The Difference: How the Power of Diversity Creates Better Groups, Firms, Schools, and Societies*, (Princeton: Princeton University Press, 2007); César Hidalgo, *Why Information Grows: The Evolution of Order, from Atoms to Economies*, (New York: Basic Books, 2015); Daron Acemoglu, and Joshua Linn, "Market Size in Innovation: Theory and Evidence from the Pharmaceutical Industry," *Library Union Catalog of Bavaria*, (Berlin and Brandenburg: B3Kat Repository, October 1, 2003), https://doi.org/10.3386/w10038; Mark Granovetter, "The Strength of Weak Ties," *American Journal of Sociology* 78, no. 6 (May 1973): 1360–80; Brian Uzzi, "Social Structure and Competition in Interfirm Networks: The Paradox of Embeddedness," Administrative Science Quarterly 42, no. 1 (March 1997): 35–67. https://doi.org/10.2307/2393808; Jonathan Michie, and Ronald S. Burt, "Structural Holes: The Social Structure of Competition," *The Economic Journal* 104, no. 424 (May 1994): 685. https://doi.org/10.2307/2234645;

McPherson, Miller, Lynn Smith-Lovin, and James M Cook. "Birds of a Feather: Homophily in Social Networks." Annual Review of Sociology 27, no. 1 (August 2001): 415–44.

5 See a summary in Fortunato et al. 2018

6 Andrey Rzhetsky, Jacob Foster, Ian Foster, and James Evans, "Choosing Experiments to Accelerate Collective Discovery," *Proceedings of the National Academy of Sciences* 112, no. 47 (November 9, 2015): 14569–74. https://doi.org/10.1073/pnas.1509757112.

7 Valentin Danchev, Andrey Rzhetsky, and James A Evans, "Centralized Scientific Communities Are Less Likely to Generate Replicable Results." *ELife* 8 (July 2, 2019), https://doi.org/10.7554/elife.43094; Alexander Belikov, Andrey Rzhetsky, and James Evans, "Prediction of robust scientific facts from literature," *Nature Machine Intelligence* 4.5 (2022): 445-454.

8 Ling-fei Wu, Da-shun Wang, and James Evans, "Large Teams Develop and Small Teams Disrupt Science and Technology," Nature 566.7744 (2019): 378–82.

9 Yiling Lin, James Evans, and Lingfei Wu, "New directions in science emerge from disconnection and discord," *Journal of Informetrics* 16.1 (2022): 101234; Feng Shi, and James Evans, "Surprising combinations of research contents and contexts are related to impact and emerge with scientific outsiders from distant disciplines," Nature Communications 14.1 (2023): 1641; Jacob Foster, Andrey Rzhetsky, and James A. Evans, "Tradition and Innovation in Scientists' Research Strategies," *American Sociological Review* 80.5 (2015): 875-908.

10 Aaron Clauset, Daniel Larremore, and Roberta Sinatra, "Data-driven Predictions in the Science of Science," Science 355.6324 (2017): 477–80.

11 Jamshid Sourati and James Evans, "Accelerating Science with Human-aware Artificial Intelligence," Nature Human Behaviour 7.10 (2023): 1682–96.

3-2 相連的社會

1 John Dewey, *The Public and its Problems* (New York: Holt Publishers, 1927): p. 81.

2 Karl Polanyi, *The Great Transformation* (New York: Farrar & Rinehart, 1944).

3 約瑟夫・亨里奇（Joseph Henrich），《西方文化的特立獨行如何形成繁榮世界》（*The WEIRDest People in the World : How the West Became Psychologically Peculiar and Particularly Prosperous*）（台北：天下出版，2022 年）。

4 Georg Simmel, *Soziologie: Untersuchungen Über Die Formen Der Vergesellschaftung*, Prague: e-artnow, 2017.

5 Miloš Broćić and Daniel Silver, "The Influence of Simmel on

American Sociology since 1975," *Annual Review of Sociology* 47, no. 1 (July 31, 2021): 87–108, https://doi.org/10.1146/annurev-soc-090320-033647..

6 Georg Simmel, "The Sociology of Secrecy and of Secret Societies," *American Journal of Sociology* 11, no. 4 (January 1906): 441–98, https://doi.org/10.1086/211418..

7 John Dewey, *The Public and its Problems* (New York: Holt Publishers, 1927)..

3-3 我們遺忘的道

1 J.C.R. Licklider, "Computers and Government" in Michael L. Dertouzos and Joel Moses eds., *The Computer Age: A Twenty-Year View* (Cambridge, MA: MIT Press, 1980).

2 Fred Turner, *The Democratic Surround: Multimedia and American Liberalism from World War II to the Psychedelic Sixties* (Chicago: University of Chicago Press, 2013).

3 While we do not have space to pursue Deming's or Mead's stories in anything like the depth we do the development of the internet, in many ways the work of these two pioneers parallels many of the themes we develop and in the industiral and cultural spheres laid the groundwork for 🔲 just as Licklider and his disciples did in computation. UTHSC. "Deming's 14 Points," May 26, 2022. https://www.uthsc.edu/its/business-productivity-solutions/lean-uthsc/deming.php.

4 Dan Davies, *The Unaccountability Machine: Why Big Systems Make Terrible Decisions - and How The World Lost its Mind* (London: Profile Books, 2024).

5 M. Mitchell Waldrop, *The Dream Machine* (New York: Penguin, 2002).

6 J. C. R. Licklider. "Man-Computer Symbiosis," March 1960. https://groups.csail.mit.edu/medg/people/psz/Licklider.html.

7 Paul Baran, "On Distributed Communications Networks," *IEEE Transactions on Communications Systems* 12, no. 1 (1964): 1-9.

8 Sohyeon Hwang 和 Aaron Shaw。 "五大維基百科的規則和規則制定 "。《Proceedings of the International AAAI Conference on Web and Social Media》16(2022 年 5 月 31 日):347–57,https://doi.org/10.1609/icwsm.v16i1.19297。

9 Connor McMahon, Isaac Johnson 和 Brent Hecht, "維基百科和 Google 之間的實質性相互依存關係：關於相連生產社群和資訊技術之間關係的案例研究",《Proceedings of the International AAAI Conference on Web and Social Media》11,no. 1(2017 年 5 月 3 日):142–51,https://doi.org/10.1609/icwsm.v11i1.14883。

10 Nicholas Vincent 和 Brent Hecht, "深入研究維基百科連結對搜尋引擎結果的重要性",《Proceedings of the ACM on Human-Computer Interaction》5,no. CSCW1(2021 年 4 月 13 日):1–15,https://doi.org/10.1145/3449078。

11 Yochai Benkler, "Coase's Penguin, Or, Linux and the Nature of the Firm" ,n.d. http://www.benkler.org/CoasesPenguin.PDF。

12 有線手套是一種像手套一樣的輸入設備。它允許使用者通過手勢和動作與數位環境互動，將物理手部動作轉化為數位回應。第一個有線手套發明於 1977 年。

13 Vision Pro 是一款頭戴式顯示器，由蘋果公司於 2024 年發布。該設備將高解析度顯示器與能夠跟蹤使用者動作、手部動作和環境的感測器整合在一起，提供身臨其境的混合現實體驗。

CHAPTER 4
自由：權利、作業系統與數位自由

1 Richard Evans, *The Coming of the Third Reich* (New York: Penguin, 2005)..

2 Steven Levitsky, *Competitive Authoritarianism: Hybrid Regimes after the Cold War* (Cambridge, UK: Cambridge University Press, 2012)..

3 Jill Lepore, *These Truths: A History of the United States* (New York: Norton, 2018)..

4 Jamal Greene, *How Rights Went Wrong: How our Obsession with Rights is Tearing America Apart* (Boston: Mariner, 2021)..

5 Nicole Perlroth, *This is How They Tell Me the World Ends: the Cyberweapons Arms Race* (New York: Bloomsbury, 2021)..

6 Gretchen McCulloch, *Because Internet: Understanding the New Rules of Language* (New York: Riverhead Books, 2019)..

7 Lawrence Lessig, *Code: And Other Laws of Cyberspace* (New York: Basic Books, 1999)..

8 Renee DiResta, Kris Shaffer, Becky Ruppel, David Sullivan, Robert Matney, Ryan Fox, Jonathan Albright and Ben Johnson, "The Tactics & Tropes of the Internet Research Agency" (2019). presented to the Congress of the United States, https://digitalcommons.unl.edu/senatedocs/2/..

9 Gary King, Jennifer Pan and Margaret E. Roberts, "How the Chinese Government Fabricates Social Media Posts for Strategic Distraction, Not Engaged Argument," *American Political Science Review* 111, no. 3 (2017): 484–501..

10 Anne-Marie Slaughter, *A New World Order* (Princeton, NJ: Princeton University Press, 2004); Katharina Pistor, *The Code of Capital: How the Law Creates Wealth and Inequality* (Princeton, NJ: Princeton University Press, 2019)..

11 Jenny Toomey and Michelle Shevin, "Reconceiving the Missing Layers of the Internet for a More Just Future," *Ford*

Foundation, https://www.fordfoundation.org/work/learning/learning-reflections/reconceiving-the-missing-layers-of-the-internet-for-a-more-just-future/; Frank H. McCourt, Jr. with Michael J. Casey, *Our Biggest Fight: Reclaiming Liberty, Humanity, and Dignity in the Digital Age* (New York: Crown, 2024). McCourt has founded Project Liberty, one of the largest philanthropic efforts around reforming technology largely based on this thesis..

12 Closed proprietary namespaces and globally managed registries (see "Decentralized Identifiers (DIDs) V1.0.," *W3C* (July 19, 2022). https://www.w3.org/TR/did-core/) as well as verifiable credentials that sup- port collection of credentials from a variety of sources (see "Verifiable Creden- tials Data Model 1.0.," *W3C* (March 3, 2022). https://www.w3.org/TR/vc-data-model/.)

13 "More Instant Messaging Interoperability (Mimi)," Datatracker (n.d.). https://datatracker.ietf.org/group/mimi/about/; "Messaging Layer Security," *Wikipedia* (January 31, 2024). https://en.wikipedia.org/wiki/Messaging_Layer_Security; "DIDComm v2 Reaches Approved Spec Status!," *Decentralized Identity Foundation* (July 26, 2022). https://blog.identity.foundation/didcomm-v2.

14 See Filecoin Foundation (https://fil.org/) and IPFS (https://www.ipfs.tech/)..

15 See Holochain (https://www.holochain.org/).

4-1 身分與人格權

1 Peter Steiner, "On the Internet, Nobody Knows You're a Dog," *The New Yorker* (July 5, 1993).

2 Vitalik Buterin, "On Nathan Schneider on the Limits of Cryptoeconomics," (September 26, 2021). https://vitalik.eth.limo/general/2021/09/26/limits.html.

3 Puja Ohlhaver, Mikhail Nikulin and Paula Berman, "Compressed to 0: The Silent Strings of Proof of Personhood," (2024). https://papers.ssrn.com/sol3/papers.cfm?abstract_id=4749892.

4 A leading open standard that allows this is OAuth (Open Authorization), an Internet Engineering Task Force open standard published originally as RFC 5849 in 2010 and then updated to OAuth 2.0 as RFC 6749 in 2012.

5 參考文獻：1）美國社會安全局介紹的社會安全號碼系統的歷史。2）《打開潘朵拉盒：1937-2018 年的社會安全號碼》，作者：Meiser、Kenneth Donaldson，UT 電子論文和學位論文。

6 參見 "Computers, and the Rights of Citizens"（計算機和公民權利）蘭德公司 (1973). https://www.rand.org/content/dam/rand/pubs/papers/2008/P5077.pdf.

7 見 1）Social Security Numbers：美國政府問責署（GAO）向眾議院籌款委員會社會保險小組委員會主席提交的報告：《私營部門實體

經常獲取和使用社會安全號碼，法律限制該資訊的披露》。2）社會安全號碼：美國政府問責局在紐約州議會消費者事務與保護委員會和政府運作委員會的證詞。

8 新聞稿：美國 / 國土安全部獎勵 19.3 萬美元，以合乎標準的方式替代社會安全號碼。

9 https://en.wikipedia.org/wiki/Surveillance_capitalism.

10 https://www.reuters.com/technology/worldcoin-aims-set-up-global-id-network-akin-indias-aadhaar-2023-11-02/.

11 值得注意的是，如果這些系統加入了像零知識證明（Zero-Knowledge Proofs，ZKPs）等密碼學技術，它們可以部分地保護用戶的隱私。像 Anon-Aadhaar 這樣的項目允許一個 Aadhaar 用戶以可證明的方式選擇性地向某個實體僅披露部分資訊。"Advancing Anon Aadhaar: What's New in V1.0.0," Mirror (February 14, 2024), https://mirror.xyz/privacy-scaling-explorations.eth/YnqHAxpjoWl4e_K2opKPN4OAy5EU4sIJYYYHFCjkNOE.

12 Ohlhaver et al., op. cit.

13 Vitalik Buterin, "What Do I Think about Biometric Proof of Personhood?," (July 24, 2023), https://vitalik.eth.limo/general/2023/07/24/biometric.html.

14 Kim Cameron, "7 Laws of Identity," *Kim Cameron's Identity Weblog* (August 20, 2009). https://www.identityblog.com/?p=1065..

15 Kim Cameron, "Laws of Identities," *Kim Cameron's Identity Weblog* (August 20, 2009).

16 Vitalik Buterin, "Why We Need Broad Adoption of Social Recovery Wallets," (January 11, 2021). https://vitalik.eth.limo/general/2021/01/11/recovery.html..

17 Puja Ohlhaver, E. Glen Weyl, and Vitalik Buterin, "Decentralized Society: Finding web3's Soul," (2022). https://papers.ssrn.com/sol3/papers.cfm?abstract_id=4105763..

18 Jaron Lanier and E. Glen Weyl, "A Blueprint for a Better Digital Society," *Harvard Business Review: Big Idea Series (Tracked)* (September 28, 2018): Article 5, https://hbr.org/2018/09/a-blueprint-for-a-better-digital-society. Duncan J. Watts and Steven H. Strogatz, "The Collective Dynamics of 'Small World' Networks," Nature 393 (1998): 440–42.

19 Cameron, op. cit.

20 R.I.M. Dunbar, "Neocortex Size as a Constraint on Group Size in Primates," *Journal of Human Evolution* 22, no. 6 (1992): 469–93.

21 Watts and Strogatz, op. cit.

22 Helen Nissenbaum, "Privacy as Contextual Integrity", *Washington Law Review* 119 (2004): 101–39..

4-2 結社與多元公眾

1 Alexis De Tocqueville, *Democracy in America* (Lexington, Ky: Createspace, 2013), also available at https://www.gutenberg.org/files/815/815-h/815-h.htm..

2 Joseph Licklider and Robert Taylor, "The Computer as a Communication Device," *Science and Technology* (April 1968), also available at https://internetat50.com/references/Licklider_Taylor_The-Computer-As-A-Communications-Device.pdf.

3 https://www.merriam-webster.com/dictionary/association.

4 日本哲學家柄谷行人在他的著作《NAM 原理》中探討了這個概念。柄谷認為，個人不僅屬於地理區域，還根據他們的興趣屬於全球的「區域」。他稱之為「根莖式聯想」，並將其描繪為由多樣的「區域」組成的網絡形成系統。這個概念類似於小而緊密相連的社區相互連接的網絡結構。柄谷行人（2000）。《NAM 原理》太田出版（日文出版，尚未翻譯成英文）。在這一年，柄谷在日本創立了新協同主義運動。這是一場受到地方交易系統實驗啟發的反資本主義、反國家主義的協同主義運動。

5 「基礎知識恰恰是交流必須優化的背景基礎」這一觀念被扎卡里·沃約維奇（Zachary Wojowicz）巧妙而正式地證明。Zachary Wojowicz "Context and Communication," (2024). https://papers.ssrn.com/sol3/papers.cfm?abstract_id=4765417.

6 Stephen Morris and Hyun Song Shin, "Unique Equilibrium in a Model of Self-Fulfilling Currency Attacks," *American Economic Review* 88, no. 3 (1998): 587–97.

7 Ing-Haw Cheng and Alice Hsiaw, "Reporting Sexual Misconduct in the #MeToo Era," *American Economic Review* 14, no. 4 (2022): 761–803.

8 Timur Kuran, *Private Truth, Public Lies: The Social Consequences of Preference Falsification* (Cambridge, MA: Harvard University Press, 1998).

9 Vitalik Buterin, "The Most Important Scarce Resource is Legitimacy," (March 23, 2021). https://vitalik.eth.limo/general/2021/03/23/legitimacy.html.

10 實用主義政治哲學家理查德·羅蒂（Richard Rorty）曾寫道：「我們可以倡導建立一個以集市為模範，周圍環繞著許多獨家私人俱樂部的世界秩序。」Richard Rorty, "On Ethnocentrism: A Reply to Clifford Geertz," *Michigan Quarterly Review* 25, no. 3 (1986): 533.

11 齊美爾，《祕密與祕密結社的社會學》。

12 Eli Pariser, "Musk's Twitter Will Not Be the Town Square the World Needs," *WIRED* (October 28, 2022). https://www.wired.com/story/elon-musk-twitter-town-square/.

13 Herbert Simon, *Designing Organizations for an Information-Rich World* (Baltimore, MD: Johns Hopkins University Press, 1971): pp. 37–52.

14 Danah Boyd, "Facebook is a utility; utilities get regulated," (May 15, 2010). https://www.zephoria.org/thoughts/archives/2010/05/15/facebook-is-a-utility-utilities-get-regulated.html.

15 Frank McCourt and Michael Casey, *Our Biggest Fight: Reclaiming Liberty, Humanity, and Dignity in the Digital Age* (New York: Crown, 2024).

16 Halpern & Pass, "A knowledge-based analysis of the blockchain protocol".

17 Josh Daniel Cohen Benaloh, *Verifiable Secret-Ballot Elections*, Yale University Dissertation (1987). https://www.proquest.com/openview/05248eca4597fec343d8b46cb2bef724/1?pq-origsite=gscholar&cbl=18750&diss=y.

18 David Chaum and Hans van Antwerpen, "Undeniable Signatures," *Advances in Cryptology -- CRYPTO' 89 Proceedings* 435: 212–216. https://link.springer.com/chapter/10.1007/0-387-34805-0_20.

19 Cynthia Dwork, Frank McSherry, Kobbi Nissim and Adam Smith, "Calibrating Noise to Sensitivity in Private Data Analysis," *Theory of Cryptography* (2006): 265–84.

20 Brendan McMahan, Eider Moore, Daniel Ramage, Seth Hampson and Blaise Aguera y Arcas, "Communication-Efficient Learning of Deep Networks from Decentralized Data," Proceedings of the 20th International Conference on Artificial Intelligence and Statistics (2017).

21 Danah Boyd, *It's Complicated: The Social Lives of Networked Teens* (New Haven, CT: Yale University Press, 2014). Dave Eggers, *The Circle* (New York: Knopf, 2013)..

22 Danah Boyd, "Networked Privacy," (June 6, 2011). https://www.danah.org/papers/talks/2011/PDF2011.html; Daron Acemoglu, Ali Makhdoumi, Azarakhsh Malekian and Asu Ozdaglar, "Too Much Data: Prices and Inefficiencies in Data Markets," *American Economic Journal: Microeconomics* 14, no. 4 (2022): 218–56; Dirk Bergemann, Alessandro Bonatti and Tan Gan, "The Economics of Social Data," *The RAND Journal of Economics* 53, no. 2 (2022): 263–96.

23 Markus Jakobsson, Kazue Sako and Russell Impagliazzo, "Designated Verifier Proofs and Their Applications," *Advances in Cryptology--EUROCRYPT '96* (1996): 143–54.

24 Jain Shrey, Zoë Hitzig and Pamela Mishkin, "Contextual Confidence and Generative AI," *ArXiv* (New York: Cornell University, November 2, 2023). https://doi.org/10.48550/arxiv.2311.01193. See also Shrey Jain, Divya Siddarth and E. Glen Weyl, "Plural Publics," *GETTING-Plurality Research Network* (March 20, 2023). https://gettingplurality.org/2023/03/18/plural-publics/..

25 Elena Burger, Bryan Chiang, Sonal Chokshi, Eddy Lazzarin, Justin Thaler and Ali Yahya, "Zero Knowledge Canon, Part 1 & 2," *a16zcrypto* (September 16, 2022). https://a16zcrypto.com/posts/article/zero-knowledge-canon/.https://a16zcrypto.com/posts/article/zero-knowledge-canon/..

4-3 商業與信任

1 Glyn Davies, *A History of Money* (Cardiff, UK: University of Wales Press, 2010).

2 Edward Bellamy, *Looking Backward* (Boston, Ticknor & Co., 1888)..

3 Martin Arnold, "Ripple and Swift Slug It out over Cross-Border Payments," *Financial Times* (June 6, 2018). https://www.ft.com/content/631af8cc-47cc-11e8-8c77-ff51caedcde6..

4 Satoshi Nakamoto, "Bitcoin: A Peer-To-Peer Electronic Cash System" (2008) at https://assets.pubpub.org/d8wct41f/31611263538139.pdf. Vitalik Buterin, "A Next-Generation Smart Contract and Decentralized Application Platform" (2014) at https://finpedia.vn/wp-content/uploads/2022/02/Ethereum_white_paper-a_next_generation_smart_contract_and_decentralized_application_platform-vitalik-buterin.pdf..

5 事實上,本書其中一位作者的個人財務,以及我們共同投入的非盈利組織的主要財務支持,都來自於加密貨幣的獲益。

6 Lana Swartz, *New Money: How Payment Became Social Media* (New Haven, CT: Yale University Press, 2020)..

7 如今的 PayPal 是由最初的 PayPal 與由伊隆‧馬斯克、哈里斯‧弗里克、克里斯托弗‧佩恩和艾德‧何創立的 X.com 合併而成。現在,伊隆‧馬斯克正將其名稱重新啟用,作為推特的繼任者。

8 Kenneth S. Rogoff, *The Curse of Cash* (Princeton, NJ: Princeton University Press, 2016)..

9 Alyssa Blackburn, Christoph Huber, Yossi Eliaz, Muhammad S. Shamim, David Weisz, Goutham Seshadri, Kevin Kim, Shengqi Hang and Erez Lieberman Aiden, "Cooperation Among an Anonymous Group Protected Bitcoin during Failures of Decentralization," (2022). https://arxiv.org/abs/2206.02871.

10 最近,在 web3 的世界中,對於明確建立這類社群的興趣正在增長。Vitalik Buterin, Jacob Illum, Matthias Nadler, Fabian Schär and Ameen Soleimani, "Blockchain Privacy and Regulatory Compliance: Towards a Practical Equilibrium," *Blockchain: Research and Applications* 5, no. 1 (2024): 100176.

11 格雷伯,《債的歷史: 從文明的初始到全球負債時代》,以及其他作者的相關書籍(*Currency and Credit, Credit and State Theories of Money, The Nature of Money and Money has no Value*)。

12 Alvin E. Roth, Tayfun Sönmez and M. Utku Ünver, "Kidney Exchange," *Quarterly Journal of Economics* 119, no. 2 (2004): 457–88.

13 Divya Siddarth, Matthew Prewitt and Glen Weyl, "Supermodular," *The Collective Intelligence Project* (2023). https://cip.org/supermodular.

14 社群貨幣的早期例子是由麥克‧林頓在 1983 年創立的地方交換貿易系統(LETS)。後來,他拜訪了柄谷行人的家,這激發了新協同主義運動。

15 若需要更詳細的說明,請見 https://www.radicalxchange.org/concepts/plural-money/.

16 Ohlhaver, Weyl and Buterin, op. cit.

17 Nicole Immorlica, Matthew O. Jackson and E. Glen Weyl, "Verifying Identity as a Social Intersection," (2019). https://papers.ssrn.com/sol3/papers.cfm?abstract_id=3375436; E. Glen Weyl, Kaliya Young (Identity Woman) and Lucas Geiger, "Intersectional Social Data," *RadicalxChange Blog* (2019). https://www.radicalxchange.org/media/blog/2019-10-24-uh78r5/.

4-4 財產與合約

1 引用 Crawford and Gray and Suri 的著作。

2 Polanyi, op. cit.

3 Licklider, "Memorandum for Members and Affiliates of the Intergalactic Computer Network," op. cit.

4 Waldrop, *The Dream Machine*, op. cit.

5 Brian Dear, *The Friendly Orange Glow: The Untold Story of the PLATO System and the Dawn of Cyberculture* (New York: Pantheon, 2017).

6 https://www.gartner.com/en/newsroom/press-releases/2023-12-04-gartner-forecasts-worldwide-semiconductor-revenue-to-grow-17-percent-in- 2024.

7 *The Dawn of Everything: A New History of Humanity* (2021) book by anthropologist and activist David Graeber, and archaeologist David Wen- grow. In this book the authors epxlore a vast range of political creativity and flexability surrounding how humans have organized themselves in the last 100,000 of years..

8 *The Mystery of Capital* by Hernado DeSoto. In the book he emphasizes that the abstract representation of property through formal titles and doc- umentation allows assets to be leveraged in the financial system, enabling them to generate wealth and spur economic growth.

9 請參閱約瑟夫‧亨里奇(Joseph Henrich)的《西方文化的特立獨行如何形成繁榮世界》(*The WEIRDest People in the World: How the West Became Psychologically Peculiar and Particularly Prosperous*)一書中的「新的制度,新的心理」一篇。

10 https://explodingtopics.com/blog/cloud-computing-stats,https://www.statista.com/chart/18819/worldwide-market-share-of-leading- cloud-infrastructure-service-providers/

11 引用 Harms 和 Yamartino「Economics of the Cloud」論文

12 Sanford J. Grossman and Oliver D. hart, "The Costs and Benefits of Ownership: A Theory of Vertical and Lateral Integration," *Journal of Political Economy* 94, no. 4: 691–719.

13 "The UN is Testing Technology that Processes Data Confidentially," *The Economist January* 29, (2022).

14 Pan Wei Koh and Percy Liang, "Understanding Black-Box Predictions via Influence Functions," *Proceedings of the 34th International Conference on Machine Learning* 70, (2017): 1885–94.

15 Jaron Lanier, *Who Owns the Future?* (New York: Simon and Schuster, 2014).

16 https://datatrusts.uk/blogs/data-trusts-and-the-eu-data-strategy

17 https://www.datacollaboration.org/

18 Thomas Hardjono and Alex Pentland, "Data Cooperatives: Towards a Foundation for Decentralized Personal Data Management," arXiv preprint arXiv:1905.08819 (2019).

19 Eric Posner and E. Glen Weyl, *Radical Markets* (Princeton: Princeton University Press, 2018), chapter 5.

20 Paul R. Milgrom, Jonathan Levin and Assaf Eilat, "The Case for Unlicensed Spectrum," https://papers.ssrn.com/sol3/papers.cfm?abstract_id=1948257; Paul Milgrom, "Auction Research Evolving: Theorems and Market Designs," *American Economic Review* 111, no. 5 (2021): 1383–405.

21 E. Glen Weyl and Anthony Lee Zhang, "Depreciating Licenses," *American Economic Journal: Economic Policy* 14, no. 3 (2022): 422–48; Paul R. Milgrom, E. Glen Weyl and Anthony Lee Zhang, "Redesigning Spectrum Licenses to Encourage Innovation and Investment," *Regulation* 40, no. 3 (2017): 22–26.

22 Benjamin Edelman, Michael Ostrovsky and Michael Schwarz, "Internet Advertising and the Generalized Second-Price Auction: Selling Billions of Dollars Worth of Keywords," *American Economic Review* 97, no. 1: 242–59.

23 Sergey Brin and Lawrence Page, "The Anatomy of a Large-Scale Hypertextual Web Search Engine," *Computer Systems and ISDN Systems* 30, no. 1-7: 107–17.

24 事實上，這本書的作者因為這些理由而成為這些設計的重要批評者。柔伊・希齊在《經濟與哲學》期刊發表的文章〈The Normative Gap: Mechanism Design and Ideal Theories of Justice〉中，探討了這個議題。衛谷倫在 Pro-Market 網站上的文章〈How Market Design Economists Helped Engineer a Mass Privatization of Public Resources〉中，也對這些設計提出了批評。

4-5 存取權

1 "International Telecommunications Union," *Facts and Figures* (2022). https://www.itu.int/itu-d/reports/statistics/2022/11/24/ff22-internet-use-in-urban-and-rural-areas/..

2 Suzanne Simard, *Finding the Mother Tree: Discovering the Wisdom of the Forest* (New York: Knopf, 2021)..

3 Suzanne W. Simard, David A. Perry, Melanie D. Jones, David D. Myrold, Daniel M. Durall and Randy Molina, "Net Transfer of Carbon Between Ectomycorrhizal Tree Species in the Field," *Nature* 388 (1997): 579–82.

4 Suzanne W. Simard, David A. Perry, Melanie D. Jones, David D. Myrold, Daniel M. Durall and Randy Molina, "Net Transfer of Carbon Between Ectomycorrhizal Tree Species in the Field," *Nature* 388 (1997): 579–82.

5 烏克蘭數位部長米哈伊洛・費多羅夫（Mykhailo Fedorov）表示：「Diia 願意與愛沙尼亞分享其原始碼和 UX/UI 設計方法。」

CHAPTER 5
民主：跨越多樣性的協作

1 將交換模式分爲社群、國家和商品的方式，是受到柄谷行人的《世界史的結構》所啓發。柄谷提出了名爲「X」的新交換模式，旨在透過流動的全球網絡，來構建深層次的互惠協作方式，超越以往模式的局限。

2 在此引用李維・史特勞斯（Levi-Strauss）。

5-1 後符號交流

1 Jaron Lanier, *You Are Not a Gadget a Manifesto*（你不是小玩意：宣言）(London [Etc.]: Penguin Books, 2011).

2 D. A. Abrams, S. Ryali, T. Chen, P. Chordia, A. Khouzam, D. J. Levitin and V. Menon, "Inter-subject Synchronization of Brain Responses during Natural Music Listening,"（自然音樂聆聽過程中，大腦的反應在受試者間同步）*The European Journal of Neuroscience* 37(9) (April 11, 2013): 1458–69.

3 Claudio Babiloni et al., "Brains "in Concert": Frontal Oscillatory Alpha Rhythms and Empathy in Professional Musicians,"（大腦「協調一致」：專業音樂家的額葉振盪阿爾法節奏和移情）*Neuroimage* 60(1) (2012): 105–16.

4 Yingying Houet al., "The Averaged Inter-brain Coherence between the Audience and a Violinist Predicts the Popularity of Violin Performance," *Neuroimage* 211 (2020): 116655.

5 P. van Leeuwen, D. Geue, Michael Thiel, Dirk Cysarz, S Lange, Marino Romano, Niels Wessel, Jürgen Kurths and Dietrich Grönemeyer, "Influence of Paced Maternal Breathing on Fetal–Maternal Heart Rate Coordination,"（母體呼吸節奏對胎兒與母體心率協調的影響）*Proceedings of the National Academy of Sciences of the United States of America* 106, no. 33 (August 18, 2009): 13661–66. https://doi.org/10.1073/pnas.0901049106.

6 Judith Fernandez, "Olfactory interfaces: toward Implicit Human-computer Interaction across the Consciousness Continuum,"（嗅覺界面：跨越意識連續體的隱性人機交互）Diss. Massachusetts Institute of Technology, School of Architecture and Planning, Program in Media Arts and Sciences, 2020.

7 Andrea Won, Jeremy Bailenson, Jimmy Lee and Jaron Lanier, "Homuncular Flexibility in Virtual Reality,"（虛擬現實中的人形彈性）*Journal of Computer-Mediated Communication* 20(3) (May 1, 2015): 241–59. https://doi.org/10.1111/jcc4.12107.

8 Han Huang, Fernanda De La Torre, Cathy Fang, Andrzej Banburski-Fahey, Judith Amores and Jaron Lanier "Real-Time Animation Generation and Control on Rigged Models via Large Language Models," arXiv (Cornell University, February 15, 2024), https://arxiv.org/pdf/2310.17838.pdf. (Originally at the 37th Conference on Neural Information Processing Systems (NeurIPS) Workshop on ML for Creativity and Design in 2023).

9 Henri Lorach, Andrea Galvez, Valeria Spagnoloet al., "Walking Naturally after Spinal Cord Injury Using a Brain-spine Interface,"（使用腦脊液接口在脊髓損傷後自然行走）*Nature* 618 (2023): 126–33. https://doi.org/10.1038/s41586-023-06094-5.

5-2 沉浸式共享實境

1 Jas Brooks, Noor Amin and Pedro Lopes, "Taste Retargeting via Chemical Taste Modulators,"（透過化學味覺調節機器實現味覺重定位）In Proceedings of the 36th Annual ACM Symposium on User Interface Software and Technology (UIST '23)（第 36 屆 ACM 使用者介面軟體與技術研討會論文集（UIST 23）），Association for Computing Machinery（美國電腦協會），New York, NY, USA, *Article* 106 (2023): 1–15. https://doi.org/10.1145/3586183.3606818.

2 https://www.justicehappenshere.yale.edu/projects/portals-policing-project

3 https://www.treeofficial.com

4 Patricia Cornelio, Carlos Velasco and Marianna Obrist, "Multisensory Integration as per Technological Advances: A Review,"（技術進步帶來的多感官融合：綜述）Frontiers in Neuroscience (2021): 614.

5 Judith Fernandez, Nirmita Merha, Bjoern Rasch and Pattie Maes, "Olfactory Wearables for Mobile Targeted Memory Reactivation,"（用於移動目標記憶重啟的嗅覺可穿戴設備）Proceedings of the 2023 CHI Conference on Human Factors in Computing Systems, Hamburg, Germany, *Article* 717 (2023): 1–20. https://doi.org/10.1145/3544548.35808922023.

6 Michelle Carra, Adam Haarb, Judith Amoresb, Pedro Lopescet al., "Dream Engineering: Simulating Worlds through Sensory Stimulation,"（透過感官刺激模擬世界）*Consciousness and Cognition* 83 (2020): 102955. https://doi.org/10.1016/j.concog.2020.102955.

7 Karen Konkoly, Kristoffer Appel, Emma ChabaniKonkoly et al.,

"Real-time Dialogue between Experimenters and Dreamers during REM Sleep," *Current Biology* 32, 7 (2021). https://doi.org/10.1016/j.cub.2021.01.026.

5-3 創意協作

1 Scott E. Page, *The diversity bonus: How great teams pay off in the knowledge economy* (Princeton, NJ: Princeton University Press, 2019).

2 James Evans. "The Case for Alien AI,"（外星 AI 的案例）*TedxChicago2024*, (October 6, 2023). https://www.youtube.com/watch?v=87zET-4IQws.

3 Jamshid Sourati and James Evans, "Complementary artificial intelligence designed to augment human discovery," *arXiv preprint arXiv*:2207.00902 (2022). https://doi.org/10.48550/arXiv.2207.00902.

4 Minkyu Shin, Jin Kim, Bas van Opheusden and Thomas L. Griffiths, "Superhuman Artificial Intelligence can Improve Human Decision-making by Increasing Novelty," *Proceedings of the National Academy of Sciences* 120, no12 (2023): e2214840120. https://doi.org/10.1073/pnas.2214840120.

5 Petter Törnberg, Diliara Valeeva, Justus Uitermark and Christopher Bail, "Simulating Social Media Using Large Language Models to Evaluate Alternative News Feed Algorithms,"（使用大型語言模型模擬社群媒體以評估替代動態消息演算法）*arXiv preprint arXiv*:2310.05984 (2023). https://doi.org/10.48550/arXiv.2310.05984.

6 Feng Shi and James Evans, "Surprising Combinations of Research Contents and Contexts are Related to Impact and Emerge with Scientific Outsiders from Distant Disciplines," *Nature Communications* 14: 1641. https://doi.org/10.1038/s41467-023-36741-4.

5-4 擴增審議

1 中譯本參見：余曉嵐、林文源、許全義譯，《我們從未現代過》（群學出版，2012 年）。

5-6 ⬚投票

1 引用《集體選擇與社會福利》。

2 引用利克在這一領域的工作。

5-7 社會市場

1 Albert Hirschman, *The Passions and the Interests*（激情與利益）(Princeton: Princeton University Press, 1997).

2 Joseph Schumpeter, Capitalism, Socialism and Democracy（資本主義、社會主義與民主）(New York: Harper & Brothers: 1942); Quinn Slobodian, *Globalists: The End of Empire and the Birth of Neoliberalism*（全球主義者：帝國的終結與新自由主義的誕生）(Cambridge, MA: Harvard University Press, 2018).

3 Paul Krugman, "Scale Economies, Product Differentiation and the Pattern of Trade", *American Economic Review* 70, no. 5 (1980): 950-959. Paul Romer, "Increasing Returns and Long-Term Growth", *Journal of Political Economy* 94, no. 5 (1986):1002-1037.

4 See Erich Joachimsthaler, *The Interaction Field: The Revolutionary New Way to Create Shared Value for Businesses, Customers, and Society*（交互場：為企業、顧客和社會創造共享價值的革命性新方法）(Public Affairs, 2019); See also Gary Hamel and Michele Zanini, *Humanocracy: Creating Organizations as Amazing as the People inside Them*（人本管理：打造與員工一樣卓越的組織）(Boston, Massachusetts: Harvard Business Review Press, 2020).

5 William Vickrey, "The City as a Firm," *in The Economics of Public Services*. Edited by Martin S. Feldstein and Robert P. Inman, pp. 334–43; Richard Arnott and Joseph Stiglitz, "Aggregate Land Rents, Expenditure on Public Goods, and Optimal City Size," *The Quarterly Journal of Economics* 93, no. 4 (November, 1979): 471. https://doi.org/10.2307/1884466.。

6 Robinson, op. cit.

7 整合多樣性是非常普遍的原則。雖然規模很重要，但更大並不總是更好，形成連結的強度可能更重要。舉例來說，由高價值互動聯繫在一起的小型網絡，如家庭、團隊或部隊，其表現可能優於規模大得多的網絡，■產出亦是如此。考慮到舊石器時代藝術的紀錄，團結起來執行關鍵社會職能的歷史極其悠久，因此由非國家和非市場行為者在不同規模上進行的協作集合，似乎是某種例外，打破了「公共財」總是供給不足的常規。

CHAPTER 6
影響：從■到現實社會

1 Steven Levitsky and Lucan Way, Revolution and Dictatorship: *The Violent Origins of Durable Authoritarianism*（革命與獨裁）(Princeton: Princeton University Press, 2022).

2 Hannah Arendt, *On Revolution*（論革命）(New York: Penguin, 1963).

3 David Graeber and David Wengrow, op. cit.

4 R. A. Fisher, *The Genetical Theory of Natural Seleciton* (Oxford, UK: Clarendon Press, 1930); James Milroy and Lesley Milroy, "Linguistic Change, Social Network and Speaker Innovation," *Journal of Linguistics* 21, no 2: 339–84; Gretchen McCulloch, *Because Internet: Understanding the New Rules of Language* (New York: Riverhead, 2019); Daron Acemoglu, Asuman Ozdaglar and Sarath Pattathil, "Learning, Diversity and Adaptation in Changing Environments: The Role of Weak Links," (2023). https://www.nber.org/papers/w31214.

5 Donald B. Rubin, "Estimating Causal Effects of Treatments in Randomized and Nonrandomized Studies," *Journal of Educational Psychology* 66, no. 5: 688–701.

6 Abhijit V. Banerjee and Esther Duflo, *Poor Economics: A Radical Rethinking of the Way to Fight Poverty* (New York: PublicAffairs, 2011).

7 Fran Baum, Colin MacDougall and Danielle Smith, "Participatory Action Research," *Journal of Epidemiology and Community Health* 60, no. 10: 854–57.

8 Reid Hoffman and Chris Yeh, *Blitzscaling: The Lightening-Fast Path to Building Massively Valuable Companies* (New York: Currency, 2018). For a thoughtful and balanced evaluation see Donald F. Kuratko, Harrison L. Holt and Emily Neubert, "Blitzscaling: The Good, the Bad and the Ugly," *Business Horizons* 63, no. 1 (2020): 109–19.

9 Future of Life Institute, "Pause Giant AI Experiments: An Open Letter," (March 22, 2023). https://futureoflife.org/open-letter/pause-giant-ai-experiments/.

10 Daron Acemoglu and Todd Lensman, *Regulating Tranformative Technologies* (2023). https://www.nber.org/papers/w31461.

11 Brad Smith and Carol Ann Browne, *Tools and Weapons: The Promise and the Peril of the Digital Age* (New York: Penguin, 2019).

12 Friedrich Naumann Foundation "Examples of Civic Tech Communities-Governments Collaboration Around The World," (n.d.). https://www.freiheit.org/publikation/examples-civic-tech-communities-governments-collaboration-around-world.

13 a16zcrypto "State of Crypto 2023," *Https://A16z.Com. Andressen Horowitz* (2023). https://api.a16zcrypto.com/wp-content/uploads/2023/04/State-of-Crypto.pdf.

14 Sarah Austin, "web3 Is About More Than Tech, Thanks to Its Inclusivity," *Entrepreneur* (June 3, 2022). https://www.entrepreneur.com/science-technology/web3-is-about-more-than-tech-thanks-to-its-inclusivity/425679.

6-1 職場

1 國際勞工組織，《世界就業與社會展望：趨勢 2023》，網址：https://www.ilo.org/wcmsp5/groups/public/---dgreports/---inst/documents/publication/wcms_865387.pdf。

2 Alyson Krueger, "Fewer Work Meetings? Corporate America Is Trying," *The New York Times* (April 10, 2023). https://www.

nytimes.com/2023/04/07/business/office-meetings-time.html.

3 若是如本節所述，約 50% 的正規部門工作將是遠端的，而且如此研究所述，團隊建設活動能提高團隊績效約 25%，如果這適用於約一半的正規部門工作，而且如果約一半的收益轉化為成本，那麼我們應該預計，遠端團隊建設的改善能帶來約 2% 的 GDP 收益。如果工作設施的集聚效益約為 12%，這同樣適用於一半的正規部門工作，並且可以提高 50% 效益，那麼我們同樣可以獲得 2% 的 GDP。如果會議時間占正規部門工作時間的 25%，並且可以改善 25%，則約占 GDP 的 4%。據標準經濟學估算，勞動力搜尋和匹配的成本約占國內生產總值的 4%，與人力資源成本類似；如果減少 50%，國內生產毛額將提高 2%（更不用說大幅降低商業週期的失業成本了）。最後，經濟學家將大部分 GDP 成長（全球每年約 2-3%）歸功於通過新產品研發實現的技術進步，根據我們在導言中討論的數據，目前約 80% 的技術進步來自私營部門。如果能通過更靈活的內部創業，將這項效率提高四分之一，全球 GDP 的年成長率就能提高半個百分點。Cameron Klein、Deborah DiazGranados、Eduardo Salas、Huy Le、Shawn Burke、Rebecca Lyons 和 Gerald Goodwin，"Does Team Building Work?" Small Group Research 40, no. 2(2009 年 1 月 16 日):181-222。https://doi.org/10.1177/1046496408328821。Michael Greenstone、Richard Hornbeck 和 Enrico Moretti, "Identifying Agglomeration Spillovers: Evidence from Winners and Losers of Large Plant Openings", Journal of Political Economy 118, no. 3(2010 年 6 月):536-98。https://doi.org/10.1086/653714..

4 Jose Barrero, Nicholas Bloom and Steven J. Davis, "The Evolution of Working from Home," *Stanford Institute for Economic Policy Research (SIEPR) Working Paper* no. 23-19 (July, 2023): https://siepr.stanford.edu/publications/working-paper/evolution-working-home.

5 Natalia Emanuel, Emma Harrington and Amanda Pallais, "The Power of Proximity to Coworkers: Training for Tomorrow or Productivity Today?,"（與同事親近的力量：明天的訓練還是今天的生產力？）*National Bureau of Economic Research Working Paper* no. 31880 (November, 2023). https://doi.org/10.3386/w31880.

6 Longqi Yang, David Holtz, Sonia Jaffe, Siddharth Suri, Shilpi Sinha, Jeffrey Weston, Connor Joyce, et al., "The Effects of Remote Work on Collaboration among Information Workers," *Nature Human Behaviour* 6, no. 1 (September 9, 2021): 43–54. https://doi.org/10.1038/s41562-021-01196-4.

7 Rachel Umoren, Dora J. Stadler, Stephen L. Gasior, Deema Al-Sheikhly, Barbara Truman and Carolyn Lowe, "Global Collaboration and Team-Building through 3D Virtual Environments," *Innovations in Global Medical and Health Education* 2014, no. 1 (November 1, 2014). https://doi.org/10.5339/igmhe.2014.1.

8 Pekka Alahuhta, Emma Nordbäck, Anu Sivunen and Teemu Surakka, "Fostering Team Creativity in Virtual Worlds," *Journal For Virtual Worlds Research* 7, no. 3 (July 20, 2014): https://doi.org/10.4101/jvwr.v7i3.7062.

9 Jason Ellis, Kurt Luther, Katherine Bessiere and Wendy Kellogg, "Games for Virtual Team Building," Proceedings of the 7th ACM Conference on Designing Interactive Systems (February 25, 2008): 295–304, https://doi.org/10.1145/1394445.1394477; Heide Lukosch, Bas van Nuland, Theo van Ruijven, Linda van Veen and Alexander Verbraeck, "Building a Virtual World for Team Work Improvement," *Frontiers in Gaming Simulation*, (Springer, 2014), pp. 60–68, https://doi.org/10.1007/978-3-319-04954-0_8.

10 A "trust fall" is an exercise where a person falls backward, counting on others to catch them. This activity is used to build trust and teamwork, as it requires relying on others to prevent injury. From the mid-2010s, the trust fall became less popular due to the potential for traumatic brain injuries if catchers fail.

11 珍・雅各《與珍雅各邊走邊聊城市經濟學》（台北，早安財經，2016），Jane Jacobs, *The Economy of Cities* (New York: Vintage, 1969); Edward L. Glaeser, Hedi D. Kallal, José A. Scheinkman and Andrei Shleifer, "Growth in Cities," *Journal of Political Economy* 100, no. 6 (1992): 1126–52.

12 Branka, "Meeting Statistics–2024," *Truelist Blog* (February 17, 2024). https://truelist.co/blog/meeting-statistics/.

13 Arthur Brooks, "Why Meetings Are Terrible for Happiness," *The Atlantic* (December 15, 2022). https://www.theatlantic.com/family/archive/2022/11/why-meetings-are-terrible-happiness/672144/.

14 Michael Gibbs, Friederike Mengel and Christoph Siemroth, "Work from Home and Productivity: Evidence from Personnel and Analytics Data on Information Technology Professionals," *Journal of Political Economy Microeconomics* 1, no. 1 (February 1, 2023): 7–41. https://doi.org/10.1086/721803.

15 Ellen Huet, "Basecamp Follows Coinbase In Banning Politics Talk at Work," Bloomberg (April 26, 2021). https://www.bloomberg.com/news/articles/2021-04-26/basecamp-follows-coinbase-in-banning-politics-talk-at-work. Ibid.

16 請參閱：蓋瑞・哈默爾、米凱爾・薩尼尼，《人本體制》（台北，天下文化，2021 年）第 9 章。

17 Satya Nadella with Greg Shaw and Jill Tracie Nichols, *Hit Refresh: The Quest to Rediscover Microsoft's Soul and Imagine a Better Future for Everyone* (New York: Harper Business, 2017).

18 An entertaining outgrowth of corporate acronyms in this case was that he had the title OCTOPEST (Office of the Chief Technology Officer Political Economist and Social Technologist), paralleling the title of his colleague Jaron Lanier who at the time of this writing remains Microsoft's OCTOPUS (Office of the Chief Technology Officer Prime Unifying Scientist).

19 Annika Steiber and Sverker Alänge, "A Corporate System for Continuous Innovation: the Case of Google Inc.," *European Journal of Innovation Management* 16, no. 2: 243–64.

6-2 健康

1 *The Sustainable Development Goals Report: Special Edition* (New York: UN DESA, July 2023). https://desapublications.

un.org/file/1169/download.

2 *Tracking Universal Health Coverage: 2023 Global Monitoring Report* (Geneva: World Health Organization, September 18, 2023). https://iris.who.int/bitstream/handle/10665/374059/9789240080379-eng.pdf?sequence=1.

3 Ibid.

4 https://ourworldindata.org/explorers/coronavirus-data-explorer?zoomToSelection=true&facet=none&uniformYAxis=0&country=OWID_AFR~OWID_EUR~OWID_SAM~OWID_ASI~OWID_OCE~OWID_NAM&pickerSort=asc&pickerMetric=location&hideControls=false&Metric=People+vaccinated&Interval=Cumulative&Relative+to+Population=true&Color+by+test+positivity=false.

5 *World Mental Health Report: Transforming Mental Health for All* (Geneva: World Health Organization, 2022). https://iris.who.int/bitstream/handle/10665/356119/9789240049338-eng.pdf?sequence=1.

6 Marina Romanello, Claudia di Napoli, Carole Green, Harry Kennard, Pete Lampard, Daniel Scamman et al., "The 2023 Report of the Lancet Countdown on Health and Climate Change: The Imperative for a Health-centred Response in a World Facing Irreversible Harms," *Lancet* 402 (2023): 2346–94,.

7 https://www.who.int/news-room/fact-sheets/detail/noncommunicable-diseases.

8 https://ncdalliance.org/why-ncds/financing-ncds.

9 https://www.who.int/news-room/fact-sheets/detail/assistive-technology.

10 Jennifer Prah Ruger, *Health and Social Justice* (New York: Oxford University Press, 2010), p. 276.

11 In his 1991 Lindley Lecture, the philosopher Derek Parfit distinguished a novel theory of ethics, in contrast to either utilitarianism or egalitarianism, which he called "the priority view". Its main tenet is that the worse off have a special claim on resources. Prioritarianism (before the term) has been used by economists in the analysis of social welfare functions ('optimal taxation') since at least the 1970s. Prioritarianism is not usually considered - as it is here - as a form of insurance.

12 Kenneth J Arrow "Uncertainty and the Welfare Economics of Medical Care," *American Economic Review* 53(5) (1963):941–73.

13 John Rawls, *A Theory of Justice, Cambridge*, Revised edition, (MA: Harvard University Press, 1999).

14 Ibid.

15 See https://www.healthcare.gov/glossary/health-savings-account-hsa/.

16 Robin Hanson. Buy Health, Not Health Care, Cato Journal 14(1):135-141, Summer 1994.

17 Anna Gilmore, Alice Fabbri, Fran Baum, Adam Bertscher, Krista Bondy, Ha-Joon Chang, Sandro Demaio, et al., "Defining and Conceptualising the Commercial Determinants of Health," *The Lancet* 401, no. 10383 (April 8, 2023): 1194–213. https://doi.org/10.1016/S0140-6736(23)00013-2.

18 In 2023, two of the contributors to this chapter created a Swiss-registered Association with the name *Unexia* that is pursuing the measures described here with a range of UN and other partner organizations.

19 Laleh Khalili, "Woke Capital," *London Review of Books* 45(17) (September 7, 2023).

20 Donna Haraway, "A Cyborg Manifesto: Science, Technology, and Socialist-Feminism in the Late Twentieth Century," *in Simians, Cyborgs and Women: The Reinvention of Nature* (New York; Routledge, 1991), pp. 149–81.

21 GH Anderson, PJ Jenkins, DA McDonald, R Van Der Meer, A Morton, M Nugent and LA Rymaszewski, "Cost comparison of Orthopaedic Fracture Pathways Using Discrete Event Simulation in a Glasgow Hospital," *BMJ Open* 7(9) (September 7, 2017).

22 L Frossard, S Conforto and OC. Aszmann, "Editorial: Bionics Limb Prostheses: Advances in Clinical and Prosthetic Care," *Front Rehabil Sci.* 3 (August 18, 2022):950481.

6-3 媒體

1 https://reutersinstitute.politics.ox.ac.uk/sites/default/files/2017-11/Public%20support%20for%20Media.pdf.

2 https://www.causeiq.com/directory/grants/grants-for-religious-media-organizations/

3 https://www.statista.com/statistics/271337/twitters-advertising-revenue-worldwide/

6-4 環境

1 Will Steffan, Paul J. Crutzen and John R. McNeill, "The Anthropocene: Are Humans Now Overwhelming the Great Forces of Nature?," in *The New World History*. Edited by Ross E. Dunn, Laura J. Mitchell and Kerry Ward (Berkeley, CA: University of California Press, 2016). Note that this proposal was recently rejected by the International Union of Geological Sciences.

2 Gerardo Ceballos, Paul R. Ehrlich and Peter H. Raven, "Vertebrates on the Brink as Indicators of Biological Annihilation and the Sixth Mass Extinction," *Proceedings of the National Academy of Sciences* 117, no. 24: 13596–602.

3 World Health Organization, "Air Pollution Resource Guide" at

https://www.who.int/health-topics/air-pollution#tab=tab_1.

4 Edmund Burke, *Reflections on the Revolution in France and on the Proceedings in Certain Societies in London Relative to that Event* (London: James Dodley, 1790).

5 Mihnea Tanasescu, "When a River is a Person: From Ecuador to New Zealand, Nature Gets its Day in Court," *Open Rivers* 8 (2017). https://openrivers.lib.umn.edu/article/when-a-river-is-a-person-from-ecuador-to-new-zealand-nature-gets-its-day-in-court.

6 Josh Blumenfeld, "NASA and IBM Openly Release Geospatial AI Foundation Model for NASA Earth Observation Data," *NASA Earth Data* (August 3, 2023). https://www.earthdata.nasa.gov/news/impact-ibm-hls-foundation-model.

6-5 學習

1 https://www.renub.com/online-education-market-p.php

2 Eric A. Hanushek 和 Ludger Woessmann 的論文〈The Role of Cognitive Skills in Economic Development〉，刊登在 2008 年的《經濟文獻雜誌》分析了五十個國家的認知技能與經濟成長之間的關係，發現二者呈顯著正相關。

3 經濟學家艾力克‧哈努謝克（Eric Hanushek）的研究〈Education and Economic Growth〉表明，在發展中國家，認知技能每提高一個標準差，長期經濟成長率可以提高 2%。這意味著教育品質的提升對經濟增長的影響，甚至大於受教育年限。

4 https://www.oecd-ilibrary.org/education/oecd-skills-outlook-2023_27452f29-en

5 https://www.oecd.org/pisa/ & https://focustaiwan.tw/culture/202312060017

6 https://www.iea.nl/studies/iea/iccs/2022

7 https://www.cna.com.tw/news/ahel/202312050365.aspx

8 https://en.rti.org.tw/news/view/id/2010665

9 https://github.com/Chenyu-otf/chenyuluoyan_thin

10 https://blog.luckertw.com/chenyuluoyan-interview/

11 https://www.uil.unesco.org/en/learning-cities

12 https://www.futurelearn.com/courses/collections/refugees-displaced-people

13 https://www.minerva.edu/

14 https://www.wuri.world/2023-global-top-100

15 https://www.moedict.tw/

16 https://language.moe.gov.tw/001/Upload/Files/site_content/

M0001/respub/index.html

17 https://taide.tw/index/training-data?type=2

18 https://moda.gov.tw/major-policies/alignment-assemblies/2023-ideathon/1459

19 https://www.youtube.com/watch?v=OBG50aoUwlI

CHAPTER 7
政策：實現多元未來的路徑

1 特別是在發展中國家，許多國家都設有規劃部，可以自然而然地承擔或分離出這樣的職能。

2 Jessica Lord, "What's New with GitHub Sponsors," GitHub Blog, (April 4, 2023). https://github.blog/2023-04-04-whats-new-with-github-sponsors/; "GitCoin Impact Report," https://impact.gitcoin.co/; Kevin Owocki, "Ethereum 2023 Funding Flows: Visualizing Public Goods Funding from Source to Destination," https://practicalpluralism.github.io/; Open Collective, "Fiscal Sponsors. We Need you!," Open Collective Blog (March 1, 2024) https://blog.opencollective.com/fiscal-sponsors-we-need-you/; Optimism Collective, "RetroPGF Round 3," Optimism Docs (January 2024) https://community.optimism.io/docs/governance/retropgf-3/#; ProPublica, "The Linux Foundation," https://projects.propublica.org/nonprofits/organizations/460503801.

3 經濟學家將這種稅，稱為「外部性」的「皮古稅」。儘管這是描述下述情況的合理方式，但正如我們在〈市場〉一節中所指出的，外部性可能更多是規則而非例外，因此我們更傾向於使用這種替代表述。其中許多稅種涉及市場力量集中的問題，而市場力量集中確實會產生外部性，但通常不在「皮古稅」的考慮範圍之內。

萬象 08

多元宇宙：協作技術與民主的未來

數位 Plurality: The Future of Collaborative Technology and Democracy

作　　者｜衛谷倫 Glen Weyl、唐鳳 Audrey Tang
協力編輯｜周宜蔓 Gisele Chou

堡壘文化有限公司
總 編 輯｜簡欣彥
行銷企劃｜曾羽彤、游佳霓、黃怡婷
副總編輯｜簡伯儒
封面設計｜ IAT-HUÂN TIUNN
責任編輯｜簡伯儒、張詠翔、梁燕樵、廖祿存、郭純靜、官子程
內頁構成｜ IAT-HUÂN TIUNN、倪玭瑜

出版 堡壘文化有限公司
發　　行｜遠足文化事業股份有限公司（讀書共和國出版集團）
地　　址｜ 231 新北市新店區民權路 108-2 號 9 樓
電　　話｜ 02-22181417
傳　　真｜ 02-22188057
E m a i l｜ service@bookrep.com.tw
郵撥帳號｜ 19504465 遠足文化事業股份有限公司
客服專線｜ 0800-221-029
網　　址｜ http://www.bookrep.com.tw
法律顧問｜華洋法律事務所　蘇文生律師
印　　製｜韋懋實業有限公司
初版 1 刷｜ 2024 年 7 月
定　　價｜新臺幣 600 元

平裝版 ISBN 978-626-7506-01-1
作者親簽版 ISBN 978-626-7506-02-8
eISBN(PDF) 9786267375983
eISBN(ePub) 9786267375990

國家圖書館出版品預行編目 (CIP) 資料

多元宇宙：協作技術與民主的未來 / 衛谷倫 (Glen Weyl), 唐鳳 (Audrey Tang) 著 -- 初版 . -- 新北市 :
堡壘文化有限公司出版 : 遠足文化事業股份有限公司發行 , 2024.07
面 ； 公分 . -- 〔萬象 ; 08〕
數位 Plurality: The Future of Collaborative Technology and Democracy
ISBN 978-626-7506-01-1〔平裝〕

1.CST: 網路社會 2.CST: 數位科技 3.CST: 民主政治 4.CST: 多元化社會
541.48 113008328